現代哲学への招待
Invitation to Contemporary Philosophy
監修 丹治信春 Supervised by Nobuharu Tanji
Great Works

君はいま夢を見ていないとどうして言えるのか

哲学的懐疑論の意義

THE SIGNIFICANCE OF PHILOSOPHICAL SCEPTICISM

バリー・ストラウド
Barry Stroud
永井 均 監訳
Translation Supervised by Hitoshi Nagai
岩沢宏和・壁谷彰慶・清水将吾・土屋陽介 訳
Translated by Hirokazu Iwasawa, Akiyoshi Kabeya, Shogo Shimizu and Yohsuke Tsuchiya

春秋社

日本語版への序文

『君はいま夢を見ていないとどうして言えるのか――哲学的懐疑論の意義（原題 *The Significance of Philosophical Scepticism*）』が、こうして日本の読者にも手軽に読めるようになったことを、大変うれしく思っています。訳者の方々の、ていねいで熱心な仕事ぶりに感謝いたします。この本において考察の対象としている思考方法や問題群は、少なくとも古代ギリシャの懐疑論者たちにまで遡ることができるものです。それが新たな決定的展開を迎えたのは、十七世紀に近代科学がゆっくりと生まれ始めた時期のことでしたが、その後は特に大きな変化もなく、今日にまで至っています。そのため、おそらく許容される範囲でしょうが、史実をやや恣意的に受けとるならば、私がこの本でとりあげている難題は、一六四一年に出版されたデカルトの『省察』から引き出すことができるものだと言えます。『省察』が提示する問題は、特殊なものではありません。というのも、人間はどのようなあり方をしているのかについて、思慮深い人が――少なくとも、西洋の伝統を受け継いでいる思慮深い人が――きわめて一般性の高いかたちで反省を行ったとすれば、自然と当の問題にはつきあたりそうなものだからです。その問題に対して二十世紀の英米圏の著名な哲学者たちが示した反応にはさまざまなものがありますが、この本が試みるのは、それらがうまくいっているかを査定することです。もちろん、現在のわれわれにとって、その問題はどのような意味があるのか、という問いもあるでしょうし、異なった文化的伝統を受け継いでいる人々にとってその問題はどのような意味があるのか、という問いもあるでしょう。しかしながら、それらの問いの答えを探ることによって実り豊かな成果を得るためには、事前に、当の問題の源泉についての研究を注意深く行うとともに、当の問題に対して、自分自身の言葉で真剣に応答してみようと努める以外に方法はありません。私としては、拙著がこうして翻訳されたことが契機となり、いま述べたたぐいの研究や応答が、日本の読者の方々によって取り組まれるようになることを願っております。

二〇〇五年一〇月

カリフォルニア大学バークリー校
ウィリス・S・アンド・マリオン・スラッサー哲学教授
バリー・ストラウド

君はいま夢を見ていないとどうして言えるのか

目次

序文

哲学的懐疑論のもとをたどっていけば、古代にまで行きつく。だが、私が懐疑論のことを主題にして何かを書く際、この本もその例外ではないが、懐疑論がたどってきた伝統に忠実なわけではない。古代ギリシャの哲学者、エリスのピュロンの考えに従う人たちを例にとろう。彼らは、心の安らいだ、平静な生き方が恩恵として得られるはずだと考えたからこそ、「現れ」に身をまかせたし、事物のありようについて信念を抱くのを完全にやめることにした。彼らが判断を保留したのは、ある種の不安や心配から逃れるための方便であった。その不安や心配とは、真理を探し求めたときや、またその結果、従来なら信じないではいられなかった信念どうしの間に対立があることを見出したときに、どうしても生じてしまうものである。生き方を示すこうした懐疑論は、ここで扱う主題ではない。とはいえ、彼らが判断の保留を成し遂げる際に用いられたと思われる一連の手順のうちのいくつかのものであるとか、事物のありように関するあらゆる問いに対して判断の保留を成し遂げることは困難だという点などは、私の主題にかなり近いところにある。また、懐疑を実践するからには、そこには「現れ」と「事物のあり方」との鋭い対比が事実上含まれているわけだが、その対比もおそらく、以下で私がさまざまな角度から検討する、ある捉えがたい区別を表す一つのかたちである。私の関心は、いま述べた程度であれば、古代の懐疑論者たちの関心と連続している。だが、このような歴史に関わる問題はここでは論じない。その主題については、残念ながら私はあまりよく知らないのである。

近代以降、とりわけ近年において、哲学における懐疑論を理解する際には、懐疑論とは「われわれは何も知らない」とか「何も確実ではない」とか「すべては疑う余地がある」とかといったことを述べる見解である、と見なされるようになってきた。このように捉えられた懐疑論は、人間というもののあり方についてのテーゼなり説なりであり、それ自体は、生き方を示すものではない。もちろん、近年の懐疑論が依拠しているものの中にも、古代の懐疑論者が引き合いに出してもおかしくない考察はたくさんある。ただ、それらを古代の懐疑論者が引き合いに出すのは、自分の意見へのこだわりを捨てたり、他人のいろいろな説に反対したりするときであった。それに対し、近年の懐疑論は哲学上の一つのテーゼなのであり、どのような一つの生き方にも、ほかではなくてこれだというように、はっきりと導くものではない。ましてやそれは、平静さだとか人間の幸福だとかいったものに導くものではない。そこで本書では、一つの論点として、哲学的懐疑論と、日常生活でふだん目にする関心事とは、いったいどのような関係にあるのか、という問いを提起する。

人間の知識を説明するという観点からすると、懐疑論がこうした近代以降のかたちをとっている場合には、懐疑論を、われわれが信じているあらゆることにあてはめる必要はない。知識をもったり信頼度の高い信念を抱いたりすることは、ある事物や分野については可能なことであるが、そのほかのことについては不可能なことであるのかもしれない。たとえば、道徳や宗教に関わる主張について懐疑論を支持したからといって、数学や医学や自然科学を同じ理由で放棄しなくてはならないということはないであろう。

この本で私が検討するのは、「われわれを取り巻く物理的世界について、われわれは何も知ることができない」という懐疑的な哲学的見解である。このテーゼは、世界について知ることはどのようにして可能なのか、という問題に対する唯一の答えであることが、いずれわかる。近代以降の哲学的知識理論の多くは、その問題に対して何らかの立場をとっているが、あからさまに懐疑的な立場をとっているのは、そのごく一部の理論だけである。そこで、さまざまな理論のうちのどれかが正しいとしても、それははたしてどの程度まで正しいものでありうるのかという点もまた、私の関心の的である。といっても、ここでの懸案は、単に最良の知識理論を見つけることにあるのではない。外界に関する哲学的懐疑論を検討することで、私はある種のことがらを問題にしたいと思っているのである。つまりそれは、哲学的知識理論はどのようなものであると想定されるのかについての、われわれ自身の理解である。こういったことがらに関する理解は、実はさほど進んでいないと私は思っている。つまり、その手の「理論」は数多くあり、どうやら際限なくどんどん拡張しているようであるために、人は理解している気になっているだけなのかもしれないのである。そろそろ立ち止まって問うべきである。どのような哲学的知識理論であれ、それはどのようなことをするものだと想定されているのであろうか。

　以上のようなことから私は、哲学的懐疑論がもつ意義（significance）に関心を抱いている。しかも、さまざまな意味での「意義」に関心を抱いている。何かを指して「意義がある」と言うときには、「とるに足らない」「重要でない」の反対のこととして言う場合があるが、私が明らかにしたいことの一つは、知識に関する哲学的研究にとって懐疑論が重要であるという点である。この点に関して、すべての人が同意することはおそらくないであろう。近年では、哲学における懐疑論はつまらないものだとずっと思われてきたし、もしかすると時間の無駄であるとさえ思われているかもしれない。一部の論者たちの間では、世界についてわれわれがもつ知識に対して懐疑的難題が提起されたときに、その難題に対処しようとすることは、あるいは、その難題を理解しようとすることでさえ、役に立たない机上の営みであり、デカルト主義の過ぎ去ったこの新時代に、時代遅れの思考法を捨て去ることをあえて拒む行為と見なされる。論者たちがこうした受けとめ方をする原因が、ものごとをよく知らないことにあるのではなく、また、教養がないために抽象的な思考をもどかしく思うことにあるのでもないとしたら、そこでたいてい拠りどころにされているのは、「伝統的哲学的懐疑論がどうして誤りであるのかを、すでにわれわれは十分に理解している」という信念である。本書のねらいの一つは、この受け入れやすい信念が真でないと述べることである。

懐疑論にほとんど興味を示さない哲学者たちの中にも、自身の知識理論によって、実は懐疑論の側に踏み込んでいる論者は多いと思う。また、懐疑論に関与する論点を単に避ける哲学者たちは、懐疑論をどのように打ち破るべきなのかを満足いくかたちで説明することはできないと思う。私は知的活動に関わる好みを規制するつもりはない。すべての人が懐疑論に興味をもつべきだと提唱しているわけではないし、人間の知識がどのようにして可能であるかを理解することにあらゆる哲学者は興味をもつべきだということでさえ提唱してはいない。とはいえ、確かに私の考えでは、人間の知識はどのようにして可能なのかという問いをどのようにせよあれこれと考察している人が、「いまや哲学的懐疑論の役割には無関心でいられるのだ」と考えるとしたら、その人は間違っているのである。他方、ある論者たちは、懐疑論が真であるのは明らかなので、それは繰り返して言うほどのものでないと考え、懐疑論に興味を示さなかったりする。このように懐疑論を受けとめて対応してしまうのは、それと反対の受けとめ方をして対応するよりは洞察を伴っているとはいえ、どちらも満足のいかないものである点では変わらない。私がそう考えるのにはさまざまな理由があるが、それらは後に浮かびあがってくるであろう。

何かを指して「意義がある」と言うときには、「無意味である」「一貫していない」「理解不能である」の反対のこととして言う場合もある。これは、哲学的懐疑論の意義に私が興味をもつ際の、もう一つの次元である。「われわれを取り巻く世界についてわれわれは何も知らない」という懐疑論のテーゼは、ひょっとすると吟味の結果、それが意味しているように見えることを意味していないことがわかるかもしれないし、場合によっては、まったく何も意味していないことがわかるかもしれない。懐疑論が意味をもつとしたら、それはどのような意味なのか、という問いは、この本を通して終始問うているものであり、無意味さという論点をまさに論議している第5章だけの問いではない。懐疑論のテーゼが一貫したものでないことが実際にわかるとしたら、このテーゼを明らかに偽であるとしている論者も、明らかに真であるとしている論者も、みな考え違いをしていることにならざるをえない。その場合、懐疑論のテーゼ自体はとるに足らないものであるにしても、なぜそうであるのかについては、どちらの側の論者も本当には理解していないことになるのである。

何かの「意義」について語るとき、その何かが「表すもの」「指し示すもの」「示すもの」を意味する場合がある。この語り方も、おそらくはほかの語り方以上に、哲学的懐疑論の意義に興味をもつ際に私がとっているものである。仮に懐疑論のテーゼが何も意味していなかったり、意味しているように見えることを意味していなかったりするのだとしてみよう。その場合でさえ、われわれを取り巻く世界についての懐疑論を研究することによって、人間の知識なり人間の本性なりに関する深遠で重要なことがらが何か明らかにされうるであろうか。あるいは、人間の知識なり人間の本性なりを哲学的に理解しようと駆り立てるものが何なのかが明らかにされうるであろうか。「明らかにされうる」というのが、その問いへの答えであると私は強く確信している。だが、それはなぜなのかを示すところまでは、少なくとも私の望むかたちでは、行きついていない。また、哲学的懐疑論を研究することから得られる教訓はどのようなものでありうるのかを、正確にうまく述べることはまだできない。私にこうしたことがうまくできないのは、紙幅に限りがあるとか、洞察力と理解力とに限界があるとかいった、通常見られる偶然的な条件のせいでもあるだろう。だが、そのほかにも、哲学的とも言える正当な理由があるのかもしれない。おそらく、曖昧さのないかたちで教訓を述べることは決してできないのである。もしそうだとしたら、その事実そのものが、説明する価値のあるものであろう。私は、そういう方向へいくらか歩みを進めてみようとしているのである。

哲学上の問題を研究することはそれ自体で哲学的解明になりうるという信念の下に、この本は書かれている。本当の知的進歩を得るためには、扱っている問題を明確に理解しておく必要がある。当然この点は誰も否定しないはずである。だが、私が言っているのは、哲学上の問いを解決したり応答したりすることが解明になりうるということだけではない。もちろん、そうすることが解明になることもありうる。それは、たまたま哲学上の問いに正しい答えが得られ、そして正しい答えが得られたことを知るような場合である。あるいは、その問いに正しい答えが得られず、そして正しい答えが得られなかったことを知り、さらにもしかすると、なぜ正しい答えを得られなかったのかについてもだいたいは見当がつく、といった場合である。つまり、哲学上の問題の本性そのものを研究することは解明の作業になりうるが、それは、はたしてその研究がよりよい答えへと導くかどうかということとは、まったく独立のことなのである。

哲学上の問題がもっている本性と私が呼んでいるものを理解しようとすることによって解明が期待できることがらのうちには、その問題そのものだけでなく、その哲学上の問題を生んだ「現象」そのもの

——道徳律、宗教、知識、行為、その他いろいろとありうるが、そのどれであれ——も含まれる。私は驚いてしまうのだが、いまの時代に哲学の本を書く人たちのうち、哲学上の問題そのものや、その問題がどこから生じたかという問いに力を注ぐ人はごくわずかなのである。どうやら多くの人は、次のようなことはわかっているのだという、自信をもっているようである。すなわち、「哲学上の問題とはどのようなものなのか」「成功している哲学説ないし哲学理論とはどのような種類のものであるのか」「哲学が伝統的に関心を払ってきた現象について、哲学がわれわれに与えることのできるたぐいの理解がわれわれに与えられるためには、哲学には何が必要なのか」といったことである。私はそのような自信を共有していない。私の考えでは、われわれが哲学において探し求めているどのようなものも、また、われわれを哲学上の問いを問うようにそもそも導いているどのようなものも、人間本性のきわめて深いところにある何かであるにちがいない。また、われわれがまさに問うている問いについて、いま問うている際の特定のやり方で問うように仕向けているものは、われわれの伝統のうちのきわめて深いところにある何かであるにちがいない。したがって、哲学上の問題にとってのさまざまな源泉を、それがいまわれわれに対して現れているままに研究するならば、理解、解明、満足など、哲学においてわれわれが探し求めているものは何であれ、ある程度のものは与えられることがおそらく期待できる。それはたとえ、哲学上の問題に対する答えと見なしうるような何かには決して到達しないとしても、期待できるのである。実のところ、答えを得ることと理解などを得ることとは、互いに打ち消しあうように作用するかもしれない。何かをもってきて、それを哲学上の問題に対する答えとして受け入れられると見なしてしまうと、まさにそのことによって、その問題の起源をもっと深く理解すれば目にすることができるかもしれない教訓があっても、われわれはそれを学ぼうとするのをやめてしまうかもしれないのである。

哲学上の問題の源泉はよく理解されていないが、哲学的な興味が湧くものを何かもたらしてくれるものかもしれない、という考えは、いずれにせよ、検証するに値する仮説である。この考えをもっともらしいと思う理由をいくつか、私は哲学上の一問題の事例において提供してみたい。とはいえ、私の述べることはどれも中途半端なところまでしか到達しておらず、そのただ一つの事例においてさえ、最終的な裁定を下すのには不十分である。おそらく、最終的な裁定というものが、望みとしては高すぎるのであろう。いまはまだ、ある種の吟味からどれだけの解明が得られるかが問題となっている段階なのである。私の推奨する種類の課題がもっている魅力の一つは、同時に危うい点の一つでもあるのだが、それは、その課題がどこにつながっており、何を生み出すのかがあらかじめ予測できないことである。この理由だけからしても、ここで私が推し進めようとする種類の吟味がさらに遂行されていくことを私は願っている。なお、本書の内容が、哲学的懐疑論そのものと、哲学的懐疑論が一つの答えを与えている問題についての、一まとまりの説や結論になっているだろうという期待はしてはいけない。ここから先の部分では、哲学的懐疑論の意義を理解し評価するのに多少とも役立つものを提供するのが精一杯なのである。

私はこの後、具体的に数人の哲学者をあげて彼らの著作を詳しく説明し、検討を行う。私がそうした著作に対して言うべきことは、それら著作が示す個々の見解に限られず、もっと広い範囲にあてはまるものだと見てもらえたらよいと思っている。実のところ、私が論議する立場の一つ一つは、認識論において現在ふつうにとられているいろいろなタイプの理論やアプローチのうちのどれかを代表していると思う。対応する最新のタイプの例について論議していないこともあるが、その場合でもこのことは変わらない。どの著作をとっても、私は一度ならず強く引き込まれたことがあるし、ときには実際に納得させせられたこともある。それぞれの著作に対する不満が、おそらく次のきっかけとなり、現在の私は夢中になって、その手の哲学的知識理論がもつ本性ないし眼目——場合によっては、それがそもそも可能かどうか——の検討に取り組むことになったのである。ただし、これらに取り組む際もやはり、哲学的理論がどのようなものであるかについて、私は明確なことは何も提示していない。私はいくつかの見本を提示して、それらの検討を、外界についてわれわれがもつ知識の問題に照らしながら行っていくのである。おそらくこのようにしていくと、やがてある種のパターンが浮かびあがってくるであろう。

私がこの話題に取り組み、講義を行い、著作を残してきた長年の間、私に助成を与えてくれたのは、カリフォルニア大学バークリー校人文科学研究評議会、米国学術団体評議会、グッゲンハイム記念財団である。各団体には非常に感謝している。これらの団体のおかげなくしては、この本は存在しなかったであろう。

私はこれまで、これと同じかまたはこれと関連のあることを題材にしたさまざまな講義を、八カ国に及ぶ数々の大学で行ってきた。私が受けた反応と好意的な批判は多種多様であるが、それらが与えた影響は、本書全体にとって有益なものである。ただ、私にはもはや、それらの反応が誰からのものなのかは確認できないし、当人たちに個人的にお礼を述べられないのであるが、それでも、結果としてよかったことは確かである。目下の路線での一冊の本に相当する懐疑論研究の構想が私のうちに生じる契機となったのは、一九七七年の春にバークリーのゼミで私が行った一連の講義であると思っている。一九八三年の冬にもう一度連続講義を行ったが、その際には、この本になる一つ手前の草稿を、多くの明敏なバークリーの大学院生たちが念入りに読んでくれた。どちらの参加者にも、そして、もしや気が進まなかったかもしれないのに講義に拘束してしまった、数人のバークリーの学生に対しても、その尽力に対してお礼を述べておきたい。草稿を発展させる機会がなければ、この取り組みは、まだ始まってさえいなかっただろう。

本書の内容はすべて新たに執筆されたものである。しかし、ところどころで、過去に出版された私の論文との重複があるし、もとのかたちをかなりとどめているところもある。一九七七年にビーレフェルトで行われた「超越論的論証、および科学の概念的な基礎づけ」の会議のために、「懐疑論の意義（The Significance of Scepticism）」という論文を私は書いた。そこで素描した大まかな指針が、本書でさらに詳しく展開させようとしているものである。この論文は、その会議の会報である次の本に収録されている。*Transcendental Arguments and Science*, edited by P. Bieri, R. P. Horstmann, and L. Krüger（Reidel, Dordrecht, 1981）. 第4章で示す私のカント解釈の主要な考えは、「カントと懐疑論（Kant and Skepticism）」という以下の書物に寄稿した論文のうちにうかがうことができる。*The Skeptical Tradition*, edited by M. F. Burnyeat（University of California Press, Berkely, 1983）. 第6章は、「自然化された認識論の意義（The Significance of Naturalized Epistemology）」という論文の改定・拡張版である。この論文は以下に収録されている。*Midwest Studies in Philosophy, Volume Six: The Foundations of Analytic Philosophy*, edited by P. A. French, T. E. Uehling, Jr., H. K. Wettstein（University of Minnesota Press, Minneapolis, 1981）. 第7章の一部は、アメリカ哲学会でのシンポジウムに寄稿した「理性にかなった要求――カヴェルと伝統（Reasonbable Claims: Cavell and the Tradition）」からとられている。この論文は、*The Journal of Philosophy*, 1980 の一部として出版されている。今回のかたちでの出版を許可していただいたことに関して、関係する編集者ならびに出版社に感謝申しあげておきたい。

いまとなっては、本書に影響を与えてくれた、友人、知人、同僚、そして論評をしてくれた人の名前を、すべてこの場で枚挙することはとてもできない。そこで、彼ら全員にごく簡単な謝辞を述べることしかできない。ここ数年にわたって、私は確かに多くの人物との議論から収穫を得てきた。名前をあげれば、ロジャー・アルブリトン、マイルス・バーニェット、スタンリー・カヴェル、ドナルド・デイヴィドソン、バートン・ドレーベン、リンダ・フォイ、ギル・ハーマン、ローレンツ・クリューガー、トマス・ネーゲル、マーク・プラッツ、W・V・クワイン、ティム・スキャンロン、サム・シェッファー、ジュディス・トムソンらである。ジャネット・ブロートンには、執筆中の段階で何度か草稿を部分ごとに読んで批評してもらい、つねに的確な助言をもらったので、とりわけ助けてもらった。マイケル・フリードは、いつも刺激的な支援者であり、かねがね彼からは活かしきれないくらい多くのものを学ばせてもらった。

本書と深い縁があるのは、友人であり同僚でもあるトンプソン・クラークである。長年にわたって彼のおかげで得られたものを、すべて一つ一つ確認することはまったく無理なことである。第1章の内容の大半は、長い間私たちの間で共通の前提として当然のことであった。第2章のいくつかの着想を私が初めて発表したのは、一九六〇年代後半に行われた、彼との共同セミナーの場であった。それは彼の著述を受けて行われたものである。彼の著述は、伝統的認識論を支持するために言語哲学を受け入れようとするものであっても、当時の私には、オースティンに譲歩しすぎていたように思えた。このことについては、以来ずっとあれこれとかたちを変えつつも私たちは議論を続けている。第3章でのG・E・ムーアについての基本的な捉え方は、細かな文脈の違いを差し置けば、クラークの「懐疑論の遺産（The Legacy of Skepticism）」という論文のうちに見出すことができる。その論文で提示された論点についてさらに彼と話しあうことで、私は彼が「ふつうのこと」と「哲学的なこと」と呼んで区別するものについて把握することができた。この区別は本書の全体を通じて、いろいろなかたちで現れるものである。またその区別は、第4章で私が説明を試みている「超越論的なもの」というカントの概念を理解するのにも有益だった。検証主義は、同種の区別について、おそらくさらに明瞭な別の例を提供してくれ、また第5章で私が検証主義に対して述べるいくつかの不満は、おそらくは一九六八年の私の論文「超越論的議論(Transcendental Arguments)」の背後にもあったことに私は気づいた。第6章は、一九七〇年代後半にクラークと私で担当した共同授業でなされた、クワインに関する討論に端を発している。そして私は、「外的なもの」と「内的なもの」についての考えを自分なりに発展させた。おそらくこの考えは私たち双方が追求してきたものであると思っている。第7章は、一九七二年のアメリカ哲学会の会合で「懐疑論の遺産」に対して私が提示した応答の一部と、スタンリー・カヴェルについての私の解釈の一部を含んでいる。どちらについても、私たちは幾度に渡って議論を交わしてきたのである。

しかしながら、クラークが本書に対して与えた影響がうかがい知れる章や話題を具体的に枚挙し尽くしても、十分ではないであろう。ここ二十年間、私は彼の著作に親しみすぎてしまったので、その間に彼からどれほどのものを得てきたのかは定かでないのである。間違いなく私たちはこれまでお互いに影響しあってきたのだが、この交友関係から私のほうが受けた影響は、彼のほうが受けた影響に比べると、もっと広い範囲に浸透していて、特定しがたいものになってしまっている。伝統的認識論について考えるときだけでなく、哲学について考えるときの私の思考法が丸ごと、見えないかたちで彼に影響されてきたのである。そのように言ってもまったく誇張にはならないし、そのことを確認する機会をここでもてたことを私はうれしく思う。私が吟味する問いを彼は同じようには扱わないだろうが、私のほうは、もし彼がいなかったなら、このようには考察を進めていないであろう。この主題に関して私たちが共有している捉え方にこの場で言及したことによって、彼自身がこの問いに提供した実に特別な貢献がさらに哲学界で活かされることになれば、それは私にとって喜ばしい限りである。

こうした哲学上の謝辞に加えて、最後に一言、本書が最初に著された場所である、「いとも晴朗なる水の都」、ヴェネツィアに対しても感謝の念を示しておきたい。おそらく、地上でこの場所ほど外界の実在について思索するのに適したところはほかにはない。そこで知りあった人たちの疑いようのない本当の温かさと好意がなければ、懐疑論の処方でなく、鞄を手に抱えて、私は陸地のほうへと踵を返していたかもしれない。

バリー・ストラウド

第1章　外界の問題

少なくとも十七世紀のデカルト以降、問われ続けてきた哲学上の問題がある。それは、われわれを取り巻く世界についてわれわれがもっている知識をめぐる問題である。(1)ごく単純に述べれば、その問題が課しているのは、世界についてそもそもわれわれが何らかの知識をもつことはどのようにして可能なのか、それを示すことである。われわれにはそういった知識はもてない、われわれを取り巻く世界については誰も何も知らない、そのような結論を下すのは、私の言い方では「外界についての懐疑論」である。そこで、その問題によって課されていることを次のように言い換えることもできるであろう。つまり、外界についての懐疑論がどうして正しくないのかを示すことである、というようにである。私のねらいは問題を解決することではなく、理解することにある。思うに、この問題に解答はない。というよりも、意図されているとおりにこの問いを理解したならば、そのときの答えは、われわれを取り巻く世界についてわれわれは何も知りえない、というものにならざるをえないと私は思っている。だが、この問いはどのように理解するように意図されているというのか。この問いを表現するには、誰もが知っている言葉を用いるだけで済むし、多言を要しない。けれども、私の示そうとしていることが正しいとすれば、次のように言うことができる。すなわち、この問いがもつ特別な哲学的特徴を理解し、また、問いに対して与えられる答えはどうしたって満足のいくものとはならないということを理解するためには、問いを表現する言葉を理解しただけではおぼつかないのである。したがって、問題がどのように理解されるように意図されているのかを探るには、問題の源泉とでも言い表すべきものを調べなければならない。すなわち、この問題がどのようにして生じるのかを調べなければならないし、さらには、満足のいかない否定的な答えに至ることを避けられなくしている特別な哲学的特徴を、どのようにしてこの問題が獲得するのかを調べなければならないのである。われわれが理解しようと努めるのは、外界についてわれわれがもつ知識をめぐる、この哲学上の問題である。

　この問題がデカルトに立ち現れたのは、自分が知っているすべてのことにデカルトが反省を加えていたときのことである。その人生の転機においてデカルトがたどりついたのは、それまで教わってきたことや聞かされたことのすべてに対し、腰を据えて反省を加えようという地点であった。すなわちデカルトは、自分が学んだこと、見出したこと、信じるようになったことに対して反省を加えようとしたのであり、そのような反省を、知識や信念をもち始めた年齢にまでさかのぼって片っ端から行おうとしたのである。(2) デカルトは自分の知識を反省していた。そうも言えるかもしれないが、そう言ってしまうと、デカルトが一つ一つ注意を向けていたものが実際にも知識であったかのように響きかねない。そうではなくて、それらが知識であるのかどうかということをこそ、デカルトは確定したかったのである。「私が信じていたり真だと見なしたりしているすべてのことがらのうちで、どれが知識に相当し、どれが知識に相当しないのか。」そうデカルトは自問する。これは明らかに、きわめて一般性の高い問いである。

というのも、信じていたり真だと見なしたりしていることすべてについて問うているからである。とはいえ、見方を変えれば、われわれにとってこのような問いは日常生活においてのありきたりのものとまったく変わらないし、たいていの場合はどうしたら答えられるかまでもわかっている、というようにも感じる。

たとえば、私は長年のうちに、ふつうの風邪に関して非常に多くのことを受け入れるようになった。風邪をよく引くのは、足をぬらしたり、風にあたってじっとしていたり、寒い日に髪を乾かさずに外出したりしたときだといつも聞かされてきた。ふつうの風邪の原因はすでに感染した人が媒介するウイルスだとも教わった。それに、疲れ切っているときや、ストレスのあるときなど、体調が万全でないときには風邪を引きやすいということも信じている。反省を加えてみると、これらの信念の中には対立しあうものもあるようである。だとすると、これらの信念がすべて真だということはまずありそうにない。ひょっとするとそういうこともありうるのかもしれないが、恥ずかしながら私にはよくわからないことがたくさんある。ふつうの風邪について私がもっているすべての「知識」に関して腰を据えて考えようとすると、疑問がたちまち浮かぶかもしれない。そのうちのどれだけのものが本当に知識に相当し、どれだけのものがそうでないのか。私はふつうの風邪について何を本当に知っているのか。このことを追求したいという興味を強く抱いたならば、私はおのずと、自分の信念の源泉を調べるであろう。たとえば、寒い日に髪がぬれていたり、風にあたってじっとしていたりすることも風邪と関係していると私は考えているが、私はもっともな理由があってそう考えるようになったのか。私にそう教えた人々は、もっともな理由からこれらのことを信じるようになったと言えそうか。こうした信念はただの迷信にすぎないのか、それともこれらの信念は本当に真であって、ことによるとそれらが真だと知っている人すらいるのか。そういう問いを私は立てるのであろう。そして、それらに答えるためにはどうすればよいか、少なくともおおよそのところはわかっているのである。

ふつうの風邪について私がもっている知識のすべてが同時に真だということはありそうもない、という個人的な印象は別にすると、私は何の理由も述べずに、その主題に関わる私の知識のありさまを吟味することに関心が置かれるものとしてきた。だが、さしあたりは理由を述べなくとも、反省を伴うこの取組みを理解したり実行したりするには困らなそうである。ここでの取組みには不可解なところはない。この種の課題に着手するに至る理由は多々ありうるし、それもたいてい至極もっともな理由である。というのも、知識や確たる信念のほうが、あてずっぽうや希望的観測や単なる思い込みよりもよいと考えるのは、至極もっともな理由があってのことだからである。

知識と推定されるものについて反省を加えたり吟味したりするとき、それは必ずしも広範な関心領域にまで及ぶ必要はない。きわめて特殊具体的なことがらであっても、私が信じていることに関して、あるいはずっと思い込んでいたことに関して、私はそれを本当に知っているのか、と問うことが重要になることもあろう。私が陪審員であるとしよう。そのとき、一人の被疑者について、犯罪の起きた時刻に彼がいたのが千マイル離れた都市のクリーブランドであったことを理由として、その人物を頭の中で除外していたと気づくかもしれない。だがこの場合、被疑者がそこにいたということを私は本当に知っているのか、と自問するようになるかもしれない。私は自分の信念の源泉に反省を加えることになるはずだが、それでもこの場合は反省をするといっても、私がこの件について知っていると思っているすべてのことがらについて、一般性をもったかたちで精査をするとは限らない。その男のアリバイと、アリバイの証人を信用するための根拠とをあらためて調べれば、それだけで満足するかもしれない。すると、その際に私は、そのアリバイが裁判上の争点に関して信頼の置けるものだということにこそ、自分はずっと依拠してきたのだと気づくかもしれない。

何か具体的なことにまつわる知識に関して、または、何か一般性の高い領域での知識に関して、吟味をしたり再検討をしたりしようとするのは、われわれにとってはごくありふれたことである。こう指摘するからといって、その際の問いを解決するのがつねに簡単だと言いたいわけではない。個々の事例の性格によっては、確たる結論に達することは非常に困難かもしれないし、ことによるとその時点では不可能かもしれない。たとえば、信念の源泉を探して査定することが、私にとって不可能でなくともおそらく非常に困難であるような例として、ふつうの風邪について私が信じている多くのことがらをあげることができよう。ところがその一方で、問いに答えることが不可能でもなければ、特に難しいものですらない場合も確かにある。事実、われわれはときとして、それまで知っていると思っていたことに関し、それを本当には知らないのだということを見出すことがある。そのときわかるのは、それまで信じていたことが真ですらなかった、ということかもしれない。風にあたってじっとしていることは、そもそも風邪を引くこととは関係がないことがわかった、というのはその一例である。もしくは、そのときわかるのは、十分な理由もないことを、もっと言えば、十分な理由があったためしもないことを、自分が信じていたということかもしれない。男のアリバイは、彼の友人たちがでっち上げ、偽証したものだというこことがわかった、というのはその一例である。どちらの場合でも、私が理にかなった結論を下すならば、この件に関しては、それまで自分が知っていると思っていたことは、私であれ、そしてこの件についてはほかの誰であれ、知っていることなどではなかったのである。われわれは、ごくありきたりのこととして、自分がもつ知識の再検討を日常的に行っているし、ごくありきたりのこととして、ある場合には肯定的な裁定に至ったり、別の場合には否定的な裁定に至ったりという経験をするのである。

自分が知っていることは何か、またどのようにしてそれを知っているのか、ということにデカルト自身が関心を抱く際、その背後には、「理性をよく導き、もろもろの学問において真理を求める」ための、一般性をもった方法の探求というものがある。(3) デカルトが望む吟味方法とは、その方法に正しく従う場合には真理のほかには行きつくところがない、と前もって確信することができるような方法である。とはいえ、そうした探求を行うのが賢明であることを認めたり、その計画が実行可能であることを認めたりしなくとも、デカルトと同じ道を進むことはできるであろう。つまり、もろもろのことを信じるにあたって自らが立っている場所を、一般性の高いかたちで査定することはできるであろう。デカルトは、知識と推定されるものが、一般性の高いある点において不十分であることに気づくに至る。そして、デカルトがこの否定的な査定をそもそも行ったときから、私が気にかけている問題は生じているのである。デカルトによるその査定を「否定的」と私が呼ぶのは、「第一省察」を通じてデカルトが見てとったことに基づいている。というのも、「第一省察」によれば、自らを取り巻く世界について何かを信じるのにもっともな理由はなく、それゆえ外界については何も知りえないとされるからである。

その査定はどのようにして行われるのか。またその査定は、どの程度まで類比によって捉えることができるのか。すなわち、自分がもっている知識の再検討を行うときに、日常生活の中で誰もが知っている方法を用いる、というごくありきたりのことがらと比べたとき、両者はどれくらい類似しているのか。ここで問題にされている問いは、これ以降ずっと、さまざまなかたちをとりながらわれわれにつきまとうことになる。その問いとはつまり次のとおりである。外界についてわれわれがもっている知識をめぐる問題とは、正確に言うと、結局何に相当するのか。そして、この問題が特別な哲学的特徴をもって生じるのはどのようにしてなのか。この問題の源泉は、デカルトが携わるたぐいの思考の内部か背後の、どこかに探しあてられるはずである。

自らの知識についてのデカルトの問いが、先にとりあげたような日常的な問いの例と異なっている点がある。その一つは、自分が信じていたり真だと見なしたりしているすべてのことがらに関わっているという点である。自分の知識をすべて一度に査定するということは、どうしたらできるのか。私には、ふつうの風邪について自分が信じていることをいくつか列挙することはできた。そして、それら一つ一つを私は本当に知っているかと問うことができたし、知っている場合にはどのようにしてなのかと問うこともできた。確かに、私は信じていることをたくさん列挙することはできるし、列挙したものを見てみれば、もっともっと多くのものをただちに是認するであろう。だが、言うまでもなく、このように逐一見ていくやり方では、私が信じていることをすべて査定できる望みはない。それは一つには、信じていることの数について語ることが厳密にはおそらく無意味だからである。自分の信念の中に「夕べは映画を観に出かけた」が含まれているかと聞かれれば、私は何の違和感もなく「含まれている」と答えることができる。では、自分の信念の中に「夕べは映画に出かけた」が含まれているかと聞かれたらどうか。私は今度も同じように答えるであろう。すると私はそう答えることによって、自分がもっている信念のうち、二つを特定したのか、それとも一つだけを特定したのか。いったいどうやってこの問いに決着をつけるべきなのか。信念のうちの一つだけを特定したのだ、と言うとしよう。その場合には、ここで私がもっている信念はそれだけではない、とも言わなければならなくなってしまいそうである。つまり、映画を観に出かけることと映画に出かけることとはまったく同じことであると私は信じている、というわけである。すると結局は、複数の信念が出てきてしまう。信念の実際の数にたどりつくどころか、信念の数を数えるための方針にたどりつく見込みすら薄い様子である。

信じていることがらの数を数えるということが仮に意味をなすとしても、まず明らかに、その数は無際限に大きい。したがって、信じていることを一つ一つ査定していっても、それを完遂することはいずれにしろ絶対にできない。このことは簡単に見てとれる。それには、われわれが知っているごく単純なことをいくつか考えてみるだけでよい。たとえば初等数学における知識でよい。私が知っていることの一つに、一足す一は二に等しいということがある。これとは別に私が知っていることの一つに、一足す二は三だということがある。ほかにも、一足す三は四だということがある。このことから明らかなように、自分の知識を査定するという課題を終わらせようと思っても、この一連のものについて私がもっている個々の信念にとっての源泉を、それぞれ別々に吟味していかなければならないとしたら、それは無理である。しかも、仮にそれを完遂したとしても、私が査定し終えるのは、与えられた数と一という数との足し算について私が知っていることがらだけである。同じことは二の足し算についてもまだやらなければならないし、その次は三の足し算について、と続いていく。それに、それをやったとしても、汲み尽くせるのは足し算についての信念だけである。数学に関して私がもっているその他すべての信念、その上もちろんのこと、私がもっているその他のすべての知識が、調べられることなくその時点で残されていることになる。明らかにこの仕事は、逐一、一つ一つやっていく仕方では行うことができない。何らかの方法を見つけて、たくさんの種類の信念を一度に査定しなければならないのである。

そのための方法の一つは、われわれの信念に共通の源泉、経路、基盤といったものを探し、その源泉、基盤が信頼できるかを調べるというものである。このやり方はちょうど、被疑者がクリーブランドにいた、という信念の源泉、基盤を調べたときのものと同じである。デカルトはそのような探求を、人間の知識にまつわる「原理」の探求として記述する。信用するための根拠があるかどうかを一般性をもったかたちで吟味することが可能な「原理」をいくつか見つけ出そうというのである（HR、一四五頁［邦訳、二四頁］）。仮にいくつかの「原理」が、われわれのもっている知識のすべて、もしくはその大半に関わりをもっているということが明らかになったとする。その場合、それらの「原理」が信頼できるかを査定することで、われわれがもっている知識のすべてかその大半を査定することができるはずである。たとえば、もっともな理由が見つかり、そのため、被疑者のアリバイは信頼できないと私が疑うようになったとする。また、それまで私は、アリバイが信頼できるということにだけ依拠し、被疑者がクリーブランドにいたという信念を保持していたのだとする。この場合、被疑者がクリーブランドにいたという知識が私にはあるとそれまで思っていたのだが、そのことはその時点で不十分だとわかるか、あるいは疑わしいとされるであろう。その知識の源泉、基盤となっていたものは、その時点で掘り崩されるであろう。こういったことは次の場合でも同様である。いくつかの「原理」ないし基盤の上に、世界について私がもっているすべての知識が成り立っているとしたとき、そうした「原理」のうちの一つでも信頼できないということがわかったとしたら、その限りにおいて、世界について私がもっている知識も、その時点で不十分だとわかるか、あるいは、疑わしいとされるであろう。

人間の知識にまつわる重要な「原理」という、デカルトの言うようなものはあるのだろうか。人間という生き物についてほんの少しでも反省を加えてみるならば、感覚というものが重要だということに納得するであろう。すなわち、視覚、聴覚、触覚、味覚、嗅覚の重要性である。デカルトは次のように言ってこの論点を強調した。「これまでに私がこの上なく真であり確実であると認めてきたすべてのものを、私は、感覚から受けとったか、あるいは、感覚を通じて受けとったのである。」（HR、一四五頁

〔邦訳、二四〜二五頁〕）ここでデカルトが「感覚」にはたして何を含めるのかは少しはっきりしないかもしれないが、仮にそのことが曖昧なままであっても、多くの哲学者たちはデカルトが言っているとおぼしきことを否定するであろう。哲学者たちは、たとえば次の旨を主張するであろう。すなわち、私が先に述べた数学的知識の獲得は、感覚から、または感覚を通じて果たされるのではないし、そうするのは不可能なことなのだから、私が知っているすべてのことを、デカルトの言うような仕方で知っているわけではない、と主張するかもしれない。数学的知識が非感覚的な特徴をもつと信じる人たちの見解を、デカルトは本当に否定しているのか。もしそうだとしたら、デカルトは正しいのか。そういった問題点はいまは脇に置いてよい。感覚が人間の知識にとって少なくとも非常に重要だということは明らかである。昔から五感と言われてきたものだけに話を限っても、その重要性を見てとるきっかけは、五感なしではどれだけわずかのことしか知りえないかを反省することによって得られる。生まれつき目と耳が不自由で、なおかつ味蕾や嗅覚ももたない人が知っていることと言えば、何についてであれきわめて少ないであろうし、それは彼がどれだけ長生きしたとしても同じであろう。その上、彼が麻痺状態だったら、と想像したり、彼に触覚もなかったら、と想像したりした場合には、彼を人間という生き物のうちに入れることすら無理のあることになってしまうかもしれない。いずれにせよ、そこまで広げて考えたところで、人間の知識について何かを学ぶことは期待できない。感覚が知識にとっての源泉、経路として重要であることは否定できないようである。だとすれば、感覚の重要性を認めた上で、この源泉の信頼性を査定することができそうである。このことは、われわれのもつすべての知識がそのような仕方でやってくるのか、という難しい問いとはまったく独立のことがらである。するとわれわれが査定することになるのは、「感覚的な」「経験に基づく」「経験的な」知識とよく表現されるものを信用するための根拠であり、後に見るように、それを査定しさえすればまったく十分なのである。

われわれの知識にまつわる「原理」ないし源泉として、きわめて重要なものをわれわれは探し出したのだとしてみよう。ではどのようにして、この源泉から得られる知識のすべてに関して、吟味や査定を行うことができるのか。ここでも先ほどと同じ問題に直面する。つまり、この基盤に基づいてわれわれが信じていることがらを汲み尽くすことはできず、そのため、逐一、一つ一つやっていく手順ではうまくいかないのである。けれども、いっぺんに否定的な査定を成し遂げることはできる。次のようにも見えるであろう。すなわち、感覚がわれわれの信念の源泉としてあげられることがわかったのなら、そのことだけで、知識と推定されるもので感覚に由来しているものはすべて不適格であると宣告できる場所にわれわれは立つようになる、というようにである。一部の哲学者はそう考えてきたように見受けられるし、多くの哲学者はデカルトもまたそう考えたのだとまで思っている。その考えをもう少し述べると、次のとおりである。私が、自分の信念のもつ信頼性を査定している最中であり、知っているつもりのことを本当に知っているのか、と自問している最中であるとする。その途中で、感覚を通じてもたらされた信念の大集合に出くわしたとする。すると、そのことだけで、これらの信念は信頼性をもたない、または知識に相当しないとして、そのすべてを退けてしまうことができる。というのも、明らかな事実として、感覚に基づく私の信念はときおり誤っていることがありうるからである。ものごとは見えている現れどおりとは限らない。ゆえに、ものごとの見かけのありように基づいて、ものごとの本当のありようもそうだと信じているのなら、私は誤ったままかもしれないのである。見えている現れに惑わされていたことに気づくという経験は、誰もが一度や二度はしたことがある。われわれは感覚が信頼できるとは限らないということを知っているのである。それならば、われわれは次のように結論すべきではないか。知識の源泉として一般性をもつものだと認めるには、感覚は信用するに足らない。デカルトが述べているように、「ただの一度でもわれわれを欺いたことのあるものには、全幅の信用を置くということ」（HR、一四五頁［邦訳、二五頁］）は決してしないのが、より分別のある態度なのではないか。こうして、感覚を用いて獲得した信念はどれも完全には信頼してはいけないと述べて、完全に一般性をもつ仕方で不適格の宣告を行うことが可能なのではないか。

　私の考えだと、この最後の問いの答えは「いや、可能ではない」である。デカルトもこの答えに賛成するであろう。もちろん、デカルトは、感覚がわれわれを「欺く」場面をあげて現に語っているし、そのことだけで、感覚一般は知識の源泉として不適格であると宣告するのに十分かどうかと、現に問うてもいる。けれども、デカルトは同時に、次の明白な事実にわれわれの目を向けさせる。すなわち、感覚がわれわれを「欺く」状況というのは、おそらく特殊なものであるし、それが特殊だということも確かめられるようなものであるから、感覚が間違う場面もあるからといって、感覚の信頼性を全部まとめて不適格と宣告するということが支持されることはないはずである。

　古来持ち出される例だが、ときとして、遠くからだと円く見える塔が実際には四角いということがある。そのとき見えている現れだけを頼りにするなら、遠くにある塔は円いとわれわれは言いかねないし、そうすると誤りを犯すことになるであろう。またわれわれは、裸眼では見えない小さな生き物がたくさんいるということを知っている。私の前にあるテーブルはいまそのような生き物でいっぱいなのに、テーブルを見て「テーブルの上にはいっさい何もない」と言ったとしたら、またもや私は誤りを犯すことになるであろう。だが、これらのありきたりの事実から出てくるのは、デカルトの指摘するとおり次のことだけである。すなわち、感覚にすっかり頼っているときには、ある種のことがらに関して間違いを犯すし、ある種の場面にあっては誤った信念をもつ、ということだけである。だとすれば、感覚に基づいて信じていることに関しては、慎重を期すべき場合がある。場合によっては、ものごとのありようについてのどんな言明にも同意するのを控えるべきである――たとえば、事物が遠くにありすぎてきちんと見えない場合や、事物が小さすぎてそもそも見えない場合である。とはいえ、明らかにそれだけでは、感覚を決して信用しないという方針は支持できない。すなわち、感覚に基づいて何かを信じたりは決してしないという方針は支持できない。また、感覚を用いて何かを知ることは決してできないということも示されていない。私の車のエンジンは、二年の間、毎朝すぐにかかっていたとしよう。海抜ゼロメートルでの穏やかな日のときの話である。ところがある朝、高い山の上での凍えるような日に、エンジンがかからないということがあったとする。この場合、標高の低い穏やかな場所から車をもっていったのが間抜けなことなのであって、元の場所に戻ってもエンジンが再びかかるとは決して思わない、という方針を支持することはできない。また、今後ともエンジンが再びかかるかどうかは決して知りえない、ということも示されてはいない。示されているのはただ、状況によっては十分に信頼できる車でも、ある種の状況の下ではエンジンがかからない可能性もあるということだけである。したがって、感覚に基づいて判断すると誤ったり「欺かれ」たりすることがあるという事実があるとしても、そのことだけでは、感覚は決して信用できない、それゆえ知識の源泉としては決して信頼できない、ということが示されるわけではない。

感覚で得た知識すべてに対し、デカルトは否定的な査定をした。だがそれは、いま述べたような論法で成り立っているのではまったくない。デカルトによる吟味はむしろ、感覚が知識の源泉として信頼に足るはたらきをするであろうような、きわめて好都合な条件から始まっている。「第一省察」に書かれている哲学的反省をまさに展開しているとき、デカルトは暖かい部屋で腰掛け、暖炉のそばで、冬着をまとい、紙を一枚手にしている。デカルトは気づく。円く見える遠くの塔が本当に円いということは疑いうるかもしれないが、自分が本当に暖炉のそばに腰掛けており、冬着をまとって紙を一枚手にしているということを疑うことは不可能に思える。確かに暖炉や紙は、小さすぎることはないし、遠すぎてきちんと見えないということもない。それらはデカルトのすぐ目の前にある。周囲で起きていることについての信念や知識として、信頼に足るものを感覚を用いて得ようとするならば、おそらく彼はありうる最良の場所にいるのである。デカルトはまさにそう評価している。この種のことに関して、それが可能な最良の事例であればこそ、自らを取り巻く世界についての知識のうち、感覚によって得られたものを、すべて一挙に吟味したり査定したりすることができるとデカルトは考えるのである。暖炉のそばに腰掛けて紙を一枚手にしているということは、この特定の状態において知識と推定されるものであるが、その推定知識に対してデカルトは裁定を下す。そして、その裁定が、感覚は自らを取り巻く世界について知識をもつときの源泉なのかどうかということに関し、完全に一般性をもつ査定を行う基礎を提供するのである。

どのようにしたらそうなるのか。どのようにしたらデカルトはそうも簡単に、たった一つの例から、感覚で得た知識すべてに対する一般性をもった裁定に達することができるのか。明らかなのは、一つの具体例から、感覚で得た知識のすべてへと単に一般化をしているわけではないということである。すべての赤毛の男性について結論を下すときに、一人か二人の個人の例に基づくというのはとんでもない飛躍であるが、デカルトはそのようなことをしているのではない。正しくは次のとおりである。自らがもつ確信の具体例としてデカルトがあげているのは、暖炉のそばに腰掛けて紙を一枚手にしている、ということである。この例が代表しているのは、われわれを取り巻く世界についてのことがらを感覚に基づいて知る際にわれわれが立ちうる場所の中でも、誰にとっても最良の場所である。この例がまさしく代表的なものであり、例そのものがもつ特別な性質の影響を受けないとしたら、その例に関してあてはまることがらは、一般性をもった結論を出す際の正当な裏づけとなりうる。たとえば、特定の二等辺三角形について、ある種の性質をもつことの証明がなされたとする。このとき、すべての二等辺三角形がその性質をもつことの証明がなされたと見なしうる。それは、もとの実例がその種類全体の典型や代表である場合である。一般に感覚を信頼することが可能なのかをデカルトは吟味するが、はたしてその吟味は本当に、このなじみの型どおりにいくのか。これは難しい問題である。デカルトの念頭にある例は、われわれを取り巻く世界に対してわれわれがもっている関係を代表していると見なしうるのか。あるいは、いったいどのような意味でそう見なしうるのか。これらの問いが、外界についての知識をめぐる問題を理解するための鍵である。そればかりではない。デカルトが否定的な結論に達する方法に関して、不当なところは何もないとなれば、その問題がきちんと提起されることになるであろう。

さしあたり、デカルトの論法については少なくとも以下の程度のことが言えるであろう。デカルトは一つの状態を選び出す。というのも、そのときの状態が、世界について知る際にわれわれが立ちうる場所として最良のものを代表すると見てとったからである。つまり、そうした場所に立っているにもかかわらず、暖炉のそばに腰掛けて紙を一枚手にしているということを知りえないのならば、別の状態にあっても、自らを取り巻く世界について感覚に基づくことで何かを知ることはできない、ということである。選び出された場合について否定的な裁定が下されれば、ほかのどの場合についても、否定的な裁定を出す裏づけになろう。そのような意味で、デカルトの念頭にある例は、自らを取り巻く世界について感覚で得た知識となりうるものの中でも、最良のたぐいだとされるのである。思うに、われわれは次のことを認めねばならない。すなわち、デカルトでも誰でも、自らを取り巻く世界について感覚に基づくことで何かを知ろうとした場合には、デカルトの例にまさる境遇がどのようにすればありうるのかを見てとることは非常に難しいのである。そして、それにまさる場所に立つことが誰にとってもありえないのだとすれば、結論はおのずと出てくるであろう。すなわち、どんなかたちであれ、否定的な裁定がこの例に関して下されたならば、すなわち、この場合のデカルトの信念が信頼できないということ、あるいは知識に相当しないということが、どんなかたちであれ見出されたならば、このことを一般化することに差し支えはなく、世界について感覚で得た「知識」すべてに関し、否定的な結論を導くことができるというわけである。信用するための根拠として考えられる最良のものを備えた候補者に関して、それが不十分であることがわかったならば、それほどのたいした根拠も備えていない候補者には、押しなべて不足があることにならざるをえない。

一見すると次のように見えるであろう。つまり、こうした具体的な事例においてデカルトが知識をもつかどうかに問題全体はかかっている、と譲歩しただけでは、ほとんど何も譲歩したことになっていないように見えるであろう。先の場面において、デカルトは自らを取り巻く世界について自分が知っていると思っていることを本当に知っている、というのは明らかなようにも見えるのである。だが実は、デカルトが見てとったところによると、暖炉のそばに腰掛けて紙を一枚手にしている、ということを、この場合の彼が知っていることはありえないのである。もしこの例が、感覚で得た知識一般を間違いなく代表しているのであれば、自らを取り巻く世界については誰にも知ることができないということが明らかにされることになるのである。しかし、デカルトはいったいどのようにして、彼の念頭にある具体的な事例について、否定的な裁定に達することができるというのか。はたしてどうすれば、暖炉と紙がそこにあるというような事例において、疑いをもつことができるというのか。紙はデカルトの手にあり、暖炉は彼の開いた目のすぐ前にあり、その暖かさを感じてもいる。気が狂ってでもいなければ、この状況で周囲に起きていることについて何かを知りえないとは言えないのではないか。デカルトははじめ、「そのとおりだ」と答える。デカルトが言うには、そのような状況にいるにもかかわらず、自分が暖炉のそばに腰掛けて紙を一枚手にしていることを疑ったり否定したりしようものなら、それは気が狂っているのであり、それは自らを王と称する貧乏人や、自分はかぼちゃやらガラスで作られていると思っている狂人と同じなのである。ところがデカルトの反省は次のように続く。

けれども、私は人間ではないか。夜には眠るのをつねとし、夢の中で、彼ら狂人たちが目覚めているときに体験するのと同じことをすべて体験し、ときにはもっとありそうもないことをさえ体験するところの人間、ではないか。夜の眠りの中で、いかにしばしば私は、ふだんのとおり、自分がここにいるとか、上衣を着ているとか、暖炉のそばに腰掛けているとか、信じることであろう。実際は、着物を脱いで床の中で横になっているのに。しかし、いま私がこの紙を見つめている目は、確かに目覚めたものである。私が動かしているこの頭はまどろんではいない。この手を私は、故意に、かつ意識して、伸ばすのであり、伸ばすことを感覚している。これほど判明なことが眠っている人に起こるはずはないであろう。とはいえ私は、別のときには夢の中で、やはり同じような考えに欺かれたことがあったのを、思い出さないだろうか。これらのことを、さらに注意深く反省を加えてみると、覚醒と睡眠とを区別しうる確かなしるしがまったくないことがはっきり知られるので、私はすっかり驚いてしまい、もう少しで、自分は夢を見ているのだ、と信じかねないほどなのである。（HR、一四五～一四六頁［邦訳、二五～二六頁］）

この考えが正しいのなら、デカルトは世界全体を失ったのである。彼は自分が何を経験しているのかを知っている。彼はものごとが彼にどう現れているのかを知っている。けれども彼は、自分が実際に暖炉のそばに腰掛けて紙を一枚手にしているのかどうかを知らないのである。デカルトにとっては、それはまさにあたかも暖炉のそばに腰掛けて紙を一枚手にしているかのようである。しかし彼は、本当に暖炉や紙がそこにあるのかどうかを知らない。自らを取り巻く世界で本当に何が起きているのかを知らないのである。デカルトは次のように悟る。自らを取り巻く世界で何が起きているのかについて、学びうるすべては感覚からやってくるのだとした場合に、夢を見ているのかどうかが感覚を用いてもわからないのだとしたら、自分が感覚で得ている経験のすべては、単に自らを取り巻く世界について夢を見ているだけだということと両立し、そのとき実際は、世界は自分が思い込んでいるのとはずっと異なったあり方をしているということがありうるのである。だからこそ、デカルトは、自分が夢を見ていないと見きわめる方法を見つけ出さねばならないと考えるのである。気が狂ってなどいなくとも、この事例の中で自分が知識をもつことは否定しうるとデカルトは考えている。それどころか、自分が夢を見ている可能性を認めることが「有力な、熟慮された」（HR、一四八頁［邦訳、三〇頁］）理由となり、自らを取り巻く世界におけるものごとのありようについての判断を控えることにもなるのである。デカルトの考えでは、次の主張はいかにも合理的である。すなわち、自分が暖炉のそばに腰掛けているのを知っているためには、自分が暖炉のそばに腰掛けている夢を見ているのではないということを知っていなければならないという主張である。これが、自らを取り巻く世界について何かを知っているための必要条件とされる。そしてデカルトは、この必要条件が満たされえないということを見てとる。注意深く反省を加えた結果、デカルトが見出すのは、「覚醒と睡眠とを区別しうる確かなしるしがまったくない」ということである。自分が夢を見ていないということを見きわめることができないので、自らを取り巻く世界については何も知らないのだとデカルトは結論する。自らを取り巻く世界について何かを知るために必要な条件で、満たすことのできないものが一つはあるというわけである。

デカルト的問題とは、外界についてわれわれがもっている知識をめぐる問題であるが、それはいまや次のようなものとなる。感覚によってもたらされるものがデカルトの言うようなものでしかないとしたら、感覚に基づくことによって、自らを取り巻く世界について何かを知ることがどのようにしてできるのか。デカルトの見解では、感覚を通じて情報を得ても、その情報は自らを取り巻く世界について夢を見ているということと両立し、そのとき、われわれは世界について何も知らないのである。だとすれば、感覚を用いて世界について何かを知ることがどのようにしてわれわれにできるのか。デカルト的論証によって、われわれの知識に対して難題がつきつけられるのである。そして、外界についての知識をめぐる問題がわれわれに課すのは、どうすればこの難題に応じられるのかを示すことである。

デカルト的論証、デカルトの懐疑的結論、デカルトの否定的な裁定、などと言ってここで私が論じているのは、もちろんあくまで、デカルトが「第一省察」の終わりで自分が立っていると見てとった場所のことである。その段階でデカルトは外界をめぐる問題を見出し、これを述べた上で、『省察』の残りでこれを解決しようととりかかる。そして「第六省察」の終わりになると、デカルトは自らが最初は疑問を付したありきたりのことがらのほとんどに関して、それを知っているのはどのようにしてか、ということについては説明し終えたと考えるのである。したがって、私がデカルトの見解として、われわれを取り巻く世界についてわれわれは何も知りえない、と言うときには、それが熟慮の末にデカルトがもった最終的な見解だと示唆するつもりはない。その結論に追い込まれるのがほとんど避けられないとデカルトが感じたのは、あくまで反省を行ったはじめのほうの段階なのである。それでも、こうした段階でのデカルトの考えのみが、ここでの私の関心である。そのような段階においてこそ、外界についてわれわれがもっている知識をめぐる哲学上の問題は提出される。そして、ありうる解決案を検討する前に、問題が何なのかをわれわれが正確に理解しているということを確かめておかなければならない。

　問題がわれわれに課すところを私は次のように記述した。すなわち、自らを取り巻く世界について知識をもつことが、感覚を用いることでどのようにして可能なのか、それを示すこと、説明することである。留意しておくべきなのは、そうした説明が求められるとき、われわれは世界について自分がもっている知識に対する難題、ないしは知識に対する障害らしきものに行きあたっているということである。デカルトが夢を見ているという可能性は、暖炉のそばに腰掛けているのを彼は知っているとする上で障害となる。そこで説明されねばならないのは、その障害を回避することや克服することがどのようにして可能かである。示されねばならないのは、あるいは説明されねばならないのは、世界についてのことがらをわれわれが知るのはどのようにして可能なのかである。しかも、われわれのもつ感覚経験は、自分が夢を見ているだけだということと両立するという前提があるにもかかわらずである。障害のように見えるものがあるにもかかわらず、何かが可能であるということを説明するためには、当のものが不可能ではないということを示すだけでは足りない。つまり、その当のものが論理学の原則や自然法則と整合するということから、その意味でその存在が可能であるということを示すだけでは足りない。その事態が単に可能だというだけでは、われわれを取り巻く世界についてわれわれがもっている知識はどのようにして可能なのか、という問いに決着はつかない。われわれに不可欠なのは、障害のように見えるものをどのようにして避けて通るべきかを理解することなのである。

デカルトの論法を検討し、批判するための論点はさまざまにある。多くの哲学者がこの論法を何世紀もかけて綿密に精査してきた。一方で、デカルトの論法は多くの哲学者によって受け入れられてもきた。もっと言えば、受け入れていることを自認するなり気づくなりしている者以外でも、受け入れている者がいる。デカルトの行った反省がもつ威力ないしその魅力は、疑う余地のないものと見え、それは圧倒的なまでの説得力をもつと言うにふさわしい。このこと自体、説明を要することである。デカルトの行った反省に対する反応として理にかなったものはいくつもあるが、そのすべてを公平に扱うことはここではとてもできない。本章の以下の部分では、私はもっぱら、問題を深く強いものにし、問題のもつ力強さの源泉をより正確につきとめることに専念することにしたい。

少なくとも三つの別々の問いによって攻めていくことができるであろう。デカルトは夢を見ているかもしれないという可能性は、自らを取り巻く世界について彼がもっている知識に対し、本当に脅威となるのか。自らを取り巻く世界について何かを知っているためには、自分が夢を見ていないと知らなければならない、というデカルトの考えは正しいのか。自分が夢を見ていないということは決して知りえない、ということをデカルトは「見出した」とされるが、それは正しいのか。もしデカルトが、これらの論点のうち一つに関してでも誤っていれば、問題を回避することが可能かもしれない。それどころか、その場合には、われわれを取り巻く世界についてのことがらをわれわれはどのようにして知っているのか、ということについて、難なく説明することが可能かもしれない。

第一の問いについては次のように言って間違いはないはずである。すなわち、暖炉のそばに腰掛けて紙を一枚手にしているという夢をデカルトが見ているならば、彼は自分が暖炉のそばに腰掛けて紙を一枚手にしていると知っていることにはならない。自らを取り巻く世界で起きていることについて夢を見ている場合、そのことが起きているのを、夢を見ていることによって知っているわけではない。たいていは、当然のことながら、夢で見ていることは真ですらない。ベッドに横たわって眠っているのだから、現実に誰かが追いかけてくるわけでもなければ、現実に階段を昇っているわけでもないのである。だが、夢で見ていることがふつうは現実ではないからといって、それが本当の理由となり、われわれの知識に不足があることになるのではない。暖炉のそばに腰掛けて紙を一枚手にしている夢を見ているまさにそのとき、たとえデカルトが事実として暖炉のそばに腰掛けていて、実際に紙を一枚手にしていても、彼は自分がそこに腰掛けてその紙をもっていることを、夢を見ることによって知っていることにはならないのである。この場合、デカルトはかのデボンシャー公爵に似ている。G・E・ムーアによれば、デボンシャー公爵はあるとき、上院で演説をしている夢を見ていたのだが、目が覚めてみると、彼はなんと本当に上院で演説をしていたのである[4]。彼が夢で見ていたことは実際に成り立っていたのである。だが、たとえ夢で見ていることが実際に成り立っているとしても、それが成り立っていることを、夢で見ていることによって知っていることにはならない。何かが成り立っているという夢を見ているとき、それが成り立っていると考えたり信じたりしている、と言ってもさしあたってはかまわないことになったとする。そうだとしても、それを考えたり信じたりしているということと、それが成り立っているということとの間には、本当の結びつきがないままにとどまっている。所詮は、このときの考えや信念はたまたま真であるだけで、それは偶然の一致にすぎず、知識ではない。このように、デカルトがはじめの一歩を踏み出すとき、彼が依拠しているのは、夢に関して否定できそうにない事実である。すなわち、何かが成り立っているのを夢で見ている場合、それが成り立っていることを、夢で見ていることによって知っているわけではない、という事実である。

この主張には枝葉がないので、言葉を補い、さらに注意深い説明をする必要がある。しかし、だからといって、デカルトの目的を支えている論点がもつ威力が減じることにはならないと思う。ときとして、自らを取り巻く世界で起きていることが、夢で見ることに影響することがある。たとえば、よろい戸ががたがた鳴っていることが実際に原因となり、ほかの夢はともかくとして、よろい戸ががたがた鳴っている夢を見るようになるということがあるかもしれない。仮に環境がそのような影響を私に及ぼすとする。また、なおかつ、私は夢の中で何かが成り立っていると考えたり信じたりしている、そう言ってかまわないとする。すると私はこのとき、よろい戸ががたがた鳴っているのを知っているのではないか。そうはならないと私は思う。けれども正直なところ、なぜそう思うのかを正確に言うのは難しい。おそらくは、知識が何を要求するのかを正確に言うのが難しいからであろう。われわれは何の不安もなく「知っている」という用語を使う。われわれはごく簡単に、知識のある場合とそうでない場合とを識別する。けれども、この用語を通常どおりに適用したりそれを差し控えたりするとき、われわれは何に依拠してそうするのか、それを述べることのできる場所にわれわれが立っているとは限らないのである。思うに、よろい戸ががたがた鳴っている例で私が知識をもたない理由、それは私が夢を見ているからであり、目を覚ましてすらいないからである。少なくとも次のように言えると私は思う。すなわち、暖炉のそばに腰掛けて紙を一枚手にしているということが（よろい戸ががたがた鳴っている例のように）実際に原因となって、暖炉のそばに腰掛けて紙を一枚手にしている夢をデカルトが見ているのだとしても、そのことは、自らを取り巻く世界で起きていることを知る上で有利にははたらかない。デカルトが見てとったのは、暖炉のそばに腰掛けている夢を見るということが、実際にそこに腰掛けているときにさえありうるということである。そして、その可能性こそが排除されねばならないとデカルトは考えるに至るのである。

先ほど述べたところでは、何かが成り立っているのを夢で見ている場合、それが成り立っているのを、夢を見ていることによって知っているわけではないのであった。しかし、それが正しくない場合もあると言う人がいるかもしれない。男と子供が二人とも眠っているとしよう。子供は幼いので七掛ける九の答えを知らないものとし、大人の男はそれを知っているものとする。男がたまたまちょうどそのとき、七掛ける九は六十三である、という夢を見ていたとしたら（たとえば自分の所得税を計算している夢で）、彼は何かが成り立っているという夢を見ており、なおかつそれが成り立っていることを知っているのである。同じようなことが、彼を取り巻く世界に関しても可能である。男が物理学者で、ものごとのありようについて子供の知らないようなことをたくさん知っているとする。もし彼が、ものごとはそのようなありようをしているという夢も同時に見ていたとしたら、この場合にも彼に関して、何かが成り立っているという夢を見ていると言えるし、なおかつ、それが成り立っているのを知っていると言える。それゆえ、夢を見ていることと知識をもっていることとは両立しなくはない。確かにそのとおりである。しかし、だからといってデカルトの論証に影響はないと私は思う。デカルトは、自分がいま夢を見ていないことをどのようにして知っているのか、ということを考えるために、自分がいま暖炉のそばに腰掛けて紙を一枚手にしていることをどのようにして知っているのか、と反省を加えるに至る。それを知っているということがそもそもあるのだとすれば、それを感覚に基づいて知っているのだとデカルトは考える。ところが、デカルトが見てとったところによると、いま感覚で得ている経験というのは、暖炉のそばに腰掛けて紙を一枚手にしている夢を見ているだけだということと両立するのである。したがって、自分が暖炉のそばに腰掛けているのをデカルトが知っているとしても、それはそのときに感覚で得ている経験に基づくことによってではない。そして、言うまでもないことだが、いま述べた事例の中の男が先ほどのようなことを知っているとしても、それはそのとき感覚で得た経験に基づくことによってではない。彼はある種のことがらが成り立っていると知っており、それが成り立っているという夢を見ていた。しかしながら、彼がそれを夢で見ている際には、それが成り立っているのを、夢を見ることによって知っているわけではないのである。

　しかしわれわれは、眠っている男が自らを取り巻く世界についてある種のことがらを知っていると認めている。だとすれば、いまちょうど見ている夢に基づいて彼がそれを知っているのではないとしても、自らを取り巻く世界についてのことがらは誰にも知りえないというデカルトの結論が誤りであることは、もはや示されたのではないか。そうではない。示されたのはせいぜい、われわれが性急であったか、デカルトの結論を無視していたために、自らを取り巻く世界について何かを知りうると認めていたということである。デカルトの論法に間違いがなければ、夢を見ている物理学者に関しては、彼が目を覚ましているときでも、次のように言える。すなわち、われわれは無批判にも、彼がものごとのありようを知っているとしていたが、彼はそれを本当には知らない、あるいは少なくとも、彼は感覚に基づいてそれを知っているのではないのである。それを感覚に基づいて知っているためには、少なくともかつての時点において、そのとき周囲で起きていたことを知っていなければならないであろう。だが、デカルトが正しいならば、そのようなことを知っていたということはありえないのである。というのも、そのためには、そのとき夢を見ていなかったということを立証しなければならないが、デカルトによると、その立証は決してできないからである。したがって、夢に関してデカルトの依拠している事実——何かが成り立っているのを夢で見ている場合、それが成り立っているのを、夢を見ることによって知っているわけではない、という事実——さえあれば、デカルトの結論は導かれてしまう。あとは、デカルトの論法の中の、ほかの一歩一歩に間違いがないかどうかである。

　自分が夢を見ているかもしれないという可能性を最初に持ち出してくるとき、デカルトは、自らを取り巻く世界でものごとがどうあるか、またはどうあったかについての何らかの知識に依拠してしまっているように見える。デカルトは次のように言う。「夢の中で、やはり同じような考えに欺かれたことがあったのを、思い出さないだろうか。」したがって、デカルトが依拠してしまっているように見える知識の内容とは次のとおりである。つまり、自分は実際に夢を見たことが過去にあり、夢に「欺かれた」ことがあるのを覚えている、ということである。そこまでのことに依拠しなくとも、デカルトが知識に対して加えた反省のもつ威力は、デカルトの考えどおりのものである。実際に夢を見たことが過去にある、という判断を支持する必要はない。デカルトにとってもっぱら必要な考えは、暖炉のそばに腰掛けている夢を見ていることがいま可能である、ということであり、もう一つには、その可能性が現実のものである場合には、暖炉のそばに腰掛けているのを知っていることにはならない、という考えである。もちろん、疑いもなく、確かに、デカルトは過去に夢を見たことがあり、そういうことがあったという知識にある程度基づいて、その具体的な場面で自分が夢を見ているという可能性を認めたのである。とはいえ、過去に夢を見たという事実があろうと、実際に夢を見たという知識があろうと、厳密にはそのどちらを要求することもなく、デカルトの依拠することがら——夢を見ている可能性があるということと、その可能性が現実のものである際には知識が欠如しているということ——は是認できると思われる。暖炉のそばに腰掛けて紙を一枚手にしているのを夢で見ている可能性があるという考え、もしそうならそこに腰掛けていると知っていることにはならないという事実、それがデカルトを立ちどまらせたのである。デカルトのこうした悩みは、仮にそれにそっくりな夢を実際に見たことが過去に一度もなかったとしても、変わらないはずである。つまり、暖炉や紙が出てくる夢をまったく見たことがなかったとしてもである。それどころか、私の考えでは、デカルトが以前実際に夢を見たことは一度もなくてかまわないし、夢を見たことがあるということは知らなくても当然かまわない。そのような場合でも、自分はいま夢を見ているのではないか、という考えについてデカルトの抱いているこうした悩みは変わらないのである。

デカルトは夢を見ている可能性にさえ訴えればよいという事実からは、夢にまつわる別の真理も出てくる。デカルトの論証はそれにも基づいている。その真理とは、目が覚めているときに起こりうることや経験しうることのすべてについては、夢で見ることもありうる、というものである。これもまた、単なる可能性を述べているにすぎない。実際、正気をもった人であれば、身の回りで現実に起きたことのすべてを夢で見ることが現にあるなどとは言わないし、夢で見たことのすべてが実際に起きることはあるなどとも言わない。しかし、次のように言えば非常にもっともらしく聞こえる。夢で見るのが可能でないことなどありはしない。つまり、成り立つのが可能でありながら、夢で見るのが可能でないことなどありはしない。このことは非常にもっともらしいと私は言うのみであり、もちろん、それが真だということを証明することはできない。だが、たとえこのことが完全に一般性をもつかたちでは真でないにしても、次のことは是認しなくてはなるまい。すなわち、暖炉のそばに腰掛けて紙を一枚手にしている夢を見るのは可能だということである。また、ほかにもそれと同じだけ瞭然としていて平凡な事態は無数にあるが、そうした事態についても夢で見ることは可能だということである。そして、デカルトはこうした可能性のことを、自らを取り巻く世界について自分がもっている知識に対する脅威と見なしたのである。

だとすれば、暖炉のそばに腰掛けて紙を一枚手にしている夢を見ることはそもそもデカルトにとって可能ではない、と言ったところで、それが反論になる見込みはほとんどない。また、デカルトが夢を見ているということからは、そこに腰掛けているのを彼が知らないということは導かれない、と言ったとしても、同じように見込みはない。私の考えでは、これらの一歩一歩のそれぞれ、言い換えればこれら二つの前提は、デカルトの論法の中でも申し分なく正しいものであり、この段階でさらに擁護する必要はない。それゆえ、デカルトの論証もそれがもたらす問題も回避されるべきだとしたら、デカルトの難題を受けとめ、それに応じられることを示す以外に望みはないように思われる。つまり、事実上、次のように論じることになるであろう。デカルトが何かを「見出した」とされるとき、そこではいっさい何も見出されてはいない。すなわち、自分が夢を見ていないと知りうる場合は確かにある、というようにである。

これは一見して、最も素直で見込みのある戦略のように見える。この戦略に従えば、デカルトの考えの中でも、自らを取り巻く世界について何かを知るためには夢を見ていないと知っていることが条件だ、という考えは正しいとされる。その一方で、その条件は決して満たされえない、という考えは間違いだとされるのである。そして、その戦略に従って出てくるこのことは、確かにもっともらしいように見える。夢を見ていないと知るということは、当然のことながら、不可能でないのではないか。私はしばしばそれを知っているのではあるまいか。また、こうした疑問が生じたときには、そのことがつきとめられることもあるのではないか。もしもそうなら次のように言える。すなわち、自らを取り巻く世界について何かを知っているためには、自分が夢を見ていないと知っていなければならない、という事実は、私が世界について知識をもつ際の脅威とはならない。

われわれはしばしば自分が夢を見ていないことを知っている。そのことがどれほど明白で否定しえないことであろうと、先ほどのような素直なやり方で応答することによってデカルトの提示する難題に応じるのは完全な失敗だと私は考える。それを素直だと私が言うのは、世界についての知識の条件だとデカルトがするものを受け入れた上で、その条件が満たせることを示そうとするからである。そのようなことはできないと私は思う。別の言い方をすれば次のとおりである。デカルトは「覚醒と睡眠とを区別しうる確かなしるしがまったくない」ことから、自分が夢を見ていないということは決してわからないと言うが、ここでのデカルトはまったく間違っていないのである。つまり、自らを取り巻く世界について何かを知っているための条件は、自分が夢を見ていないと知っていることである、とのデカルトの考えが正しい限り、そうなるのである。だからこそ、この条件を受け入れておきながら、夢を見ていないということを立証しにかかるのは無理だと私は考えるのである。私は単純にデカルトが正しいと言っているのではない。つまり、夢を見ていないということは決して知りえないと言っているのではない。そうではなく、私は次のいずれかが正しいことを論証したいのである。一つは、自分が夢を見ていないということは決して知りえないということであり、もう一つは、世界についてのことがらを知るための条件だとデカルトがしているものは、世界についてのことがらを知るための条件としては一般性をもつものではないということである。素直なやり方で進められる戦略は、これらの選択肢を両方とも否定する。

私は次で、どちらか一方の選択肢を受け入れねばならないと考える理由を説明したい。

デカルトは次のように自問した。自分が暖炉のそばに腰掛けて紙を一枚手にしていると知っているのなら、それはどのようにしてか。そして、そのあと彼はすぐさま次のように自問する。暖炉のそばに腰掛けて紙を一枚手にしている夢を自分は見ているのではない、と知っているのなら、それはどのようにしてか。なぜデカルトはそのような進み方をするのか。私はすでにその理由を示唆しておいた。すなわちそれは、夢を見ているならば、そのときそこに腰掛けているのを感覚に基づくことで知ってはいない、ということをデカルトは認めたためである。そしてそのことから、実際に自分がそこに腰掛けていると知っているためには、この可能性が現実のものでないと知らなければならない、と考えたためである。しかし、ちょうどこの具体例が選ばれたのは、何かしらの個性があるとされたためではない。そうではなく、それが選ばれたのは、自らを取り巻く世界についてのことがらを感覚に基づいて知る際に置かれうる場所の中でも、最良の状態の典型と見なしうるからである。この事例は、知識をめぐるデカルトの吟味にとって、関連のあるものである。そして、この事例についてあてはまることであれば、世界について感覚を用いて得た知識のすべてに関してあてはまるとされる。だからこそ、ここで下される裁定は、感覚で得た知識に関して、一般性をもったかたちであてはまると見なしうるわけである。そして、感覚で得た知識としてあげられたちょうどこの具体的な事例に関し、デカルトがあてはまると考えるのは次のことである。すなわち、暖炉のそばに腰掛けて紙を一枚手にしていると知っているためには、自分は夢を見ていないと知らなければならない、ということである。自分は夢を見ていないと知らなければならない、という要求が出てくるのは、ちょうどこの具体的な事例に何らかの個性があるためではない。デカルトによると、おそらくはその理由は、世界について感覚を用いて得たあらゆる知識にとって――

その可能な最良の事例にとってさえも——この要求が必要条件だからである。だからこそ、私は完全に一般性をもつテーゼをデカルトに帰するのである。そのテーゼとは、自分が夢を見ていないと知っていることは、自らを取り巻く世界について感覚に基づくことで何かを知っているための条件の一つである、というものである。デカルトの考えでは、夢を見ているという可能性は、彼の念頭にある事例にあって排除されねばならないものである。それに加え、デカルトが認めるところによると、彼の念頭にある事例は典型的なものであり、それ自体は際立った特徴をもってはいない。だからこそデカルトは、夢を見ているという可能性に関して、世界について感覚に基づくことで何かを知る際には例外なく排除されねばならない、と考えるのである。

仮に、本当にそれが世界について何かを知るための条件の一つであるとする。そうした場合、その条件は決して満たされえないとのデカルトの見解が正しいということは示せると私は考えている。デカルトのこの見解を、例の素直なやり方での応答は否定するのであるが、だからこそ私は、その応答が間違っているにちがいないと思うのである。デカルトの難題に含まれる条項を受け入れておいて、それに応じようと望むことはできない。

自分は夢を見ていないということをデカルトが確定したがっているとしよう。暖炉のそばに腰掛けて紙を一枚手にしている、ということを知っているための必要条件と自ら見なすものを満たすためである。デカルトはどのようにして進めばよいのか。デカルトが見てとるのは、自分は手を見ており、目の前にある一枚の紙を見てそれを触って感じており、暖炉の暖かさを感じているが、そのようなことは夢を見ていたとしても起こりうるようなことだ、ということである。それどころか、そのとき感覚で得た経験ないし感覚で得た情報のすべてに関してそう言えるということである。それゆえ、自分が夢を見ていないことを立証するには、単なるそうした経験や情報だけでなく、それ以上の何かが必要なはずである。それに加え、そうした経験や情報に信頼は置けるのか、単にそれを夢で見ているのではないのか、ということを知っている必要があるはずである。もし仮に、デカルトが何らかの実験ないしテストを見つけるか、何らかの状況や事態を見つけるかして、そういったものによって夢を見ていないことが示されたとしたら、そのときデカルトは条件を満たすことができたことになるかもしれない。つまりそのときには、自分は夢を見ていないと知ることができるかもしれない。しかし、テスト、状況、事態、そういったものがどのようにして、夢を見ていないということを示すことができるのか。しかもこのとき、世界についてそもそも何かしらのことを知るための条件が、夢を見ていないと知っていることだというのにである。それは不可能である。デカルトはどうしても条件を満たすことができないのである。

一つの想定として、夢を見ていないときにだけ首尾よく行えるテストが実際にあるとしよう。あるいは、夢を見ていないときにだけ成立する状況や事態でもよい。もちろん、そうしたテストなり事態なりを用いるには、デカルトはそれについて知っていなければならないはずである。自分が夢を見ていないことを示してくれるようなテストや事態がある、ということをデカルトは知っていなければならないはずなのである。このような情報なくしては、自分は夢を見ていないと見きわめようとしているデカルトの境遇は、そのテストや事態がいっさいないときと変わらないであろう。この情報を獲得したと言えるためには、デカルトはかつての時点で、感覚で得た一連の経験のことだけでなく、それよりも多くについて知ったのでなければならない。なぜならば、一方に何らかのテストの遂行や何らかの事態があり、もう一方には夢を見ていないということがあるとすると、それらの間の結びつきそれ自体は、感覚で得た一連の経験についての事実以上のものだからである。その結びつきに関する事実は、感覚で得た経験の向こう側にある世界についてのものなのである。さて、厳密に言えば次のようになる。感覚で得た経験の向こう側の世界について、そもそも何かしらのことを知るための条件の一つが、自分が夢を見ていないと知っていることだとする。そうすると、ここには明らかな障害があって、デカルトがテストや事態について必要な情報を得たことには到底ならないことになってしまう。自分が夢を見ていないとどこかの時点で見きわめるための情報を得るには、自分が夢を見ていないということをかつての時点で知ったのでなければならなくなってしまうのである。そしてそれは不可能なことである。

　しかし、この困難を一度忘れ、譲歩をしてみるとしよう。つまり、デカルトは現に、テスト、状況、事態のいずれでもよいが、そうしたものによって、自分が夢を見ていないことが間違いなく示されると（どういうわけか）知っているとしてみよう。ところが、そう譲歩したとしても、ここには障害があって、そのテストや事態を用いることは到底できないのである。それゆえ、自分が夢を見ていないことを見きわめることもできないため、世界について知識をもつための条件を満たすこともできない。テストであれば、それを首尾よく行ったと知ることができなければならないはずだし、事態であれば、それが成立していると知ることができなければならないはずである。デカルトがまったくそれとは気づかず、たまたまそのようなテストを行ってしまったとする。あるいは、そうした事態がたまたま成立しているのに、デカルトがそれを知らなかったとする。これらのようなとき、その状態にあって自分が夢を見ているかどうかを見きわめようとしても、それは何もしなかったときや、そのようなテストがあるのすら知らなかったときの状態と変わらない。だとすれば、テストが首尾よく行われたことや、問題の事態が実際に成立していることを知るにはどうすればよいのか。目覚めているときに経験しうることのすべては、夢で見ることもできる。可能性としては、何かしらのテストを行う夢を見ることや、何かしらの事態が成立していることを立証した夢を見ることもありうるのである。そして、先ほど見たように、自らを取り巻く世界について何かが成り立っているのを夢で見ている場合、それが成り立っているのを、夢を見ることによって知っているわけではないのである。それゆえ、テストが行われたことや、問題の事態が成立していることを知るために、デカルトが立証しなければならないのは、テストを首尾よく行った夢だとか、その事態が成立しているのを立証した夢だとかを単に見ているのではないということである。するとそのことはどのようにして知られるのか。明らかに、目下問題となっているような具体的なテストや事態があっても、それ自体が本物であることの保証にはならない。なぜなら、それは夢で見ただけかもしれないからである。だとすると、何らかのテストや事態がさらに必要になる。最初のテストは実際に行われたのであって、単に夢で見たのではない、ということを示すためにである。または、問題の事態は成立しているということは実際に確かめられたのであって、それが成立しているという夢を単に見たのではない、ということを示すためにである。ところが今度は、このテストや事態も、一般性をもった同じ条件に従うものなのである。感覚で得た経験の向こう側へと超える知識に関しては、その一つ一つすべてが、夢を見ていないと知っていることを要求する。それゆえ、この二つ目のテストや事態を用いるためにデカルトが知っていなければならないのは、それを行っただけだとか確かめただけだとかいう夢を単に見ているのではないということである。なぜなら、一つ目のテストが本物であることを立証したという夢を単に見ることと、それを立証したということとは異なるからである。と、このように続いていく。どの地点まで来ても、夢を見ていないと言うためのテストで、それを首尾よく行ったと知ることができるようなものを見つけることはできない。また、夢を見ていないことと相関する事態で、それが成り立っていると知ることができるようなものを見つけることもできない。したがってデカルトは、自らを取り巻く世界について何かを知るための必要条件と自ら呼ぶものを決して満たせない。デカルトは、自分が夢を見ていないと知ることが決してできないのである。

強調しなければならないのは、こうした結論に達する際、次のような前提が必ずあるということである。その前提とは、われわれを取り巻く世界について何かを感覚に基づいて知っているためには、当のことがらが成り立っている夢を見ているのではないと知っていることが条件である、というものである。私の考えでは、デカルトはこの条件を受け入れたことがもととなり、「覚醒と睡眠とを区別しうる確かなしるしがまったくないことがはっきり知られる」と言うに至ったのである。そして、世界について知識をもつための条件とデカルトの考えるものが前提としてあれば、デカルトがこの結論を引き出したのは完全に正しいと私は考える。しかし、私がここまでデカルトの代わりに論じてきたのは（デカルトは自分の論法をきちんと書いていない）、次のことだけである。すなわち、例の素直なやり方での応答のように、知識の条件を受け入れつつ、それを満たそうと望むことはできない、ということである。そしてもちろん、世界について知識をもつための必要条件の一つを満たすことがどうしてもできなければ、われわれを取り巻く世界についての知識は不可能になるのである。

ここまでで、感覚で得た知識一般に対してデカルトが否定的な裁定を下す理由をわれわれはつきとめたと思う。かの具体的事例でのデカルトは、暖炉のそばに腰掛けて紙を一枚手にしていると知っているために、自分が夢を見ていないと知らなければならない。このことに賛成するならば、われわれを取り巻く世界についてわれわれは何も知りえない、ということにも賛成しなければならないのである。

デカルトが必要条件と見なすものは決して満たされえない。このことは、それが確かに必要条件だとするデカルトが正しい限りそうなる。ひとたびそう認めるならば、そこでおのずと出てくる問いは、デカルトは正しいのか、というものである。自分が夢を見ていないと知っていることが、世界について何かを知っているための条件である、というのは本当なのか。これは、私が区別した三つの問いのうち、二つ目のものである。それは最も注意を払われなかった問いである。これを私がここで問うからといって、否定できない真理だと先に言ったことを覆すつもりはない。すなわち、世界について何かが成り立っているのを夢で見ている場合、それが成り立っているのを、夢を見ることによって知っているわけではない、という真理を否定するつもりはない。それは否定できないとまだ私は思っている。しかし、その真理とデカルトの前提とは同じものではない。というのも、デカルトの前提とは、世界について何かを知っているためには、自分が夢を見ていないと知らなければならない、というものだからである。否定できない真理のほうは要するに、夢を見ている場合には知識が欠如している、というただそれだけのことである。対してデカルトが言っているのは、自分が夢を見ていないことを知らない場合には知識が欠如している、ということである。この強いほうの前提があってはじめて、デカルトは懐疑的結論に達することができるのである。

この前提は真なのか。私の考えでは、デカルトの論法について、それに説得力があると思ったならば、あるいは少なくとももっともらしいと思ったならば、その理由は、われわれもまた反省の中で、この前提が真だと思ったからなのである。デカルトの論法のうち、ちょうどここの箇所にはあまり注意を払わなかったと私は述べた。しかしこれもまた、デカルトの提示するそこでの一歩が完全に説得力をもつように見えるからであり、したがって論証のほかの箇所に対してだけ攻撃の余地があるように見えるからである。なぜそうなのか。デカルトの前提が本当に真だからなのか。それが真かどうかを決めるのに役立つことで、われわれにできることがあるだろうか。こうした問いが重要なのは、私がいままで次のように論じてきたからである。すなわち、この前提が真である場合には必ず、われわれを取り巻く世界について何かを感覚に基づくことで知ることは決してできないことになってしまい、外界についての哲学上の懐疑論が正しいことになってしまうのである。この結論が出てくる前提に関して、説得力やもっともらしさがあると認めたならば、結論に関してもそうだと認めざるをえないであろう。

われわれは最初、デカルトの論法に賛成する反応を示した。そのことを考えれば、デカルトの前提や条件と私が言うものを主張することが至極当然に見えるということは、ほとんど否定できなくなる。おそらく、その前提や条件は、知識に関してはありきたりで、当たり前のことの一例にすぎないように見えるかもしれない。誰でもわかっていることに、次のようなことがある。すなわち、ごく通常の状況にあり、そこではたいして重要な結果が起こらないようなときでさえ、何か具体的なことがらを知るためには、そのことを知っていることとは両立しないと認められている何らかの可能性を排除しなければならない、ということである。

たとえば、私が窓の外を見て、庭にゴシキヒワがいると何気なく報告したとしよう。それがゴシキヒワだと知っていると言えるのはどのようにしてか、と聞かれたら、それが黄色だからだ、と答えたとする。このとき誰もが見てとるのは、それだけでは通常の事例においては知識をもつ上で不十分だということである。次のような返事が返ってくるかもしれない。「あなたがいま言ったことだけでは、それはカナリアなのかもしれない。だとすると、それがゴシキヒワだとどうして知っているのか。」一つの可能性があげられ、それが私の言ったことと、ことごとく両立すると言われたのである。そしてもし仮に、先ほど言ったことにしか私が基づくものがなく、庭にいるのがカナリアでないということを私が知らないのだとしたら、私は庭にゴシキヒワがいるとは知らないのである。それがゴシキヒワだと知っているためには、それがカナリアである可能性を排除できなければならない。知識について話すことのある人なら誰でも、また他人が知識について話すのを理解する人も、具体的な事例においてこうした事実ないし条件があることを見てとるであろう。

いまの例では、可能性として言われたことは、私が知っていると主張する当のことが真だということと両立しない。なぜなら、もしその鳥がカナリアだったなら、庭にいるのはゴシキヒワでなく、カナリアだからである。それがゴシキヒワだと信じているときに私が信じていることは偽になる。ただ、可能性が私の知識に対して不利にはたらく仕方は、それだけにとどまらない。たとえば、私が証人たちに疑いを抱くようになったとする。たとえば、彼らがみな示し合わせをした上で、男がその晩クリーブランドにいたという作り話をした、と私が考えるようになったとする。また、このとき、彼らの証言しか基づくものがなく、男がクリーブランドにいたと私が信じているとする。すると私は、自分の疑いを除き去る何らかの理由を見つけるまでは、彼がそこにいたかどうかをもはや知らないのだと自覚するかもしれない。証人たちの証言がすべて捏造されたものだったとしたら、私は男がクリーブランドにいたと知っていることにならないであろう。だが厳密に言えば、男がクリーブランドにいたということは、男がそこにいたとする話を証人たちが作ったということと両立しなくはない。証人たちは男をかばうために話を捏造したのだが、実際には証人たちが知らないだけで、男はずっとクリーブランドにいたのかもしれない。そのような込み入った筋書きがなくとも要点は明らかにできる。ムーアによるデボンシャー公爵の話でことは足りるのである。デボンシャー公爵が上院で演説する夢を見ているという事実からは、彼が上院で演説していないということは導かれないのであった。実際彼は演説していたのである。夢を見ているという可能性は——この例ではそれが現実のものだったのであるが——信じていることが偽であることを含意しないのであった。信念の基盤に欠陥があるという可能性が知識にとって障害となるとき、私の信じている当のことが偽とされる必要はない。たとえば、私は幻覚作用のある薬のせいで、ベッドが葉っぱの山でどっさり覆われているのを見るかもしれない(5)。私がその薬を飲んだ場合、現実のベッドのありさまを私が知っているのは、自分の見ているものが単なる薬の影響ではないと知っている場合に限られる。自分がベッドや葉っぱの幻覚を見ているという可能性を排除できねばならないのである。だが、ベッドが現実に葉っぱで覆われているということがいくらありえないことだとしても、ベッドが葉っぱで覆われていないということは、ベッドが葉っぱで覆われているのを幻覚で見ているという事実からは導かれない。私が幻覚で見ているものごとは(私が知らないだけで)真でありうる。それに対し、単純な話として、ゴシキヒワはカナリアではありえない。このように、ある種の可能性が私の知識を脅かす仕方には二通りあるのだが、それでもなお次のことは真である。すなわち、自分が知っていると主張していることを知っているためには、私はつねに何らかの可能性が現実のものでないことを知っていなければならないのである。

こうしたことは、人間の知識にまつわるありきたりの事実にすぎないであろう。われわれは誰でもそういった事実を認め、これに従いながら、何かを知っていると考えたり話したりしている。何かを知っていると主張する際、われわれは何がそれに対する難題として妥当なのかを知っている。そしてわれわれは、何かを知っているとの主張に異論が出された際、その異論が関連のあるもので、威力があるということを見てとることができる。われわれの目の前にある問いは次のとおりである。デカルトの吟味は、自分が暖炉のそばに腰掛けて紙を一枚手にしているという知識についてのものであり、かたやわれわれは、日常において認められている、いま述べたような手順によって、何かを知っているとの主張を査定するが、デカルトの吟味は日常における手順にどこまで則っているのか。日常における手順に忠実に則ったにもかかわらず、自分がどこにいるのかは知りえない、という結論や、周囲で起きていることは知りえない、という結論に達したとする。そうすると、知識一般に関してデカルトが下した否定的な結論を、われわれは受け入れざるをえなくなるように見える。つまり、それがゴシキヒワだと知っていることにはならない、という結論や、証人がクリーブランドにいたと知っていることにはならない、という結論を受け入れざるをえなくなるのと同じことになるように見える。そして、これらの場合でそのようになる理由は、そうしたことを知っているためには排除しなければならない可能性を、排除できなかったからである。デカルトは自分が夢を見ているかもしれないという可能性を導入するが、それは次のような可能性が導入されるのと同じことなのか。すなわち、庭にいるのはカナリアかもしれないという可能性や、アリバイは仕組まれたのかもしれないという可能性や、ベッドが葉っぱで覆われているのは幻覚かもしれないという可能性、これらが導入されるのと同じことなのか。

これらの可能性すべてについて言えるのは、その可能性が現実のものだった場合には、私は自ら知っていると主張していることを知らない、ということである。また、その可能性が現実のものでないということを知らなければ、知識をもっているという最初の主張は真にはならないのである。夢を見ているという可能性をデカルトは持ち出すが、それはこれらの条件を両方とも満たしているだろうか。すでに述べたところでは、一つ目の条件を満たしていることは否定できないように見える。仮にデカルトが夢を見ているとしたならば、デカルトは自ら知っていると主張している当のことを知っていることにはならない。誰かが夢を見ている場合、その人を取り巻く世界について当人が何かを知っているのは、夢を見ていることによってではない。そしてこのことは、たとえその人を取り巻く世界のありようが、当人が夢で見ているとおりであったり、信じているとおりであったりしても、同じように言えるのである。したがって、その人が夢を見ているということは、その人が知識をもっているということとは確かに両立しない。だが、デカルトの提示する可能性は二つ目の条件を満たしているだろうか。自分が暖炉のそばに腰掛けて紙を一枚手にしているとデカルトが知っているためには、この可能性が現実のものでないと知らなければならない、ということは正しいのか。それは正しくないとただ単に否定するほど、簡単にはいかないであろう。デカルトの論法にはじめて直面したときにそれがもっていた明白な威力を思えば、この可能性は関連のあるものだとわれわれが感じたにちがいないことは十分示されている。つまり、そのときわれわれが感じたのは、デカルトが自分のいるところや周囲で起きていることを知っているためには、この可能性が現実のものでないことを知らなければならない、ということなのである。

デカルトによる吟味にあって、その可能性は明らかに関連のあるものだとわれわれは感じる。そのとき、それが関連してくるのは、知識にまつわる単純明白な事実のためである、とわれわれは考えるようになるかもしれない。ゴシキヒワの例でわれわれがただちに見てとるのは、それがゴシキヒワであると知っているためには、それがカナリアでないと知っていなければならない、ということである。そこでごく自然に考えられるのは、そうなる理由はただ単純に、それがカナリアであることとそれがゴシキヒワであることとが両立しないためだということである。それがカナリアだった場合、それはゴシキヒワでないことになる。そしてこのことから、それがゴシキヒワだと言う私は誤っていることになる。それゆえ、それがゴシキヒワだと知っているためには、それがカナリアだという可能性を排除しなければならない。要点はつまり、私が前段落で区別した二つの条件は、結局のところ本当は別々のものではなかったということである。ここで示唆されているのは次のようなことである。すなわち、ある種の可能性についてしかじかのことを知っているということと両立しないとわかった際、そのとたんにわれわれがすぐさま見てとるのは、当のしかじかのことを知っているためには、その可能性が現実のものでないことを知らなければならない、ということである。夢を見ているという可能性は、デカルトの例において、前段落で述べた一つ目の条件を満たしている。(というのも、デカルトが夢を見ていたとしたら、彼は知識をもっていないことになるからである。)そしてだからこそ、ここで示唆されていることが正しければ、われわれはすぐさまその可能性が関連のあるもので、排除されねばならないものだとわかるのである。われわれの誰もが知識について見てとることがらは、このことを明らかにするものだと言われている。

しかし、この説明は「知識にまつわる単純明白な事実」に訴えているが、その事実はごくふつうの状況での人間の知識についてもあてはまるというのは本当なのか。問題の「事実」とは、正確には何だとされているのか。私はこの事実を次のように記述し、ゴシキヒワの例に適用した。すなわち、私がpという何か(それがゴシキヒワだということ)を知っているならば、私はpと両立しないすべてのことがら(たとえばそれがカナリアだということ)が偽だと知っていなければならないと記述した。pと両立しないことがらのうちの一つが偽だと私が知らなかった場合に、それが実際には真であったとすれば、私はpと知っていることにはならない。なぜならその場合、pと両立しないことが真になっており、ゆえにpは真ではないからである。しかし、pと両立しないすべてのことがらが偽だと知っていなければならない、と述べることは、pが真のときには必ず真であることがらがすべて真だと知っていなければならない、と述べることに等しい。そしてこのようなことに関して、これは誰もが人間の知識について見てとる「単純明白な事実」だと言われても、それはとても納得できない。

ここに困難があるのは、私がすでに知っていることがらから導かれることがらの数の上限が決まっていないからである。そして、その際限なく多くのことについて、そのすべてを私がいま知っていると言うこともできない。私がすでに知っていることが真であるときには、そのすべてが必ず真であるにもかかわらずである。仮に、私がいま、いろいろなことについてたくさんのことを知っていたとする。だとしても、自分がいま知っていることがらから導かれるすべてのことに私の知識が及んでいるわけではないというのは明らかである。さもなければ、数学一つを例にとってみても、それは現実に比べてずっと簡単なものになってしまうか、または不可能なほど難しいものになってしまうであろう。たとえば、数論の単純な公理が真だと知っているならば、そのことによって、そこから導かれるすべてのことが真だと知っていることになってしまう。数論のすべての定理を、すでに知っていることになってしまうのである。あるいは悲観的な側に立てば、数論の定理すべてが真だと知っている人は明らかにいないので、そのことから、単純な公理を知っている人さえいないということになってしまうであろう。

そうした事実上の全知をわれわれが享受していると言ったり必要としていると言ったりするのは不合理である。したがって、まだもっともらしい主張をするとすれば、われわれが知識について見てとる「単純明白な事実」とは、次のような弱い要求となる。すなわち、自分が知っていることとは両立しないとわれわれが知っていることがらに関しては、それらがすべて偽だと知っていなければならない、という要求である。私が知っていることがらの中には、鳥がカナリアであることは鳥がゴシキヒワであることと両立しない、というものがある。そしてこのことがらは、鳥がゴシキヒワだということから遠く隔たった帰結ではないし、知られていない帰結でもない。そのことがらは、ゴシキヒワについておよそ何かを知っている人であれば、知っているようなことなのである。そして要点を言うならば、だからこそ、それがゴシキヒワだと知っているためには、それがカナリアでないと知っていなければならないのである。確かに、何かを知るために、たとえばpということを知るために、pと両立しないことがらがすべて偽だと知っている必要はないかもしれない。しかし少なくとも、pと両立しないと私が知っていることがらに関しては、それらがすべて偽だと知っていなければならないようには見えるのである。私はその鳥がゴシキヒワだと知っていると主張しており、それがゴシキヒワであることは、それがカナリアでないことを含意すると知っている。ゆえにこの理由から、鳥がカナリアでないと知らないときには、私の最初の主張は真にはならないのである。それがゴシキヒワだと知っていると主張することで、私はいわば、それがカナリアではないと知っているということも引き受けているのである。そして私は、自分の引き受けたことに忠実でなければならない。

この要求はそのままのかたちだと、鳥がカナリアでないと私が知っていなければならない理由は説明するとしても、私があげた可能性の中でも残りの種類のものが関連してくる理由は明らかにできない。ゴシキヒワの例であれば、問題の可能性が関連してくる理由は、鳥がカナリアであることが、鳥がゴシキヒワであることと両立しないと私が知っているためだと言われた。ところがそれでは説明されないことがある。つまり、私が排除しなければならない可能性として、証人が話を捏造して男がクリーブランドにいたことにしている可能性や、ベッドが葉っぱの山に覆われているのを幻覚で見ている可能性、そういったものがあるのはなぜかということである。それだけでなく、夢を見ている可能性をデカルトが排除しなければならない理由も説明されない。一つ目の例の中で私が知っていると主張したのは、男は夕べクリーブランドにいた、ということである。しかしすでに見たように、彼がクリーブランドにいたことからは、彼がクリーブランドにいたとする話を誰も捏造していないということは帰結しない。証人たちは、男がクリーブランドにいなかったと誤って信じ、なおかつ自らが嘘だと思っていることを言うかもしれないのである。また、ベッドが葉っぱで覆われていることからは、私がそれを幻覚で見ていないということは帰結しない。にもかかわらず、われわれが見てとったように、これらの事例にあって知識をもつためには、私はなおそれらの可能性を排除しなければならないのであった。同様に、デボンシャー公爵のことを考えればわかるように、デカルトが暖炉のそばに腰掛けて紙を一枚手にしていることからは、そうしている夢を彼が見ていないということは帰結しないのであった。したがって次のように言える。すなわち、自分は暖炉のそばに腰掛けているとデカルトが知っているためには、自分が夢を見ていないと知らなければならない、ということがわれわれにとって明らかだとしたら、その理由は、問題の可能性がデカルトが知っていると主張することがらと両立しないと知られているという、ただそれだけのことではありえない。そんなことは知られていないのである。

したがって、「知識にまつわる単純明白な事実」をわれわれが何かしら見てとっており、それを頼りにしてデカルトの論法に応答しようとしているのだとしたら、その事実はこれまでに示唆されたものよりも複雑であるにちがいない。無難でなおかつ日常的な例に反省を加えただけでも、その事実が次のようなものであると、われわれは考えてしまいがちである。すなわち、何かを知っているならば、たとえばpということを知っているならば、pということを当人が知っているということと両立しないすべてのことがらが偽だとその人は知っていなければならない、というようにである（あるいは少なくとも、pということを当人が知っているということと両立しないとその人が知っていることがらが、すべて偽だと知っていなければならない、というようにである）。この原理に制限を加えたりこれを改訂したりすることについてこれ以上考察し、それを少しはもっともらしいものにするということはしない。ここで私が問うのは、次のような原理、要求を、われわれが固守しているのか否かである。つまり、先ほどからの事例で自分が知っていると言っていることを私が知っているためには、鳥がカナリアである可能性や証人たちが作り話をした可能性が現実のものではないと私は知っていなければならない、ということをわれわれに認識させてくれる原理、要求を、われわれが固守しているのか否かである。知識と推定されるものの中でもごく平々凡々なものに際して、われわれが従っている手順や基準は、正確に言うとどのようなものなのか。デカルトによる懐疑的論法がもつ源泉に反省を加えたことで、われわれが日常的に従っているごくありきたりの手順さえ記述することが困難だとわかったし、それゆえ、それを理解することも困難だとわかった。これは、哲学的懐疑論を考察することで得られた一つの成果である。

われわれがとっているふつうの手順を理解しようとする上で生じる中心的な困難は、これまで述べてきたようなさまざまな原理によってでは、日常生活でわれわれがことを進めるやり方を記述することは到底できないということにある。もしくは、そのような頭ごなしな言い方を改めるとして、何かしらそのような要求をわれわれが固守しているために、先のようなふつうの事例の中でのわれわれの反応が導かれたのだとすれば、デカルトはまったく間違っていないことになり、外界についての哲学的懐疑論は真になるのである。われわれを取り巻く世界については、誰も何も知らないことになる。何かを知っているためには、そのことを知っていることとは両立しないと知られている可能性を排除しなければならない。もしそうだとすれば、デカルトの主張することは完全に正しい。つまり、暖炉のそばに腰掛けて紙を一枚手にしていると知っているためには、デカルトは自分が夢を見ていないと知らなければならないのである。デカルトは、夢を見ていることが知識をもっていることと両立しないということを知っているのである。私はすでに次のように論証した。仮にデカルトの主張が正しいとして、この条件が満たされなければ、われわれを取り巻く世界についての知識は得られないのだとすると、彼の結論もまた正しく、その条件は決して満たされえないことになるのである。この条件を満たす上で要求される知識そのものが可能になるために、その当の条件が満たされていなければならなくなるのである。それゆえ、デカルトの論法においてこれらの一歩一歩はどちらもそれぞれ妥当なものであり、デカルトの結論は真だということになる。

デカルトによる結論が回避できるとすれば、その要求を回避する方法を何かしら見つけることができる場合だけのように見える。すなわち、われわれを取り巻く世界についてわれわれが何かを知っているためには、自分が夢を見ていないと知らなければならない、という要求を回避する方法である。しかし、この要求が一般性をもった手順の一例にすぎないのだとしたら、それを回避することはできない。つまり、われわれがこの要求を見てとって保持するのが、日常生活においてや科学に携わる際であり、そうした際に知識をもっていると主張したりその主張を査定したりする場合であるとしたら、それを回避することはできなくなる。知識という概念は、そうした手順や実践の中に具体化しているもの以外にはないということになる。したがって、この要求が、知識というものをわれわれがふつうどのように捉えているかについての「事実」なのだとしたら、われわれを取り巻く世界については誰も何も知らない、という結論を受け入れざるをえなくなるのである。

デカルトの論法は、日常生活でのありきたりの手順にどこまで則っているのか。次章以降ではこの問いをさらに綿密に見ていくが、その前に少し述べておきたいことがある。それは、デカルトが自らの結論だと理解しているものが正しかった場合に、われわれの誰もが立つことになる場所に関してである。

私は先ほど、デカルトについて、彼は世界全体を失ったと記述した。そして彼はせいぜい、自分の経験していることや、ものごとが自分にどう現れているのかくらいしか知らないと私は記述した。また、自らを取り巻く世界でのものごとの本当のありようについては、彼は何も知らないと私は記述した。そのような場所に立っている者でも、世界について何かを知るようになるのだとしたら、それはどのようにしてなのかを示すことを課すのが、私が呼ぶところの、外界についてわれわれがもっている知識をめぐる問題である。そして、問題が適切に提起されたとき、はたしてそれがどれだけ難しいものになるのかということは、一考に値する。

われわれの置かれている窮地が、「第一省察」の終わりでデカルトが自ら陥ったと見てとる窮地と同じものだったとする。仮にそうだとした場合、われわれは感覚を用いても、自分が夢を見ているのかどうかを見きわめることはできない。われわれがいま感覚で得ている経験のすべては、自らを取り巻く世界について単に夢を見ているということと両立し、世界はそのときわれわれが思っているのとは実際のところまったく別のあり方をしている、ということと両立する。このように、われわれの知識にとっての限度とは、感覚で得た経験の範囲までなのである。何をしたとしても、そうした経験の向こう側へと出ていき、われわれを取り巻く世界について、本当はああではなくてこういうあり方をしている、ということを知ることはできないように見える。もっともわれわれには、ものごとのありようについて非常に固く信じていることがあるかもしれない。それどころか、たとえば、暖炉のそばに腰掛けて紙を一枚手にしているという確信に関して言えば、それを捨てることはできないかもしれない。しかし、世界について知識を得るには感覚で得た経験にただ依拠するしかない、ということを認めるならば、またそれに加えて、現に与えられている経験があっても、暖炉のそばに腰掛けているのを単に夢で見ていることがありうる、ということを認めるならば、そしてわれわれはそう認めざるをえないのであるが、その場合には結果として、自分は暖炉のそばに腰掛けていることを知らない、ということを容認しなければならない。もちろん、われわれは、反対のことを主張できる場所にも立っていない。すなわち、暖炉のそばに腰掛けていないと結論づけることもできない。われわれはそもそも、どちらが実情なのかがわからないのである。感覚で得た経験があっても、われわれを取り巻く世界について一つのことを信じ、その反対を信じない根拠があることにはならない。にもかかわらずわれわれは、感覚で得た経験に依拠するほかはない。したがって、われわれの保持する確信がどんなにゆるがぬものであっても、その確信は知識とはなりえない。仮にわれわれが実際に暖炉のそばで紙を一枚手にしており、われわれの確信が実際には真だとしても、その真なる確信はいまだ知識ではないのである。われわれを取り巻く世界がどのようなものであろうと、それはいま述べたような仕方で、われわれが把握できる向こう側にある。われわれは、そのありようについて何も知ることができない。何らかの確信、信念、見解をもつことはおそらく避けられないことであるが、そういったものでどんなものをもち続けようと、それは変わらないのである。

　このような窮地にあって、われわれに知ることのできることは何なのか。自分がいま感覚で得ている経験はどのようなものかということや、ものごとがどのように見えているかということは知ることができるかもしれない。少なくともその程度のわれわれの知識であれば、経験の向こう側にある世界についての知識に対してデカルトが加えるような攻撃によって脅かされることはない。われわれにとって知ることのできることがらは、知識の査定に取り組むまでに思っていたよりも、ずいぶん少なくなってしまうわけである。われわれの立っている場所は、当初思ったよりも限定的で、貧困なものとなる。われわれにとっての限度は、せいぜい、われわれを取り巻くものごとの「観念」とデカルトが呼ぶものの範囲までである。つまり、ものごとや事態についての表象の範囲までということである。そして、われわれが何を知ることができようとも、表象に対応するものが実在の側にあるのかどうかはわからない。少なくとも知識に関しては、われわれはある意味で、そういう表象の中に閉じ込められているのである。表象の向こう側へ行こうとして、世界が本当に表象のとおりなのかを見きわめようとしても、表象がさらに出てくるだけである。すなわち、感覚で得た経験がさらに産み出されるだけである。そしてそのことと両立して、実在はと言えば、感覚で得た経験に基づいてわれわれが考えたのとはまったく異なるありようをしているかもしれないのである。だとすれば、感覚で得た経験に基づいて見出しうる最大限のことと、ものごとの本当のありようとの間には、断絶があるわけである。片方を知っていても、その帰結としてもう片方を知っていることにはならないのである。

こうしてわれわれは、自らと世界との間に障壁を見てとる場所に置かれてしまったように見えるかもしれない。だとすればそこには、感覚で得た経験という覆い、あるいは感覚の対象という覆いがあって、われわれはそれを見通すことができないのである。しかもその覆いは、覆いの向こう側の世界についての手がかりとして、頼りになるようなものでもない。もしわれわれがそのような場所に立っているとしたら、覆いの向こう側で何が起きているのかを知ることができないということはきわめて明白であろう。覆いの向こう側の世界についての情報を感覚で得たならば、それが信頼に足るものである可能性はないということになる。そこでの報告がどのようなものであっても、表象が増えるだけのことなのである。そして、そうした要素によって覆いは複雑になる一方である。われわれは覆いそのものについてしか知ることができないであろう。われわれの立っている場所はいわば、目を覚ますとテレビだらけの部屋に閉じ込められていて、外の世界で何が起きているのかを探ろうとしている者の立っている場所である。彼が何を知ることができようとも、目の前の画面で見ている絵柄が何であろうと、そうした絵柄は、順調に機能しているカメラを部屋の外で繰り広げられていることに向けたことによって生み出されたのではないかもしれない。この被害者は、情報をさらに得ようとして、次々とテレビのスイッチを入れるかもしれない。そうすると、そのうちのいくつかが映し出した出来事が、彼の目に入る画面に前から映っていた出来事とそっくりだということや、あるいは一貫しているということがわかるかもしれない。しかし、そういった映像はすべて、何か独立の情報なしにはその人の役に立たない。映像そのものから来たのではない何らかの知識がなければならないのである。すなわち、目の前で現に見ている映像が、部屋の外で起きていることとどのように結びついているのかについての知識がなければならない。外界の問題によって、われわれはこうしたたぐいの窮地に置かれながら、自らを取り巻く世界について探り出さねばならないとされる。あるいは、どのようにして探り出せるのかを知らなければならないとされる。問題をそのように単純に言い表しさえすれば、満足のいく解答を決して得ることができないということに納得がいくであろう。

ところが問題をそう言い表すと、もしくはそう言い表すだけでは、まずいところも出てくる。一つには、安易に拒否するような応答を促すということがある。提起された問題に解答を与えるのではなく、それを退けてしまう応答のことである。問題を退ける方法を探るべきではないと言いたいのではなく——それは唯一の望みであろう——まさにここでそういう応答をするのは間違っている、あるいは少なくとも時期尚早であると私は思うのである。そのような応答が出てくる原因は、ほぼもっぱら、われわれの窮地についていまのように、ことによっては大げさにすぎた記述をしたことにある。

デカルトの懐疑的結論が含意するところによれば、決して到達できない世界に対してわれわれは永久に封じられていることになる、そう私は記述した。知覚の覆いの表面で繰り広げられることの範囲を超えることはできず、その向こう側の世界へと知識を広げる可能性もない。われわれにとっての限度は、ものごとの現れの範囲までである。そして、われわれを永遠に拒否する知覚できない実在に対して、そうした現れが合致しているのか逸脱しているのかは、決して知ることができないのである。このように言い表すと、われわれはおのずとこの窮地を極力深刻に受けとめまいとする。つまり、手に入ることが否定できないもので我慢しようとするのである。あるいは、われわれの関心事は何も失われていないと論じたり、人が生きていく上で価値のあるものは何も失われていないとまで論じたりするようになるかもしれない。

知覚できない「実在」というふうにこの描写の中で呼ばれているものが、永遠に近づけないものなのだとしたら、われわれにとってそこに何の関心があるというのか。あるものが接触できないようなものであり、それに対してわれわれが永久に封じられているのだとしたら、それはそもそもどうすればわれわれにとって意味のあるものになるのか。われわれはなぜ、ここで言われているような知識の限界に悩まされなければならないのか。その「限界」を克服することがそもそも可能でさえないのにである。われわれにとって可能なことの向こう側にあるものを切望することに意味がないのなら、知覚できない「実在」だとされるものに関しては、これ以上考えるべきではないように見えてくる。すると、過去、現在、未来において感覚で得る経験だけが、われわれの関心事であると思われてくるし、あるいはそうであるべきだと思われてくる。そして、感覚で得た経験の向こう側にあり、必然的に到達できないところにある「実在」などという考えは、哲学者の捏造でしかないように見えてくる。だとすれば、懐疑的な哲学者がわれわれに与えまいとしているのは、ふつうの交渉をもったり興味をもったりすることがどうしてもできないようなものなのである。ありきたりの世界でわれわれがふつう立っている場所に関して、悩むべきことは何も示されていなかったことになる。そこで悩むべきだということを示そうとする哲学者は、「実在」「外界」などと自ら呼ぶものを単に捏造するか築き上げるかしておいて、それに対してわれわれは近づけないことを証明するのである。だからといって、日常的に感覚で得る知識は、ふつうの生活や科学の実験室で探し求められ、また見出されると考えられているが、そうした知識に問題があるということは示されないであろう。また、ふつうの意味での実在にわれわれは関心をもつが、その実在とわれわれとの関係が、当初思われたのとは異なっているということも示されないであろう。

感覚で得た経験という覆いの中に、われわれは何らかの仕方で閉じ込められている。このような描写に対していまのような反応を示すのはごく当然のことであり、そのような反応は即座に心を引くようなものだと私は思う。閉じ込められている者にとっては、塀の中での限定された生活で最善を尽くそうとするのは当然のことであり、おそらくそれはどんなときにも賢明な態度となるであろう。しかしながらその結果、終身刑さながらに閉じ込められている者にとっての先行きがどれだけしのぎやすいものになろうと、彼はそれよりもよい人生はないと思うまでには至らないはずである。つまり、彼は外での人生がよりよいということを否定しないはずであり、ましてやそれが存在することを否定するはずはない。哲学的懐疑論に対して先ほどのような応答をすることで安心する理由は、そこでそれを否定するからである。ゆえにその応答は、いずれにしても時期尚早なものであり、おそらくは誤解に基づいているのである。問題の哲学的論証がうまく結論に至るのはどうしてか、ということに関する、ある具体的な診断ないし説明の上に、この応答は成り立っている。つまり、問題の「結論」に至るときには必ず何らかの仕掛けがある、というふうに考えられているのである。われわれには与えられず、到達できない「実在」なるものは、哲学者の吟味が単に作り出したものであるとされ、その点を措いてそれはわれわれの関心の的となるべきではないとされる。この主張は部分的には、知識についての哲学的吟味がどのようにして行われるのかについての主張である。この主張はそのままのかたちでは、説明の必要があるし、説得的な議論の必要もある。この主張でよしとすることができるためには、哲学者のすることをその主張が的確に説明していると考えるための理由がなくてはならない。目下のところ、われわれにはそうした理由がない。その反対に、デカルトは世界についての知識が不可能であることを明らかにした、と考える理由は、目下のところいくらでもある。そしてその知識とはまさに、われわれがこの上なく興味を寄せるものであり、われわれは最初、そのような知識ならもっていると考えたり、簡単に獲得できると考えたりしていたのである。ともかく、次のように言えるであろう。われわれは日常生活での知識についてふつうの種類の査定を行うが、デカルトの吟味がそこでの査定と本当に同じように進むのだとすれば、そのような結論しか引き出されないことになるのである。

われわれがすでに見てとったところによれば、ふつうの風邪について何を本当に知っているのか、と私は問うことができるし、問題の夜に証人がクリーブランドにいたことを本当に知っているのか、と私は問うことができ、そしてその結果、自分が知っていると思っていたことを本当には知らない、ということを見出しうるのである。こうしたふつうの事例においては、「本当の知識」と呼ばれる何か特別で深遠なものの欠如が見出されたことが示唆されるわけではない。あるいは、「実在」と呼ばれる、これまで聞いたことのないような領域についての知識に関して、その欠如が見出されたということが示唆されるわけでもない。ふつうの風邪について自分は何を知っているのか、と私が問うたとする。そして、そこで私が見てとったのが、風にあたってじっとしていることが風邪の原因になるかどうかを私は本当に知っているわけではない、ということだったとする。このとき、欠如していることが見出された種類の知識というのは、私が問うていた当のものであり、はじめはもっていると思い込んでいたものである。私は肩をすくめて次のように結論したりはしない。つまり、「そのようなことはもはや問題ではない。というのも、欠如していることがここでわかった知識は、「実在」と呼ばれる特別な領域についてのものにすぎず、この領域は「本当の知識」という到達できない領域としての役割を果たすためだけに、何らかの仕方で捏造されたものだからである」というように結論したりはしない。私の結論はただ単に、「風にあたってじっとしていることが風邪の原因になるかどうかを私は本当に知っているわけではない」というものである。仮に、私が月曜日に陪審員室で、「われわれは被疑者を無実とすることができる、というのも、彼はその夜クリーブランドにいたとわれわれは知っているからである」と言ったとしよう。そして、今度は火曜日に、私は反省を行ったことによって、「被疑者がクリーブランドにいたことを私は本当に知っているわけではない」ということを見出したとしよう。この場合、火曜日にもっていないと私が否定したことは、月曜日にはもっていると私が述べたその当のことにほかならない。

これらの事例、またこれらと似た無数の日常的な事例を見ても、次のようなことは示唆されない。すなわち、われわれは知識をもっているのか、知識をもつのはどのようにしてか、ということについて反省を加える中で、われわれは知識として捉えているものをどういうわけか「本当の知識」と呼ばれる何か別のものに変えたり高めたりすることが避けられず、最初は興味を示さなかったようなものにしてしまう、というようなことは示唆されない。また、われわれは知識の査定をふつうどおりに行う中で、知識をめぐる吟味によって単に作り出された「実在」なるものを措定するようになる、という示唆ももっともらしくない。何らかのことがらについて、それを本当に知っているのかとわれわれが問うときには、われわれは、そのことがらを知っているのかと単に問うているのである。ここで「本当に」という語が意味しているのは、われわれがそれをもう一度考えなおしてみたということである。あるいは、それについてさらに綿密な精査をしようとしているということ、または、そのとき知識がほかの何かと対比されているということである。その語が意味しているのは、「本当の知識」と呼ばれるものがあるとわれわれが信じている、ということではない。つまり、われわれが興味をもつようなふつうの知識とは異なるもの、あるいはそれよりも高められたものがあるとわれわれが信じているということではない。何かを知っているということは、それをただ信じること、それを当然のように思うこと、それを思い込むこと、それが真だという気が単にすることなどとは違う。したがって、何かを本当に知っているかどうかを問うとき、知っているということと対比されているものの例は、それをただ信じること、それを当然のように思うこと、それを思い込むこと、それが真だという気が単にすることなどである。

仮にこのことが、ふつう行われる知識の査定に関してあてはまるとする。なおかつ仮に、暖炉のそばに腰掛けて紙を一枚手にしているという知識についてのデカルトの吟味が、そうしたふつうの事例と同じだとする。すると、デカルトの見出したこと、すなわち、彼自身の考察する事例において自分は知識をもっていない、ということは、ふつうの事例でも同じだけの重要性を帯びることになる。そして、仮にデカルトの例に関して、われわれを取り巻く世界についてわれわれがもっている知識をそれが代表しているということが本当だとしたら、欠如していることが示されたたぐいの知識とはまさに、われわれが最初はもっていると思った知識にほかならない。それはたとえば、暖炉のそばに腰掛けて紙を一枚手にしている、といったようなことがらについての知識である。証明されていないのは、デカルトの哲学的吟味が何らかの仕方でふつうの査定とは異なっている、ということである。つまり、デカルトの否定的な結論に似た結論は日常生活で意義をもち、またそうと認められているが、デカルトの結論はそうした意義をもつことができない、ということが証明されていないのである。だとすれば、われわれの知識は実在というものから除外されている、とデカルトが示したのを受けて、実在はいずれにしろわれわれの関心事ではないし、関心事となるべきではない、という根拠のない考えに訴えても、それでよしとすることはできない。デカルトは、日常的知識についても吟味を行ったのであり、知覚の覆いというものを空想的に描写しただけではなかった。デカルトの否定的な裁定は、そうした吟味の結果なのである。

しかし、デカルトの説明において知ることができるとされているものだけで満足できる、という考えでよしとしようとしたとして、どの程度それでよしとすることができるのか。デカルトの論証に従えば、われわれの立っている場所は、楽観的な応答が考えるよりもいっそうひどいものである。つまり、知覚できない「実在」に関するどんな関心も捨て去るという応答によって考えられているよりも、いっそうひどいものなのである。

まず、日常的に経験しているありきたりの対象だといつも考えていたものが、われわれには実は残されていないことになるであろう。たとえば、テーブルや椅子、木や花、パンやワインといったものである。もしデカルトが正しければ、われわれはこれらのようなものについて何も知らないことになる。われわれが知覚し、感覚によって直接接触できるのは、物理的対象や事態などでは決してなく、単なる表象なのである。そして表象とは、それが表象しているたぐいの対象がいっさいなくても、そのままでありうるようなものなのである。デカルトの結論が正しかったとしても知識をもちうるようなことがらの領域だけで、われわれが満足することになったとする。そのことは、最初にあったような安心できる世界で満足するのと同じではない。われわれはそのすべてを失うことになるのである。つまり、そのすべてについて、何かを知ることは少なくともできなくなるのである。そしてわれわれは、ものごとのありようではなく、ものごとがいまわれわれにどのように見えるかについての事実の範囲を超えられないことになる。

まだ次のように感じられるかもしれない。結局のところ、この変化する世界で確かなことは何もないのだから、ものごとのありようについての確たる真理を切望することなどしないほうがよい、というようにである。われわれの知るところによれば、ものごとがわれわれにどのように見えているのか、あるいはいままでどのように見えていたのかということに関しては、われわれの誰もが、もしくはわれわれのほとんどが一致する。そのことさえあれば、社会的で文化的で知的なわれわれの生活は、われわれが無理なく期待し、必要とするだけ安定していると感じられるかもしれない。しかし、こうした反応では、またもや、デカルトの懐疑的結論によってわれわれの一人一人が立つことになる場所が貧困なものだということ、それが限定的なものだということを、本当に認めたことにはなっていないのである。厳密に言えば、デカルトが正しい場合には、行為し、経験し、考える個々人による共同体などはないことになり、そうした共同体について私が何かを知ることができるというふうにはならない。私の理解する他人とは、単に私がもつ感覚で得た経験ではない。だが、他人が存在するとしたら、彼らもまた、私が感覚で得た経験の向こう側にある、到達できない世界に住んでいることになる。つまり、テーブルや椅子などという、私にとっては何も知ることのできないようなものと、一緒に住んでいることになる。したがって、私が知りうることという少なくともその点に関しては、志を同じくする共同体があると考えてよしとすることはできないはずである。つまり、その共同体で知覚する者たちが協力し、共同の覆いである知覚の覆いがもたらすものだけで快活にがんばっていると考えて、よしとすることはできないはずなのである。他人がいると信じる理由が私にあっても、その理由は、椅子に腰掛けて私がいま本を書いていると信じるための理由と、似たり寄ったりのものにすぎない。私の知識は、表象の範囲ないし感覚で得た経験の範囲を超えられない、とデカルトは結論するが、そのとき言われている感覚で得た経験とは、私自身のもの以外ではありえない。つまり、共同の知識と言ったところで、知覚の覆いそのものについての知識さえありえないのである。私自身が感覚で得た経験があっても、私を取り巻く世界についてのことがらは知りえない。このことが正しいとすれば、感覚で得た経験があっても、感覚で得た経験がほかにもあるのかどうかということや、知覚する存在者がほかにもいるのかどうかということさえ、私は知ることができないのである。

デカルトの結論を、それが意図されたとおりに受け入れたならば、その帰結は実に悲惨なものである。デカルトの結論が含意していることは根底から否定的であり、それを受け入れるのはたやすいことではない。だがもしかすると、もはやわれわれはずいぶん遠くまで来てしまっていて、こういった話全体はそもそも不合理だと感じられるかもしれない。そして、最終的にそれは理解すらできないし、デカルトの結論を「受け入れる」ということはまったく話にならない、と感じられるかもしれない。私はそのような反応を抑え込むつもりはない。私はただ、そこで言われている不合理さや理解できなさとは何なのかを特定し、見きわめなければならないと主張したいのである。デカルトの吟味から学ぶものがあるとすれば、それを学ぶにはこの方法しかないと私は思う。次章では、そうした線に沿った論評として強力なものをとりあげ、一つの捉え方を素描することを試みる。それは、知識の哲学的吟味と、知識を査定するための日常的な基準や手順との関係についての捉え方である。もしその捉え方に説明がつけられ、それを擁護できたならば、懐疑的結論は無傷のままとなり、その射程と否定的な重要性は減じないことになる。

第2章　哲学的懐疑論と日常生活

前章で概要を示した懐疑的論法にはじめて出会ったとき、われわれはすぐにその論法を魅惑的なものと感じるであろう。その論法は何かわれわれの本性の深いところにあるものに訴えてくるし、人間というもののあり方についての本当の問題を提示するように見える。われわれには二者択一が迫られている、と感じるのはもっともなことである。われわれを取り巻く世界についてわれわれは何も知りえない、という懐疑的結論が文字どおり真であることをわれわれは受け入れなければならないのか、それとも、その結論が真でないことをどうにかしてわれわれは示さなくてはならないのか。懐疑的結論を受け入れて一貫して保持するとすれば、悲惨な結果になりそうだが、かといってそれを拒否することも不可能なことのように思われる。だが、懐疑的結論が「文字どおり真である」とは、実のところどのようなことなのか。二者択一のどちらをとるにしても、そこで頼りにされるのは、懐疑的結論が何を述べ、何を意味しているのかについての確固とした理解である。そうした理解がなければ、真として受け入れたり偽として拒否したりする確固としたものが何もなくなってしまうであろう。懐疑的結論についてそうした適切な理解を得ることこそが、私がもっぱら従事したいことである。それゆえ私は、懐疑的結論の源泉に注目することを提案する。つまり、その結論はどのようにして得られたのか、またそれがこれほど避けがたくなるのはどのようにしてか、ということに注目すべきなのである。とりわけ、夢を見ている可能性はつねに排除されているべきだというデカルトの要求と、日常生活での知識のための通常の基準や要求とが、一体どれほど密接に関連しているのか、ということに目を向けるべきなのである。

私が提案しているのは、懐疑的論法がどうにか立証し遂げているものが何なのかを正確に確定することに努めるべきである、ということである。だからといって私は、懐疑的論法が人間というもののあり方について深い問題を提起しているという事実を否定するつもりはないし、そうした論法が人間のもつ知識について非常に意義のあることを明かすことができるという事実を否定するつもりもない。もしかすると、そのような事実はないように見えるかもしれない。というのも、われわれが日常生活において従っている基準や手順に少し目をやりさえすれば、デカルトの議論にはまったく何も含まれていないことがわかってしまうように思われるかもしれないからである。確かに、自分が夢を見ていないことを知っている場合にのみ、日常生活において何かを知っていることを認めてよい、などとわれわれが必ずしも主張するわけではない。このことは、科学における知識や法廷における知識のように、おそらく基準がもっと厳格な場合でさえ変わらない。そのため、次のような見方をとりがちである。すなわち、デカルトが懐疑的結論にたどりついたのは、あくまでも彼が知識のための基準や要求に反することによって、おそらくそれらに取って代わる新しい別なものを自分でこしらえた結果である、とする見方である。もしこの見方が正しいならば、デカルトの結論からは、日常や科学における知識や信念に関してそれが導くかに見える帰結は出てこないことになる。このように理解した場合、懐疑的結論は、当初われわれが思っていた意義をもっていなかったことになるであろう。

このような見方に沿って懐疑論を診断した場合の一例は、次のようなものである。ある人が、ニューヨーク市には医者が一人もいない、という驚くべき報告をしたと想定しよう。確かにこれは、真だと知っていると誰もが思っていたことに反するように見える。もしあれほどの規模の都市に医者が一人もいないとすれば、本当に驚くべきことであろう。そこでわれわれはこのように問う。どのようにしてそのような驚愕の発見が得られたのか、また、こうした悲惨な事態はどれほど前から起こっているのか。その結果われわれに次のことがわかったとしよう。つまり、その驚愕の報告をした人物がその報告を真だと言っているのは、「医者」という言葉で彼が意味しているものが、彼の説明によるところでは、医師免許をもち、考えうる限りのあらゆる病気を二分以内に治療できる人物のことだったからなのである。(1) このことがわかったならば、われわれは彼の報告に驚きはしないし、何か真であることをわれわれが知っていると誰もが思っていたことがらに、その報告が対立すると思うこともない。「医者」に対することの奇妙な「再定義」の条件をすべて満足する人物はあの都市のどこを探してもいないということなら、問題なく信じられるものだということがわかる。いったん、その報告をもとの意図どおりに理解するならば、その報告に関して驚くべきことは、おそらくその表現のされ方を除けば、ほかにはない。その報告は、一見するとそれが否定するかのように見えるものを、否定してはいない。そして、ニューヨークには数え切れないほどの医者がいるというわれわれがもともともっていた信念に対して、その報告はまったく脅威を与えていないのである。

このことから示唆されるのは、懐疑的結論も同じ運命にあるということである。懐疑的結論もまた、それを表現する際の言葉の意味を誤解したり歪曲したりすることに基づいているとされるのである。われわれを取り巻く世界については誰も何も決して知りえないと言われると、はじめは驚かされる。しかし、ここで問題にされている「知識」は、「知識」とは言っても、われわれが関心をもっている日常的な知識や科学的な知識には実際には求められていない条件を満たすことが求められているものだとわかったとしよう。いったんこのようにわかってしまうと、もはやその報告に驚いたり動揺したりすることはない。日常生活や科学に携わる場面で何かを知ろうとする際に、夢を見ている可能性が現実のものでないことがつねに知られていなければならないなどということをわれわれは強く主張したりはしない。デカルトが行った懐疑的論法はまさにこうした要求を行っているということがわかったとする。その場合、デカルトが下した懐疑的結論は、われわれが当初知っていると思っていたどのようなこととも矛盾しないことがわかる。デカルト独特の「再定義」の条件をすべて満たすものが知識だとすれば、世界に関する知識などありえないことは問題なく信じられるものだと思うかもしれない。だが、デカルトの下した結論をきちんと理解するならば、その結論が否定しているかに当初思えたことがらは、その特異な言語形式ゆえにそう思えていただけであって、実際には否定されていない。そしてデカルトの結論は、われわれの日常的な知識や信念に対して何の脅威も与えないことになる。したがって、そうした結論にはじめて出会ったときにわれわれが感じたような高揚感も不安感も、すべて単なる錯覚に起因するものであったにちがいない。

もし、デカルトの懐疑的結論の背後にあるものが、ニューヨークの医者についての奇妙な報告の背後にあった程度のものでしかないとしたら、それはまったくもってひどくつまらないものになるであろう。もしデカルトが、単に知識に対して理不尽な、もしくは常軌を逸した要求を課し、その上で、その要求が決して満たされないことを指摘するのであれば（むろん指摘だけとればまったく正しいが）、彼につきあう理由はまったくないし、一時的につきあうことにさえ理由はない。デカルトの発言を通じて明かされることがあるとしても、それは、哲学の理論によって解明されることが望まれていた日常的な知識や科学的な知識について言えば、先の常軌を逸した報告がニューヨークの医者についてどうにか明かしてくれている程度のことでしかないであろう。ある人が医者であるということは、たとえその人から治療を受ける機会がたまたま一度もない患者がたくさんいるとしても、まったく変わらない。そして、もしデカルトは単に知識に対する要求を歪曲しているだけならば、日常生活や科学に携わる際にわれわれが手にしているものが知識であるということは、まったく変わらない。それは、たとえ、自分が夢を見ていないことを知っていなくてはならない、という常軌を逸した条件をわれわれが通常は満たしていないとしても、まったく変わらないのである。思うに、少なからぬ哲学者が哲学的懐疑論は面白くないと感じ、それを研究することは不毛なことだと思っているのは、いま述べたような理解がもとになっている。デカルトが自身の立っている場所について行った査定は、われわれにとってなじみの査定とあまりに根本から、またあまりに明白に逸脱していると思われている。そのため彼の査定に対して、われわれが関心をもつ人間の知識について何か深遠で恒久的に意義のあるものを明かしてくれるだろう、という期待は抱けないのである。

意味の変更や歪曲があったという事実は、この哲学上の事例については、おそらく、ニューヨークの医者についての報告の事例ほど明々白々なわけではない。もしわれわれが懐疑的論法にともかくも欺かれてしまうとすれば、それほどまでにそこにある誤解が見えにくいものであることは間違いないし、まったく同様に、おそらくは懐疑的哲学者にとっても、その誤解は見えにくいのであろう。「医者」という語にかの特別な意味を与えるのは、常軌を逸した気まぐれにすぎない。だが、懐疑的哲学者が「知っている」という語の意味を変更したと推定されるとしたら、その変更に動機がないとは限らない。むしろどう見ても、その変更を行ったことは、単なる自分勝手な気まぐれではない。それゆえ、懐疑的結論の背後にあるものは、先述した「医者」という語の「再定義」の背後にあるものよりも、興味深くて吟味に値するものであると判明するかもしれない。

しかしそれでも、次のように感じるものである。この哲学上の事例が興味深いものだとしても、それは、次の疑問点を探り出すことが興味深いという限りのことにすぎない。つまり、どうして哲学者はこれほどまでに繰り返し道を誤ってしまうのか、使いなれた言葉を検討し使用するときに、哲学者は、どうやら誤解した意味や歪曲した意味にこだわり続けるが、それはなぜなのか、という点である。だとすれば、哲学的懐疑論についての吟味には、病理学的興味からなされるものしかないことになるであろう。哲学者たちがどれほどたやすく混乱に陥り、誤りを犯すのかを明かしてくれることを別にすれば、哲学的懐疑論に対して、人間の知識そのものについて何か深遠で恒久的に意義のある何かを明かしてくれるだろうという期待は抱けないであろう。

たとえばJ・L・オースティンの考えによれば、懐疑的結論の源泉を吟味することは、「陥りやすい（主として言語上の）誤謬の塊を一つ一つほぐすこと、多岐にわたる隠れた動機を洗い出すことであり、それはある意味で、われわれを出発点に差し戻す作業」である。(2) 前向きにオースティンは、こうすることで、単独で取り出しても興味深いいくつかの英単語のもつ意味についてわれわれは何かを学ぶことくらいはできるかもしれないと考えた。(3) 今日の大半の哲学者は、オースティンほどにはそうした英単語の意味を気に留めていないが、彼らならこう言うだろう。油断することなく、過去の哲学者を混迷させてきた誤りから身を守りさえすれば、哲学的懐疑論への迷い道に同じように足を踏み入れる理由は見あたらないであろう、と。誤解に基づいた懐疑的結論は、日常や科学におけるわれわれの知識や信念について何も明かしてくれないと思われている。というのも、懐疑的結論が本当にそうした知識や信念についてのものになることは、先の常軌を逸した報告が本当にニューヨークの医者についてのものになることと同じく、まったくありえないことだからである。

ここまで私は、懐疑的議論に直面した際の最善の戦略は、その議論が要求していることの中身をもっと慎重に検討することであると言おうとしてきた。その要求とは、「われわれを取り巻く世界についてわれわれが何かを知りうるとしたら、自分が夢を見ていないことをわれわれは知っていなければならない」というものである。思うにこの戦略は、デカルトが述べるこの条件を知識のまぎれもない条件として受け入れた上でその条件が満たされうることを示そうとするのに比べれば、はるかに見込みがある。そうやって条件をまぎれもない条件として受け入れた上で、その条件が満たされうることを示す、という戦略は、うまくいくはずがないと私は論じたのである。自分が夢を見ていないと知っていることが、われわれを取り巻く世界について何かをわれわれが知っているための一律の必要条件であるとする。その場合、自分が夢を見ていないことも決して知りえないことが帰結する。だからこそ、唯一の望みはこの条件を退けることだと私は考えている。しかしながら、世界についての知識を得るための条件だとデカルトが言っているものは明らかにそうした条件ではまったくないという考えには、私は共感しない。先にあげたとるに足らない事例では、「医者」という語の意味が変更されていたことには疑いの余地はないと思えるが、デカルトの論法では、それよりはるかに深遠で複雑な論点が提起されているように思えるのである。それに、ここで危機にさらされているのは、避けることもできたのに伝統的哲学者によってなされてしまった数多くの単なる誤りや混乱ではなく、もっと重大なものである。思うに、デカルトの要求の源泉を正当な仕方で吟味すれば、ある種の解明が期待できる。すなわち、われわれが現に知識をどのように捉えているのかについて、また、われわれがその捉え方を理解しようとするときに追求しているものについて、あるいはもしかすると人間の知識そのものについてまでも、解明されるかもしれない。

さしあたり、デカルトの結論に対する批判者は正しいと想定してみよう。そして、世界についての知識に要求されるものとしてデカルトが述べているものは、本当は知識に対してそのように要求されているものではまったくないと想定しよう。もしこの想定が正しいとしたら、そのことはどのようにして知られうるのであろうか。知識がどういうものであるのかということについて彼が歪曲したり誤解したりしているということ、またはそうしているにちがいないということを、示しているものや示すはずのものとは、何であろうか。この問いは、われわれを取り巻く世界についてわれわれが何かを知りうるとしたら、われわれは自分が夢を見ていないと知っていなくてはならない、とデカルトが強く主張する場合の問題である。もしかすると、デカルトの結論を批判する人たちが、「知っている」という言葉の意味はその言葉にデカルトが要求しているように見えるものを実際には要求していないとか、知識は「論理的帰結のもとで閉じて」いないと、論じるかもしれない。また、「知っている」という言葉は、ある知識のすべての論理的帰結を「貫く」わけではないし、その知識の論理的帰結として知られるものを「貫く」わけでもないし、ましてやその知識をもっていることの帰結として知られるものを「貫く」わけでもないと、論じるかもしれない(4)。デカルトの批判者がこのように論じるとき、知識や「知っている」という言葉の意味に関わるこうした主張それ自体は、どのようにして支持されるのだろうか。この問いがもたらすいくつかの難点を明確にするために、デカルトの結論に対するこのような路線をとった批判の中でも、最も説得的で影響力のあるかたちの議論に注目することにしたい。

懐疑的結論は、世界についてわれわれのもっている知識を査定する過程で得られる。すなわち、われわれを取り巻く世界についてわれわれが知っていると思っていることを、実際にはどのようにしてわれわれは知っているのか、ということを吟味する過程で得られる。J・L・オースティンの考えでは、その手の査定を行うときに哲学者は、「ふつうの人が「どうして知っているのか」という問いを投げかけられたときに、実際にどのような種類のことが起こっているのか」[5]ということに十分な注意を払ってこなかったのである。オースティンは、「他人の心」という論文で、こうした典型的な哲学的吟味がわれわれの通常の実践からどのように逸脱するのかを示そうとしている。

たとえば、庭にゴシキヒワがいるということをどのようにして私は知っているのかと問われたら、私は、どのようにしてゴシキヒワやこの国の小鳥全般について知ったのかを説明することで返答するかもしれない。あるいは、どのようにしてこの具体的な事例において庭にいるゴシキヒワに気づくことができて、その結果、そのゴシキヒワについて知りうる場所に立つことになったのかを説明することで返答するかもしれない。後者のような返答は「どうして知っているのか」という問いに対して、不十分であるかもしれない。というのも、私の分類法が間違っている――私がゴシキヒワだと思っているものが実は何か別のものである――という理由でその応答は間違っているかもしれないからである。もしくは、どうやって私がそれを知っているのかについて私がすでに述べたことでは十分ではないということで、私の応答には疑問が投げかけられるかもしれない。もし私が、それがゴシキヒワだと知っているのは、その頭が赤いからだ、と言ったとしたら、次のように反論されるかもしれない。「しかし、それだけでは十分ではない。頭の赤い小鳥はほかにいくらでもいる。君の言っていることだけでは証明にならない。

君がそれだけのことを知っていたって、なおそれはキッツキであるかもしれない」（OM、五一頁［邦訳、一一七頁］）。この反論は、私がそれまで述べたあらゆることと両立するある一つの可能性を提示しているだけなのだが、しかし、もしその可能性が現実のものであるならば、庭にゴシキヒワがいるということを私は知らないということがそこから導かれてしまうのである。したがってこの反論は、デカルトが、われわれを取り巻く世界に関してわれわれがふつうにもっている知識に対して行ったような反論へと、われわれを近づけることになる。

オースティンの考えでは、哲学者が査定をする際には、「実在」についての問いと、「確かさ」にある程度関わる問いに集中する傾向がある。またオースティンによれば、もちろんこのような問いは、日常生活における知識についても提出されるものなのであるが、そういう哲学者が行う知識についての特別な吟味は、そうした問いに答えを与える日常的な手順を歪曲したり放棄したりしているのである。オースティンは次のように言う。これまで言われてきたことでは十分ではない、とか、知られていると主張されていたものはこれまで言われてきたことでは証明されない、ということを根拠にして、一つの知識と推定されるものをわれわれが否定する際には、ふつうわれわれはみな、次のことを受け入れているのである。

（a）もしあなたが「それでは十分でない」と言うならば、あなたは多かれ少なかれ何らかのはっきりとした不足点を念頭に置いているはずだ……。もしはっきりとした不足点があなたに何かあるのでなければ、つまり、少なくとも求められればすぐに述べることができるような不足点があなたに何かあるのでなければ、ただ単に「それでは十分でない」と言い続けることはばかげたこと（常軌を逸したこと）である。

（b）十分とはまさに十分であること以外の何ものでもない。つまりそれはすべてということを意味するわけではない。十分である、ということが意味するのは、（理性的な範囲において、また当面の企図と目的にとって、）そのものがほかの何物でもあり「えない」、すなわち、そのものには競合するほかの記述の余地がない、ということを示すのに十分であるということである。たとえばこれは、そのものが剥製のゴシキヒワではないということを示すのに十分である、ということは意味していないのである。（OM、五二頁［邦訳、一一八頁］）

哲学者が「実在」についての問い（「だが、君はそれが実在している本物のゴシキヒワだと知っているのか」）を繰り返し提出するとき、彼らは、知識をもっているというもともとの主張を保証するものとして提示された「事実」の信頼性を問おうとしているのである。もちろん、これもわれわれが日常生活で現にやっていることである。オースティンの考えでは、知識をもっているというふだんのわれわれの主張に哲学者がこのように迫るとき、彼らは前述の条件をいつも満たしているわけではない。

「しかしそれは実在している本物なのか」という疑いないし問いは、つねに特定の基盤をもっている（もたなければならない）。そしてそれが実在している本物ではないと示唆するためには、何らかの「示唆する理由」が、いわば、ある一つないし限られた数の特定の仕方で必要である。その仕方とはすなわち、そのとき、この経験や事物がまがいものであるかもしれないと示唆されるような仕方である。何が示唆されているのかは、しばしば（ふつうは）文脈によって明らかにされる。……文脈がこの点を明らかにしてくれない場合には、私には、「君はどういう意味で言っているのか。それが剥製かもしれないとでも言うのか。一体君は何を言いたいのか」と問う権利が与えられることになる。（OM、五五頁［邦訳、一二四頁］）

オースティンの示唆するところでは、知識に興味をもつ哲学者や、誰であれ彼が「形而上学者」と呼ぶ人物は、こうした条件を、彼が典型的なやり方で難題をつきつける際に満たしていないことになる。そうした人物の「やり口」は、そのテーブルが実在している本物ではないかもしれなくなるような、彼が念頭に置いているあり方を具体的に明言しないまま、「それは実在している本物のテーブルなのか」と問うことによって成り立っている。そしてそれゆえわれわれは、そうした人物に応答しようとすると、途方に暮れてしまうのである。これはちょうど、手品師から「どなたか、これが種も仕掛けもないふつうの帽子であることを確認してください」という誘いを受けたとき、われわれが当惑したり動揺したりしてしまうのに似ている（OM、五五頁注［邦訳、一七四頁］）。こうしたことにもしもわれわれがふつうにもっている知識に対する哲学的な批判が依拠しているのならば、その批判に答えることは不可能なのだ、とわれわれが感じるのも無理はない。

はっきりさせておかねばならないが、哲学者や「形而上学者」らの手順についてのこうした忌憚のない記述は、私が概要を示したかたちでのデカルトの議論には当てはまらないのである。デカルトは、暖炉のそばで紙を一枚手にして腰掛けていることを自分は知っているという自らの主張を査定する。そのとき彼は、自分が本当にそこに腰掛けていることを証明するには彼の手持ちの根拠では十分でないと、ふつうの言葉遣いで単に不満を告げているだけではない。彼の根拠が不十分になる具体的な状況を、また、彼が依拠している事実とは両立するものの、自分が実際そこに腰掛けていることを彼が知っていることとは両立しない具体的な可能性を、彼は十分に特定できるし、実際、彼の議論がもつ威力は丸ごと彼がそうした状況や可能性を明確に特定していることに基づいている。完全に決定的なこととして、彼の根拠が不十分なものであることが判明する。彼は夢を見ているのかもしれないのである。オースティンが「形而上学者のやり口」と記述するものでは、世界についてわれわれが知ることを否定するデカルトに応答するのが困難であったり不可能であったりするのはなぜなのかは、説明できないのである。

それでもオースティンは、デカルトもまたそのやり口と密接に関わる別の仕方でわれわれの通常の基準や手順に反しているとする点で、正しいのかもしれない。オースティンによれば、具体的な事例である人が知識をもっていると言えるにはどのような問いがあらかじめ答えられておく必要があるのかが、いったん正確に確定してしまったならば、その問いは「個々の事例のタイプに適切な公認の手順(もちろん、多かれ少なかれ大まかな仕方で認められているわけだが)」によって答えることができるようになる(OM、五五頁[邦訳、一二四頁])。実際、あまり明確に述べてはいないものの、オースティンの言葉から強く示唆されるのは、そうした「公認の手順」が存在することは、知識をもっているという主張に対するもともとの否定的見解が決定的であることから単純に帰結するということである。そして、知識を批判する人物が想定している疑念や不足点がどのようなものであるのかが(たとえば、「どのようにして君は自分が夢を見ているのではないことを知っているのか」といった問いのかたちで)明確にされれば、そこからすぐに、その不足点を補ったり、その疑念を軽減したりするための公認の手順が存在することが帰結するだろう。(6) オースティンはこう述べている。「夢を見ているのか目覚めているのかを区別することや、ある物が剥製なのか生きているのかを判定すること、等々のことについては、一定の公認の方法というものがある（もし夢とうつつを区別する方法がないのなら、これらの語を使い、対比させる方法を、われわれはどうやって知ることができるのだろうか）」（OM、五五頁［邦訳、一二四頁］）。

オースティンは、ある人が眠っていないことを見分ける「手順」や「公認の方法」だと彼が考えるものについては、あまり語っていない。そうした手順は存在するにちがいなく、さもなければわれわれは、「夢を見ている」と「目覚めている」という言葉の対比をしたりそれらを使ったりすることを実際のようにはできなくなってしまうだろう、と考えることで、彼は甘んじているようである。私には当のこの主張は、疑わしいものであるか、少なくとも立証しがたいものであるように思えるが、そう思う理由については後でまた部分的に述べることにしたい[7]。この主張についてオースティンが一連の講義で示す理由は、はるかに説得力を欠いたものである。彼は『知覚の言語』の中で、通常の目覚めている経験と夢の経験との間には「質的な相違」はまったくないという、哲学者の説を否定している。オースティンによれば、実際にローマ法王と対面していることは、私がローマ法王と対面しているという夢からは「質的に区別不可能」なわけではないことになるが、そのように彼が言う根拠は以下のようなものである。

われわれは実際、「夢のようであるという性質」という語法をもっており、ある種の覚醒時の経験は、この夢のようであるという性質をもつ、と言われる。また、ある種の芸術家や作家は、ときに自分の作品にこの性質を――通常あまり成功しないが――添えようと試みる。しかしもちろん、もしここで事実であると主張されているものが実際に事実であるならば、この語法はあらゆるものに適用でき、したがって、まったく無意味になってしまうであろう。夢が覚醒時の経験と「質的に」異ならないなら、あらゆる覚醒時の経験は夢のようであろうし、夢のようであるという性質は、捉えがたいどころか、不可避のものとなるであろう(8)。

次のように信じている人がいるとしよう。自分が夢を見ているのではないことを具体的な状況でわれわれが見分けることができるということは、ある種の言語表現が有意味であることによってこそ保証される、というようにである。このように信じているとき、その人はおそらく、先に述べたような「手順」を丁寧に記述したり、それらがどのように機能するのかを詳細に説明したりすることが必要だと感じることはほとんどないであろう。この「手順」が機能するにちがいないと彼はすでに確信しているので、そうした「手順」を詳細に記述しなくても、彼はデカルトが行った論法と真っ向から対立することになるように見える。「第一省察」の末尾におけるデカルトの立場では、夢をわれわれが見ているのではないことを知るのは不可能である。それゆえ見たところ、デカルトとオースティンとの間にある問題は、このようにして「夢のような性質」という表現の有意味性に訴えることや、「夢を見ている」や「目覚めている」という言葉をわれわれが実際にしているように使用したり対比したりする能力に訴えることがどれほど説得力をもつのかに、丸ごとかかっているかのように思えるかもしれない。だが、実のところ私は、懐疑的哲学のもつ帰結に対してオースティンから出される本当の反論は、どこか別のところで見つけられると考えている。

デカルトの結論は一般性の高い要求に依拠している。すなわち、もしわれわれを取り巻く世界について何かを知りうるのであれば、われわれは自分が夢を見ているのではないことを知っていなくてはならない、という要求である。この要求は、夢を見ているのではないと決定するどんなテストや手順も不十分なものにしてしまう。テストを自分が行っているという夢を単に見ているのではないこと、そしてまさにこのことを決定する別のテストをしているという夢を見ているのではないこと、等々のことを知っていなくてはならなくなってしまうのである。オースティンによれば、知識に対するこうした強い一般性の高い条件を強く主張するときにこそ、歪曲や無理が本当に生じているのである。自分が夢を見ているのではないことをわれわれは知っていなくてはならないということが、一般に、われわれを取り巻く世界についてものごとを知るための条件ではないとしよう。すると、デカルトはいろいろなことを示すのに失敗していたことになるであろう。つまり、自分が夢を見ていないことをわれわれは決して知りえないということ（そしてオースティンが想定しているような「手順」はありえないこと）を、彼は示すのに失敗していたことになる。のみならず、われわれを取り巻く世界についてわれわれは何も知りえないということを示す作業を、デカルトは開始してさえいなかったことになるであろう。知識に対するデカルトの条件がなければ、外界についての哲学的懐疑論は完全に無力になってしまうのである。オースティンは、デカルトの立っている場所のまさに核心を攻撃する。世界についての知識に対して、一般性の高い、条件としては強いものをデカルトが主張するときに、彼が知識について課せられるふつうの条件や基準に反したりそれを無視したりしているということは、示すことができるのだろうか。

すでに述べたが、ほんの少し反省をするだけで、デカルトの条件は実は日常生活や科学に携わる活動における知識に対する条件ではないということを、われわれは十分確信できるのである。哲学的懐疑論についてしばらく考察した後では、われわれはしばしば、日常生活で自分が実際に行っていることを忘れたり歪曲したりしやすい。だが、実際にわれわれが行動する仕方について、実情を反映した説明に戻ることにこだわるならば、実際にはわれわれがあのような一般性の高い条件を、知識をもっているという主張に要求していないことは、ほぼ間違いないように思われる。

たとえば、私の家のパーティーで、私が鳥に詳しい友人たちに向かって、たったいま庭にゴシキヒワが現れた、と告げたとしてみよう。そのうちの一人が「それは本当かい。どうして君はそれを知っているのだろうか」とたずね、そこで私は、あの大きな松の木の枝を跳び移るところをたったいま見たことを答える。そして別の友人が、あきらかにふざけた口調で、「自分が夢を見ているのではないことを君はどうして知っているのだろうか」と言うのである。彼が言うことを深刻に受けとる理由はまったくないし、誰もそうしようとは思わないであろう。われわれは、彼の発言を私の知識に対する脅威とは見なさないのである。今度は、私が鳥の識別コンテストに出場しているとしよう。私は自分の標本を念入りに調べ、その鳥に似た別種の鳥との相違を確認し、その上で、この鳥がゴシキヒワであることを現在自分は知っているのだ、と私は報告するのである。このとき、私がその鳥を夢に見ているだけではなかったことをどうして私は知っているのかと一人の審査員がたずね、十分な弁明を私が提出できないために私の応答を彼が拒否してしまう、といったことは起こりうるだろうか。これはまったく常軌を逸した事態であり、それゆえ、ここで私のはじめの主張が維持されるためには審査員のこの問いに答える必要があるなどとは、よもや私は感じないであろう。

これらはとるに足らない例だが、デカルトの条件にこだわることが不適切なのは、問われている知識がさほど重要でないからではない。そうした知識が非常に大きな問題になっている場合であっても、法廷の場面のようにそれがたとえ文字どおり死活問題になっている場合であっても、何か具体的なものを知っているという主張にとって、夢の可能性が考慮に入れられるべき重要なこととしてつねに認められるということは、まったく真ではない。証言台に立って、「その日私は被告と一緒に過ごしており、彼と一緒に美術館に行って夕食をともにして、彼とは夜中に別れたのだ」と私が証言するとしよう。そしてここで検察官が、「そうしたことがらをすべて君が夢に見ているのではなかったと、どうして君は知っているのか」とたずねたとしよう。この問いに私が応答できなくても、通常の状況では、そのことによって私の証言が揺らぐことはない。検察官のこの質問は常軌を逸している。この質問は私の知識を危うくするような性質のものではない。それは、弁護人が証拠を提示できなくて窮地に立たされたときに投げやりでするような返答と、何ら変わらないのである。また、込み入った化学の実験をした際に、その手順や結果について慎重に報告した後で、自分が実験を行っているという夢を見ているだけではないことを、その実験者がどうやって確信していたのかについての説明がさらに続けられることを、われわれは期待したりはしない。そうしたことは問題でなかったのである。その問いは決して提示されないし、ましてや解決されることなどありえない。要点は明白なので、さらに例示する必要はない。ものごとを知るためにはデカルトの言う条件を満たさなければならないということに、われわれは実際の生活でこだわらない。このことは、明らかであるように見える。また、医者として認められるためには、考えられる限りのありとあらゆる病気を二分以内で治療しなくてはならないということにも、われわれはこだわらない。

もちろん、われわれが夢を見ているのではないことをわれわれはどのようにして知っているのか、また、そもそもわれわれは知っているのかどうか、といった質問をすることが関わってくるときもある。こうした質問が、何かを知っているという主張に関わりをもつ批判であるとしよう。そのとき、この質問に満足のいくかたちで答えられないとすると、われわれが知っていると主張しているその対象を、実際にはわれわれは知っていないということが帰結する。仮に、私が夜ふかしをしてしまって早朝に寝ぼけながらベッドに寝そべっていると、窓の外で誰かが私の名前を呼んでいるのが聞こえるように思えたとしよう。その場合、誰かが本当にそこにいるのか、それともその声を聞いているという夢を私が見ているだけなのかについて、私は確信をもてないかもしれない。外に誰かがいるのかどうかについて、私はわからないのである。だが、夢を見ている可能性が関わってくるときがあるという事実からは、われわれを取り巻く世界について何かをわれわれが知りうるのであれば、夢を見ている可能性が現実のものでないことをあらゆる状況下で知っていなくてはならない、ということは導かれない。目覚まし時計が鳴ったので手を伸ばしてスイッチを切って、ベッドから出て窓に近づいて行ってカーテンを開けてみると、庭で友人が手を振りながら私を呼んでいるのが見えるとしよう。このとき、私が夢を見ているかもしれないことや、友人がそこに本当にいることを私が知りうるためには、私が夢を見ているのかどうかを私は確認しなくてはならない、といったことは問題にならない。たとえ私が友人に向かって、夢を見ているかどうかを私は知らなかったので数分前に君がそこにいたということを私は知らなかったのだ、と本気で言うことができるとしても、こうしたことは問題にならないのである。

この点をオースティンはゴシキヒワの場合に関して次のように論じている。

そのものがゴシキヒワであるということを私が知っていると言うとき、ふつうの場合には、そのものが「実在している本物の」ゴシキヒワであるということを知っているかどうかということは問題にはならない。理にかなった範囲の用心だけがなされるのである。しかし、特殊な場合には、この点が実際に問題となるかもしれない。その場合私は、それが実在している本物のゴシキヒワであることを確かめるし、……私がこのことを確かめるやり方は、それがゴシキヒワであることを確かめたときのやり方と本質的には同様のやり方である。(OM、五六頁〔邦訳、一二五頁〕)

それが実在している本物のゴシキヒワだと確認するこうした方法があるということは、われわれがつねにそのことを見分けることができるということをもちろん保証しないし、「奇跡や自然自身の法則逸脱」に対する反証(OM、五六頁〔邦訳、一二六頁〕)にもならない。何かおかしなことが起こるかもしれないし、何かまったく予想外のことがその鳥に起こるかもしれない。だが、こうしたことがらそれ自体は、それが実在している本物のゴシキヒワであることをわれわれは知っていると述べることや、そう述べることが正しかったということに対して、まったく支障を来たさないのである。

何かを知っているという主張にとってある種の可能性が関わりをもつのは、特殊な状況に限られる。オースティンはこのことを、他人の心や感情について何かを知っているという主張と関連させて述べている。その人は欺いているのではないか。その人の感じ方はわれわれの感じ方と十分似ているのか。彼がふるまう際に実は何も意図することなくふるまっているのではないか。こうした疑念は、すべて「特殊な場合」においてのみ生じてくる。ここでも、こうした心配が生じる際に、そうした特殊な場合を扱うための、(多かれ少なかれ大ざっぱに)確立された手順はある。だが、

このように疑いが生じ、解決が必要になるような特殊な場合は、正常な場合に対比される。[1] その際局面を支配するのは、欺瞞等々が絡んでいるということを示唆する何らかの特別な事情がない限り、正常な場合のほうであり、また、問題となる欺瞞は当該の状況において理解可能な種類のもの、す

なわち、動機等々が具体的に示唆されており、調べてみることが可能であるような種類のものでなければならない。ほかの人々が何を感じているのかを私が知ることは決していないということが示唆されたり、特定の場合において特別な理由もなく、具体的にどういう点においてかもまったく不明なままで私が誤っているかもしれないということが示唆されたりする余地はないのである。（OM、八一頁［邦訳、一六七頁］）

［1　オースティンによる注：「あらゆるときにあらゆる人をだますことはできない」は「分析的」である。］（OM、八一頁［邦訳、一七八頁］）

オースティンがここで強調するのは、「実在」の問題が問われる場面で疑いを投げかけるためには、特別な理由が必要だということである。この強調は、「しかしそれは実在している本物なのか」という疑いないし問いには、つねに何らかの「特別な基盤」が必要となる、という前述した指摘と同じものではない。彼の要求は次のような要請として表現されていた。知識をもっているという主張に反対する者は、「当該のものが実在している本物でないことを示唆するためには、何らかの「示唆する理由」をもっていなければならない。そしてその「理由」とは、この経験や当該のものがまがいものであるかもしれないことが示唆されるような、一つないし限られた数の何らかの特定のあり方のことを意味している」（OM、五五頁［邦訳、一二四頁］）。まさにここで述べられている要求を、デカルトは彼の論法においていて満たしている。彼は、夢を見ているということを、当該の経験が「まがいもの」になるかもしれないようなあり方として特定している。だが、この引用箇所でオースティンが論じているのは、次のことである。つまり、たとえ経験やことがらが「まがいもの」であるかもしれないあり方が明示されているとしても、「しかしそれは実在している本物なのか」という疑いや問いが、当初の知識をもっているという主張に関わりをもち、それが答えられなければならなくなるのは、そのように明示された可能性が現実のものであるかもしれないと示唆する何か特別な理由があるときに限られる、ということである。知識をもっているという主張を批判する人は、当の状況で知識が存在しないことになるあり方を明示しなくてはならないだけではない。その人はまた、その状況で彼が念頭に置いているありうる不足点が存在しているかもしれないと考えたり示唆したりするための、何らかの理由をもっている必要があるのである。そのような理由がない場合には、つまり通常のまったく特殊ではない状況では、たとえばそれが実在している本物のゴシキヒワだと知っていることが問われることはない。ふつうの状況でとることが求められる「理にかなった予防策」の矛先は、その状況で現実のものになっていると考えるには何か特別な理由が必要となるような可能性のみに向けられている。そして、このような可能性が現実のものであるのかどうかということだけが問われるのである。

　疑うには特別な理由が必要だということは、われわれが権威を引き合いに出したり、他人の証言に依拠したりするときにも見てとれる。すなわち、哲学者があまり研究しないような知識の有力な源泉にわれわれが依拠する場合である。

> 当然ながら、われわれは慎重であって、証言に対して疑念をもつべき特別の理由がある場合には、（人づてで）知っていると言ったりはしない。しかし、それには何らかの理由がなければならない。語り合うという活動においては（ほかのことがらにおいてと同様に）、相手に疑いの目を向けるべき何らかの具体的理由がない限り、相手を信頼してかまわないということが基礎をなしているので

ある。（OM、五〇頁〔邦訳、一一五頁〕）

同じことは、誤りや間違いのほかのどのような可能性についても言える。誰もが疑わないことだが、特にものごとを知っているという主張において、人間は生まれつき誤りを犯すものである。そしてこれは、われわれが「人づて」や証言によってものごとを知っている場合に限ったことではない。だが、こうした人間の一般的な可謬性のみに基づいて、「どのようにして君は知っているのか」という問いが出されるならば、この問いはちゃんとした難題を提起したことにはなっていない。こう言ったからといって、失敗や間違いといったことを知識が排除しているということは否定されないのである。

「知識をもっているならば誤っていることはありえない」ということは完全に理にかなっている。ちょうど「私はそれをすることを約束するが、それをし損なうかもしれない」と言うことが許されないのと同じように、「私はそうであることを知っているが、誤っているかもしれない」と言うことも許されない。自分が間違っているかもしれないということに気づいているならば、知識をもっていると言うべきではないのである。……しかしもちろん、自分が間違っているかもしれないということに気づくということは、単に自分が人間という可謬的な存在であるということに気づくということを意味するのではない。それは、目下の件に関して自分が間違っているかもしれないと考える何らかの具体的な理由があるということを意味するのである。……間違うことや自分の言ったことを実行できなくなることは、当然ながらつねに可能（「人間である限り」ありうること）ではあるが、このことはそれ自体としては、われわれが現にしているように「私は知っている」および

「私は約束する」という表現を使用することに対して、何の妨げにもならない。(OM、六六頁［邦訳、一四四〜一四五頁］)

ある種の可能性を提示することが、何かを知っているという主張に関わりをもつ批判として認められるためには、その可能性が現実のものであるかもしれないと考えるための何か特別な理由がなくてはならない。この要求を正確に定式化するのは、簡単なことではまったくない。そのような特別な理由があるだけで十分なのだろうか。また、誰かが実際そうした特別な理由をもち、その理由のゆえに当の可能性を提示している必要があるのだろうか。この理由はどの程度に特殊具体的でなければならず、また、その具体的な事例で何かが誤っていると考えるための理由は、どれほど十分なものでなくてはならないのか。私はこうした細々とした問いはすべて脇においておきたい。そして、概してこのような方向に沿ったあらゆる要求と、われわれを取り巻く世界についての知識に対し、デカルトが主張する条件との間にある対立について、問うことにしたい。したがって、オースティンが述べる一連のことをすべて認めておくことにしたい。「どのようにして君は知っているのか」と人がふだん質問されたとき、どのようなたぐいのことがらが実際には生じているのか。また、こうした質問や難題だと称されているものがわれわれの知識に対して他人から提示されたとき、われわれがどのように反応しているのか。こうした点について、オースティンが述べることをすべて認めておくのである。そして私が注意を向けたい問いは次のようなものである。われわれの日常的な活動や科学に携わる活動についてのこうした事実は、デカルトの論法が、知識を獲得したり査定したりするためのわれわれの日常的な手順や基準から逸脱しているということを示しているのだろうか。

どのようにして夢の可能性がわれわれの日常生活での知識に反するものとなりうるのかについて、オースティンが述べていることが正しいとしよう。すると、われわれを取り巻く世界について何かを知るためには、われわれは夢の可能性を排除しなくてはならないと主張する際、デカルトが正しくなることは確かにありえないように思われる。仮に、まだそのように夢を見ているかもしれないと疑う理由が日常生活において関わりをもつものとして認められてもいない段階で、夢を見ていることを示唆したり推測したりする特別な理由が存在しなければならないとしよう。そうすると、夢の可能性が世界についてわれわれがもっている知識に関わるということについて言えることは、せいぜい、夢の可能性が現実のものであるかもしれないと考える特別な理由が何かあるときには、つねにその可能性が現実のものでないことが知られていなくてはならない、ということくらいである。つまり、夢を見ているかもしれないと信じるための特別な理由や具体的な理由が何かあるならば、われわれを取り巻く世界について何か具体的なことを知ることができるのは、自分が夢を見ているのではないことを知っている場合に限られるのである。これは明らかにデカルトの一般性の高い要求よりも弱いものである。すなわち、われわれを取り巻く世界について特定のことを知りうるのは、自分が夢を見ているのではないことを知っている場合だけである、という要求よりも弱いものである。デカルトの論法によれば、あらゆる場合で満たされるべき条件というものが、世界についての知識に課せられることになる。それは、夢を見ているのかもしれないと信じるための特別な理由が何かあるか否かに関わらない。この弱いほうの要求によれば、その条件が満たされなくてはならないのは、「特別な理由」の条件も満足されているいくつかの場合に限られる。しかしそれ以外の場合では、夢の可能性は、われわれを取り巻く世界についてものごとを知っているというわれわれの主張に関わることさえないのである。

これら二つの要求の相違を別のかたちで述べるならば、弱いほうの要求は、世界についての知識の可能性のうち、デカルトの要求が許容しないようなものまでも許容しているのである。デカルトの要求がわれわれを取り巻く世界についての知識を不可能なものにするほど強いものであるのはどのようにしてかということを、私は示そうとしてきた。デカルトの要求は、世界についての知識の必要条件として自らが主張する、まさにその条件が満たされることを排除するものである。弱いほうの要求が言っていることによれば、自分が夢を見ていないことを知っていなくとも、われわれを取り巻く世界に関するものごとを人は知ることができるのである。夢を見ているのかもしれないと考えるためのどのような特別な理由もないときには、そこで主張されている可能性はまったく問題になっていないし、それゆえデカルトが引き合いに出す可能性は、こうした状況で世界についてのものごとを知ることに対して、どのような障害も提出していない。したがって、もしも知識についてわれわれがふつうにもっている日常的な捉え方に関してあてはまるのは弱いほうの要求だけであって、デカルトの言う知識の条件はあてはまらないのであれば、懐疑的論法はうまくいくはずがないように見える。

デカルトの論法自体は、弱いほうの要求のみを満たすとは言えないものである。自分を取り巻く世界について自分がもっている知識一般をデカルトが考察するとき、暖炉のそばに腰掛けて紙を一枚手にしているという具体的な事例を考察している。その唯一の事例が、世界についてのわれわれの知識すべての代表として選ばれているのである。こうした事例が世界についてわれわれがもっているすべての知識に関する完全に一般性の高い帰結を裏づけることができるのは、それが特別な要素をもたないまったく通常の事例である場合に限られる。自身の感覚によって伝えられるものをその具体的な時点と場所で疑うための何らかの特別な理由をデカルトがもっていたとしよう。たとえば、その状況が早朝で、自分が完全に目覚めているかどうかを彼がしっかりと確信してはいないとしよう。すると、ここからわれわれの感覚による知識一般について彼が導出したようなたぐいの一般性の高い帰結を、デカルトの裁定は支持できなくなるであろう。これはまさに、一つの特殊な事例であり、すべての知識の代表にはなりえない事例であり、そして後でわかるように、彼が知っていないことになる事例であろう。しかし、もしもこの事例に何も特別なところがなければ、つまり、もしも自分がその具体的な時点と場所で夢を見ているのかもしれないと考える特別な理由が彼になければ、「自分が夢を見ていないことを私はどうして知っているのか」という彼の提起する難題にはまったく特別な基盤はないことになるであろう。この事例で彼が夢を見ているのかもしれないと想定するための特別な理由や具体的な理由がなくても、その可能性は提示されうるであろう。それゆえ、デカルトが夢を見ているのかもしれないというこの可能性は、オースティンが言うところの、知識をもっているという日常生活の主張にとって深刻な難題であるための条件に、もっと言えば関わりをもつだけの難題であるための条件にも、間違いなく反しているように見えるのである。

このように、われわれの日常的な活動とデカルトの要求との間にははっきりと対立があるように見えるが、それでも私は次の問いを強調しておきたい。日常生活でわれわれが言葉を発したり、他人からの質問だとか難題だとか称されているものにどのようにして応答するのかについてのあらゆる事実をもってすれば、デカルトが彼の論法の中で、日常われわれが用いている基準と手順を逸脱しており、さらに「知っている」という言葉やほかの彼が用いているどの言葉に対しても、意味の変更や歪曲をしているということが十分に示されるのであろうか。私の考えでは、もし、日常生活についてのある種の捉え方が正しく、そしてしたがって、外界に関する哲学的問題と日常生活で生じていることとの関係についてのある種の捉え方も正しいとすれば、こうしたわれわれの日常の言語活動に関する事実は、あのような反懐疑的帰結をもたないことになる。それゆえそのようなわれわれの日常の言語活動に関する事実の意義に注目することで、当の哲学的問題自体の意義について、また、何かその問題が日常生活でわれわれの立っている場所と手順に関して明かすことができるものがあるならばそれについても、私は別の角度から注目することになる。もしも哲学的懐疑論者による日常生活の捉え方が理解できるものであるならば、日常生活と科学の中で生じるあらゆることと、われわれを取り巻く世界についてわれわれは何も知りえないという結論が文字どおり真であることとが、両立してしまうことになるであろう。

もしもわれわれのふつうの知識の捉え方についてあてはまるのはオースティンの弱いほうの要求のみであって、デカルトの強いほうの要求はあてはまらないのだとしても、いずれにしろオースティンの要求も、知識について真理を述べていなければならない。このような明白なことを述べることで、私は次のことを言いたいのである。仮に、われわれが日常の生活で用いている知識についての捉え方を、あらゆる哲学的な思索に先行し、またそれと独立に、われわれは得るものと想定しよう。さらにまた、デカルトや誰かほかの哲学者が哲学的な思索をした際に、その過程でわれわれの日常の知識の捉え方が変更されたり歪曲されたりしていたことが示されなければならないと想定しよう。すると、まさにその捉え方をデカルトは歪曲したということ、そして、その捉え方は知識についての一つの捉え方であるということが、示されなければならないのである。たとえば、オースティンの弱いほうの要求が知識の条件を述べるものであるためには、彼の要求は次のことを含意していなければならない。つまり、自分が夢を見ているのかもしれないと考える特別な理由はなくて、知識をもっているために必要なほかの条件はすべて満たしているような状況では、自分が夢を見ていないことを知っていなくても、われわれを取り巻く世界について何かを実際に知っているということになるということである。私はこのことを強調するが、というのも、非常に厳密に言えば、もしくは、言語その他に関わる日常生活におけるわれわれのふるまいについてのある種の捉え方に基づくならば、オースティンが引用しているたぐいの事実は、実際にはいま述べたようなことを含意することにはならないからである。

オースティンの議論は、語り方についての、つまり言語の使用についてのさまざまな事実をわれわれに思い起こさせる。ふつうの人が「どうして君は知っているのか」とたずねられたとき、実際にはどういった種類のことがらが生じているのかをオースティンは記述する。そのとき彼がわれわれに示すのは、そこで人が何を言っているのかということであり、また、そのように人が言ったり、そのように言うことが正しいことを言っていることになったりするために満たされなければならない条件は何なのか、ということである。たとえば先に引用したいくつかのくだりで、彼はこう言っている。

もしはっきりとした不足点があなたに何かあるのでなければ、つまり、少なくとも求められればすぐに述べることができるような不足点があなたに何かあるのでなければ、ただ単に「それでは十分でない」と言い続けることはばかげたこと（常軌を逸したこと）である。

そのものがゴシキヒワであるということを私が知っていると私が言うとき、ふつうの場合には、そのものが「実在している本物の」ゴシキヒワであるということを知っているかどうかということは問題にはならない。もし疑うための特別な理由がなければ、……われわれはわれわれが知っているとは言わないのである。

> 自分が間違っていることもありうるということに気づいているならば、自分は知識をもっていると言うべきではない。
>
> 「私が間違っていることがつねにありうること」は、「私は知っている」および「私は約束する」という表現をわれわれが現に行っているように使用することに対して、何の妨げにもならないのである。

重要な単語に傍点を打ったのは、特定の表現がどのように使われているのか、またはどのように使われるべきかが、それぞれの場合で問題になっているということを示すためである。同じような事実が、オースティンがこう述べるときにも言及されている。

> 後になって間違っていたことが判明する場合でさえも、われわれは知っているのだとわれわれが言うことがしばしば正当である。（OM、六六頁〔邦訳、一四四頁〕）
>
> ものごとがうまくいっていないということが後で判明することが「ありうる」し、その場合には何らかの程度において深刻な問題が生じることになるという事実があるにもかかわらず、われわれは、知っているとか約束しているとか言う際に非の打ち所なく正当でありうる。（OM、六九頁〔邦訳、一四九頁〕）

私はこれまで、オースティンがここで述べているような事実をすべて受け入れたいと述べてきた。だが、「私は知っている」や「彼は知っている」や「どうして君は知っているのか」といった表現の使用に関するそのような事実から、知識についての結論に至るためには、われわれは少なくとも、これらの表現がそうした状況で現にされているように使用されるのはなぜなのかを知る必要がある。

さまざまな可能性がふつうの状況で提示されたときのわれわれの反応についての事実のうちには、オースティンの結論を支持するように見えるものもある。私が先の例で指摘したように、庭のゴシキヒワを自分が夢に見ているのではないことをどのようにして私は知っているのか、というパーティー会場で人から出された問いを、われわれはたぶん当惑しつつも、あっさりと無視してしまう。鳥の識別コンテストで審査員が提示する難題をわれわれは不可解なものと思うし、それが私の識別が真であることや理にかなっていることに何らかのかたちで影響を与えていると見なすこともない。すぐにその難題を埒外のものとして退け、それがあたかも提示されなかったかのようにわれわれは会話を続けるのである。われわれは、実験室で得られた報告に夢の可能性排除テストが伴われることを期待しないし、もしもそのようなことを目にしたら驚いてしまうであろう。いずれにせよそのテストが、報告された結果をわれわれが受け入れるか否かを左右することはない。何か真面目なことが問われているときに、次のようにする人がいるかもしれない。自分が夢を見ているのではないことをわれわれはどのようにして知っているのかを問い続ける人や、この問いに満足のいくかたちで応答できるまでは、自分が知っていると思っていることを本当はわれわれは知っていることにならないのだ、と主張し続けるような人である。もしもこんな人がいたら、ふつうわれわれはそれをばかげた(常軌を逸した)ことだと思うであろう。こうしたことは、すべて日常生活に関する否定の余地のない事実であると私には思われる。

ここでの問題は、こうした言語その他に関するふるまいのすべてが、知識のわれわれの日常的な捉え方から生じているとか、その捉え方によって保証されているとか、さらにはその捉え方によって要求されているものでもあるといったように、言えるのかどうかである。これが正しいか否かは、なぜわれわれは日常生活でそのような仕方でふるまっているのかに依存している。ものごとを知っているという日常生活や科学に携わる生活の中で言われるふつうの主張に対する批判として、夢を見ている可能性を提示することは、確かに奇妙だし、ばかげているし、常軌を逸しているし、場合によっては不可解でさえある。しかしその異常さや不適切さは、正確にはどのような種類のものなのか。それらの源泉は何なのか。その異常さや不適切さは、まさに知識そのものについてのわれわれの捉え方から生じているのか。通常の状況で夢を見ている可能性を提示する人は誰でも、「知る」の語が日常でもつ意味に反したり、それを拒否したりしていることに必ずなってしまうのか。

こうした問いが生じるのは、人が言うことに関して問うことのできる二つの別個のように見える問いがあるからである。われわれは、その人の言うことが正しいかどうかを問うことができるし、また、それが適切な仕方で、ないし理にかなった仕方で言われているのかどうかを問うこともできる。この二つの問いは同じ答えを常に得るわけではない。これら二つが異なることはありうるのである。適切な発話や理にかなった発話であるために十分な条件は、すべて、そこで言われたことが文字どおりに真とはなっていない場合にも満たされることができる。二つの問いの区別は、別の方向から行うともっと明確にできる。現在真であるにもかかわらず、それを理にかなった仕方で主張したり信じたりする場所には現在誰も立っていないようなことがらは無数にある。そのうち一部のものについては、それが何であるのかを多くの人たちが懸命に解明しようとしている。私は、理にかなった発話であることと、真であることとの間に、何らかの種類の拮抗や対立があるとか、あるにちがいないと示唆するつもりはないし、ましてやそこに架橋しえない断絶があるとか、あるにちがいないと示唆するつもりなどない。二つの問いを区別すること自体のうちには、後にも先にもずっと真理はわれわれを超越したものである、と示唆するものは何もないのである。理にかなった発話であるための条件は通常は真であるための条件と一致していると、われわれは信じている。つまり、あることがらを主張するのに好都合な場所にわれわれがいるときにはそのことがらが実際に真であり、あることがらを否定するのに好都合な場所にわれわれがいるときにはそのことがらが実際に偽であるというように、通常われわれは思い込んでいる。何らかの具体的なことがらが真であるか否かを解明しようとして、われわれはそのことがらを受け入れたり主張したり、またはそれを拒否したり否定したりするのにできるだけ最良の場所に立とうとするのである。ここでの要点は、これら二つの一連の条件が別個のものでありうるということだけである。誰かがある具体的な状況で、慎重に、理にかなった仕方で、適切に何かを主張しているという事実からは、彼の言うことが真であるということは直接帰結しない。また、誰かがまったく不適切な仕方で、そうすべき十分な理由ももたずに何かを主張しているという事実からは、彼の言うことが偽であるということは直接帰結しない。こうしたことは、知識について主張や否定をする場面にも、ほかの主張や否定をする場面とまったく変わらず当てはまるのである。

　たとえば、出席したパーティー会場で、その主人が私に、先週病気だった私の友人のジョンがそのパーティーに来るかどうかを、私は知っているのかとたずねてくるとしよう。私は、ジョンがそのパーティーに来ることを自分は知っていると応答する。そして、どのようにそのことを私は知っているのかとたずねられた際には、彼がいまは回復したこと、彼とたったいま電話で話して彼がすぐに来ると言っていたことを、私は説明する。ジョンが話したがっている人が会場に来ていたので、どんなことがあっても彼はこの機会を逃さないであろう。さらに、ジョンは誠実で、信頼できる人物で、また冷静沈着に運転する人物であることは周知のことであり、そして、彼はさほど遠くに住んでもいないと想定しよう。これらをまとめれば、ジョンがパーティーに来ることを私は知っている、という私の主張は、非難できないものになる。現在じかに観察していない何かについて私が知っているという主張の根拠として、いま述べたものよりも有効な根拠はほとんどありえないであろう。ここでまた、ジョンは何か私の知らない理由によって、結局パーティーに顔を出すことができなくなってしまうと想定しよう。彼がそこに現れるだろうという私の発言、つまり実際上は、彼がそこに現れるだろうと私は知っているという私の発言は、その状況で正当化されていたし、理にかなっていたし、適切でもあった。しかし、私の言ったことが真でないことが判明したのである。ジョンはパーティーに来ていないので、したがって私は、自分が知っていると言ったことを知らなかったのである。何かを主張したり、何かを私が知っていると主張したりするための可能な限りで最良の条件は、私の言ったことが真であるための条件と一致していなかったのである。

そのパーティーも終わり、私が会場を去ろうとしたとき、ジョンはまだ姿を見せておらず、主人が私のほうを向いてこのように言うと想定しよう。「君は自分が何を知っているのかと言っているのかという点について、もっと慎重にならなくちゃいけない。ジョンがここに来ることを知っていると君は言ったが、彼は来ていない。君はそんなことなんて知らなかったんだ。」こうした反応をまったく異常なものとしてわれわれは見なしていると思う。この反応はばかげているし、不適切であるし、まったく正当化されていない。それがどれほど無神経な社交上の無礼であるのかを、的確な言葉を見つけて記述するのは難しい。おそらくその反応は、通常の生活を過ごす中でわれわれがものごとを知っていると主張するのはどうしてなのかを主人が理解していないことさえ示すものであろう。だが、それが伝える理不尽な罵倒や不条理さを別にすれば、その発言を完全に偽であるとか、根拠のないものであると言うことはできない。主人が言ったことのうちには、「ジョンがここに来ることを知っていると君は言ったが、彼は来ていない。君はそんなことなんて知らなかったんだ」という部分があった。たとえそのように彼が言うのはどれほど冷酷で不適切なことだとしても、この部分は少なくとも文字どおり真である。私は自分が知っていると確かに言ったし、そしてまた、私は知らなかったのである。そのひどい主人の言ったことは、私の立っている場所を正確に記述したものである。

明らかにその主人の発言は、私に対する批判、あるいはジョンがその場に来ると知っていると私が言ったことに対する批判としては、常軌を逸した、理不尽なものである。パーティーにジョンが来るかどうかを知っているかとたずねられたときの私の応答は、正当化されており、理にかなっており、適切であり、完全に妥当なものである。私の応答には、主人がそれに与えようとしているような攻撃を受ける余地はない。だが、そうした理不尽な攻撃を寄せつけないものは、何かを言うという私の行為であり、それはまた、場合によっては何かを私が信じたり受け入れたりするようになることでもあるかもしれない。私がその何かを主張することは、たとえ（もちろん私は知らないが）私が主張することが正しくないとしても、批判されることはない。そして私の知識の状態についての主人の発言は、たとえ彼がそのように発言することが常軌を逸した、理にかなっていない、正当化されていないことだとしても、正しいのである。それゆえ、知識をもっているという主張を批判するある種の試みは常軌を逸しているとか、理にかなっていないとか、日常生活ではちゃんと聞いてもらえないものだろうといったことを、たとえわれわれが知っているとしても、われわれはすぐに次のように推論することはできない。つまり、知識をもっているという主張は、そうした批判で述べられるような欠陥をもっていないとか、それでも知識をもっていると主張する人は、自分が知っていると主張するものを知っているといったように、推論することはできないのである。そのように言えるかどうかは、問題となっている常軌の逸脱や不適切さといったことの性質や源泉に依存するはずである。知識をもっているという主張に対して不適切な仕方で非難することは、知識の条件に常軌を逸したかたちで反することではなく、むしろ、知識をもっているという主張を適切に査定して受け入れるための条件に、常軌を逸したかたちで反することである。ジョンがパーティーに来ることとは、ジョンがパーティーに来ることを私が知っているための条件として一般に認められている。つまり、彼がそこに来ていないから、私は自分が知っていると言ったことがらを知らないことになるのである。だが、ジョンがパーティーに来ないことによって、私がそのように言ったり信じたりしていたことを批判することが保証されることはまったくない。そうした状況で私がそのように言ったり信じたりしていたということは、批判できない。にもかかわらず、私は知識をもっていなかったのである。

このように想定しよう。ジョンがパーティーに到着しなかった本当の理由は、彼が玄関から出ようとしたとき、彼に隕石が落ちてしまったからなのである。ここ一世紀半の間で知られる限り唯一地球に落下した人命を奪う大きさの物体が、彼に落ちてしまったのである。もちろん、私にもほかの人にもこのように推測する特別な理由は存在しないし、そもそもそうした理由はいっさい存在しなかった。確かに、ジョンがパーティーに来ることを自分は知っていると私が言ったとき、私はこのような事態を（そしてこのような事態が起こっていないことも）考えたことはない。また、パーティー会場にいるほかの誰もそのように考えたことがなかったと言ってもいいであろう。もし私がパーティー会場を去ろうとしたところで、ジョンの訃報が会場にいるわれわれ全員に伝えられるならば、そのときそれよりもさらに常軌を逸した不適切なものがあるとすれば、先ほど私が記述した主人の別れ際の一言がそれであろう。ジョンがパーティーに来なかったのはなぜかということ、つまりは私が知識をもつことができなかったのはなぜなのかということが、われわれ全員に判明し、彼が会場に到着しないのはきわめて異常でまったく予測できないことであったということをわれわれが理解したとしよう。そこで主人が、「ジョンがここに来ると君は言ったが、彼は来ていない。君はそんなことなんて知らなかったんだ」と言うとしたら、そのとき自分がやっていることを彼がどう考えることができるのかを理解するほうがもっと難しい。だが、私の考えでは、主人がしていたことのうちには真理を語るということもあったことは否定できない。

この状況で、はじめに記述したようには知識をもつことができなくなってしまうのは、私が知っていると主張したものが偽であったためである。知識のこうした必要条件は満たされていなかったのである。たとえその時点では誰もその条件が満たされていないことを知る立場にいなくても、また、その時点では誰も、その根拠に基づいて私の主張を適切に、理にかなった仕方で批判したりする立場にいなくても、そうなのである。おそらく、同じことは知識のほかの必要条件についてもあてはまる。

パーティーでの一連の出来事を、ここまで記述してきた状況を少し変えて考えよう。次のように想定するのである。ジョンと話した後で電話を切り、彼がパーティーに来ることを自分は知っていると私が言うやいなや、偏屈なあの主人がこう言ってくる。「でも、彼がここに来ることを君は本当に知っているのか。そもそも、これからこちらに向かってくる途中で彼に隕石が落ちないということを、どうして君は知っているのか。彼にこれから隕石が落ちないということを、君は知らないんだ。」われわれは主人のこの返答を、少なくとも常軌を逸したものであるという点では、先ほどの事例でジョンと隕石についての真実を知った直後に彼のした返答と同じ程度のものだと考える。彼の提出する「難題」は、先ほどの状況における返答と同じく、理不尽で不適切である。のみならず、なぜ彼がこの時点でそうした懸念まで提示し、それがこの状況に関わりをもつ批判であると考えるのかは、理解しがたいのである。彼のこのような行動が通常示唆するのは、最近この地域一帯で地上にたくさんの隕石が落ちていると彼は考えており、また、それらのうちのいくつかはそれなりの大きさをもち危害を引き起こしうると彼は考えているということである。もし彼が考えているこうしたことが事実であるならば、私はその点を熟慮すべきだったのかもしれない。もしくは少なくとも、もしこうしたことについて私が知らなければ、私の無知は、ジョンがそこに来ることを自分は知っているという私の主張を脅かすかもしれない。だが、そういった特別な理由がまったくなければ、彼の提出する「難題」は、先の設定の場合と何ら変わらず、常軌を逸したものに見えるのである。

ジョンがパーティーに来ることを私は知っていると主張する私の行為は、ものごとを知っていると主張するために人がもちうる根拠のうち、おそらく最も望ましいものに基づいている。私が隕石の可能性を排除せず、それを考えてもみなかったということは、私に対する非難や私が知っていると言ったことに対する非難ではまったくない。だが、どれほど不適切な仕方であれ、いったんあのような問いをたずねられたとき、隕石の可能性がこれから現実のものにならないことを私は実際に知っていると言えるのだろうか。言えないように私には見える。私が電話を切ったとき、これからジョンに隕石が落ちないことをあたかも知っているかのように私を記述することができるとは思えない。もちろん、結果的にはそのことは正しくなかったので、つまり実際にジョンに隕石が落ちたのであるから、そのことを私は知らなかったのである。とはいえ、たとえものごとが逆であることが判明したとしても、つまりジョンが実際にパーティーに到着したとしても、電話を切った時点でこれからジョンに隕石が落ちないことを私は知っていたということが、真であったとは私は思わない。そのためまたもや、主人が言ったことは部分的に真となる。私はそんなことを知らなかった。にもかかわらず、これからジョンがパーティーに来ることを自分は知っていると私は言ったのである。

ここで私は慎重になっておきたい。強調しておきたいが、私は次のように言っているのではない。すなわち、第二の事例でジョンがパーティーに来ることを私が知らなかったのは、電話を切ったとき、これから途中で彼に隕石が落ちないことを私は知らないからであると言っているのではない。この事例で私の知識状態が真であるかどうかということには、目下の私の関心はあまりない。むしろ私の関心は、どのようにしてわれわれは、ある種の認められた事実に基づいて、自らの知識のありようについての結論に達するのかという問いのほうにある。ただしその認められた事実とは、われわれが知識をもっているという自らの主張を行ったり査定したりするやり方や、その主張を他人が行ったり批判を試みた際にわれわれがそれに応答するやり方についての、認められた事実のことである。想定した例での主人の応答は常軌を逸しており、正当化されていないということを、われわれは認める。その応答は、私の言ったことに対する可能な反論としてもち出すための明確な理由がまったくないようなものなのである。私がここで言っているのは次のことにすぎない。隕石の可能性を主人がもち出すことは確かに常軌を逸しているということからは、隕石の可能性を私が排除することは、ジョンがパーティーに来ることを私が知るための条件ではまったくない《ヽ》ということは、すぐに帰結しないということである。隕石の可能性を私が排除することが私の知識の必要条件であるということは、これまでのところ、主人の発言が不適切であることや常軌を逸しているということと、少なくとも両立している。ちょうどそれは、ジョンがパーティーに来ることが、彼がそこに来ることを私が知るための必要条件であったことと同じである。つまりこのことは、実際にはその条件は満たされていなかったのだから彼がそこに来ることを君は知らなかったのだ、と主人が言うことがたとえ不適切であったり常軌を逸していたりするとしても、そう言えるのである。たとえ知識の必要条件が満たされていないと主張することが常軌を逸しているとしても、また、たとえそのことを根拠に知識をもっているという私の主張を批判することが不適切であるとしても、知識の必要条件が依然として満たされていないということはありうる。不適切さや異常さには、知識に関して言われたり意味されたりするものごとが偽であるということ以外に、何かほかの源泉があるのかもしれない。

ここで一つの可能性にすぎないが、次のことを強調しておきたい。われわれが語ったり他人の発話に応答したりするときのやり方についての事実を認めたとしても、知識についてのある種の結論は真でない*かもしれない*のである。こう強調するのは、私の考えでは、デカルトのようにして知識を吟味してきた哲学者が抱く日常生活と日常的な語り方についての捉え方は、言語使用に関するそのような事実と、知識についてのある種の結論との間に、入り込んでいくようなものだからである。そうは言っても、彼らの捉え方が正しいはずだとか、さらには十分に理解できるものであるはずだと言っているわけではない。むしろこのように言うことで、われわれは少なくともある種の推論に対してよりいっそう警戒するようになるはずである。それは、理にかなった仕方で、正当化されつつ、さらには模範的なかたちで知識をもっているという主張が具体的な状況でなされたことから、その状況下では知識の条件はどれも実際に満足されているという結論へとじかに至るような推論である。発話されたことが文字どおり真でないとしても、適切な発話や理にかなった発話であるための十分条件が満たされることが可能だとしよう――そして実際これは可能であるように見える。そうすると、自らを取り巻く世界について何か具体的なことを自分は知っていると誰かが言う際、そのことがらを彼が実際に知っているということが真でなくとも、その人は十分に正当化されているかもしれない。仮に、ある人が世界について何かを知っていると主張するときに、ある種の可能性について、彼は自問したり、あるいは考えたりすることさえないとしよう。そしてその可能性は、もし実現しているならば、知っていると彼が主張することがらを実際には彼は知っていないことになってしまうような可能性である。特にこの場合、この可能性を排除していないというまさにこのことによって、彼はこの状況で知識をもつことができなくなってしまうのかもしれない。それでも、もしこの可能性を彼が考慮する特別な理由がまったくないとすれば、知識をもっていると彼が言うときに、彼は十分正当化されているかもしれない。たとえ隕石がジョンに落ちるかもしれない可能性を考えていなかったとしても、ジョンがパーティーに来ることを自分は知っていると言うとき、私は十分に正当化されていた。そのような奇妙な出来事が生じるかもしれないと考える理由がまったくなかったのである。

ある可能性が、知識をもっているという具体的な主張にとって関わりをもつものになるためには、その可能性が現実のものであるかもしれないと考える何らかの「特別な理由」がなくてはならない。この要求は、私が想定している捉え方に基づけば、知識の主張が適切なものであったり理にかなったものであったりするための要求として見なされる。だが、それは必ずしも、知識そのものに対する要求として見なされるわけではない。そうした「特別な理由」がないときには、誰かが「私はpを知っている」と言う場面で、たとえpということを事実彼が知っていなくても、もしかすると彼は十分に正当化されているということはありうる。われわれを取り巻く世界についてわれわれがもっている知識に関する懐疑的結論に至った際、デカルトは、「私はpを知っている」が真であるための必要条件だと彼が理解するものに基づいていた。ここでこのように考えられるかもしれない。「われわれの日常的な知識の概念はそのような条件を含んでおらず、弱いほうの要求しか含んでいない。その要求によれば、夢を見ているのかもしれないと考える特別な理由がない限り、自分が夢を見ていないことを知っていなくても、世界についてものごとを知ることができるのである。」この考えを示すには、その「特別な理由」が見つかっていない場合には、ときおり「私はpを知っている」が真になり、単に正当化されうる主張にとどまらないこともあるということが、示されなくてはならないであろう。

オースティンによる弱いほうの要求や、われわれの実際の語り方や他人の主張への反応の仕方について記述したものは、知識の条件を実際に述べているのであって、知識をもっているという発言が適切であったり正当化可能であったりするための条件を述べているのではないということは、そもそもどのようにして示されるのだろうか。知識についての主張とその主張の査定とを適切に行うための条件を満たすことと、その主張が真であるための条件を満たすこととの間に、論理的なギャップを想定することが理解できることである限り、使用やわれわれの実践から得られる証拠によっては、知識の条件に関する結論は立証されないであろう。したがって、そうした証拠に基づきながら、「知っている」という言葉（もしくはほかのどんな言葉でも）の意味に反したりそれを改変したりした罪で懐疑的哲学者の側を責めることができるためには、次のことが示される必要がある。意味ということのある種の捉え方や、日常的な語りということのある種の捉え方や、それらの間の関係についてのある種の捉え方がすべて誤っており、ことによると理解すらできないものであるということである。とはいえ、そうした捉え方を拒否することには、非常に大きな問題が関わってくる。そのためには、知識に対して非日常的で奇妙な「再定義」を与えることを単に拒否するだけでは足りないし、ましてや、われわれを取り巻く世界について誰も何も知りえないという一見仰天させるような帰結を単に否定したりするだけでは、全然足りないのである。以上のような理由で私は、デカルトの要求の源泉を見つけ出すことが、何か深遠で重要なことを明かしてくれるかもしれないと考えるのである。

デカルトや、同じく知識を検討して懐疑的結論に到達したほかの哲学者は、彼らが哲学的吟味の過程で提示してきた疑いや批判は、日常生活や科学に携わる活動の中ではつねに適切に提示されるわけではないということに、十分気づいていた。このこと自体は、「知っている」やほかの言葉の意味を彼らが変更したり誤解したりしているにちがいないということを示していない。彼らは私がたったいま述べたような捉え方を引き合いに出すことで、知識という概念それ自体ではなく、何かほかのものにおかしなところがあると考えるのであろう。

たとえば、デカルトの主張によれば、あらゆる可能な疑いをいっさい受けつけないものは何なのかを問う彼の手順は、日常生活の中においてではなく、人間の知識を哲学的に吟味する過程で遂行されるべきだとされる。

……この疑いはただ真理の観想の場面のみに限られるべきである。というのは、実生活に関する限り、われわれが疑いから脱却しえないうちに、行動する機会が去ってしまう場合がはなはだ多いゆえに、単に真実らしいというだけのものを受け入れざるをえないことはまれではないからである。

（HR、二一九〜二二〇頁［邦訳、『哲学の原理』（『方法序説ほか』、井上庄七・水野和久訳、中公

クラシックス、二〇〇一年所収)、一三〇頁〕)

C・I・ルイスもまた、知識についてデカルト的な考察を行う哲学者である。世界についてものごとを知っているというふつうの主張に対して、想定されうる懐疑を提示しながら彼の考察は進められる。彼は次のように書いている。

こうした疑いをめぐってあれこれ言うことは、たいていは、常識的なことではないだろう。しかしわれわれは、常識に即してどれだけ実用的かという観点から考慮すべきこととして、理論的にどれだけ疑わしいものであるかを測ろうとしているのではない。そうではなくてわれわれは、知識の正確な分析に至ろうとしているのである(9)。

彼らが述べていることはどちらも、実践的なものと理論的なものという対比、つまり、行為の場面で適切であったり要求されていたりするものと、真理を知る場面で適切であったり要求されていたりするものとの対比を強調している。われわれが日常生活で従っている基準や手順の源泉は、行為がその場で求められる状況や、行為をなす際に従わなくてはならない一般的な条件のうちに見出される。行為の場合、信念や知識の場合とは異なり、真であることは考慮すべき重要な唯一の事項ではない。行為はさまざまな時点、そして変転する条件の下で行われるため、ある状況で完全に理にかなっている行為でも、別の状況で同じように理にかなっていることにはならない。むしろそれはまったく常軌を逸していることさえある。何をするのが適切で理にかなっていて、何をするのがそうでないのかを決定するものは、当座の状況、その時点での個人の目的や関心、その状況に対する個人の評価、そしてデカルトが強調するように、個人が使える時間である。すぐに満席になってしまうバスの中で、まったく非の打ち所のない最良の席を選び出そうとして長時間立ち尽くしてしまうことは、愚かなことであろう。空いている席の中から一番よい席に座ることと比べれば確かに悪いけれども、立ち尽くしているよりはバスのどこかの席に座ってしまうほうがよいので、とりうる選択肢のうち最良のものは、速やかに着席することである。一般的に言って、より長い時間をかけて、より厳密に、より多くの情報を得た上で推論できるようになればなるほど、われわれの行為は比較的成功しやすく、満足のいくものになりやすい。だが、まさに実生活の一側面として、そうした手順は、ほかの場合ならば望むような確実性を得るのに十分なものであるのに、当の場合にそれをわれわれは実行することができない。われわれは実際には、その状況でなしうる限りで最良のことをしているのである。

こうした月並みな話は次のことを示している。すなわち、行為をするに先立ってわれわれはどの程度まで確信しているべきかという問い、または、何かをする以前にどのような失敗の可能性をわれわれは確実に排除しておかねばならないかという問いには、一般的な答えはないということである。これらの答えは状況ごとに異なっており、さらにそれぞれの状況でほかにも左右するものがいろいろある。たとえば、その行為が失敗したらどれほど深刻なことになるのか、その行為を特定の時点までにやり遂げることがどれほど重要なのか、その行為は、代わりにとられたかもしれない別の選択肢と特定の根拠に沿って比較したときどれほどうまくいっているのか、等々といったことがらである。このことは、何かを言うこと、何かを人が知っていると言うこと、何かを人が知っていると言う前にある種の可能性を排除すること、といった行為についても、ほかのたぐいの行為の場合とまったく同様に成り立つ。われわれが何かを主張したり、何かが真であることを自分が知っていると言ったりする前に、どの可能性を排除しておくべきかという問いには、一般性をもった答えはない。われわれの信念を確かめたり、何かを知っているというわれわれの主張を正当化したりすることそれ自体は、われわれが行っていることである。そして、ある一線を越えてそれを行うことがどの程度望ましいかや、それが理にかなっているかどうかは、その行為と両立しないほかのあらゆることがらを行うことがどの程度望ましいかや、それが理にかなっているかどうかと比べながら考慮されなくてはならない。われわれの信念を支持しながら確認するために、どれだけの時間と労力と知恵が費されなくてはならないのかということは、実践的な問いである。それゆえ、ある可能性を具体的な状況で排除しようとし続けることがばかげているとか常軌を逸したことだと、すぐにわれわれが気づくこともあるかもしれない。つまりその状況では、そのようにふるまうことは、ばかげたことや常軌を逸したことになるのであろう。

人間の知識について哲学者が吟味する際に、彼が考慮する疑いや可能性は、次のような実践上の問いに関わるものとしては提示されていない。何かを主張すべきかどうかとか、それを自分が知っていると言うべきかどうかとか、誰かほかの人が言ったことに反論を提示すべきかどうかといった問いである。そうした疑いや可能性は、ある人が何かを知っているかどうか、つまり、ある人が知識をもっているということが真であるかどうかという問いのみに関わるものとして考えられている。それらは、ある人が知識をもっていると述べることが適切であったり理にかなっていたりするのかどうかの問いに関わるものとしては考えられていないのである。そこでたとえば、夢の可能性を、われわれを取り巻く世界について何か具体的なことがらを知りうるためには、その可能性が現実のものでないことを知らなくてはならないようなものだとしてみよう。そうすると、この可能性が排除できていなければ、世界についてそうした具体的なことがらを端的に知らないことになるであろう。たとえ、知識をもっていると主張するときにはあらかじめこの可能性を排除しておかなければならないとこだわることが、端的に日常生活上の具体的な状況においては不適切であったり理にかなっていなかったりしても、そうなのである。

懐疑的哲学者が自らの認識論上の取組みに関連して抱く日常生活の捉え方を、私が考える限りで明らかにする一つの方法は、トンプソン・クラークの例[10]をもとにした以下の設定をある程度詳しく検討することである。戦時中に人々は飛行機を特定できるように訓練を受ける必要があり、彼らはさまざまな飛行機を区別する特徴とその特徴を認識する方法について、短期間の簡単な訓練を受ける。彼らは自分のマニュアルから、たとえば次のようなことを学ぶ。もし飛行機がx、y、wという特徴をもっていたら、それはEという種類の飛行機であり、もしx、y、zという特徴をもっていたら、それはFという種類の飛行機である。十分な訓練を積んで慎重さを備えた、職務に忠実な監視兵であれば、ある飛行機がx、y、zの三つの特徴をすべてもっていることを見出すまでは、それがFであるとは言わないであろう。もし、ある時点で彼はxとyしか見出しておらず、そのほかにどんな特徴をその飛行機がもっているのかということがまだ判定できていないならば、彼はそれがFなのかEなのか知らないのである。その飛行機がzという特徴ももっていることをひとたび彼が見出せば、上空の飛行機はFであると彼は報告することができる。それがFであることを自分がどうして知っているのかと問われて、「それはx、y、zをもっていたからだ」と返答することもあるかもしれない。彼は上空の飛行機を非常に慎重に観察しており、訓練で言われたとおりにやってきたので、その飛行機がx、y、zをもっているとする点において彼は正しい。その飛行機がFであることを彼が知っているということには、疑いの余地はないように見える。

ここで、本当は、たとえばGという別の飛行機もx、y、zという特徴をもっていると想定しよう。訓練生はGについてはいっさい告げられることはない。というのも、Fの見きわめが過度に難しくなってしまう恐れがあるからである。つまり、FとGを地上から区別するのはほとんど不可能なのである。また、訓練マニュアルの中でGに触れないことによって任務全体を簡単にしようとする方針は、何らかの事実によって正当化されているかもしれない。たとえばGはさほど多くは存在しないとか、Gは偵察機のものしかないとか、何かほかの意味でGにはFほど直接的な危険はないとかいった事実である。Gがわれわれの領空上を飛行しようとしまいと、さほど問題にはならないのである。

こうした追加情報を与えられたとき、われわれはすぐに次のことを見てとると思う。すなわち、どんなに慎重な飛行機監視兵であっても、彼が見ている飛行機がx、y、zをもつことを知っているとしても、彼が見ている飛行機がFであることを知らないということである。彼がそのとき何を知っていようとも、それはGであるかもしれないのである。xとyという特徴しか彼が見出していなかった場合には、その飛行機がFであることを彼は知らなかった。というのも、彼がそのとき何を知っていたとしても、それはEであったのかもしれないからである。同様に、現在も彼はそれがFであることを知らない。というのも、彼が現在見出している特徴は、すべてもう一つ別の種類の飛行機にも備わっているからである。君は知らないのだ、と彼に告げることは、もちろん的外れなことであろう。訓練マニュアルの中で一言もGに触れられていないことを説明するのと同じ十分な理由が、ここでもあてはまるのである。それがFであることを彼は知らないと言う際、われわれは彼の行為をまったく批判していないであろう。彼は申し分なくきちんと訓練どおりにしたのである。われわれ自身は、上空の飛行機がFなのかGなのかということを気にすることさえないかもしれない。マニュアルがそのように書かれたのは、まさに、

Gなどは F と同じように心配するには及ばないからなのである。しかしながら、当の飛行機が F であることをその監視兵が知らないということは、認められなくてはならないと私は考える。

その飛行機が F であることを彼は知らないと私が言う際、「どのような実践上の目的からしても」彼が知識をもっていると言うことはできない、などと私は言うつもりはない。それが F なのか G なのかはあまり重要な問題ではない。それゆえ訓練では、それらの間の区別を無視してもよかったのである。何をすべきかということ、つまり、それらの飛行機が現れたときにどのように反応すべきかということを決定するためには、あらゆることを考慮すると、二種類の飛行機の区別をしない方針をとるのが最良なのである。そして戦闘へ貢献するものとしては、彼の識別任務は批判できないものである。われわれは、次のようにさえ言ってみたくなるかもしれない。「その訓練がうまくいっている限り、彼はそれが F であることを知っている」とか、「それが自分のマニュアルに従えば F であることを彼は知っているのである」というようにである。だが、もしわれわれが G についての事実を知っているならば、私の考えでは、われわれは単に「それが F であることを彼は知っている」と言うことはできない。ここで、それが F であることを彼は知っているとわれわれは言うことができない、と言うことで私は次のことを意味している。それが F であることを彼は知っている、というそのことがおそらく正しくないだろうということを、われわれは認識しているということである。たとえ、それが F であることを彼が知らないことを彼自身や誰かほかの人に示すことにはまったく意義がなくとも、それが F であることを彼は知らないことをわれわれは認識している。それが F であることを自分が知っているという彼の主張を、どのような実践的な目的からしても、われわれは受け入れることができる。たぶん、彼について、「どのような実践的な目的からしても知っている」と言うことができる。そもそも戦時中には——平和な日常生活においてさえ――いろいろと知識よりも重要なことがある。
私の考えでは、懐疑的哲学者は日常生活においてわれわれが立っている場所を、飛行機監視兵の立っている場所と類比的に捉えているのである。われわれが通常は無数の可能性をいちいち排除せず、それどころか考慮さえしていないのには、十分な理由があるのかもしれない。ただし、厳密に言えばその可能性は、われわれが知っていると主張するたぐいのことがらをわれわれが実際に知りうるならば、現実のものでないことが知られなければならないものである。それゆえ、日常生活での基準や手順にこれまで自分が慎重にきちんと従ってきたということだけからでは、知っているとふつう主張していることがらをそのことによってわれわれは知っているということは単純に結論できない。われわれがもつ知識についての哲学的な吟味が関心を向けるのは、次のようなことである。われわれが知識をもっているということは真であるのか否か、また、どのようにしてそれは真であるのか、つまり、世界についてものごとをわれわれが知るための必要かつ十分な条件は満たされているのか否か、また、どのようにしてそれは満たされているのか、といったことである。デカルトの議論は、われわれが夢を見ているのではないことをわれわれが知ることが、われわれを取り巻く世界について何か具体的なものごとをわれわれが知るための条件であるということに依拠している。そしてこうした捉え方に基づけば、日常生活では夢の可能性を排除することにわれわれはこだわらないという認められた事実があっても、その事実は、その可能性を排除しなくても世界についてものごとを知ることができるということを示すものにはならない。先の熟練の飛行機監視兵は、彼が見ているx、y、zの特徴をもった飛行機がGである可能性を排除することを要求されていないし、彼の教官や同僚兵も、その可能性を排除することにこだわらない。だが、それでもその飛行機がGでないと知ることが、それがFであることをx、y、zを根拠にして知るための条件であるということを、われわれは認めている。われわれの日常生活での活動や手順についてのこうした捉え方が正しいとしよう。それでも、日常生活におけるわれわれの話し方やわれわれが従っている手順に関する事実は、懐疑的哲学者が知識の本性を誤解していたり、それを歪曲しているということを示しはしないのである。

ここでの論点を強調しておいたほうがいいであろう。多くの人たちは次のように考えがちのようである。何かを知るためにはある種の条件が満たされる必要があると哲学者が主張し、さらにまた、そうした条件が満たされることにわれわれが日常生活でこだわらないとすると、その哲学者は知識に対して、さらに新しい高い基準を要求したり、「知る」やほかの言葉の意味を変更したりしているにちがいない、というように考えてしまうのである。だが、もし日常生活でわれわれの立っている場所が、飛行機監視兵の立っている場所と同じようなものだとすれば、事態は異なってくる。われわれがGについての事実を知っており、あの慎重な監視兵は自分が見ている飛行機がFであることを本当は知らないのだ、と言うとしよう。私の考えでは、このときわれわれは、何か新しいやみくもに厳密な知識の捉え方を彼に押しつけたり、都合よく作り出したりしてはいない。もしわれわれが監視兵自身に事情を説明するとすれば(確かにそのようにしても戦闘にはまったく役に立たないが)、彼もまた、その飛行機がFなのかGなのかについて自分が知らないことに同意するであろう。彼は以前に、飛行機にxとyがあるだけでは、それがFであるかどうかの問いを解決するのには十分ではないことに気づいた。同じように今度も、新しく得た情報から、飛行機にx、y、zがあってもそれだけでは十分ではないことを見てとるであろう。それがFであると知るためにはさらに多くのことを知らなくてはならないことを彼は理解するのである。単なる飛行機監視兵ではそれ以上のことは何もできない——地面からFをGから区別することはほぼ不可能である――というのは事実である。しかしその事実によって彼の判断が左右されることはないであろう。現在彼に入手できる情報源からは、上空の飛行機がFであるか否かを知ることができないということを理解するであろう。だが、その結論に到達しても、最初にもっていた知識の捉え方を彼は変えていない。彼はもともと「知る」という言葉を理解していたし、十分理にかなった正当な仕方で、知識のその捉え方を具体的な事例で適用していた。それでも彼は、こういった状況のいずれにおいても、上空の飛行機がFであることを知らないのである（このことをわれわれはずっと知っていたし、彼はいまやそのことに気づくであろう）。

私の考えでは、人間の知識を吟味する哲学者は、知識についての彼の結論と、日常生活におけるわれわれの知識についての語り方との関係を、いま述べたように理解している。夢の可能性が現実のものであるかもしれないと考えるための何か特別な理由がない限り、われわれは、夢の可能性が排除されていることにふつうはこだわらない。他方でそうした哲学者は、われわれを取り巻く世界について何かを知るためには、夢の可能性が現実のものでないことがつねに知られねばならないことにこだわるのである。だが、日常生活についてのこの哲学者の理解に基づくならば、この相違は次のように説明されてはならない。すなわち、この哲学者は、科学者や弁護士やふつうの人が知識に対してもつ捉え方に比べてより厳密でより要求の多い知識の捉え方にこだわっており、さらにその捉え方を作り出してもいる、といったように説明されてはならない。この哲学者が主張しているのはそういうことではなく、むしろ、われわれはみな、知識に対して同一の捉え方を共有しているということである。そしてその捉え方とは、まさしく日常生活と科学に携わる生活とで機能しているもののことである。

懐疑的哲学者が、知識についての新しい捉え方やふつうとは違う捉え方を、自分が吟味を行う際に導入してはいないということを示そうとするかもしれない。思うに、そのために彼が拠りどころにできる一つのものは、デカルトが述べる状況を提示されたときに、われわれがいとも容易に次のことを認めてしまうという事実である。つまり、もしも自分が紙を一枚手にして暖炉のそばに腰掛けていることをデカルトが知りうるとすれば、彼は自分が夢を見ていないことを知らなくてはならないということである。はじめてこの懐疑的議論に直面したとき、われわれがその内に感じとる威力それ自体が示すように、その議論で使用される知識の捉え方は、まさにわれわれがこれまでずっと用いてきた知識の捉え方である。デカルトは夢の可能性を本当に排除しなくてはならないということに、半ばでもわれわれが納得するとしてみよう。そうすると、夢の可能性の排除を必要とするように今感じられている知識が、自分が紙を一枚手にして暖炉のそばに腰掛けていることを自分が知っているという、もともとのデカルトの確信で表されていた知識とは別のものであるということが、われわれにとって意味をなさなくなると私は考える。またわれわれは、そのように今感じられている知識が、われわれが日常生活において探求し手にしていると思っているようなたぐいの知識とは別のものであるとも考えない。こうした理由で、懐疑的議論はわれわれの日常的な知識を脅かすように見えることがある。慎重な飛行機監視兵がGについての情報に反応するように、本来われわれは懐疑的議論に反応しやすいのである。厳密に言うと、われわれを取り巻く世界について何かを知りうるならば、われわれは夢の可能性を排除することができなくてはならないということを、われわれはよくわかっているのである。

しかしもちろん、こうした懐疑的論法を拒否したくなる気持ちもわれわれには根強くある。というのも、その論法がわれわれに要求するものは、われわれが日常生活で自身と他人に対して要求しているものから、あまりにも根本から逸脱しているからである。懐疑的哲学者にはこの相違についての説明がある。日常生活と、人間の知識についての哲学的吟味との双方で機能するような、知識についての単一の捉え方は存在するのである。だが、その捉え方が日常生活において機能するのは、社会的な実践と、行為や協力やコミュニケーションなどがその場で求められる状況とによる制約のもとにおいてである。ものごとを知っている、というわれわれの断言や主張が日常生活で果たす実践的社会的目的は、通常われわれが満足しているのはなぜなのかを説明してくれる。すなわち、距離を置いたところからならば知識の完全な条件を認識できるにもかかわらず、なぜそれを求めないでわれわれは満足してしまうのかを説明してくれるのである。距離を置いたところから見れば、つまり、われわれが知っているか否かのみが問題とされるときには、日常生活においてわれわれがもつ関心とわれわれが行う主張とはある種の仕方で制約されているように見える。ある種の可能性は考慮されることもなく、もちろん排除されることなどもなく、またある種の前提は、共有され、当然のものとされ、それゆえ検討されることはない。そしてわれわれの主張は、明瞭に現れた具体的な問題にあたかも制約されているかのように提示され、理解されている。戦闘の文脈では、自分が見ている飛行機はFだと知っているという、慎重な監視兵の主張に異議を唱える理由を何かもっている人などいない。訓練で考慮するように教えられた、ある範囲に制約された可能性の中から、監視兵は正しいものを選択したのである。しかし、距離を置いた場所から見れば、彼の「知識」がその範囲に制約されていることをわれわれは理解できる。彼は、自分がやらねばならないことを行うだけの十分な能力を備えているが、上空の飛行機がFであることを本当は知らないのである。

われわれがGについての事実を知っており、その意味で飛行機監視兵の文脈から距離を置いているとすれば、おそらくわれわれは、彼はその飛行機がFであることを知らないと言うであろう。ここまで私はそのように述べてきた。監視兵が知識をもっていないという裁定をわれわれが下すときに基づく根拠は、われわれとまったく同じことをその状況の内部の人たちが言うときに基づく根拠と同じものではないのである。監視兵のいる文脈の内部の人たちにとっては、知識をもっていると彼らが記述する場合と、知識をもっていないと彼らが記述する場合との間の差異がある。たとえば上空にある飛行機がはじめて現れたとき、その監視兵は次のように言うかもしれない。「あれがどの種類の飛行機なのか私はまだ知らない。あれはxとyをもっているが、そこまでしか私には見えない。だからあれがFかどうか私は知らない。もしかするとあれはEなのかもしれない。」彼の報告に基づいて行動しようと司令部で待機している人たちは、それがFかどうかをまだ彼は知らないと言わなければならないであろう。他方、注視してその飛行機はzももっていたことに気づいた後でならば、彼にはもはや疑いはない。彼は次のように言う。「あれはFだ。そのことを私は知っている。あの飛行機はzももっており、それゆえあれがEである可能性は排除される。」いまやここでは、それがFであることを彼は知っていると司令部に報告することができるし、そして人々は適切な行動をとることができる。先の事態と後の事態の間には、はっきりと、まぎれもない違いがある。

同様の差異は、慎重な監視兵による報告と、きちんと見ていない訓練生による報告との間にも存在している。きちんと見ていない訓練生とは、飛行機にxとyの特徴を見つけただけでzもたぶん備わっていると単に推測したり、xとyが備わっていることから、それ以上は考えずに、その飛行機がFであると結論したりしてしまうような人である。慎重な監視兵のほうは、同僚や上官から、その飛行機がFであることを知っていると言われるであろうし、かたや不注意な監視兵のほうは、そのことを知っていないと言われるであろう。彼らの間には実質的な相違がある。もっと距離を置いた場所からなら、われわれは、この不注意な監視兵は知識をもっていないし、慎重な監視兵も、彼がxとyしか見出していないときには知識をもっていなかったということに同意するであろう。さらにわれわれはまた、慎重な監視兵は、たとえ彼がzを見つけたとしても、その飛行機がFであることを知らないということにも同意するであろう。Gについての事実と、上空の飛行機についてものごとを見出すために監視兵がとりうる唯一のやり方とを考えると、「その飛行機がFであることを彼は知っている」はつねに偽ということになる。(11)

このような捉え方をすると、次のようなことも許容できる。完全に有意味な表現に関して、その肯定表現が適用された個々の状況で発言される内容が真になることは決してなくても、それが適切かつ正当にある種の状況に適用され、その否定表現も、同じく適切かつ正当に別の状況に適用されることがありうるということである。その状況の内部にいる人たちが、ある具体的な場面で「それがFであることを彼は知らない」と言うとき、彼らはおそらく、この状況と、「それがFであることを彼は知っている」という主張に見合った通常の条件が満たされている状況との区別に、依拠していると言えるかもしれない。何かを言うという行為にとって重要なことは、目下の状況がどちらの種類の状況なのかである。慎重な監視兵でさえもその飛行機がFであることを知らないと、制約された実践上の文脈の外側からわれわれが言うとき、われわれは同様の差異を単に記述しているのではない。そこで知識の存在を否定するとき、われわれは、それがFであることを知っていると監視兵が主張することを、「それがFであることを彼は知っている」という主張に見合った通常の条件が満たされている状況から区別しているのではない。まさにこれがそのような状況だということをわれわれは知っている。彼が言っていることを発言することは正当化されているということを、われわれは知っているのである。彼が知識をもっているということを否定するわれわれの根拠は別のものである。われわれは、彼の立っている場所を、知識の条件が満たされている場所、すなわち、「それがFであることを彼は知っている」が真であるための条件が満たされている場所から区別しているのである。だが、現に述べていることをわれわれが述べるときの根拠が、制約された実践の内側にいる話者が手にしうる根拠とは異なっているという事実は、われわれと彼らとで用いている知識の理解が異なっているということを示すものではない。彼ら制約された実践の内側にいる話者が、(正当化されているが)知識を欠如した状態で、慎重な監視兵の場合に実際に知識の条件はすべて充足されていると考えるとしよう。このとき、「それがFであることを彼は知っている」によって彼らが意味するものは、われわれがそれによって意味するものと同じだが、しかし彼らは、端的に誤っているのである(しかし、それは彼らの罪ではまったくない)。確かに、慎重な監視兵の事例は、制約された実践の内側にいる話者である彼らが、ある人について、「それがFであることを彼は知らない」と言うような事例とは、いくつかの点であからさまに異なっている。その実践の内側にいる人は誰でも、この相違に気づくことができる。われわれの立っている距離を置いた場所からわれわれにわかるのは、この相違は、知っていることと知らないこととの間の相違ではないということである。

私の考えでは、このようにして懐疑的哲学者は、ある型の議論に応答しようとするのである。その議論とは、「S」と「Sでない」という表現の各々が異なる状況に有意味に適用されるという前提から、「S」と「Sでない」という表現の両方がそうした状況に正しく適用されるときもなくてはならない、と結論するものである。「パラダイム・ケース論法」と呼ばれるこうした論法は、一九五〇年代の言語哲学において一時期大変流行した。これに類似のことが、オースティンの次の修辞疑問で訴えられているように見える。「もし具体的な状況で自分が夢を見ていないことを見分ける広く認められた方法がなければ、どのようにしてわれわれは「目覚めている」と「夢を見ている」の言葉を実際にしているように使用したり対比させたりできるのだろうか。」だが、この議論は失敗する。というのも、この議論は、われわれが表現を適用しているさまざまな種類の状況に、まさにその表現が適用されるようになったのはどうしてなのかを、まったく説明していないからである。二種類の状況の間に容易に見てとれる実質的な相違が存在することはありうるし、そしてわれわれが、そうした見てとれる特徴のみに基づいて、ある表現かその否定表現のいずれかを一つの状況に適用することもありうる。しかし、次のように仮定してみよう。われわれがそのようにやっていくことが可能であったり望ましいものであったりするのは、まさに検討されていないいくつかの前提が広く共有されているからなのである。もしくはこう仮定しよう。何らかの制約がはたらいており、それによって、われわれの関心事は、二種類の状況を具体的に区別することだけに限られてしまっているのである。こう仮定すると、たとえ、「S」という表現をわれわれが適用する状況と、「Sでない」という表現をわれわれが適用する状況との間に実質的な区別をつけるとしても、われわれがなしたその区別は、事実として、具体的な状況で「S」という表現が正しく適用されることと、そこで「S」という表現が正しく適用されないこととの間の区別であるということは、帰結しないのである。「それがFであることを彼は知っている」が飛行機監視兵に適切に適用されたのは、「それがFであることを彼は知らない」が正しく適用された状況からの相違がはっきりと認識できるような状況においてであった。だが、この実践の内部で二種類の状況の間にある相違は、知っていることと知らないこととの間の相違ではない。前者の場合においてさえ、慎重な監視兵が言ったことは偽である。ここで記述したような状況下では、「それがFであることを彼は知っている」が真になることは決してないのである。

知識を得ることと知識を査定することという、日常生活においてわれわれ自身が行うさらに一般性の高い実践もまた、実践に関する同じようないくつかの強制や制約の下で行われていると仮定しよう。すると、たとえわれわれのふだんの手順が正確に行われ、何らかのことがらを知っているというわれわれの主張がたいてい批判を受けつけないものであるとしても、われわれを取り巻く世界について何かを知ることは誰にもできないということもまた、あたかもありうることのように見えてくる。少なくとも次のように言うことは十分できる。「……を私は知っている」や「……を彼は知っている」といった表現をわれわれが現にしているように使用しているという事実のみからでは、それに反するどのような反懐疑的な結論も導かれないのである。すると、ここでは懐疑的結論を次の反論から守るような強い場所に立っているのであろう。「懐疑的結論はそれを表現するために使用される当の言葉の意味を歪曲している。なぜなら、ふだんその言葉がどのように使用されているのかについての明白な事実と、そこで使用されている言葉は対立するからである。」こうした反論から懐疑的結論は守られることになる。意味と使用との関係について、私が明確にしようとしてきた捉え方に基づけば、使用から得られる証拠は、意味についての反懐疑的な結論を支持しないのである(12)。

ある種の路線をとった攻撃から懐疑的結論を私が守ろうとしてきたのは、日常生活とその背後にある日常的な主張についての、懐疑的哲学者の捉え方だと私が思うものを明かす作業に着手するためである。懐疑的哲学者は、そうした日常的な主張はいくつかの点で制限されたものだと見なしている。すなわち、われわれが距離を置いた視点に立てばそれらが真になるための完全な条件だと十分に認めることができるものに対して、相対的なものだと見なしているのである。それゆえここでわれわれは、こうした捉え方は正しいのかどうか、あるいは、そもそもそれは十分に理解可能なものであるのかどうかといった問いに導かれる。その捉え方がどのようにして懐疑論を正当化するのかをわれわれが理解し始めれば、それが正しいことはありえないとわれわれは感じるようになると私は思う。われわれを取り巻く世界について知識をもつためには、どうしてつねに夢の可能性を排除することが必要なわけではないのか、ということを示そうとするならば、懐疑的哲学者の捉え方はどうにかして拒否されねばならない。このことをわれわれはわかっている。そうすることで、懐疑的論法の深遠さと重要さだと私が感じているものが説明できるようになってくるであろう。懐疑的論法と折り合いをつけるには、具体的な状況で誰かが何かを知っているかどうかということや、さらにはわれわれを取り巻く世界についてそもそも何かを知っている人がいるのかどうかということを単に決定するだけの場合よりも、結果的にははるかに多くのことを要することになるであろう。われわれ自身や日常生活でのわれわれの実践についてのいっさいの考え方や、もしかすると、距離を置いた場所からの特定のたぐいの理解を自身についてわれわれが得ることの可能性までもが、問題になってくるであろう。このように捉えられた認識論においては、知識とは何であるかとか、われわれはものごとを知っているのかどうかとか、そしてまた、それを知っているならばどのように知っているのかといった問いをするときよりも、はるかに多くの問題がつきつけられているのである。

懐疑的論法の背後にある、われわれ自身と、世界に対するわれわれの関係とについての考えは、根強い力をもっており、容易には棄却できないように私には思われる。それが理解可能な考え方でもありさえすれば、その限りで懐疑的結論は、攻撃から身を守ることができるように見えるであろう。懐疑的論法の背後にあるそうした考えに表現を与えようとする際、何の変哲もないありきたりな言い回しとおぼしきものに訴えるのは当然のことである。もしこれが正しければ、古い捉え方を捨て去ることによって懐疑論を回避しようとすることは、簡単なことではないであろう。というのも、そのように回避することは、明白な真理に見えるものを否定することを伴うからである。

知識に対するわれわれの関心の背後にある考えをごく単純に述べるならば、それはこうなる。われわれを取り巻く世界について何かを知っているとわれわれは主張するが、その世界は確かに存在しており、その世界がどのようなあり方をしているのかは、われわれがそのように知ったり信じたりすることとはまったく独立している、という考えである。それが客観的な世界なのである。実のところ、もちろんわれわれが知っていると主張している世界のうち、大部分はわれわれよりもずっと前から存在していたし、さらにその一部は、われわれがいなくなってからも存在し続けるであろう。たいてい、世界について知っているとわれわれが信じていたり思っていたりすることがらは、それが真となるために、誰かが何かを知っていたり信じたりしていることを要求しない。たとえばもし、アフリカ大陸に五千メートル以上の高さの山が存在すると私が信じているならば、私が信じていることがらの真偽は、アフリカの山々の高さのみにかかっている。その山々について誰かが何かを知っていたり信じていたり、それらについて何かを憶測する特別な理由をもっていたりするのかどうかといったことは、五千メートル以上の高さの山が存在すると信じているときの私の信念の内容には含まれない。もし私が、信じるべきことがわからなくて、アフリカに五千メートル以上の高さの山があるかどうかを人にたずねたり疑問に思ったりするならば、私の問いは、誰かが何かを知っているとか、そう信じているとか、そう主張する場所にいるとかいったこととは、完全に独立した答えをもっている。この問いは、人間や何かほかの生物がこれまで存在したことがあるかどうかということとは、まったく独立している。私がたずねるものごとや私が信じるようになるものごとは、ある特定の山々の高さのみに関わっているのである。

もちろん、人々が存在していなかったとか、人々が何かを主張したり何かを知ったりするようになっていなかったとすれば、私は現在信じていることを信じるようになってはいなかったであろうし、それを理解するようになってさえいなかったであろう。だが、私が信じたり理解したりしていることがらそのもの、すなわち、アフリカに五千メートル以上の高さの山が存在するということがらそのものは、真であるためにそうしたことを何も必要としない。私が何を理解しているのかを正確に述べるどのような言明も、それゆえ、「アフリカに五千メートル以上の高さの山が存在する」という文が何を意味するのかについてのどのような説明も、人間に関することや、人間のもつ知識や思考に関することを、何も含んでいないことになるであろう。とりわけ、その文が真であることは知られているのか、ないし、そうしたことは知られうるのかに関することを、さらに、その文はある種の場面で理にかなった仕方で主張されうるのかに関することを、その文は何も含んでいない。そうしたことを含んでいるならば、非人間的な世界のみに関わる言明のうちに、人間や人間の知識に関わる余計な言及をもち込むことになるであろう。

私が表そうとしているのは、世界は独立したものであるという捉え方であり、この捉え方が示すのは、世界は人間の知識や信念とはまったく独立に存在しているという考えである。われわれはみなこの考えを理解していると私は思う。それは、客観性についての捉え方を具体的にしたものである。つまり、誰かが何かに触発されたり、それに関心をもったり、それについて何かを知ったり、それを信じたりするといったことに関わりなく、事物は一定のあり方をしている、という捉え方を具体化したものである。この捉え方自体は、客観的世界について知識をもったり理にかなった信念をもったりすることは不可能であるとか、われわれが発見したり何かを知ったりするものは、この捉え方に基づく客観的世界とは別の何かであるとか、さらには、つねに別の何かであるにちがいないとかといったことを、まったく含んでいないように見える。しかし、そんなことはない。知識を探し求める際、われわれは何が真であるのかを見つけ出そうとしたり、いろいろな観点から世界がどのようにあるのかを確認しようとしたりする。被疑者はその夜クリーブランドにいたのか。風にあたってじっとしていることが風邪を引くことの一因になっているのか。アフリカには五千メートル以上の高さの山があるのか。それぞれの場合でわれわれが明らかにしたいものは、何が真であるのか、ないし、問うている客観的事実はどうなっているのかということである。そして、われわれが追い求め、やがて知っていると主張するようになるものは、たとえば「アフリカに五千メートル以上の高さの山がある」という文の、客観的な真偽である。われわれが追い求め、やがて知っていると主張するようになるものは、われわれがそれを知っていることや、そのように理にかなった仕方で主張する場所にわれわれがいることとは、まったく独立に現実のものとなる。これこそが、まさに客観性という考えなのである。

現に、われわれが問うたり、信じたり、知りたがったりするものの大半は、人間の知識や、人間の信念や、人間の用いる論法といったものに関わっている。われわれはたとえば次のようなことを問うのである。「風にあたってじっとしていることが風邪を引くことの一因になっているということを誰かが知っているのか」「それを信じる十分な理由をほんの少しでも誰かがもっているのか」さらには、「もしこうしたことが言えたときには、どうやって彼らはそのことを知ったのか」とか、「それを信じる十分な理由とはどんなものなのか」といったようなことを問うのである。物質の性質については二百年前よりもはるかに多くのことが現在知られているとわれわれは信じている。癌の原因についてはまだ知られていないとわれわれは信じている。こういった事例でわれわれが問うたり、信じたり、知っていると主張したりするものは、実際に、人間と、人間の知識や人間の思考とに関わっている。それらは、人間の世界とでも呼びうるものに関わる問いや主張であって、世界の中で人間と独立した部分に関わるものではない。それらは、誰か人間が存在していたかどうかや、誰かある人間がある種の仕方で行動したかどうかに関係なく、いまと同じあり方をしている世界の部分に関わるような問いや主張ではないのである。

思うに、ここにおいてさえ、知識に関しても人間のほかの制度に関しても、われわれは客観性について同じ捉え方をするのである。風にあたってじっとしていることが風邪を引くことの一因になっていることを誰かが知っているとか、そのことを信じる十分な理由を誰かがもっているとかといったことは、客観的に真であるのかどうかをわれわれは知りたくなる。癌の原因はまだ知られていないと述べる際、われわれは、人間の知識の現在の状態についての言明を自分が行っていると思っている。また、癌の原因についての人間の知識の状態は、その状態をいまわれわれが知っていたり、その状態を理にかなって主張できる場所にいまわれわれがいたりするかどうかにまったく関わらず、どのような状態にもなりうるとわれわれは思っている。もちろん、われわれが人間の知識の現在の状態についていつも主張しているようなことを実際に主張しているのは、癌の原因を誰も知らないということをわれわれは知っており、そう主張する十分な理由をもっているからである。しかしわれわれは、そうした主張をする場所にわれわれが立っているということ自体を、癌の原因を誰も知らないと言う際に、自分が知っていたり主張したりしていることがらの一部としては見なしていない。この点で、人間の知識と信念についての事実の大半は、アフリカの山々についての事実と同じように客観的であり、同じようにその事実が何であるのかを誰かが知ることから独立している。もし、癌の原因が現在知られていないということが客観的な事実であるならば、私がその事実を述べたりそれを知っていると主張したりするとき、私は人間の知識に関する客観的な事実について述べたり、その事実を知っていると主張したりしているのである。そしてもしも私が、風にあたってじっとしていることとふつうの風邪との間にある何らかの関連について、誰かが知っているかどうかを明らかにしようとしているならば、その点に関わる人間の知識について、客観的事実は本当はどうなっているのかを確かめようとしているのである。

このような見方をすると、ある種のことがらについて自分が知っていると私が言ったり、自分がそれを知っているかどうかを問うたり疑問に思ったりするときには、私の言っていることや問うていることの真偽は、そのことがらに関わる私自身の知識の現在の状態に依存していることになる。それゆえ、証人が問題の夜にクリーブランドにいたことを自分は本当に知っているのかと私が問うときや、暖炉のそばに腰掛けて紙を一枚自分が手にしていることを自分は知っているのかとデカルトが問うとき、われわれは問題となっていることがらに関わる、自らの知識の現在の状態について探求しているのである。われわれが求めているのは、われわれの状態や、われわれの事実に対する関係についてのある種の理解、すなわち、われわれの立っている場所についての、いわば客観的な理解である。その意味では、ある人(もちろんわれわれ自身も)がある特定のことがらを知っているかどうかは、特定の高さの山がアフリカに存在するのかどうかという問いと同じくらい、事実に関する客観的なことがらである。そしてわれわれが求めているのは、その客観的なことがらが現実のものであるかどうかについての知識である。そしてもしかすると、さらにその客観的なことがらが現実のものであるための必要十分条件がどのように満足されるのかについて、いくらか理解することまでわれわれは求めているのかもしれない。

まさにこのようにして、飛行機監視兵の置かれた場所をわれわれは理解する。慎重な監視兵が、「あの飛行機はFだ」と言うとき、彼は、上空のその飛行機の正体についてのみ何かを言っている。またそれは、誰か観察している監視兵がいるか否かとは無関係に真偽が決まるようなものである。そして、

「それがFだと私は知っている」と彼が言うとき、彼は、その客観的な事実に対して自らがもつ関係について述べているのである。マニュアルを使用し、その飛行機を観察することによって、彼は現在立っている場所に身を置くことになる。だが、それがFだと自分は知っている、と彼が言う際、マニュアルや自分の観察について彼は何も言っていない。もしも彼が、どうやってそれがFであることを知っているのかとたずねられたら、その飛行機がx、y、zをもっているのを自分が見たこと、そして、マニュアルによればx、y、zをもつ飛行機はどれもFになることを自分が知っているということをもって、彼は応答するであろう。しかし、「それがFであることを私は知っている」と彼が言うとき、彼は単に、「それがx、y、zをもつことを私は知っている」、そして、「それがマニュアルによればFであることを私は知っている」と言っているのではない。

自分の見ている上空の飛行機がFであるということを、その慎重な監視兵は知らない。このことをわれわれは知っている。だが、マニュアルによればそれはFであるということを実際に彼は知っているということも、われわれは認めることができる。それゆえ、その飛行機がどの機種なのかを彼は知っているのか、という問いは、マニュアルによればその飛行機がどの機種になるのかを彼は知っているのか、という問いと同じものではない。反省を行う飛行機監視兵であれば、われわれが気づいている区別に余暇中に気づくことを期待できるかもしれない。もちろん、訓練中に教えられたことを信じているので、彼はこの二つの問いに同じ答えが与えられると思っている。だが、もし彼が上空の飛行機の機種を自分はどうやって知るのかと自問するならば、彼はマニュアルと自分の観察のみに頼らなくてはならないことを理解するであろう。さらにそのとき彼は、マニュアルのどこかに誤りがあった場合、知っているとを自分が現在思っているものをすべて知らないことになってしまうということを受け入れるであろう。彼のように考えても、戦闘に影響するわけではない。戦時中には知識や真理以外にも大事なことがある。とはいえ、もしも、上空のいくつかの飛行機がＦであることを自分は知っていると実際に彼が考えているならば、彼はその知識を自分と他人に説明するために、マニュアルの正しさに訴えようとするであろう。いま述べている設定では、彼が前提しているこうしたことがらは真ではない。つまり、マニュアルが正しくないことをわれわれは知っているからこそ、その飛行機がＦであることを彼は知らないということをわれわれは知っているのである。だが、たとえマニュアルが正しいという彼の前提が真であるとしても、反省を行う監視兵は、上空の飛行機の機種について現に彼が知っているように知るためには、自分の前提していることがらが真になる必要があるということを、理解できるであろう。

マニュアルが正しいか否かということ自体は、客観的な事実である。いまの事例では、マニュアルが正しくないことを、われわれ外部にいる者は知っている。マニュアルに依拠している監視兵は、それを正しいものと見なしている。また、マニュアルが客観的に正しいことが、彼が知識をもつことにとって不可欠であるということを彼は理解することができる。マニュアルの正しさを信じているからこそ、その飛行機がＦであることを知っていると彼は考えるのである。監視兵の立っている場所についてより客観的な理解を得ているわれわれは、彼が知識をもっていないことを知っている。彼が知識をもつことにとって不可欠な事実のうちの一つに関して、われわれは彼が立っていない場所に立っている。それゆえわれわれは、「それがＦであることを彼は知っている」が客観的に真であるかどうかを決定するのによりよい場所に立っているのである。反省を行う監視兵は、その文が真であると考えており、どのようにして自分の知識が可能になるのかを説明できると考えている。仮に、Ｇについてわれわれが知っていることを彼に伝えるとしよう。すると、自分が知識をもっているかどうかを決定したり、どのように自分の知識が可能になるのかを説明したりするのに最良の場所に自分が立っていなかったことに、彼は気づくであろう。また、われわれの手助けなしに、マニュアルが正しくないという考えが彼にふと生じたとしよう。その場合も、自分の知識だと推定されたものを説明するのにできる限り最良の場所に自分が立っていなかったということを、彼は理解することができるであろう。そして、マニュアルの信頼性を確認することで、彼は「それがFであることを私は知っている」という自分の発言で言われていることが客観的に真であるか否かを決定するのによりよい場所に立つことになることを、彼は理解するであろう。マニュアルの信頼性を確認することによって、彼は自分の立っている場所についてより客観的な理解を得るのである。

われわれ自身が立っている場所と、その場所を自分で理解しようと追求することについての懐疑的哲学者の捉え方は、反省を行うこの飛行機監視兵の捉え方と同類である。それは、われわれが客観的に立っている場所について、客観的に、距離を置いた位置から、理解と説明をしようと追求することである。距離を置いた「外的」な観点からは真であるように見えるものがある。他方で、「内的」に、われわれの言葉に社会との接点を与える実践的な文脈の内側で、われわれの立っている場所について考察することで、われわれがわれわれの立っている場所について真であると理解しているものがある。これら二つは一致していないかもしれない。そして哲学的懐疑論は、これら二つは一致しないと言う。この立場によれば、われわれを取り巻く世界について、われわれは何も知りえないのである。たとえ、自分は知っている、と一日に何百回もわれわれが述べたり意味したりしていても、そうなのである。

事物が一定のあり方をしているのは、誰かがそのことを知ったり、信じたり、述べたりすることとはまったく独立のことがらである。現にこのような捉え方をわれわれはしていると私は思う。外界に関わる哲学的問題の源泉は、客観的世界についてのまさにこうした捉え方のうちや、その捉え方において表現されるような、世界に対するわれわれの関係についてある種の理解を得ようとするわれわれの欲求のうちのどこかに見出されると私は考えている。思うに、この捉え方を記述しようとして私がもっぱら依拠してきたのは、われわれがみな受け入れるような月並みな話である。その月並みな話とは、われわれがみな現在信じているような世界のある種のあり方についてのものではない。むしろそれは、客観的世界や客観的な事態といったものはどのようなものであるはずなのかについて、一般的に考えられていることにすぎない。仮に、客観性についてのこうした月並みな話が、世界と世界に対するわれわれの関係についての、懐疑的哲学者が依拠している捉え方を実際に表しているとしよう。さらに、私の考えが正しくて、懐疑論を避けることができるのは、こうした捉え方が拒否されるときに限られるとしよう。このように仮定すると、懐疑論を回避するためには、われわれがみな受け入れている月並みな話をわれわれは否定せねばならなくなるように見える。思うに、哲学においてはときとしてこうしたことが起きてきたのである。

しかし、もしも私が訴えてきたあたりまえの話が本当はまったく非の打ち所のないものであるならば、おそらくそれは、懐疑的論法の中で哲学者が依拠していた、客観性と日常生活についての捉え方を、十分に表しきれていないであろう。おそらく、ある観点からそうしたあたりまえの話を見れば、それらは哲学的な捉え方をまったく表していないことになり、それゆえそれが外界についての哲学的問題を生みだすとか、減じるとかいったことはなくなるであろう。そこで私は、こういったことが正しくなるように思われるいくつかのやり方を探索してみることにしたい。それは実のところ、外界についての哲学的問題は結局のところ何であるのかを説明しようとするさまざまなやり方である。

第3章　G・E・ムーアと懐疑論——「内的」と「外的」

　ある種のことがら——たとえばリア王の次女の名前や、ワーテルローの戦いが起きた年——を自分が知っているということを、疑ったり否定したりしている者がいるとする。それでも、やはりそれを知っているのだ、と本人に気づかせることができる場合がある。そして、自分はある種のことがらを知らないとか、誰もそれを知らないとか、そもそもそれは真ではないかもしれない、とかなどと主張する者がいたとしたら、そのときのもっとも有効な応答は、その当のことを彼に証明してみせることであろう。外界の問題に対するG・E・ムーアのアプローチにおいては、これらの率直な反応が両方とも具体的に表現されている。あれもこれも疑っていると自称している哲学者に対し、ムーアが試みているのは、彼らが現にそれらを知っていると気づかせることである。そしてムーアは、それらを知っているということを疑ったり否定したりする者たちに対し、外的な事物が現にあるということを証明してみせることができると考えている。われわれは外界をめぐる問題におそらくもう十分馴れ親しんだので、こうした単純素朴な仕方で行われるアプローチに見込みがあるということには疑念がもたれるかもしれない。それでも私は、ムーアがかの有名な「外界の証明」で行ったこと、またその中で彼が成し遂げていることを見ていきたい。彼は大変なことを成し遂げていると見ることができると私は思っている。ムーア自身がそう思わなかったとしても、そのように見ることができると思うのである。

ムーアの始め方はいかにも彼らしく、カントの『純粋理性批判』の中で見つけたいくつかの言葉から始めるというものである。(1) ムーアによれば、それらの言葉は不満を表しているのであるが、その不満は、われわれの外側にある事物が存在することの証明は与えられたためしがないということに向けられている。そのことがその箇所でのカントの不満なのかどうかということはともかく、ムーアは、そこで表わされていると彼が見てとった難題には間違いなく応じられると考える。彼は、次のことについてかなり詳細な説明を行うことから手をつける。すなわち、彼がこれから証明するのは正確に言ってどのようなことなのか、そして、それを証明するのに必要なものは何か、ということである。それはさながら、卓抜な偉業にいよいよとりかかるというときに、自分のしようとしていることが正確には何なのかを言い表しつつ、テーブルを片づけて腕まくりをしているかのようである。

ムーアの説明では、「われわれの外側にある事物」と彼が言うのは、空間で遭遇しうる事物のことである。そしてムーアは、その種の事物を、痛み、残像、二重像などから慎重に区別する。つまり、空間で遭遇しえないようなものから区別するのである。そうした「内側」のものが存在すると述べたならば、誰かが何らかの経験をしているということ、あるいは誰かが何らかの経験をしたことがあるということが導かれる。ところが、われわれの外側に事物が存在していても、そのような推論は成り立たない。その意味で、われわれの外側にある事物はわれわれから独立していると言える。そうした事物は、存在する上で、知覚されたり経験されたりすることに依存していないのである。われわれの外側にある事物をそのように定義したとして、その例をあげるとすれば、紙、靴と靴下、人間の手、石鹸の泡などがそうである。そうしたたぐいの事物が存在しているという事実があっても、誰かが何かを知覚したり経験したりしていることは導かれない。そうした事物のうち、少なくとも二つのものが存在していると証明できたならば、われわれの外側に複数の事物が存在することは証明されたことになる。それこそが、ムーアが次に行おうとしていることである。

証明は短い。ムーアははじめに両手をあげる。そして、右手で身振りをしながら、「ここに手が一つある」と言う。次に、左手で身振りをしながら、「ここに手がもう一つある」と言う。このようにして、ムーアは人間の手が二つ存在することを証明する。先に説明したように、われわれの外側に複数の事物が存在することを証明するには、これで十分である。ムーアが証明したと自ら主張しているようなことを証明した者は、「その事実そのものによって、外的な事物が存在することを証明した」(PP、一四六頁)のである。したがって、これが、外的な事物が存在することの「申し分なく厳正なる」証明である。何に関してであれ、これよりも有効な証明、あるいはこれよりも厳正な証明を与えることは、おそらく不可能だとムーアは考える(PP、一四六頁)。

ムーアが指摘しているように、次のことは確かに真であるように見える。

> われわれは誰でも現に、この種の証明はある種の結論を完全に決定的な仕方で証明すると、いつも考えている。すなわち、それまで疑いを抱いていたことに関する疑問のうち、ある種のものに最終的な解決を与えると考えているのである。(PP、一四七頁)

ムーアは日常的な例をあげている。それは、あるページに少なくとも三つの誤植があるのを証明するという例である。このような疑問について論争が起きているとする。その場合――さらに言えば、そうした論争などない場合でも――こうした論点について肯定の側に軍配が上がり、解決が決定的となるのは、ここに誤植が一つあり、ここにもう一つ、さらにここにもう一つある、ということがわかった場合である。それがわかったならば、証明は現になされたことになる。われわれの日々の経験には――科学の実験室や法廷で起きていることに関しては言うまでもなく――これと似たような例が毎日のようにたくさん出てくる。何かが存在することを示す証明として、われわれが手にしうる最も有効なものとは、そのものをすぐ目の前に見てとるということであろう。

そのような方法で何かを証明し、そこで証明されたことがらを知るようになるということは、日常生活においてや科学に携わる際には実際にしばしば起こることである。そのことは否定できないように私には見える。ムーアの証明を論じるときには、それをはっきりと頭に入れておかねばならないのである。だからこそ、ムーアの新奇な芸当は、外界についてのわれわれの知識をめぐる哲学上の問いを理解する上で、かくも重要なものとなるのだと私は思う。ムーアの場合と似たようなことがらについて、証明を行ったりそれを受け入れたりということをわれわれは日常生活で行っているが、ムーアの証明がそのような証明とまったく同じようなものだったとする。その場合、ムーアの証明をよく調べて、それがここでの哲学上の問題とどう関連するのかを問えば、この哲学上の問題と、日常生活でわれわれが従っている通常の手順との間にある関係を明らかにできるかもしれない。また、ここでの哲学上の問題と、日常生活で何かを知っていると言うときの主張との間にある関係も明らかにできるかもしれない。外的な事物があるということをムーアが本当に証明しているとする。そうだとすれば、そうした事物が存在するということをわれわれは知っているのか、という問いは解決するのではないか。そして、もしムーアが現にこの問いに答えを与えているのだとしたら、同じ問いは一日に何度でも、肯定のかたちで答えを与えられるのではないか。というのも、われわれが日常生活で行っている証明は、ムーアの場合とまったく同じだけ厳正であり、決定的だからである。外界をめぐる哲学上の問題について説明しようとしている者なら誰であれ、これらの問いに対して納得のいく答えを得たことにならざるをえない。それに対して、ムーアは自分が証明しようととりかかったことを本当は立証していない、とわれわれが考えるとする。そうすると、日常生活でわれわれがものごとを知ろうとしたり、それを証明しようとしたりしているときのふつうの試みには、ムーアの場合と同じ欠陥があるということにならないだろうか。ある一つのページに三つもの誤植があるというようなことは、誰によっても決して立証されないことになる。しかし、正確に言って、ムーアはどこで間違っているというのか。また、ムーアでなくてもわれわれはみな、日常生活で証明を行ったり、それを受け入れたりしているが、そのような証明を決定的だと見なす場合、われわれはどのような間違いを犯しているというのか。

　これらの問いに対する一つの答えを、第2章では考えた。そこでの説明に従うと、われわれは懐疑的結論を受け入れざるをえなくなる。すなわち、日常生活においてや科学に携わる際、われわれは自らを取り巻く世界のことを決して知ることがない、という結論を受け入れざるをえなくなるのである。ムーアの証明について考えれば、そうした答えが当を得たものなのかどうかをテストできるし、あるいはことによると、それがそもそも理解できるものなのかどうかというテストもできるかもしれない。

　ムーアの指摘によると、証明が成功しているための必要条件は三つあり、彼の証明はそれらの必要条件を満たしている。(一)証明の中の前提と、その前提が証明すべき結論とが異なっている。「人間の手が二つ存在する」という命題は、「ここに人間の手がある」という命題とは異なっているし、「ここに人間の手がもう一つある」という命題とも異なっている。ここでの結論が真である場合に、前提が二つとも偽だということもありうるのである。（二）前提が真であることが知られている。ここに手が一つあり、ここにもう一つある、ということについて、それを知らないと言ったり、それが真だと信じてはいるものの確信はもっていないと言ったり確信はもちえないと言ったりすることは、まったく不合理だろうとムーアは言っている。「私は自分が立って話をしているのを知らないと、言ってみたらいい。もしかすると実は立って話をしていないかもしれない、とか、私が立って話をしているというのはまったく確かではない、とか、そういうふうに言ってみたらいい。」ムーアはそのように言い返すのであり、ここに手が一つあり、ここにもう一つある、ということが真ならば、人間の手がそのとき二つ存在しているということが偽であることは決してありえない。したがって次のように言える。結論が前提から妥当な仕方で引き出されており、前提が結論とは異なっており、前提が真であることが知られている。これらのことを満たす証明は数あるが、ムーアの証明はそれらと同じなのである。

外界についてのわれわれの知識をめぐる哲学上の問題に、われわれはもう親しんでしまっている。そのため、われわれはすぐに、ムーアの証明が十全でないと感じるであろう。それから、証明が成功しているための条件は三つあるとムーアは言うが、そのうちの二つ目の条件は本当は満たされていない、と反論したい気持ちが強くなるであろう。言い換えればそれは、ここに手が一つあり、ここにもう一つある、ということをムーアは本当は知らない、という反論である。ムーアの結論は前提から導かれない、と主張することに望みはないように見える。つまり、ここに手が一つあり、ここにもう一つある、ということが仮に真だったとしても、人間の手が二つ存在するということはなおも真ではないかもしれない、という主張はできないであろう。それゆえ、ムーアが証明のために主張していることの中でも、前提に関する彼の「知識」が最も疑わしいとわれわれには映るのである。

これは非常に自然な反応であるが、その源泉については考えてみる価値がある。思うに、それは見かけよりも複雑である。ここで二つの問いを区別して捉えてみよう。ふつうなら、それらを切り離して問うことはない。おそらくその理由は、それらの片方に対するある種の答えが、当たり前だと思われているからである。われわれは次のように問うことができる。ムーアの証明は有効なのか。つまり、ムーアは自らが知っていると主張することを知っており、それを知っているということに基づいて自分の結論を正当な仕方で立証しているのか。ムーアの証明が有効だとしたら、外的な事物があることをムーアは証明したのである。それとは別に、われわれは次のように問うことができる。ムーアは哲学的懐疑論を論駁し、外界をめぐる哲学上の問題に肯定的な回答を与えているのか。われわれはただちに、この二つ目の問いへの答えは「否」だと感じるであろう。けれどもそうすると、一つ目の問いに対する答えも「否」にちがいないという結論にならざるをえないのか。つまり、ムーアの証明にはおかしなところがあるにちがいないという結論にならざるをえないのか。ムーアの芸当は、ある種の哲学上の問題に答えていない。(いまはそう仮定してみよう。)するとこの事実から、彼の芸当にはおかしなところがあるにちがいないということが導かれるのだろうか。すなわち、その証明ではムーアの意図したことは成功していない、ということが導かれるのだろうか。私の考えでは、直接はそうは導かれない。それがなぜなのかを説明すれば、この哲学上の問題がもっている特別な特徴を明るみに出す上で役立つかもしれない。

一つには次のようなことがある。仮にそのような結論が導かれるのだとしたら、その理由は、ムーアの言っていることが哲学的懐疑論の言っていることと不整合だからであり、ムーアが証明によって論駁しようとするのはまさにその哲学的テーゼだからである。もちろん、そのように言えると考えるのはきわめて自然である。ムーアは言う。「外的な事物が少なくとも二つあることを私は知っている。」対して哲学的懐疑論は言う。「外的な事物があるのかどうかは誰も知らない。」どうしたらこの両者が不整合でなくなるのか、それを想像するのは難しい。そしてムーアはと言えば、自分は懐疑的な哲学者たちが何を言っているのかを捉え、まさにそれを論駁したのだと考えている。ところが——ここで私は可能性のことを述べるだけだが——仮に、実は両者が両立しなくはなかったとして、また仮に、ムーアが自分で論駁したと主張している当のものが、そもそも哲学的懐疑論のテーゼではなかったと判明したとする。その場合には、ムーアの証明には証明としておかしなところがある、ということを、通常の根拠に基づいて言わなくてもよくなるのである。その上、外的な事物があることをムーアは本当に知っている、とも言えるかもしれない。それだけではなく、ある一つのページに三つもの誤植があるということは本当に証明できる、とも言えるかもしれない。しかしそのように言えるのは、哲学的懐疑論が真でないことがそのことによって論証されたという意味でない限りにおいてである。だとすれば、哲学的懐疑論がつまるところ何なのかを理解するのは、はるかに困難になってしまうかもしれない。それでも、われわれが日常生活でものごとを証明し、ものごとを知るのはどのようにしてか、ということについての描写がもつ歪みを減らすことには少なくともなるはずである。その描写をもとに、哲学的懐疑論が何なのかをわれわれは明るみに出そうとするのである。

　これから探求する問いは、日常的知識と哲学的懐疑論のテーゼとが両立するかしないかという問いである。はじめに、ムーアの証明がどのように誤解されるのかを見ておきたい。誤解が生じるのは、ムーアの証明を判断するときに、哲学上の問題についての理解が一面的すぎるからである。私は実例として、ムーアの証明についてなされたことのある説明を二つあげる。それらの説明のねらいは、ムーアの証明をかばうことにあるのだが、私が見たところでは、それらは最終的には受け入れられない。だが、そのそれぞれから学べることもある。

まずはノーマン・マルコムである。ムーアの証明を額面どおりに受けとると、それは哲学的懐疑論に反対するに際して、単に「論点を回避している」ように見える。また、哲学上のパラドックスに対するムーアの応答は「有益なものには見えない」し、「有益な「哲学者に自らの言うことが偽だと納得させるようなもの」にも見えない。[2] こうした事実にもかかわらず、マルコムが見きわめようとしたのは、ムーアの論文がもつ大きな威力と哲学的な重要性であった。ムーアによれば、哲学者は目の前に手があることを現に知っている。それゆえ、このことに反する議論はすべて間違っているにちがいない。だがマルコムは次のように言う。「そのような議論はどこが間違っているのかをムーアは述べていない。だとすれば、ムーアは論点を回避しているのではないだろうか。[3]」ムーアが「証明」の中で主張していることが、人間の手が二つある、というただそれだけのことだとすると、マルコムの考えでは、ムーアは懐疑的な哲学者の言うことが誤りであることを証明していない。つまり、マルコムによれば、「それは少なくとも出来の悪い論駁に見える」(S、三四八〜三四九頁)。たとえば、われわれの目の前に木があるかどうかは決して知りえない、と言う哲学者がいたとする。そのとき、応答として、「私はそこに木があるのを知っている。なぜなら、さえぎるものもなく、はっきりとそれが見えるからである」とムーアが言うとすれば、マルコムの考えではそれは「的外れ」である。[4] しかしながら、ムーアはまさにそのたぐいのことを言っているように見える。

アリス・アンブローズもまた、額面どおりに受けとられたムーアの証明を満足のいかないものと見る。ムーアの証明では、哲学的懐疑論者を決して説得できない、そう彼女は考える。というのも、懐疑論者に従えば、ムーアが証明しなければならないことには、ここに手が一つあり、ここにもう一つある、という前提も含まれるからである。それはただ単に、哲学者の基準のほうがムーアの基準よりも高いということではないし、ものごとについてムーアが必要以上に簡単に納得しているということでもない。むしろ、アンブローズの考えでは、ムーアが前提していることがらを知る可能性をこそ、哲学者は問いに付しているのである。そして、外的な事物がそもそも存在するのかどうかを知る可能性について問うときには、必然的にそうしたことが行われているのである。何らかのものが手であるならば、それが外的な事物であることが導かれる、ということに関しては、懐疑的な哲学者はムーアに賛成するはずである。だとすればムーアの証明は「的を射ていない」ことになる、とアンブローズは考える。というのも、ムーアの証明によって論証されるのは、人間の手があるならば外的な事物が存在する、ということだけだからである。[5] アンブローズは次のように結論する。もし「外的な事物がある」が単純素朴な経験的命題だとされたならば、つまり、感覚という証拠によって立証された別の命題から導出された命題だとされたならば、この命題で懐疑論を論駁することは決してできない（S、三九九頁）。

ムーアの証明はそのままのかたちだと、外界についての哲学的懐疑論の論駁としては成功していない。二人の応答は双方とも、そのように反応することから始まっている。にもかかわらず、これらの応答によれば、ムーアの証明が適切な仕方で理解されたならば、この証明にはきわめて価値があり、またそれは実は正しいのである。マルコムにとっては、ムーアの証明は哲学における非常に重大な進歩を意味しており、それによって懐疑論は論駁されるのである（S、三四九頁）。アンブローズにとっては、ムーアの証明は、懐疑論が受け入れがたいということを見てとらせるのに成功している（S、四一八頁）。それゆえマルコムとアンブローズは、結論として、ムーアの証明を額面どおり受けとることはできないと言う。ムーアの行っていることは、彼が一見行っているように見えることとは違うはずなのである。ムーアの証明はふつうの経験的論証であるかのように見えるが、そうであるはずがないのである。

マルコムとアンブローズの二人にしてみれば、哲学的懐疑論がもつ特異な本性を理解することなしに、ムーアの証明がもつ本当の威力を正しく評価することはできない。この二人によると、反省を行えば次のことは明らかである。すなわち、哲学的懐疑論者にとって、外的な事物があることを感覚を用いて知るなどということはまずありえないというわけである。これは、自分の手が存在すると言うためにムーアが持ち出してくる証拠が、具体的に言えるかたちで不完全ないし不十分であるというだけのことではない。むしろ、およそありうる経験的な証拠がすべてであったとしても、それは依然として十分でないのである。アンブローズの考えによれば、「外的な事物がある」とするための証拠が完全なものとなるにはどういったものが必要なのかを、哲学的懐疑論者は記述することさえできない。アンブローズからすれば、外的な事物があることを知っているとされる状況がどのようなものかを、言い表すことはできないのである。アンブローズは結論として次のように言う。懐疑論者による言い分は「外的な事物が存在するということは誰も知らない」というものであるが、それを反駁することはできない。また、それゆえその言い分は、われわれには知る能力がないとする「経験的な主張」ではありえない（S、四〇二頁）。アンブローズの考えによると、このことはさらに次のことを示している。すなわち、「懐疑論者は、知識が論理的に不可能だということを支持する議論をしているのであって、経験的な事実を支持する議論をしているのではまったくない」ということである（S、四〇二頁）。懐疑論者にとっては、「財布に一ドル札が入っていることを私は知らない」といったような言明はすべて、「必然的に真」なのである（S、四〇二頁）。マルコムもまた同じように考える。つまり、マルコムの考える哲学的懐疑論とは、あれは木だということやここに人間の手があるということを知るのは「論理的に不可能」だとする見解のことである。懐疑論者にとって、そうしたことがらが知られると想定することは「矛盾」を孕むというわけである（S、三五三頁）。マルコムとアンブローズは、哲学的懐疑論者が単純素朴な経験的論駁による攻撃を受けつけないということについては意見が一致する。またそれゆえ、自分の目の前に両手があるのを知っており、ゆえに外的な事物が少なくとも二つ存在するのを知っている、という主張でしかないとムーアの証明が受けとられた場合に、その証明がどうして弱点をもち、どうして関連のあるものとならないのか、ということの源泉についても意見が一致する。また、このことからマルコムとアンブローズが考えるのは、ムーアの証明は一見したところの見かけとは違うものとして理解されなければならない、ということである。そうしたときにだけ、ムーアの証明は、正しい理解の下での哲学的懐疑論を論駁できるのである。マルコムとアンブローズの考えでは、ムーアの証明はそのような方法によってはじめて深遠な哲学的意義を得ることができるのである。そして、そういう意義をもつということは、二人にとってはきわめて明らかなのである。

だとすれば、ムーアが証明で行っていることは本当は何なのか。また、ムーアが哲学的懐疑論の論駁に成功するのはどのようにしてなのか。マルコムによると、ムーアが本当に指摘しているのは次のことである。すなわち、自分の目の前に手があることを知っていて、それゆえ自分の目の前に外的な対象があることを知っている、ということを主張する場合、そのことに矛盾はないということである。何かが矛盾していないことを示せる唯一の方法とマルコムが認めているように見える方法によって、ムーアはそのことを指摘するのである。その方法とは、「木が見える」などのように言うことが、ある種の場面では「完全に正しい言葉遣い」だということを示す、というものである。あるいはそれは、「この部屋に椅子がいくつかあるのをわれわれは確かに知っている、のように言うことが適切な語り方である」ということを示すという方法である（S、三五四頁）。ムーアは「われわれの言語感覚」に訴えかけているのである（S、三五四頁）。ムーアは、自分の知っていることがらを知っていると主張することで、「確かに知っている」という言い回しをふつうの仕方で用いる場合が現にあるということをわれわれに気づかせる。そして、その場合には、この言い回しは経験的な言明に適用されるのである」（S、三五五頁）。このことさえあれば、「物質的な事物についての言明に関しては確かな知識を決してもちえない、という哲学上の言明は、論駁されたことになる」（S、三五五頁）。ムーアの証明は、正しい言葉遣いがどのようなものなのかということを真に重視する。そしてさらには、そうすることで、ある種の事態が成り立つ可能性に関しての結論が導かれるとされるのである。

アンブローズの説明は、マルコムが述べていることとほとんど一致するが、さらに一歩踏み込んでもいる。アンブローズによれば、われわれの語り方がどのようなものかという事実に、哲学的懐疑論者が気づいていないはずはない。言語の実際の使われ方では、「財布に一ドル札が入っていることを私は知っている」という文は何か成り立ちうることがらを記述している、ということを懐疑論者は知っているのである。懐疑論者は次のことを認めるはずである。すなわち、いま言われたようなことがらが知られていると述べるために言語が使われている場合、その文が必然的に偽だということはない、ということを認めるはずである。だからこそ、「懐疑論者が言語を正しく使用していないということをムーアが懐疑論者自身に対して示しても、論争は解決しないのである」（S、四一〇頁）。しかし、アンブローズによれば、哲学的懐疑論は本当は、「そのような文は必然的に偽であることを表現するように使われるべきだ」という主張なのである。懐疑論者は、「手が存在するということは誰も知らない」という文が必然的な命題を表現しているかのように論じる。それゆえアンブローズにとって、懐疑論者が本当に提唱ないし提案しているのは、われわれの言語がもつある種の表現からは、懐疑論者がその現行の用法と見なすものを剝奪すべきだ、ということなのである。したがって、手があることを知っているというムーアの主張は、懐疑論に対して不利にはたらくと見なさねばならない。なぜなら、ムーアのその主張によって、「現在の使用法を保持すべきだとの主張がなされることになる」(S、四一一頁)からである。ムーアの主張が提唱することは、哲学的懐疑論者の提唱に反することなのである。「懐疑論者の提唱こそが、ムーアの主張を関連のあるものにしているのである。」(S、四一一頁)

ムーアの証明についてのこれらの論評は、次のことを説明するために提出されている。つまり、哲学的懐疑論に対する応答として、表面上は不十分に見えるものが、それにもかかわらず哲学的な威力と哲学的な重要性を大いにもちうるのはどのようにしてか、ということである。確かにムーアは、一見したところ、マルコムとアンブローズが主張するようなことを行ってはいない。それだからマルコムとアンブローズは、自らの解釈をさらにもっともらしくするために、ムーアが見かけ上行っているようなことに対して直接反論するということをしにかかるのである。仮にムーアの行っていることが、一見して彼が行っているようなことでしかないのだとしたら、ムーアの証明は懐疑論に対して無効だということになる。だが、二人が論じるのはそのことにとどまらず、(それぞれ別の理由から)ムーアが見かけ上行っているようなことを行っているということは、はなからありえない、とまで論じるのである。ムーアが表面的には行っているように見えることは、はなから行うことができないというわけである。これらの論評は両方とも失敗していると私は思うが、そう思うのはなぜなのかを見ていくことによって、ムーアが自身の証明をどう理解しているのか、それを理解するまでの長い道のりへと導かれることになろう。そして、ムーアの証明と哲学的懐疑論との関係をめぐる問題が問われることになろう。

ムーアが次のことを行おうとしているように現に見えるということは、アンブローズも認めている。つまり、「心にとって外的な事物が存在する、という命題の立証」（S、三九七頁）を、ごくふつうの形式をもった、「経験に基づいたふつうの論証」（S、四〇五頁）をすることによって行おうとしているように見えるというわけである。「収集ケースの中に硬貨がある」のような存在命題を立証するには、特定の実例を一つ指し示せばよい。たとえば、収集ケースの中の具体的な一〇セント硬貨を指し示せばよい。ムーアは一見すると、それと同じように、自分の手を指し示すことで、外的な事物があることを立証しようとしているように見えるのである。ところが、アンブローズにしてみれば、ムーアの行っていることがそのような形式をとっていることはありえない。というのも、指すということは、ふつうの場合、「当の事物とほかの種類の事物とを区別する特徴を使って、一つの事物に注意を促す」（S、四〇五頁）ことであるのに対し、「外的な事物」をそのような仕方で他人に指し示すことはできないからである。「外的な事物」でないものを他人に対して指すことは不可能である。それゆえ、「外的な事物」から識別できるようなものなどはない。ということは、対比されるべき「外的でない事物」という部類のものがないということなので、「外的な事物」とほかの種類の事物とを識別する特徴などというものもないのである。アンブローズの結論によれば、「外的な事物」という用語は、「何らかの種類の事物のことを言うための一般名ではない。つまり、何らかの種類の事物をほかの種類の事物から識別するための特徴を指示するためのものではない」（S、四〇六頁）。したがって、「外的な事物」という用語は、「一〇セント硬貨」「硬貨」「小銭」といった用語よりも一般性が高いだけだというわけではない。というのも、これらは三つとも、何らかの種類の事物を選び出すための用語だからである。ところがそうなると、一〇セント硬貨を指すことで硬貨の存在は立証できるが、それと同じ仕方によって、人間の手を指すことで外的な事物の存在を立証することはできないのである。それゆえ、ムーアの証明が何であろうと、それは経験的命題について、経験に基づいた論証を単純素朴に行っているのではありえない。ムーアの証明は、外的な事物が知られうることを否定する哲学的懐疑論者に対し、経験的な論駁を行っているのではありえないのである。ムーアが見かけ上行っていることに対するこうした反論は、ムーアが証明で行っていることは本当は何か別のことだ、というアンブローズの主張を支持するためのものである。その別のことを具体的に言えば、ムーアは言語の使用法として、ある種のなじみあるものを採用するよう提唱しているということである。言い換えれば、懐疑論者の極端な提唱、すなわち、ある種の言葉を新しい仕方で使うべきだとの提唱を、ムーアは拒否しているのである。

ありがたいことに、ムーア自身がこの解釈に対して応答している。彼はこの解釈を完全に否認するのだが、そのことは驚くに値しない。ムーアが述べるところによれば、外的な事物があるという自身の主張は「経験的」なものだし、それは「経験的」であるべく意図されたものである。それに、その主張を証明することによって、「外的な事物はない」という命題が実際には偽だとする証明を意図している、とも述べている（S、六七二頁）。自身の証明についてのそうした捉え方と整合的に、ムーアは、「外的な事物」という用語を「経験的」な用語として受けとったとも述べている。すなわち、一〇セント硬貨を提示したりそれを指したりすることによって、硬貨が少なくとも一つ存在することが証明できるが、それと同様に、外的な対象が少なくとも一つ存在するということも証明できるのである（S、六七一頁)。「外的な対象」という用語と「硬貨」という用語に違いがあるということならムーアも認めている。しかし、これらの用語が異ならない点もあるとムーアは考える。どちらも、その範囲内にある実例を指すことができるのである。もっとも、外的な対象ではないものを文字通り指で指し示すことはできないかもしれない。とはいえ、センスデータや残像に対して他人の注意を向けることができるのは確かだし、その意味では、それらを他人に対して指し示すことはできる。このことは、ムーアが証明の前に定めたような意味で「外的」とはされない対象について、あてはまることである。したがって、ムーアにとって「外的な対象」という用語は、経験的な対比の中でも意義のある対比を、われわれの経験の内部で形づくっているのである。この用語が表示する事物は、指し示すことができるようなものであり、用語の範囲内にはないような事物から区別することができるようなものだというわけである。だからこそ、「外的な事物がある」という命題は、「硬貨がある」「人間の手がある」といった命題から、直接的かつ明白に導かれるのである。それはちょうど、「硬貨がある」が「一〇セント硬貨がある」から、直接的かつ明白に導かれるのと同様である。ムーアの理解では、「外的な事物」という用語は、「一〇セント硬貨」「硬貨」「小銭」といった経験的な用語よりも一般性が高いだけなのである。とはいえ、存在するすべてのものが、この用語の範囲内にあるというわけではない。

ムーアが自らの証明について以上のような考え方をもっていることが示されたことで、ムーアが次のように考えるのも不思議ではなくなる。すなわち、この証明に対する反論がもしありうるとすれば、それは、ここに手が一つあり、ここにもう一つある、という前提を彼は証明していない、という反論のみだということである。ムーアの論証が妥当でないと反論するのは不合理である。それは、一〇セント硬貨があると認めつつ、硬貨があるということへの同意を拒否するのと同じことである。結論を表現する用語が、前提の中の用語よりも一般性が高いだけである場合、ありうる唯一の反論は、前提が本当は知られていない、というものであるように見える。このことは、ウィトゲンシュタインが『確実性の問題』の冒頭で認めていることと同じことかもしれない。そこでウィトゲンシュタインは次のように述べている。「ここに一つの手があるということを君が知っているのであれば、それ以外のことについてはすべて君の主張を認めよう。[6]」

ムーアの理解では、自身の証明と、証明が立証する命題とは、「経験的」である。それゆえ、ムーアはアンブローズの解釈を躊躇なく棄却する。つまり、ムーアは言葉の用法に関してある種の提唱をしている、という解釈を棄却するのである。ムーアによれば、彼は証明の中で、一つの事実――ここに手が一つあり、ここにもう一つあるという事実――に訴え、そうすることで、もう一つの事実――外的な対象があるという事実――を証明している。ムーアの考えでは、彼が訴えているその事実は、彼がまさに証明したかったことを証明しているのである。他方ではムーアは次のように述べている。「私には手があるという事実が証明しているのは、「外的な対象」という表現をどう使うべきかに関することだとは、私は想定していなかったはずである。」（S、六七四頁）ここに手が一つあり、ここにもう一つある、とムーアが見てとるとき、彼は外的な対象があるということを証明している。そしてそのやり方はちょうど、ここに誤植が一つあり、ここにもう一つ、さらにここにもう一つある、ということを見てとって、そのことから三つの誤植があるということを証明するやり方と同じである。どちらの場合も、「手」「外的な事物」「誤植」のような表現についての証明がなされているどころか、そのような表現については述べられてさえいない。もっと言えば、「ここに手があることを私は知っている」「誤植が三つあることを私は知っている」といった表現についてでさえ同様である。ムーアの考えだと、彼がある種の事実に訴えて証明しようとしていることとそれ自体は、言語に関することではない。ムーアの理解によれば、彼の証明は、言語に関する提唱を行っている者に対しては完全に無効である。彼の前提からでは、言葉をどう使うべきかということは、どうしても導かれないのである。

　ムーアのこの主張は重要である。なぜなら、それは次のことを示しているからである。すなわち、ムーアの行っていることが、彼が自身の証明で行ったとここで主張しているようなことだとしたら、アンブローズの解釈だけでなく、マルコムの解釈もまた、誤っていることにならざるをえないのである。ここに手があるという事実は、ある種の表現をどう使うべきかについては何も証明していない。それと同様に、ある種の表現が現にどのように使われているか、あるいはどのように使うのが正しいか、ということについても、何も証明していないのである。ムーアが証明で行っていることが、彼が自ら考えるとおりのことであるならば、ムーアの証明の要点とは、これこれこういうものが「申し分なく正しい言葉遣い」だということや「適切な語り方」だということを示すことではありえない。マルコムは自分の解釈がムーアによって否認されているわけがないと信じている[7]。それどころかマルコムは、自分の解釈がムーアによって実際に受け入れられているとさえ示唆している。けれども、ムーアが自らの言うとおりのことを行っているとしたならば、彼がマルコムの解釈を受け入れるということはありえないように私には見える。もちろん、マルコムは追加の議論を行うことで、ムーアは自らの言うとおりのことを行っていたのではありえない、ということを示そうとまでしている。私はもうすぐその追加の議論を見ていくことにする。だが、ムーア自身が自らの証明を理解するところによれば、その証明の前提や結論について「「これこれこういうものが正しい言葉遣いである」と言っていると解釈しうる」（S、三五〇頁）とする考え方に賛成するために言うべきことなど何もないのである。

とはいえ、マルコムの言うように、ムーアの証明のおかげで、もしくは哲学者に対するムーアの典型的な主張のおかげで、「気づかされる」ことがあるというのは本当かもしれない。つまり、「ふつうの言葉遣いに則り、「私のペンが見える」のような文を発話することで記述しうる事態はたえず生じてくる」（S、三五一頁）という事実や、「「確かに知っている」という言い回しを通常の仕方で使うことが現にあり、その場合この言い回しは経験的な言明に適用される」（S、三五五頁）という事実に「気づかされる」というのは本当かもしれない。だがそうだとしても、ムーアの言葉のおかげで「気づかされる」ことは多々あるかもしれない。ムーアの言葉だということは示されないし、そうした言葉に証明が到達することが意図されていたということも示されない。台所に食べるものはあるかと私がたずねたところ、スパゲッティとブロッコリーがあると言われたとする。このとき、食べ物を表す単語にはイタリア語に由来するものがある、ということに私は気づくかもしれない。とはいえ、それは返事の要点ではない。それに、この返事のおかげで、私は言葉遣いにまつわるそのような事実に気づいたのだが、仮にその事実だけを言われたとしたら、私は自分の知りたかったことをつきとめたことにはならないはずである。言葉遣いにまつわるそうした事実に現に気づいたとしても、「スパゲッティとブロッコリーがある」という返事について、「食べ物を表す単語にはイタリア語に由来するものがある」と言っていると解釈しうる、と述べるのは誤りであろう。

ムーアの証明についてのマルコムの解釈にもアンブローズの解釈にも、同じ考え方が背後にある。それは、外的な事物が存在するかどうかは誰も知らないと哲学的懐疑論者が言うとき、懐疑論者は経験的な言明を述べているのではない、とする考え方である。それだから、マルコムもアンブローズも、ムーアが行っているのは単純素朴な経験的論証だと理解することはできないと考えるのである。すでに見たように、二人の解釈はムーアによって否認されている。それだけでなく、二人が基づいている推論も間違っているようなのである。ムーア自身、そのことを、アンブローズへの応答の中で（半ば）述べている。

外的な事物があるということを否定したり、外的な事物があることを誰かが知っているということを否定したりする上で、自分にはアプリオリな理由がある、と哲学的懐疑論者は考えるかもしれない。しかし、そのような論じ方によって懐疑論者が自分の結論を支持したとしても、彼の結論が経験的に論駁できないということは導かれない。Xというものはないということをアプリオリな根拠によって立証した、と主張する者がいたとする。あるいはそれどころか、Xというものはおよそありえないということをアプリオリな根拠によって立証した、と彼が主張したとする。この場合、Xがあることをわれわれのすぐ目の前で指し示せば、それはこの見解に対する十分な論駁となる。Xがないことをわれわれはアプリオリに知っているという言明にしろ、Xはおよそありえないという言明にしろ、それらはつまるところ、Xはないということを現に含意しているのである。そして、Xはあるということが明白な場合には、あるいはそのことを見出すことが可能なだけである場合でさえ、もとの主張は論駁されたことになる。このとき、そのためになされる論証はどのようなものであってもかまわない。ムーアは次のように信じていた。すなわち、懐疑論者が示す理由がアプリオリないし非経験的だと考えられており、かつ実際にそうであったとしても、懐疑論は難なく経験的に論駁できる、というようにである（S、六七二～六七三頁）。ところが、懐疑論者によるここでの不合理な推論が片づけられてしまえば、マルコムとアンブローズが、ムーアは一見したところとは違うことを証明の中で行っているはずだ、と述べるときの理由は、弱められることになる。すなわち、ムーアの証明はそのままのかたちでは、哲学的懐疑論に対して効果がないように見える、という反応にすぎないものにまで弱められてしまうのである。私が言いたいのは、誰もが共感するであろうこの反応は、ムーアが単に見かけどおりのことを証明の中で行っているということと両立するということである。

マルコムがその直接的な議論によって示そうとしたのは、ムーアが表面上行っているように見えることとは、はなから行うことができないということであった。マルコムの議論が説明しようとしているところによれば、それを行うことができるとムーアが繰り返し主張しているのは、そこに混乱があるからである。マルコムの考えでは、ムーアには見過ごしていることがある。すなわち、自分が置かれていると見てとった状況でムーアの主張したことが、ここに手が一つ、ここにもう一つあるのを知っている、ということだけだとしたら、ムーアは「知っている」という言葉を誤用していたことになる、ということを見過ごしているのである。そもそもそのような状況では、「知っている」という言葉をムーアの言うような仕方で使うことはできないというわけである。この線に沿った批判を理解し評価することで、ムーアの証明と外界をめぐる哲学上の問題の双方を理解するための長い道のりへとわれわれは導かれることになる。だが、その道のりにおいては、一貫して留意しなければならないことがある。つまり、ムーアが自ら行っていると言うようなことが成功しないのはどうしてなのか、ということに関するマルコムの診断を査定するに際しては、ムーアの証明は哲学的懐疑論に対して効果がないのではないか、などという、われわれが抱くかもしれない気分とはまったく独立に、取り組まなければならないのである。そうすれば、ムーアが実際に何を行ったのかについての考察に、われわれは近づくことができる。そして、こうした考察はとりあえずは、哲学的懐疑論を論駁しようとしているムーアが行っているべきことに関する、あれやこれやの意見によって、色づけがされないままになっている。

ムーアの証明、および、ムーアが哲学者たちに反対する際のその他の主張は、マルコムによって次のように論評されている。すなわち、「ここに人間の手があることを私は知っている」「あれは木だということを私は知っている」といったようなことは、まったくどんな事態でも、そしてどんなときにも、理解できるかたちで述べることができず、それが意味をもつためにはある種の特別な条件が必要だ、と論評されている。マルコムが「常識を擁護すること」という論文の中で述べているところによると、「知っている」という言葉が適切に使われる際には、三つのことが要求される。一つ目は、何か問題となっている問いや、取り除くべき疑いがあるのでなければならないということである。二つ目は、何かを知っていると主張する人物は、そう主張する理由をあげることができなければならないということである。三つ目は、何らかの吟味を行えば、当の疑問は解決されるのでなければならないということである[8]。マルコムが言うには、ムーアはこれら三つの条件すべてに反している。それはムーアの証明の中でもそうだし、懐疑的な哲学者に対する彼の典型的な応答の中でもそうだとマルコムは言う。「外的な事物があるということを誰かが知っている」ということを否定する哲学者は、実は、外的な事物が存在することを疑ってはいない。つまり、まずは、論争の的となっている問題が何もない。また、ムーアは、自らが知っていると主張することについて、その理由にあたるものをあげることができない。そして、問題を解決するための吟味がいっさいない。マルコムの結論によれば、ムーアは「知っている」という言葉を誤用しているのである。ここに人間の手があるとムーアは知っている、ということは真なのかどうか、それを問うことすらわれわれにはできない。なぜなら、ムーアがそのように言う際、彼は「知っている」という言葉を正しく使うことができていないからである。ムーアの「証明」を単純素朴な仕方で理解すると、それは最初からうまくいかないのである。

「知っている」という言葉をムーアは誤用している、ということを証明するためのこの議論がうまくいくのは、明らかに、マルコムのもっている見解がうまくいく場合に限られる。マルコムの見解とは、知識をもっていると主張する際、先のように列挙された条件が、「知っている」という言葉を適切に使う上での必要条件となる、というものである。それらが必要条件ではないのは明白なように見える。「知っている」という言葉の使い方は、マルコムによる三つの例と三つの条件が示すよりも複雑である。マルコムは、より最近になってからの論文で、「私は知っている」のふつうの使い方について、三つどころか十二の例をあげている。彼が認めるところによれば、その十二の例をもってしても、「私は知っている」の適切な使い方に関して完全な説明を与えることはできない。今度のマルコムは、「『完全な説明』などというものはない」（MW、一七九頁）と考えているのである。そうすると、ムーアは「知っている」を誤用しているとする証明を、以前の方法によって行うことは困難になってくる。にもかかわらずマルコムは、彼のあげた十二の例から次のように結論する。「ムーアが「私は知っている」という言葉を使用するときの仕方は、どのような点でも日常的なものではなかったということは明白である。」（MW、一八五頁）

残念ながら、マルコムは次のことを示そうとしていない。すなわち、懐疑的な哲学者に対するムーアの典型的な発言において、ムーアが何も言っていることにならないのは正確に言ってどうしてなのか、言い換えれば、「私は知っている」をムーアが誤用しているのは正確に言ってどうしてなのか、ということを示そうとしていない。マルコムの関心はそれよりも、ムーアによる、知識というものの「構図」に置かれている。マルコムの考えでは、ムーアはそれを自らの作業のために使っていたはずであり、それのせいで迷わされてしまったはずなのである。けれども、その「構図」のせいでムーアが迷わされてしまったということを示すことができるのは、ムーアが現に迷わされたということを示すことができる場合のみである。すなわち、ムーアが「私は知っている」を実は誤用していたということ、あるいは、ムーアがこの言葉を使うときの仕方はどのような点でも日常的なものではなかった、ということが示されねばならないのである。そしてこのことを示すことができるのは、ムーアが実際に何を行ったのか、または何を行おうとしていたのかについて、さらに慎重に検討した場合のみである。

マルコムは論文中でムーアの手紙を引用しているが、そこでムーアは次のように指摘している。すなわち、「私は知っている」を誤用している、とマルコムは言うが、そのときマルコムがあげる唯一の理由は、この言葉が通常使われるはずの状況で使われなかったからだ、というものだとムーアは指摘している。たとえば、何らかの疑念や不信が表明されて、何か新しく見出された知識によってそれが解決された場合に使われたのではないということである。ムーアが認めるところによれば、ある種の場面である種のことを言ったりある種の言葉を発話したりすることは、何の目的にも役立たないかもしれない。しかしながら、ムーアの主張によれば、「そのことは、当の言葉がその場面で「意味をもつ」ことを否定することとは、まるっきり違うことなのである」(MW、一七四頁)。ムーアの考えは次のとおりである。「[ある種の言葉を]無意味な仕方で使っている人がいたとする。つまり、その状況では当の言葉が何の目的にも役立たないため、正気をもつ人ならそこでそうした言葉は使わないということである。そのような人が当の言葉を通常の意味で使っているということは、何の問題もなく可能なことである。そして、そのように言葉を使うことで彼の主張していることが真であるということもまた、何の問題もなく可能なことである。」(MW、一七四頁)ムーアはここで、ある区別を引き合いに出しているように見える。その区別とは、しかるべき仕方あるいは役立つ仕方で表現を適用する条件と、その当の表現が真であるための条件との間の区別とも言えるようなものである（後者の条件は、第2章で私が懐疑論者を擁護する際に持ち出してきたような条件である）。懐疑論は自らの用語がもつ意味を誤用しているか歪曲しているとする非難に対し、懐疑論をゆるぎないものにする区別があると私は論じたが、反懐疑論者ムーアがそのような区別を主張していることに気づくと、それは奇妙に映るかもしれない。しかしながら、懐疑論に対するそうした非難は、哲学的懐疑論に対するムーアの攻撃に与しているのでは決してない。哲学者に対するムーアの典型的な主張の中で強調されているのは、表現がもつ実際の、ないし適切な用法に関することではない。

刊行されたこのマルコム宛の手紙でムーアが強調しているのは、もちろん、表現の用法に関してである。ムーアが述べているのは、「私は知っている」を自分は誤用していないということである。それは自分の証明においてもそうだし、自分の目の前にあるのは木だと知っていた、という自身の主張においてもそうだとムーアは言う。とはいえ、ムーアがこれらのようなことをまさに主張していた際には、表現の用法に関することを強調していたわけではない。哲学者に対して自分が使っている言葉が、役立つ目的のためになっていないという意味で「無意味」だということさえ、ムーアは認めていない。

もちろん私の場合は、目的をもってそれらを使っていました。つまり、多くの哲学者たちによる一般性をもった命題が誤りであることを証明するという目的です。そのため、私はそれらをただふだんどおりの意味で使っていましたが、それにとどまらず、私がそれらを使ったときの状況は、それらが役立つ目的のためになるやもしれない状況でもあったのです。確かに、それらをふつうの人々が使う場合の目的と異なってはいますが。（MW、一七四頁）

こうして、ムーアの主張が再び出てきたことになる。つまり、ムーアが証明の中で行うつもりだったのは、一見して彼が行っているように見えること――ある種の命題が真であることの証明――にほかならない、とする主張である。われわれはいまや、彼がそれに成功しているのか、問う必要がある。また、彼がそれに成功しているとしたら、「多くの哲学者たちによる一般性をもった命題」が誤りであることの証明に彼は成功したのか、問う必要がある。

私の考えでは、ムーアの主張を理解する方法はある。その方法をとれば、ムーアの主張は完全に理解可能かつ正当なものになるし、「私は知っている」やその他どのような表現の誤用も、そこには含まれていないことになる。そうするとムーアは、外界をめぐる哲学上の問題を肯定的に解決していることになるのか。これに答えるためには、問題がつまるところどのようなものなのか、ということに答えねばならないし、問いに対して否定的に答える懐疑的解答が何を意味するのか、ということにも答えなければならない。ところで、外的な事物があるということをムーアが現に知っているか、または証明しているとする。その場合、外的な事物がないという旨の、一般性をもった命題は間違いなくあることになるし、ムーアはその命題が偽であると知っているか、または証明していることになる。われわれも知っているとおり、一部の哲学者は、外的な事物があるかどうかは誰も知らないと述べたり、そのことを含意することを述べたりしてきた。ところが、ムーアの主張を完全に正当なものとして理解する方法があるとしたら、こうした一部の哲学者の主張しようとしたことと、ムーアによって誤りだと証明されたこととが異なっているという可能性に直面することになるのである。まさにそうだからこそ、G・E・ムーアによる外界の証明がそれほどまでに重大だと私は考えるのである。ムーアはほかの誰にもまさる仕方で、こうした可能性をわれわれにとって開かれたものにしたのである。ムーアはもちろん、自らの仕事の意義をそのように説明することはいっさいしていない。ムーアの考えによれば、彼が論駁したのは、懐疑的な哲学者が述べたり暗に言ったりしているまさにそのことなのである。しかし、ムーアの言っていることに何の問題もないとすれば、ムーアははからずも、次のような可能性をわれわれに示していると言えるかもしれない。すなわち、外界についてわれわれがもっている知識をめぐる哲学上の問題に対して、何らかの解答を与えることはしなくとも、日常生活の中でムーアやわれわれが述べたり行ったりしていることは、完全に真でありかつ正当であるという可能性である。もしそうだったとすれば、ここでの哲学上の問題ならびにそれに対する懐疑的解答と、日常生活でわれわれが述べたり行ったりしていることとの関係は、第2章で概説した従来の考え方が含意するものに比べて、ずっと複雑で難解だという見方がおそらくなされるようになるであろう。このことはそれ自体で、哲学にとってきわめて重要な前進だと言えるかもしれない。

マルコムの考えでは、「ムーアが「私は知っている」という言葉を使用するときの仕方は、どのような点でも日常的なものではなかったということは明白である」（MW、一八五頁）。マルコムは、哲学者に対するムーアの典型的な主張に関してそのように言っている。それにもかかわらず、マルコムによれば、「ムーアが述べたことは哲学的に深く興味のあることである」（MW、一八五頁）。マルコムが言うには、ムーアが「「私は知っている」という言葉を使用するときの仕方は、哲学的なもの」（MW、一八五頁）だったのである。ムーアの仕事が哲学的に深く興味のあることだということには私も同意する。しかしながら、自分の言葉を「哲学的」な仕方で使用しなくとも、哲学的に深く興味のあることを行うことは可能かもしれないと私は言いたい。たとえば、「哲学的」ないし非日常的な仕方で話したり考えたりすることをかたくなに拒否する場合や、そうした仕方で話したり考えたりする能力がない場合に、哲学的にこの上なく意義のあることが明かされることもあるかもしれない。その可能性について検討するためには、できることなら哲学的な先入観を排し、次のことについて細かく見ていかねばならない。つまり、哲学者に対するムーアの典型的な主張の中で、彼が実際に行い、そして実際に述べているたぐいのことについて、細かく見ていかねばならない。

「私は知っている」をムーアのように使っていながら、それを誤用していないということはありうるのか。また、そのとき、外界をめぐる哲学上の問題に答え損ねていることなど、本当にありうるのか。私の考えでは、これら両方の問いに対する答えは「ありうる」である。マルコムは、二つ目の問いの答えは「ありえない」だと考えているようである。そしておそらく、哲学的懐疑論についての彼独自の理解とともに、その考えが原因の一つとなって、マルコムは結論として、「私は知っている」をムーアが使おうとしている仕方で使うことはできない、と言うに至ったのである。われわれとしては次のことを見てとるべきである。すなわち、マルコムは「知っている」の正しい用法を列挙したが、その一覧表のどこにも見られないような文脈で、ムーアの使ったまさにその言葉を使うことが可能だということである。そのことを見てとるために、トンプソン・クラークによる例を思い出してみよう。それは、精神異常について講義している生理学者の例である。講義の冒頭近くで、生理学者は次のように言うかもしれない。

われわれが正常ならば、自分がいま目覚めており、夢や幻覚を見ているのではないと知っている。また、心の外には公共の世界が実在しており、それをいま知覚していることを知っている。さらには、三次元の物体があり、その中には生物も無生物もあって、それらがさまざまなかたちや大きさをしているということも知っているし、そのほかにも知っていることはたくさんあげられる。それに対して、ある種の精神異常を患っている人が信じているところによれば、実在の世界だとわれわれが知っているものは、彼の想像の産物なのである。(9)

ここでこの講師が使っている言葉は、哲学者のよく使う言葉と同じものである。その哲学者とは、世界、ならびに世界についてのわれわれの知識に関し、一般性をもった言明をする哲学者であり、あるいは、そうした哲学者の言明を問いに付す哲学者である。この講師が言うには、われわれは三次元の物体からなる公共の世界があるということを知っている。そう言うときに彼が書き出してみせるのは、単純素朴な経験的事実としか言いようがないようなものである。彼の言及するようなことがらについては、われわれのほとんどが現に知っている。ところが、彼の念頭にあるような精神異常者は、おそらくはそうではない。人間どうしには本当にこうした区別があり、それは観察したり確かめたりすることのできるような区別である。

思うに、われわれとしては、いまのような文脈にあるこの講師について、外界についての知識をめぐる哲学上の問題を肯定的に解決したとは見なさないであろう。われわれがひとたび哲学上の問いを提起し、三次元の持続的な物体からなる公共の世界があることをわれわれは知っているのか、と問うてしまったならば、次のような応答は滑稽なものとなってしまうはずである。「答えは「知っている」である。外界が存在することをわれわれは知っているのである。先の生理学者は、われわれがそれを知っていると言っているし、彼は高名な科学者なのだから、自分が何を言っているのかもわかっている。」この応答がばかげているのはなぜなのかを正確に述べるのは難しい。結局のところ、われわれはそれを知っていると先の講師が言ったのは確かなのだし、彼は自分が何を言っているのかもわかっている（とわれわれは考えることができる）というのも確かなのである。しかし、私が思うに、われわれはもちろん、その応答がばかげているという反応をするはずである。無論、生理学者は講義の中で、彼の行く手を阻む哲学者の難題に対して応答しているのではない。哲学的な考えが彼の頭の中に入り込む必要はいっさいない。たとえ哲学のようなものがいまだかつてまったくなかったとしても、彼は現に言っていることと正確に同じことを言い、同じことを意味することはできるはずなのである。彼はただ単に、人間を二つのグループに分けているだけである。つまり、あることを知っているグループと知らないグループとに分けているだけである。彼が述べているのは、彼やわれわれの誰もが事実だと知っていることなのである。

この講師の言っていることと、外界をめぐる哲学上の問題との間の関係について、どのような考えをもっていようと、「知っている」という言葉を誤用しているとして彼を非難することができないのは明らかである。彼がこの言葉を適用する仕方は、完全に正当かつ理解可能なものである。そして、このような例にひとたび気づかされたならば、そうした比較的ふつうの状況においては似たようなことが日常的に言えるということがわかる。ところが、マルコムによる最初の三つの条件は、いずれも満たされることがないし、いまのような例は、マルコムの一覧表の増補版にも出てこない。生理学者が講義しているときには、外界についての問いなど問題になっていなかったし、取り除くべき疑いなどなかったのである。生理学者は何の理由もあげずに自らの主張をしていたし、外界の存在をめぐる問いを解決するために、何らかの吟味をまもなく行うというわけでもなかった。しかし、マルコムの条件に反しているということや、彼の一覧表の増補版に出てきていないということでは、誤用がなされたことの証明にはならない。「知っている」という言葉の正当な用法は、マルコムの思いついた十五やそこらのものにとどまらないのである。

ムーアはもちろん、精神異常について講義していたわけではなく、哲学者たちに向けて話していた。したがって、生理学者が講義している例を持ち出したところで、ムーアをどのように理解すべきかという問いがひとりでに解決するということはない。しかし、それによって示されることがあるということも確かである。すなわち、哲学的懐疑論者が疑ったり否定したりしていることがらとそっくり同じことがらが、どのようなものに似ているのかについてくらいは、正当でありかつ独断的でない仕方で言えるということが示されるのである。それも、外界についての知識をめぐる哲学上の問題を解決することなしにである。あるいは、それに触れることさえなしにである。だとすると、ムーアは哲学的懐疑論を本当は論駁していないという自然な反応から、「知っている」をムーアは誤用しているという結論へと直接踏み出したり、その言葉をムーアが使用するときの仕方は日常的なものではないという結論へと直接踏み出したりすることについて、われわれはさらに疑わしく思うはずである。

「知っている」の日常的な用法で、別のものを考えてみよう。それもまたマルコムの考えなかったものである。この用法は、かの生理学者が講義しているときの用法よりも、ムーア自身の用法に近いものである。郊外の貴族の邸宅で殺人があったとしてみよう。週末の夜会のさなかにそれは起きたのである。広間にある大きなテーブルの向こう側で、若い公爵が刺されているのが見つかった。執事がずっと彼のそばにいたにもかかわらずである。執事がそこを離れたのはほんの何秒かだけで、彼は電話をとるために混雑したロビーに出たのであった。経験豊かな一人の警部が、年下の補佐役とともに客として来ていて、殺人がどうして起こったのかをつきとめようとしている。やる気のある助手は、ずいぶんと長いこと反省を加えた末に、誰かが部屋の中へと駆け込んで被害者を刺し、電話をとりにいった執事が戻らないうちに部屋から駆け出していったのではないかと、自分の考えを述べた。「それ以外の仕方で殺人は起こりえませんでした。われわれが知らないのは、誰がそれをやったのかということだけです」と彼は言う。「それは違うな」と犯行現場にいる上司の警部は言った。「ここにテーブルがあり、それがとても大きいことをわれわれは知っている。つまり、あのドアから入り、テーブルのこちら側へ回りこんで被害者を刺し、再び外に出ていくということを、執事が戻る前に済ませることなどできないと、われわれは知っているのだ。」

上司である警部は、「知っている」という言葉を誤用してはいない。にもかかわらず、テーブルがそこにあり、数分前にもそうだったことを知っていると彼が言うとき、テーブルがあるということについて何か問題となっている問いがあるわけでもなければ、それについて取り除くべき疑いがあるわけでもない。彼はそのように主張する理由をあげてはいないし、何らかの吟味を行えば当の疑問が解決されるというわけでもない。しかもそれだけではない。「知っている」という表現のもちうるそのほかの役割をマルコムは列挙しているが、この警部はそのうちのどれも行っていないのである。彼はただ、相棒の知っていることを相棒自身に気づかせてやっているのである。彼の相棒はそのことがらを知っていながら、殺人について説明しようとした際に、それを無視するか否定するかしてしまったようなのである。何が真なのか、何を信じるべきか、ということをつきとめようとする場合の多くにおいて、こうした手順は価値のあるものである。警部は、年下の相棒による反省が誤っているにちがいないと知っている。というのも、相棒の行った反省は、真であると二人がすでに知っていることと対立するからである。補佐役をそのような結論に導いた考えは何だったのか、ということを警部は知る必要もない。相棒の考えたことにはどのような欠陥があったのかを特定しなくとも、警部はそれが誤りだと知っている。なぜなら、相棒の考えたことが真でありうるためには、テーブルがそこになかったのでなければならないからである。テーブルがそこにあることは知られており、それは彼らが反省を加えても否定できないことがらなのである。警部は見習い刑事にそのことがらを気づかせたのだが、そうしたのはまったく正しかった。そうすることによって、相棒が熱心に行ったものの見当違いだった空論が、現実に引き戻されたのである。

ムーアが「知っている」をそのような仕方で使っていたということは、ありうることだろうか。そうするための手法なら、彼も確かによく知っていたはずである。ムーアはアリストテレス協会で講演をしたときに、知覚についての判断、たとえば「あれはインク壺である」や「これは指である」のような判断に関する話をした。その中で彼は次のように述べた。哲学者の中には、これらのようなことが真であるとわれわれは決して知らないと言っているように見える人がいて、さらには、これらのようなことは決して真ではないと言っているように見える人までいる。ところがムーアはそのような哲学者に対して以下のように答えている。

そうしたことをわれわれが知っている場合としてあげられる事例を単に示すだけで、これらのような見解に対する十分な論駁となるように私には見える。あなたがただって知っているように、つまるところこれは本当に指である。そのことに疑いはない。私はそれを知っているし、あなたがたも誰だってそれを知っている。そして、私の考えではこうなる。つまり、それを知らないという命題について、ないしはそれは真ではないという命題について、賛成の議論を提出する哲学者に対しては、問題なく難題を提示することができるのである。これらのような命題は、どこかで何かしらの前提に依拠している。だがその前提は、当の命題が攻撃するはずの命題に比べ、その確かさにおいて比較にならないほど劣っているのである。したがって、これらのようなことをはたしてわれわれは現に知っているのかという問い、そして、物質的な事物というものはあるのかという問いは、深刻に受けとめる必要がないと私には思われる。これらの問いに対し、確信をもって、肯定的に答えるのは、ごく簡単なことだからである。(10)

明らかなことに、ムーアはここで、自分が引き合いに出すような哲学者たちが否定しているかに見えたことがらを、聴衆に気づかせているのである。ムーアがただそれを書いているのではなく、実際そうだったように、彼がそれを言っていると想像してみよう(11)(「あなたがただって知っているように、つまるところこれは本当に指である。そのことに疑いはない。私はそれを知っているし、あなたがたも誰だってそれを知っている」)。ムーアの考えでは、そう言いさえすれば、それだけで、問題の見解が誤っているにちがいないということが示される。これはそのままのかたちで「十分な論駁」なのである。ムーアは、哲学者たちを現実に引き戻そうとしているのである。

ムーアの考えでは、このような仕方であれば、哲学者に対して問題なく難題を提示することができる。というのも、彼の考えでは、「これは指である」ということほど確かなことはないからである。だからこそ、ムーアは自信をもって次のように言う。すなわち、「これが指である」ということに反対するどのような議論も、その当のことよりも確かさにおいて劣っている何らかの前提にどこかで依拠せざるをえないはずだと言うのである。そのように言える能力があれば、人を当惑させるかに見える哲学的論法に際しても動揺しないでいられるし、自らの確信について再度振り返ることは決してしないでいられる。そのような能力は、ほかの哲学者たちと対峙する際のムーアに特徴的なものである。哲学者たちは、ムーアがそうした点で独断的だとか頑固だとかいうふうにと見なしがちである。そして、自らの確信に確かな根拠がないという可能性をムーアはもっと深刻に受けとめるべきだ、と考えがちである。見習い刑事に返答した際の上司の警部について、われわれは彼が独断的だとか性急だとかといったように考えるだろうか。彼はそこにテーブルがあることを知っており、見習い刑事もそれを知っている。そして、殺人についてのどんな説明もテーブルがそこにあることを認めねばならない、と警部が自信をもって考えるのは、その知識があるためである。警部もまた、自信をもって、「テーブルがそこにあるということを否定しながら殺人について説明しようとする者は、そのことよりも確かさにおいて劣っていることにどこかで依拠せざるをえないはずだ」というふうに言うことができる。見習い刑事の立てた仮説を警部が査定する際に基づいているのは、すでに知られていることがらとその仮説とがどこまで調和するか、ということであるが、警部がそうすることに異論はないはずである。あることがらの真偽やもっともらしさを判断するのに、それ以外の方法は考えにくい。見習い刑事の提案に際し、警部は動揺しないでいるし、テーブルがそこにあるという自らの確信について再度考えなおすこともしないのだが、これは独断的態度ではない。何であれとにかく説明を得ようとするだけのために、明白な事実を否定してしまうようなことがあるとしたら、彼はどうしようもない刑事だということになるであろう。すでに知られていることがらと対立することであれば、さらに吟味をしないでも棄却する、ということは、まさに合理性の核心をなしている。それは、警部が彼ほどの熟練の刑事であるために必要なことの一つである。

私が思うに、ムーアはこれと同じ手順を踏んでいることを自覚している。それはすぐれて合理的な手順である。彼は自分の言っていることについて、それが懐疑的な哲学者の言っていることと対立すると考えている。そして彼は、自分がやってみせているように、何か知られている具体的なことがらを指し示せば、哲学的懐疑論に対する「十分な論駁」になると考えている。

たとえば、ムーアは一九一〇年に行った講義の中で、ヒュームが受け入れている「原理」を二つあげている。ムーアの考えでは、その二つが一緒になると、自分の心にとって外的なことは誰も何も知ることができない、ということを含意するのである。[12] これらの「原理」が偽であることを証明するために、ムーアは以下のように述べている。

実際のところ、次の論証よりも強力で有効な論証などは、本当にないように私には見える。「この鉛筆が存在するということを、私は現に知っている。だが、ヒュームの二つの原理が真だとしたら、私がそれを知っていることはありえない。それゆえ、ヒュームの原理の少なくとも一つは偽である。」私の考えでは、間違いなく、この論証ほど強力で有効な論証が用いられることはありえない。また私の考えでは、この論証は本当に決定的なものである。言い換えれば、ヒュームの原理が真だとしたら、この鉛筆が存在することを私は知りえない、というこの事実は、ヒュームの原理にとっての帰謬法だと私は考えるのである。[13]

ヒュームの見解の擁護者は、この論証と同じ条件命題を受け入れておいて、二つの原理が真だということから、結論として、ムーアは鉛筆が存在することを知らない、とする論証を行う。その事実はムーアも認めている。二つの論証は互いの逆である。双方とも妥当な論証であり、それらは同じ前提を共有している。したがって、ムーアにとっては、どちらの結論を受け入れるべきかという問いは、とどのつまり、鉛筆が存在すると彼が知っているということと、ヒュームの二つの「原理」が真だということと、どちらがより確かなのか、という問いに帰着する。ムーアの考えでは、鉛筆が存在すると自分が知っているということのほうが確かなのは明らかである。ムーアの目的は非常に明白である。すなわち、知られていることやより確かなことと、それほど確かでないこととが対立する場面において、前者を保持するための手順があるが、その手順に依拠することでヒュームの哲学を論駁することが、ムーアの目的なのである。

「この鉛筆が存在することを私は知っている」は、それが偽であることを証明するために使われうるどのような「前提」よりも確かである。この事実は、懐疑的哲学者に対してムーアがとっている戦略全体の基礎をなしている。

> だからこそ、私は次のように言うのである。つまり、ヒュームの原理が偽であることを証明するための最も強力な論証とは、具体的な事例からの論証なのである。それはたとえばいまのように、何らかの物質的な事物が存在することをわれわれが現に知っている場合としてあげられる具体的な事例である。また、物質的な事物の存在をわれわれは現に知っている、ということを、一般性をもったかたちで証明するのがここでの目標だとした場合にも、同様である。その場合にも、そのことを証明するために提示できるどのような論証よりも本当に強力なのは、物質的な対象の存在をわれわれが実際に知っている場合としてあげられる具体例であると私は考える。[14]

この形式の反懐疑論的な論証は、一九一〇年に記述されたものである。そして、二十九年後の「外界の証明」はさらに有名であるが、その中でムーアが従っているのも、まさにこれと同じ形式の論証である。ムーアは、具体的なことがらを提示するという考えを決して捨てなかったのである。知識を否定する主張は、具体的なことがらが知られているということと対立するように見えるが、そうした具体的なことがらが知られることによって、知識を否定する主張は論駁されるのである(15)。

「懐疑論の四つの形式」の中で、ムーアは同じ戦略をとっている。彼はまず、ラッセルによるいくつかの懐疑的な議論について、その背後には四つの「仮定」があると主張し、それらを特定する。その後で、最後に彼は次のことを認めている。すなわち、これが鉛筆だということや聴衆に意識があるということを知っていることに比べ、その四つの仮定が真であることは同じだけ確かなのか、そのように「どうしても問いたくなる」ということである。

> 私はどうしても次のように答えたくなる。つまり、これら四つの仮定すべてどころか、どれか一つでも真だということに比べて、これが鉛筆であることや、あなたがたに意識があることを現に知っているということのほうが、より確かであるように私には見える、というようにである。……(一)と(二)と(三)が現に真だということについては、私はラッセルに同意する。けれども、これが鉛筆であることを確信をもって現に知っている、ということに比べると、これら三つのうちのいずれに関しても、それほどは確かでないと思われるのである。いや、それどころか、これが鉛筆であることを現に知っている、という命題に比べて、ここでの四つの命題のうちのどれかが同じだけ確かだと考えるなら、それは合理的ではないと私は思う。(PP、二二六頁)

ラッセルによる三つの仮定をムーアは受け入れている。それでも、ラッセルの議論には一理あるというふうには、ムーアは納得しないのである。これが鉛筆であるということに比べると、その三つの仮定が真だということに関してはそれほど確信がもてない、というだけではない。そう信じなければ合理的ではないと彼は考えているのである。

先の警部は、見習い刑事に返答する際、すぐれて合理的な方針に従っている。その方針とは、より確かなことと対立するという理由で、確かさにおいて劣っていることを退けるという方針である。つまり、すでに知られていることと対立する仮説を退けるという方針である。ムーアは、懐疑的な哲学者に対して自分の論証がこれと同じようにはたらくと考えるが、それは正しいのか。その答えは、哲学的結論の源泉が何であるかによる。何か具体的なことで知られていることがらにただ単に訴えることによって、知識を否定する主張を退けるということが、つねに可能なわけではない。殺人事件の捜査において吟味を行っている、もう少し後の段階を想像してみよう。見習い刑事がきちんと考えなおし、徹底して、また矛盾のないように考えるようにしたとする。それで彼は、殺人を犯すことのできたすべての人を考慮に入れ、一人一人について消去法を行っていくことにしたのである。彼が公爵の秘書から受けとったリストには、そのとき邸宅にいたすべての人が記されている。そして、慎重な調査によって、リストの中の人物のうち、殺人を犯すことができたのは、執事ただ一人であるということが決定的に示されたとする。そして、それが正しいと仮定してみよう。そこで見習い刑事は、いまや自分は執事がそれをやったと知っている、と警部に告げる。「それは違うな」と警部は答える。「このリストは、単に君が秘書から受けとっただけのものだ。リストに載っていない誰かがそのとき邸宅にいて、殺人を犯したということがありうる。誰が殺人を犯したのかを、われわれはまだ知らないのだ。」

知識をもっているという見習い刑事の主張に対する反論として、この発言は成功している。リストが完全なものであるかどうかを見習い刑事が調べていなかったとしたら、彼は性急だったとわれわれは認めることになる。そして、誰が殺人を犯したのかを彼らはまだ知らない、とわれわれは認めるのである。この時点で見習い刑事が、執事が殺人を犯したという「知識」に訴え、警部の言ったことを退けようとしたならば、それは明らかに不合理であろう。警部によれば、この見習い刑事の価値ある仕事がすべて終わったとしても、誰が殺人を犯したのかを彼は知らないのである。そのため、見習い刑事は、「それは違います。あなたは間違っています。なぜなら、私は執事がやったということを知っているからです」と言って返答することができない。以前のやりとりで、警部は、「それは違うな。君は間違っている。なぜなら、テーブルがここにあって、数分前にもまさにここにあったということを、われわれは知っているからだ」と言い、見習い刑事の主張を退けたが、それはまったく正しいのであった。それによって見習い刑事は論駁されたのである。しかし、その後になってからのやりとりの中で、見習い刑事が先のような返答を警部にしたとしたら、それは形式の上では警部の返答と似ているかもしれないが、それは滑稽な返答であろう。知識を否定する警部に対し、それは「十分な論駁」とはならないし、「有効で決定的な論証」ともならない。見習い刑事の言うこと（「執事がそれをやったと私は知っている」）が真だとすれば、警部の言うこと（「誰がそれをやったのかをわれわれはまだ知らない」）は真ではない。だがそうだとしても、見習い刑事は、警部の言ったことに対する帰謬法を手にするわけではない。見習い刑事は、ここでの条件命題が真だと論じても、そのことから、警部の言ったことは真でないと結論することはできないのである。

だからといって、知識を否定する者を論駁するために、ちょうどそのような仕方で自らの知識に訴えるということが、決してできないというわけではない。さらに後になって、執事が実際にそれをやったということを、警部と見習い刑事とが疑う余地なく立証したとしよう。彼らは隠しカメラを発見したのである。そこにはことの一部始終が録画されていたので、たったいま彼らが見たフィルムには、それを実行している執事がはっきりと映っていたのである。カメラが発見されたことをまったく知らない新聞記者がいたとしよう。その記者がロビーの電話に向かって、「誰が殺人を犯したのかはここではまだ知られていません」と言っている。見習い刑事がそれを耳にしたとしたら、彼は次のように言って記者を論駁することができる。「それは違います。執事がそれをやったと私は知っています。」この場合、見習い刑事は次のような「論証」をすることが可能である。「記者の言ったことは、執事がそれをやったことを私が知らないということを含意するが、しかし、執事がそれをやったと私は現に知っているので、記者の言ったことは真ではない。」これは決定的な論証である。知らせを受けていない記者が間違っていることを示す上で、「この論証ほど強力で有効な論証が用いられることはありえない」。しかしながら、同じ形式の論証の中で同じ言葉を使ったとしても、見習い刑事の知識を否定する際の警部に対しては、効果がないのである。

二つの場合がどう違うのかは明らかである。警部は記者とは違い、見習い刑事が結論に至るその仕方に欠陥があることを指摘することによって、見習い刑事の知識を否定しているのである。警部はある可能性をあげており、その可能性は、見習い刑事が自らの主張のために出したすべての証拠と両立するのである。また、もしその可能性が現実のものだったとしたら、執事がそれをやったと見習い刑事は知らないことになるのである。われわれは次のことを認めるであろう。つまり、実際にその可能性が現実のものでなくとも——実際、リストに名前のない者は、誰もそのとき邸宅にいなかったのである——見習い刑事は彼のやり方では、執事が殺人を犯したということをまだ知らないのである。つまり、リストが完全だということも、彼は立証しなければならないのである。執事がそれをやったということと、リストに名前のない誰かがいるということと、どちらがより確かなのか、と問うだけでは、見習い刑事は警部のつきつけた難題に応じたことにならない。誰が殺人を犯したのかに関して競合する仮説を警部は提示している、と理解すべきではない。つまり、執事がそれをやったという仮説に比べ、警部がより確かだと考える仮説を提示していると理解すべきではない。また、ここで問われているのは、どちらの「仮説」をより確かだとするのが合理的なのか、という問いでもない。リストが完全なものだと見習い刑事が知らないならば、執事がそれをやったとの彼の確信は保証されないのである。警部の出した難題に対しては、明らかに、何かほかの方法で応じなければならず、そのためには、警部の言うことと見習い刑事の言うこととの間にある対立の源泉を、何らかの仕方で理解することが要求される。この対立そのものがあるだけでは、成功する反論がどのようなものであるのかは確定しない。記者の言う、「誰が殺人を犯したのかはまだ知られていません」ということに対してなら、見習い刑事の反論は成功する。警部が知識を否定した際の主張は記者と同じ言葉で表現されていたが、それに対しては見習い刑事の反論は成功しないのである。これら二つの場合において、知識を否定する理由がそれぞれ何であるかが問題なのである。

それならば、懐疑的な哲学者に対してムーアが行う典型的な応答を、われわれはどう理解すべきなのか。ムーアの論証は懐疑論に対して効果がないとわれわれが考えたとする。思うに、その場合の理由は、われわれがムーアの論証について、見習い刑事の応答と同じように進められると見なしたからである。つまり、誰が殺人を犯したのかはまだ知られていない、と警部は裁定したが、それに対して見習い刑事が行った滑稽な応答と同じように進められると見なしたからである。知らせを受けていない記者は警部と同じ主張をしたが、記者の主張に対してであれば、執事がそれをやったという知識に訴えることで論駁はなされる。ところが、知識と推定されるものの基盤に難題をつきつけている警部に対しては、その知識に訴えても反論の効果がないのである。以前私は説明したが、われわれがもっている知識を否定する哲学的懐疑論が帰結するのは、われわれを取り巻く世界についてわれわれがもつと考えているすべての知識や確信の基盤に関して、吟味を行ったときである。私の考えでは、だからこそ、「何らかの物質的な対象が存在することをわれわれが現に知っている場合としてあげられる具体的な事例」をただ提示しただけでは、そうした懐疑論に対する「十分な論駁」とはならないとわれわれは感じるのである。われわれを取り巻く世界についてわれわれがもっている知識のすべてを、哲学者は査定する。その査定は、何らかの物質的な対象についてわれわれが知っていると現に思っている場合としてあげられる、あらゆる具体例を対象とすることになっているのである。それゆえ、提示されうるどんな事例も、この精査を逃れることはできない。

ヒュームの二つの「原理」をムーアは論駁しようとするが、それらの「原理」は（ムーアの受け入れるセンスデータのテーゼが加わると）、この鉛筆が存在するということをムーアは知らない、ということを現に含意する。だが、この鉛筆が存在すると知っているということから、これらの「原理」（にセンスデータのテーゼを加えたもの）が偽にちがいないとムーアが論じられるか否か、ということは、それらの「原理」（およびセンスデータのテーゼ）の源泉がどこにあるのかに依存する。一般性をもつ否定的結論にデカルトが至ったのは、世界についてわれわれがもっているすべての知識を査定したからであった。つまり、われわれは現に知っていることをどのようにして知っているのか、と問うたからであり、知識の源泉としての感覚に備わっている、一般性をもったある特徴を、深刻に受けとめたからであった。ヒュームはこうした捉え方をデカルトと共有しており、したがって結論もデカルトと共有していた。そこでの否定的結論は正しくないかもしれないし、感覚で得た知識を一般性をもった仕方で査定してみても、そうした結論には至らないかもしれない。だが、そうしたことはいまのところ示されていない。われわれの知識に対する一般性をもった査定で、哲学者の携わるたぐいのものがありうるとする。また、その査定をごく慎重に実行したところ、物質的な対象の存在をわれわれは決して知らない、という結論に行きついたとする。このとき、ムーアがそうした結論に反論しようとして、この鉛筆が存在するという自らの知識に訴えただけでは、それは本当に、警部に対する見習い刑事の滑稽な応答のようになってしまうのである。ムーアは査定の正しさを否定しようとして、まさにその査定によって問いに付されていた「知識」の一つに訴えることになってしまうのである。

ラッセルの懐疑的結論の背後にあると言われた「仮定」から現に導かれるのは、これが鉛筆だということをムーアは知らない、ということである。さて、世界についてのわれわれの知識を一般性をもった仕方で査定する際に、避けがたく関わってくる真理というものがあるとし、また、「仮定」と言われているのがそのような真理を述べたものにすぎないとする。そう考えた場合には、見習い刑事が警部を論駁するのに成功していないのと同様、ムーアもそれらの「仮定」を論駁するのに成功していないことになる。警部は反論をする際、三つのことを「仮定している」と言われるかもしれない。(一)リストに名前のない誰かが殺人を犯したということがありうる。(二)その可能性はまだ除外されていない。(三)執事がそれをやったということを消去法的な論法によって見習い刑事が知っているためには、その可能性が除外されなければならない。これら三つの「仮定」から導かれるのは、リストに載っている執事以外のすべての対象者について消去法を行ったとしても、執事がそれをやったということを見習い刑事は知らない、ということである。しかし、それだからといって、ここでの「仮定」がそのような含意をもつことだけを根拠にして、見習い刑事がこれらの「仮定」を論駁できるわけではない。ここでの「仮定」をつきつめれば、知識をもっているという見習い刑事の主張に対する反論となるのである。ラッセルの「仮定」がムーアのやり方で論駁できるかどうかも、それと同様、次のことにかかっていることになる。すなわち、ほかの主張はともかく、これが鉛筆であることを知っているというムーアの主張がもつ根拠に関して否定的な査定を行う際、ラッセルの「仮定」はその査定の一部をなしているかどうか、ということである。

ヒュームの「原理」、ラッセルの「仮定」、デカルトの「要求」、これらはみな、まさにそのようなものとして意図されているように確かに見える。すると、哲学者が知識を否定する際のこのような事実にムーアは気づいていないということを理由に、ムーアによる論駁の試みは失敗していると結論することは、拒否しがたくなる。このことは、ムーアが述べていることと行っていることにとって深刻な欠陥となろう。アンブローズやマルコム、そしてその他の哲学者は、どうやらムーアには哲学的な理解力が欠けているようだと評するのをためらう。だからこそ、一見したところとは違うことをムーアは行っているにちがいない、と信じるに至ったのである。

哲学的懐疑論に対するムーアの証明は効果がないと感じられたとしても、そのことから直接の推論によって、証明ではムーアが何らかの仕方で言葉の誤解や誤用をしている、と結論すべきではないと私は先に提議した。また、そのことだけに基づいた推論によって、ムーアの主張が独断的であるとか、性急であるとか、うまく裏づけられていないとかといったように結論すべきではない。例の記者を論駁しようとした際の見習い刑事について、われわれは彼を独断的だとは見なさないし、性急だとも見なさない。また、見習い刑事の仮説をはじめに否定した際の警部も、独断的ではなかった。そこに言葉の誤用はなく、彼らの返答には十分に効果があったのである。それらの返答は、知られていることがらに訴えるものであったが、それらは申し分なく理にかなったものであった。それゆえ、それらの返答によって退けられた主張の背後にある理由を、慎重に考慮することは要求されていなかった。見習い刑事がどのようにして彼の仮説に行きついたにしろ、その仮説が正しくないということを警部は直接知ったのである。また、見習い刑事は余計に骨を折ることもなく、記者が誤っているということを知ったのである。哲学者の発言に対する自らの攻撃はそのようなものだとムーアが思っていたのだとしたら、哲学者たちの論法に慎重に立ち入っていないからという理由でムーアを非難することもできないのである。

ムーアの主張がもつ適切性と正当性をこのような仕方で擁護しても、おそらく困難を後回しにしているだけに見えるであろう。哲学者の発言についてのムーアのような理解は、いったいどのようにして出てきたのだろうか、それがいまやよくわからなくなってくる。この鉛筆が存在すること、あるいは、ここに人間の手があることを自分は知っているとムーアは主張する。ここで懐疑的哲学者に対して応答するときのやり方が、知らせを受けていない記者に対して見習い刑事が応答するときのようなやり方だとムーアは考えるが、どのようにしたらそう考えることができたのだろうか。あるいは、ムーアは自分のやり方について、すぐ目の前にあるものを警部が相棒に気づかせるときのようなやり方だと考えるが、どのようにしたらそう考えることができたのだろうか。世界についてのわれわれの知識すべてに対し、一般性をもった難題をつきつけることで哲学的懐疑論が出てきているため、哲学的懐疑論はそのようなやり方では論駁されないという事実があるのだが、どのようにしたらムーアはこの事実を捉え損ねることができたのだろうか。われわれの知識に対して懐疑的な否定をするということと、執事が殺人を犯したのを知っているという見習い刑事の主張を警部が掘り崩すのに成功するということとは、同じようにして進む。ムーアはどのようにしたらこの事実を捉え損ねることができたのだろうか。この鉛筆が存在する、といったようなことがらをムーアか誰かが主張したとする。まさにそのような場合にあると考えられている理由は十全なものなのか、と疑いを投げかけるための、一般性をもった検討に基づくことで、哲学者は知識を否定しているのかもしれない。ムーアはどのようにしたら、その可能性を考慮し損ねることができたのだろうか。

これらの問いに対する答えを私は知りたい。思うに、これらはすべて正真正銘の問いである。確かにそれらは、主としてG・E・ムーアの考えや理解についての問いではあるが、それでも私はそう思うのである。これらを単なる修辞疑問として受けとるのはごく自然なことである。その受けとり方によると、これらの問いが暴き立てるのは、「ムーアはまったく見かけどおりのことを証明で行っている可能性があるとの考えは不合理である」ということである。ところがこの自然な反応は、世界についてわれわれがもっている知識に関して一般性をもった哲学的な査定を行うことが、実行可能でないにしても少なくとも理解可能だということを、何らかの仕方で受け入れることに依拠している。ムーアは何らかの問いに答え損ねているか、何らかのテーゼを論駁し損ねているとわれわれが考えるとする。また、ムーアがその事実に気づくと期待してかまわないとわれわれが考えるとする。その場合、ムーアが避けている何か明確な問いがあると、われわれは信じていなければならない。あるいは、ムーアが論駁し損ねているような何か理解可能なテーゼがあると信じていなければならない。哲学者たちは確かに、世界についてわれわれがもっているすべての知識にとっての根拠を精査しようと意図した。そのことをわれわれは知っている。ここで言う知識の中には、ムーアが引き合いに出すような具体的な知識も含まれている。そして哲学者たちは確かに、一般性をもつ懐疑的結論に自分たちが達したと考えたのである。しかし、意図しただけでは成功していることは保証されない。それどころか、首尾一貫した取組みであることやテーゼであることも保証されない。知識に関する問いで一般性をもったものがあり、なおかつそれが理解可能であるとする。また、ひとたびそれを問うたならば、ムーアは彼のやり方でそれに答えることができなくなるとする。そのような問いがある場合にのみ、哲学者たちに対するムーアの言葉に欠陥があることになるのである。ムーアの主張は十全でないとわれわれが見てとったならば、その理由は、そうした問いがあるとわれわれが思い込んでいるからであり、またそれが何であるかを理解しているとわれわれが思い込んでいるからである。けれども、それが錯覚であることが判明したとする。つまり、ある種の査定の下では、ムーアの主張が効果のない応答になってしまうとしても、世界についてわれわれがもっているすべての知識を一度にそうした査定にかけることが、本当は可能でなかったとする。もしそうだとしたら、ムーアは何かを見落としていたと言って咎めたり、ムーアは彼が行っているように見えることを行うのには成功していないと言って咎めたりするような場所には、われわれは立っていないことになる。すなわち、「証明」を行っているムーアや、ものごとを知っているとほかのところで主張しているムーアを、そのようにして咎めるような場所にはわれわれは立っていないことになる。

仮に、ここでの哲学上の問いと、それに対する懐疑的回答とについて、それらが申し分なく意味のわかるものだということが現にわかったとする。また仮に、ムーアがその問いに対して答えておらず、哲学的懐疑論を論駁してもいないとする。たとえそうだとしても、次のことは導かれない。すなわち、ムーアが行っていることと述べていることが、彼が行ったり述べたりしているように見えることとまったく同じだったとしたら、その場合彼の述べていることに正しいところは何もない、ということは導かれないし、その場合彼がそれを述べることに哲学的な意義はない、ということも導かれないのである。ムーアは哲学上の問いに答えなくともよいし、マルコムの言う「哲学的」な仕方で言葉を使用する必要もない。そうしたことをしなくとも、哲学的にきわめて重大なことをムーアは明らかにしうるのである。ムーアが述べていることの中には、「ここに人間の手があることを私は知っている」ということや、「外的な事物があることを私は知っている」ということがある。それに、人間の知識についての言明のうちには、ムーアの言うことが真である場合には偽でなければならないようなものが現にあるということも否定できない。ムーアの言うことは、何らかの問いに答えてはいるし、何らかの命題が偽であることを含意するものである、ということは否定できないのである。

ムーアによれば、彼が証明によって意図したのは、「外的な事物はない」という命題が偽だと証明することであった。またムーアによれば、彼の証明が何らかの仕方でそれを証明できるということは、認められねばならないのである。戸棚にいくつかリンゴがある場合、戸棚にリンゴがないということは偽である。また、戸棚にリンゴはあるかという問いに対する答えは「ある」というものになる。リンゴは果物である。それゆえ、戸棚に果物はないということも偽である。リンゴは外的な事物でもある。――リンゴが存在するということからは、誰かが何かしらの経験をしている、ないしはしたことがあるということは導かれない。――それゆえ、外的な事物がないということも偽である。ムーアは自らの証明をまさしくそのようなものとして理解している。そして、このような「証明」が必要だと考えるべきなのはなぜか、という問いを措くとすると、証明には実際何かおかしなところがあると言えるだろうか。同様に、外的な事物があることをムーアが知っている場合、外的な事物があることを誰も知らないということは偽である。それは、例の生理学者が講義の冒頭で言ったことが真である場合、外的な事物があることを誰も知らないということが偽なのと同じことである。生理学者が言うには、ほとんど誰もがそれを知っている。つまり、それを知らないのは、何らかの精神異常を患っている人だけだと言うのである。G・E・ムーアはそのような異常を患ってはいない。彼はわれわれの側におり、外的な事物があるということを知っているのである。そうであれば、どういう支障があって、ムーアはそれを知っていると言えないのだろうか。外的な事物があることを知っているとムーアが言う際、われわれはムーアに関して、外界をめぐる哲学上の問題に答えているものと見込む必要はない。講義中の生理学者がそれを知っていると言ったとき、われわれは生理学者に関し、この問いに答えているものと考えはしなかったのである。しかし、だからといって、生理学者の主張のもつ価値が減じるわけではない。

紀元前四世紀のシチリア島にリンゴはあったか、と問うことを私が思いついたとする。その問いの答えを私は知らないが、どのようにしたらそれがわかるかということについてのよい考えならある。そこでその代わりに、紀元前四世紀のシチリア島にリンゴがあったかどうかは知られているか、と問うことを思いついたとしてみよう。その土地と時代に詳しい歴史家によって、そこにはたくさんのリンゴがあったという立証がなされたということがわかったとする。この場合、その時代のシチリア島にリンゴがあったということは知られている、と私にはわかるはずである。何人かの歴史家が私に向かって、「その時代のシチリア島にリンゴがあったということをわれわれは知っている」と言ったとする。その場合、歴史家たちは単に、歴史的な知識のありさまについて報告しているのである。彼らは、過去について知られていることがらの一つを私に教えているのである。その後、誰かが私に、「紀元前四世紀のシチリア島にリンゴがあったということは知られているか」と問うたとすれば、私は、「それは知られている」と答えることができる。同様に、「紀元前四世紀のシチリア島について何かしら知られていることはあるのか」と問われたならば、私は、「ほかのことはともかくとして、その時代のその場所にリンゴがあったということは知られている」と返事をすることができる。これらはすべて、われわれの知識をめぐる問いに対する答えである。そして、こうした答え方はきわめて単純素朴なものである。紀元前四世紀のシチリア島についてそもそも何かしら知られていることがあるかどうか、それを知らないほど人は無知ではありえない、と思われるかもしれない。たとえそれが正しいとしても、私の言った答えには、次のことが確かに含意されている。すなわち、その時代のシチリア島について何か知られていることはあるので、それゆえ、一般性をもついまの問いに関しては、その問いを誰かが問おうと問うまいと、それに対する答えは「知られていることはある」となる、ということである。ムーアの考えによれば、これは指である、のようなことがらをはたしてわれわれが知っているかどうかという問いや、外的な事物はあるのかといった問いは、「深刻に受けとめる必要のない」問いである。なぜなら、「「これらの問いに対し、」確信をもって、肯定的に答えるのは、ごく簡単なことだからである」。過去のことについてや、過去のことで知られていることについて私が問い、歴史家がそれに答えることと比べたとしても、これらの問いに答えるほうがもっと簡単かもしれない。

要点は次のとおりである。人間の知識に関する真理として一般性をもつものは現にあり、その真理とは、とにかく何かが知られているという事実から簡単に導かれるものなのである。したがって、知識をめぐる問いで一般性をもったものに対しては、そうした具体的な知識に一つでも訴えさえすれば答えることが可能である。知られていることについての問いとして一般性をもつものについて、ムーアはそのように理解しているように見える。ムーアによれば、天文学は、惑星をはじめとする多様な天体の大きさや運動についての情報をわれわれにもたらしてくれる。地質学は、岩や土のさまざまな層がもつ現在の状態と過去の歴史についてわれわれに教えてくれる。物理学と化学は、さまざまな種類の物理的な事物がもつ組成についての知識を提供してくれる。これらのような科学において長い間知られてきたことからは、物質的な事物があるということが簡単に導かれる。九つの惑星があるならば、物質的な事物が（少なくとも九つ）あることになる。だからこそムーアは次のように考える。つまりムーアによれば、物質的な事物があるということは知られていないと言う人は、科学によってすでに真であると知られていることに対し、やみくもに公然と反対しているのである。このことが含意しているのは、そのような人物による否定を深刻に受けとめる理由はない、ということである。とはいえ、科学を必要とせずとも、そうした人物による否定が偽だということを示すことはできる。ごくふつうの場面で、われわれの誰もが日常的に知っており、観察していることがあれば、そのような否定は反駁されるのである。人間の手があるならば、物質的な事物はある。そして、目の前に手が二つあると知っている人がいるならば、物質的な事物が複数あるということは知られているのである。

知識をめぐる問いとして一般性をもつものを、ムーアはまさにそのように理解している。そのことは、ラッセルに対する彼の別の応答によって示されている。ラッセルの語るところによれば、彼が哲学を始めたのは、数学における真理というものがあると信じるための理由を探し出すためであった。疑いえない真理を探し出せるとしたら、その最良の可能性は、哲学という領域の中にあるとラッセルは考えたのである。(16) ムーアの解釈するラッセルによれば、純粋数学における命題の中に真なるものはあるかという問いは、哲学者が答えるべき問いである。ところが、ラッセルがそう言うのに対して、ムーアは次のように答えている。

間違いなく、具体的な数学的命題が真かどうかを決めるのは数学者の仕事である。そして、もしそうなら、数学的命題の中に何かしら真なるものはあるのか、と哲学者のラッセルが論じても、それが何の役に立つというのか。何かしらの命題が真だと決めたとして、彼は数学者以上によい理由を与えることができるのか。何かしらの命題が真でないと決めたとすると、彼は数学者を反駁しているのである。それに、数学者のほうがよい裁定者ではないだろうか。具体的な定理が真かどうかを論じるのは哲学者の仕事ではない、ということは認められている。そうすると、定理の中に何かしら真なるものはあるのかどうかを彼が論じると言い張るならば、彼は数学者を反駁しているか、余分に見えることを行っているか、そのいずれかにならざるをえないのである。(17)

同じことは、数学以外の科学についても真である。ある種のことについてわれわれが知っていることは何かしらあるのか、という問いには、肯定的な答えが与えられる。つまり、その分野においてとにかく何かが知られているという事実によって、肯定的な答えが与えられるのである。

このような反応を、「内的」な反応と呼ぶことができるかもしれない。ある分野で何が知られているのか、あるいは何かしら知られていることはあるのか、という問いに対する「内的」な反応ということである。そう呼ぶことによって私が言いたいのは、次のことである。すなわち、そうした問いに答えが与えられるのは、当の分野においていくつかの真理を実際に立証することによってか、あるいは、他人が何かを立証したということを見出すことによってなのである。そのような反応を示すことは、自分自身の場合にあてはめれば、「それは真なのか」「私はそれを信じるべきか」と自問することによって、「私はそれを知っているか」という問いに応じることである。問題となっていることがらを立証しようとした末に、答えは見出されることになるのである。言い換えれば、自分がすでに知っていることがあるとした場合に、問題となっていることがらも真なのかどうか、ないしは真でなければならないかどうか、ということを理解しようとした末に、答えは見出されるということである。私がそのような反応を「内的」な反応と呼ぶ理由は、自分が現在もっている知識の「内側」からの応答だからである。ある種のことがらについて、それを自分は知っているか、という問いがあるとする。するとそれはまさしく、自分が知っているすべてのことがらの中に、問題となっていることがらはすでに含まれているか、という問いである。あるいは、自分がすでに知っているその他のことがらに基づいて、問題のことがらを受け入れるためのもっともな理由を見出し、そのことによって、問題のことがらをその中に含めることはできるか、という問いである。「pということは知られているか」という問いをこのような仕方で捉えたとする。すると、外的な事物についてわれわれがもっている知識に関してムーアが述べていることは申し分なく正しい、ということを否定するもっともな理由はないように私には思われる。外的な事物があることをわれわれは知っている、ということは、われわれがすでに多くのことがらを知っているということがあれば導かれる、ということは自明である。

外的な事物についてわれわれがもっている知識をめぐる哲学上の問いに、ムーアはそれでもやはり答え損ねている、とわれわれが感じているとしたら、それはわれわれが次のような理解をもっているからである。つまり、この問いに答える際には、世界についてわれわれがもっている知識の総体から何らかの仕方で手を引くか距離を置くかしなければならなくなる、と理解しているからである。このように距離を置いた哲学的なやり方で、「外的な事物があるということを私は知っているか」と問うとする。そのような場合、問いを解決するのに役立つからという理由で、外的な事物について自分が知っていると思っている別のことがらに訴えるのは許されないことになっている、とわれわれは認めている。外界についていて私がもっているすべての知識が、いっぺんに問いに付されたことになっているのである。その中にある具体的なものを、疑いのない知識として使用することはできない。そうしたところで、ほかの具体的な知識の候補が真かどうかを決めるのには役立たないのである。私が焦点をあてようとしているのは、外界についての知識と私が見なす信念の総体と私との関係である。そして、いわばその「外側」から、それが真かどうかだけでなく、それが実際に真である場合でも、私がそれを知っているかどうか、またどのようにしてそれを知っているか、ということを問おうとしているのである。それはもはや、単に何を信じるべきかという問いではない。そうではなく、私が現に信じているということに異論のないようなことがらのうち、何かしらのものは私の知っていることがらであり、信じる理由のありうることがらだということは本当なのか、またそうなるのはどのようにしてなのか、という問いなのである。このような反応は、「外的」な反応と呼べるかもしれない。外界について知られていることはあるのか、という問いに対する「外的」な反応ということである。

「内的」「外的」という用語はさしあたりただのラベルである。これらの用語があっても、われわれの知識にまつわる問いを理解する二つの仕方の違いについて、曖昧さのないかたちで記述することはできないのである。私は捉えるべき違いがあると考えているが、これらの用語があるだけでは、それが何であるかの説明とはならない。その違いについては、理解していなくても理解していると思ってしまいやすい。私が強調してきたのは、外界についてわれわれがもつ知識にまつわる哲学上の問いがもっている、完全な一般性についてである。デカルトの興味は、われわれを取り巻く世界についてのあれやこれやの具体的なことがらをわれわれが知っているかどうか、ということにはなかった。そうではなく、デカルトの興味は、われわれを取り巻く世界についてわれわれが知っていることがらはそもそも何かしらあるかどうか、ということにあったのである。この哲学上の問いに答えるにあたっては、外界について知られている一つのことがらに訴えることで、別のことがらを裏づけることはできない。すべてのことがらを一挙に問いに付すよう意図されているのである。しかし、「外的」な哲学上の問いがもっている特別な特徴が何であれ、また、ムーアがそれに答え損ねたことについての説明が何であれ、ムーアの答えた問い、ないしムーアの提出した問いのどれかと比べて、この哲学上の問いのほうがただ単に一般性がより高いということではありえないのである。人間の手があることを知っているとムーアは言い、それゆえ外的な事物があると彼は言う。このときムーアは、外界についてそもそも誰かが何かを知っているのか、という完全に一般性をもった問いに対し、肯定的に答えているのである。したがって、ここでの問いについての哲学的ないし「外的」な理解がもっている特徴を表そうとして、「外界について信じられていることの中で、そもそも何かしら知識に相当するものはあるのか」とただ単に問うだけでは駄目である。あるいは、「外界についてのあれやこれやの事実を知っている、ということではなく、そもそも何かしら外的な事物がある、ということだけでも知っているのか」と問うても同じである。一般性をもったそうした問いはすべて、ムーアのやり方で答えることが可能なのである。ふつうの言葉をどのようなかたちにしても、そうした言葉のみでは、哲学上の問いや主張だけを表現することは保証されない。特別な「哲学的」意義とわれわれが感じるものをその言葉がもたないような仕方で解釈をすることは、ムーアにとってつねに可能なのである。

ムーアは、彼自身や他人の言葉を解釈する際に、捉えにくさを増すそうした「外的」ないし「哲学的」な仕方で解釈をすることを拒否したか、あるいは彼にはその能力がなかった。私が思うに、まさにそのことこそが、ムーアが述べていることの哲学的重要性をなしているのである。哲学者は、一般性をもった問いや主張によって、世界についてわれわれがもっているすべての知識を問いに付そうとする。しかし、ムーアはそうした問いや主張を理解する際に、ふだん慣れ親しんでいて問題のない理解のうちにかたくなにとどまっているのである。ムーアは、自らの議論に出てくる哲学者の理解するような哲学的取組みへと向かわせる圧力を拒否している。というよりも、おそらくはそれを感じてすらいない。アンブローズにとっては、ムーアはまるでふつうの人である。彼は、懐疑的結論を棄却するにあたって、そうした結論を支持する議論にわざわざ反論せず、単にそれを否定しているだけなのである。そして、そうすることによって、懐疑的結論には何かばかげたところがあると感じさせるのである。われわれはムーアに衝撃を受け、哲学者の言うこととふつうの生活との対比に気づかされる。アンブローズが述べるところによれば、「彼は立派な哲学者だから、それに成功するのである。それに対して、ふつうの人の言葉は影響力をもたないであろう。というのも、ふつうの人はいとも簡単に、デカルトと同じように語ることに心を引かれてしまうからである」（S、四一六頁）。このことは真である。デカルトの懐疑的論法についていかざるをえないとわれわれが簡単に感じてしまうということによって、このことは裏づけられている。われわれはデカルトによる結論に「心を引かれてしまう」。なぜなら、デカルト自らが理解するような問いに対する答えは、それしかないように見えるからである。応答をしているムーアがふつうの人の代表だとしたら、彼はきわめてふつうでないふつうの人である。伝統的哲学者が自らの問いを理解する仕方があっても、ムーアはそれに「心を引かれる」ことがないからである。

ムーアが心を引かれないようにするやり方は、懐疑的哲学者の言うことに聞く耳をもたないようにして、そうした哲学者たちの論争に巻き込まれるのを拒否する、という単純なものではない。その逆である。ムーアは彼らの言葉に耳を傾け、彼らの使う言葉を理解している。そしてその上で、われわれや哲学者たちがこれまでずっと知っていたことに基づいて、彼らとまったく同じ言葉で表現された問いに答えるのである。私が思うに、ムーアの言うことを彼が意図したとおりに理解した場合、それを受け入れることは申し分なく可能である。にもかかわらず、ムーアの言うことが哲学上の問いと何の関連ももたないように見え、哲学者が達する逆説的な結論を論駁していないとしたら、そのことは、哲学上の問いと結論に関するきわめて重要な事実なのである。そうなると、ムーアの言うことがすべて正しくても、この哲学上の問いに答えが与えられないのはなぜなのか、ということについて、いっそう慎重な説明が必要になってくる。そのことによって、的を射た論点と私が考えているものに焦点があてられるであろう。その論点は次のように言い表される。一方には伝統的哲学者による問いや主張があるとして、また他方には、哲学上の問いを提起したりそれに答えたりすることなくわれわれが伝統的哲学者とまったく同じ言葉で日々表現している問いや主張があるとしたら、両者はどのように関係しているのか、という論点である。

ところが、ホメロスも居眠りをするということわざもあるように、ムーアはときおり、哲学者のようなものの見方に必要以上に心を引かれていることがある。そのときには、哲学者たちの言葉についての非「哲学的」ないし日常的な理解に彼が没頭しきっていることを考えると、あまり整合的でないと私は思うのである。そのことはおそらく、ここでの哲学上の取組みがもつ力をなおいっそう強く証言している。どれだけしっかり足を踏ん張っていても、それをすっかり拒否することは誰にもできないように思われるのである。哲学者が問うているのは、外的な事物があることが知られているかどうかだけではない。どのようにしてそれを知っているかも、哲学者は問うのである。そして、ムーアはこの問いに答えられると思っている。日常生活における通常の場面では、ある種のことがらについて、それを知ることができるのはどのようにしてかをわれわれは言うことができる。したがって、特別な困難もなく、ムーアのやり方によって、問いに対して満足のいく答えを与えることができるように見える。しかし今度の場合、私の見たところでは、ムーアは単純素朴な日常的応答に十分寄り添っていないのである。

ここに人間の手があることを知っている、という主張に対して哲学者たちが反論してくるということには、ムーアは気づいている。すなわち、ムーアは夢を見ているかもしれない、という可能性をあげることで反論してくるということに気づいているのである。そして、この反論には応じられるとムーアは考えている。自分が夢を見ていないと知らなければ、自分が立っているということは知らないと、ムーアは「確実性」という講演の中で認めている。[18] ところがムーアはひるんでいない。というのも、彼の言葉では、「そうした考えは諸刃の刃」だからである。

つまり、もしそのことが真ならば、次のことも真になるのである。「自分が立っていることを私が現に知っているならば、私は自分が夢を見ていないことを現に知っている。」そうすると、私は次のように論じてもよいことになる。「私は自分が立っていることを現に知っているのだから、自分が夢を見ていないことを私は現に知っているということが導かれる。」それは、私の論敵が次のように論じることができるのと同じである。「あなたは自分が夢を見ていないということを知らないのだから、自分が立っていることをあなたは知らないということが導かれる。」一方の議論はもう一方の議論とまったく同程度に有効である。ただし、自分が立っていることを現に知っていると私が主張するときに比べ、夢を見ていないということを私は知らないと私の論敵が主張するときには、さらにもっともな理由をあげることができねばならない。(PP、二四七頁)

われわれが世界について知識をもっているための強力な条件のように見えるものを、ムーアはすんなりと受け入れるが、それは正当なことだと認められるのか。自分が立っていると知っているというムーアの主張に対する批判として、ムーアは夢を見ているという可能性が哲学者によって提出されたとする(そして哲学者は確かにそうするのである)。その場合、哲学者のこの批判は、かの警部の批判と同じように進むであろう。すなわち、「リストにあるほかの全員について消去法を行ったので、執事がそれをやったと私は知っている」と告げる見習い刑事に対して警部が行った批判と同じように進むであろう。見習い刑事は、リストが完全であることを知らなければ、執事がそれをやったということを消去法によって知っていることにはならない。しかし、見習い刑事は、「そうした考えは諸刃の刃だ」として、執事がやったということをすんなりと受け入れることはできない。見習い刑事は以下のように言うことができないのである。

私は警部に倣って次のように論じることができる。「私は執事が殺人を犯したということを現に知っているのだから、リストが完全なものであることを私は現に知っているということが導かれる。」それは、警部が次のように論じることができるのと同じである。「君はリストが完全だということを知らないのだから、執事がそれをやったということを君は知らないということが導かれる。」一方の議論はもう一方の議論とまったく同程度に有効である。ただし、執事が殺人を犯したことを自分は現に知っていると私が主張するときに比べ、リストが完全であることを私が知らないと警部が主張するときには、さらにもっともな理由をあげることができねばならない。

見習い刑事がリストを確かめてすらいないとする。その場合、彼が知っているすべてのことと矛盾なく、リストに名前のない人が邸宅にいたということはありうる。その可能性が現実のものでないことをどのようにして知っているのかを、彼は示さなければならないのである。それと同じように、ムーアの場合では、夢を見ている可能性が現実のものでないと知っているのはどのようにしてかということを、ムーアは示さなければならないはずである。反論をくじくのに、哲学者の論証をただ逆にするという彼のやり方をとることはできないのである。

もちろん、先の例において、警部は間違っていたのかもしれない。そして、ともあれ彼は結局、答えを得ることができたかもしれない。リストが完全だということを見習い刑事は知らないと彼が指摘したとき、見習い刑事は次のように答えられる場所に立っていたかもしれない。「いいえ。私はリストを確認しました。ドアと窓もすべて調べました。ほかの誰かを見たという客もいません。信用の置けるドアボーイは、リストにある者しか入れませんでした。そして、夜会の事務を担当している個人秘書は、信頼できて献身的な公爵の使用人でした」などのようにである。彼は非常にもっともな理由から、リストが完全だと信じていたのかもしれない。だとすれば、彼は警部のつきつけた難題に応じたことになり、執事がそれをやったということを消去法的な論法によって知っているための条件を満たしているのである。警部の反論の中には、その反論には応じられないということを単独で含意するようなものは何もない。自分が夢を見ていないと知っているのはどのようにしてか、ということについて、それと似たような筋でムーアは何を言うべきなのか。

「外界の証明」の中でのムーアの考えによれば、彼は「決定的な理由」から、自分が夢を見ていないということを主張している。すなわち、そのときの証拠が何であるかを全部は言えないということは認めつつ、「決定的な証拠」があると彼は考えているのである（PP、一四九頁）。しかし、「確実性」という講演においては、彼は次のことまで認めるに至っている。つまり、自分が立っていることを知っている、という命題の「証拠となる感覚」をもつことができるのは、夢を見ていない場合のみである、とまで認めているのである。夢を見ているならば、「自分が立っているということの証拠となる私の感覚と、非常によく似た経験」（PP、二四八頁）を彼はもつだけだと言う。したがって、目覚めていることの「証拠となる感覚」を彼はもっている、と言って済ますことはできない。彼の現在の経験が目覚めているときのものとどれだけ似ていようとである。ここに来てムーアは、懐疑論へと向かう坂を一歩か二歩降りてしまっているように見える。講演のこの部分に関しては、ムーアは決して満足していなかったようである。[19] 自分が夢を見ていないことを知らない、という結論を支持する哲学者の行う論証の一つと自らが考えているものに対して、ムーアは説得力のない反論をしている。ムーアは次のような譲歩までしている。すなわち、何らかの時点における「感覚で得た経験」のすべてが夢の中の像で、またそれがその時点の経験のすべてだということが「論理的に可能」だとしたら、自分が夢を見ていないということを知ることはできない、と認める譲歩までしているのである（PP、二五〇頁）。近い過去についてのことがらをいくつか想起することが可能であり、そのことによって夢を見ていないと知ることができる、ということにムーアは残りの望みをかける。だが、そうした想起そのものが夢を見ている間に起こりうるとしたら、夢を見ていないということは決して知ることができず、それゆえ自分が立っているということも決して知りえない、ということをムーアは認めざるをえなくなるのである。しかし、たとえ哲学者の論証に対する反論として成功しているものであっても、それは十分なものではなかったであろう。自分が立っていることを知っているとムーアは主張するが、夢を見ている可能性をその主張に対する反論としてひとたび受け入れたならば、その可能性が現実のものでないことをどのようにして知っているのか、ということを彼は示さねばならなくなるのである。実のところ、やはり彼はそれをし損ねている。

伝統的認識論が陥っている窮地からムーアが逃れきっていないということについては、M・F・バーニェットも気づいており、それを嘆いている。[20]バーニェットの考えでは、ムーア哲学が目指しているのは、日常的な具体例において表現される確実性にとどまり続け、古くから懐疑論へと続いている道筋をはなから避けるということだったのである。しかしながら、バーニェットの考えによれば、懐疑論に対する帰謬法が有効なのは、ムーアが自分の例のもつ確実性を「説明」できる場合だけである。その際、「一般性をもつ根拠」を提示し、「そのような知識の例に対して……哲学者は第一に応答すべきである、という彼の信念を説明し正当化する」ことができなければならない。[21]ムーアはそれを一度も行っていないのである。

ムーアと哲学上の問題との関係についての私の説明は、バーニェットのものとは異なっている。ムーアが平凡な人の態度や主張から逸脱するということが、ほんの少しでさえなかったとする。すなわち、哲学者の言葉を彼が解釈する際には、日常的で非哲学的な生活での同じ言葉にも適用できるような解釈をつねにしていたとする。仮にそうだったとしたら、ムーアが「哲学的」な道のりへの一歩を踏み出すことは決してなかったはずである。その場合、彼は哲学上の問いに答えたことにはならなかったはずだし、逆説的な哲学的主張の論駁を成し遂げたことにもならなかったはずである。しかし、だからといってムーアの言葉がもつ価値は減じないであろう。ムーアはそのことによって、バーニェットの提案に従った場合よりも多くのことを、伝統的な哲学への難題として示すことができるように私には見えるのである。実際、ここでの具体例に「哲学者は第一に応答すべきである」という考えに対して、一般性をもつ説明と正当化を与えるということをムーアか誰かが行ったならば、「古くから認識論の議論が迷い込んできた迷路」の外側にいられると言うが、どのようにしてそうなるのかが実は私にはわからない。[22]

バーニェットの考えに従えば、懐疑的哲学者が本当のところ何をしようと企んでいるのかをムーアは非常によく知っているのでなければならない。そして、哲学者がそれをできないのはなぜなのか、具体例に対して哲学者が第一に応答すべきなのはなぜなのか、ということを、哲学者自身に対して説明したのでなければならない。私の考えに従えば次のようになる。すなわち、一般性をもつ問いや主張で、哲学者と同じ言葉で表現されたものをムーアはとりあげ、具体例に訴えることによって、それに答えたりそれを論駁したりしているのである。この手順それ自体におかしなところはない。一般性をもつ問いに答えたり、一般性をもつ主張が正しいかどうかを見たりするのに、ほかにどのような方法があるだろうか。ムーアは哲学者の主張を診断しにかかったりはしないし、そのような主張をすることができないのはなぜなのかを説明したりもしない。彼はただ、そうした主張を否定するのである。ここで問題となっているような言葉をムーアのような仕方で理解するならば――事実それはそうした言葉を理解する際の仕方である――その言葉は単純に偽なのである。懐疑的哲学者が本当に言おうとしていることやしようとしていることに関して、ムーアは見当もついていないような印象を与える。ムーアはいつも、認識論者の言葉を、非「哲学的」で日常的な、そしてそれゆえにわれわれがまったく興味をそそられないような仕方で解釈しているように感じられる。

対してJ・L・オースティンは、ある種の哲学上の問題がもつ源泉に関し、きわめて明確な見解をもっている。知覚と外界をめぐる問いや学説を定式化する際に哲学者が使う表現について、オースティンは詳細にわたる精査を行っている。そこで彼が明らかにしようとしているのは、実際にはそうした表現はそのような仕方で使われていない、ということである。オースティンのこの仕事は、伝統的認識論の取組みについての鋭い把握の上に成り立っている。懐疑的哲学者の行おうとしていることを、彼はわかりすぎるほどわかっている。その上で彼は、それを行うことができないということは示せると考えているのである。

私の考えでは、ムーアが伝統的認識論について、オースティンと同じ鋭い理解をしているということは、可能性としてはありうる。哲学者の言いたいことは本当は一貫していないと考えたり、何か特定できるような混乱の結果だと考えたりする人がいたとする。あるいは、そうと知っている人がいたとする。その人は、話をするときや、哲学者の言葉に応答するときに、「哲学的」な方法を決してとらないという、巧妙な方針をとるかもしれない。日常生活での単純素朴な問いや主張以外のすべてを避けるために、わざと我慢をし、つねにあくまで平凡な人として返事をすることは可能であろう。そしてそうすることで、哲学の論争（その人はそこでの論争が混乱したものだということを知っている）に引き込まれるのを拒否することは可能であろう。皮肉のこもったこの方針の延長線上を行けば、哲学者の見解を論駁したと公言することにまでなるかもしれない。というのも、そうすることによって、哲学者が使うのと同じ言葉で表現された単純素朴で日常的な主張以外には何も理解すらしなかった、という印象を与えることができるからである。哲学者の見解が本当は一貫していないということが判明したとする。その場合、哲学者の言葉は日常的な仕方以外では理解されえないかのようにふるまってきたのは、ずっと正しかったことになる。この計画の背後には、哲学者はやがてわかってくれるという望みがあるのかもしれない。そして、哲学者の言おうとしていることは意味をなさず、それを言っても哲学者の期待するような意義をもつことはない、ということに気づいてくれるという望みがあるのかもしれない。

このようなお芝居を続けていると、ときおり足を滑らせてしまいそうになる。哲学を意識していないふつうの人は、「外的」な視点に心を引かれてしまいやすい。この演技を一生続けるには、よほどの用心と配慮を要する。またこうした巧妙な方針をとるには、ここでの哲学的取組みがもつ目的や意図だけは少なくとも理解している必要がある。ムーアは彼の書いたものの中で、そうしたそぶりをほとんど見せていない。おそらくそれは、ムーアが演技をする上できわめて巧妙かつ整合的であり、ほとんどまったく仮面をずらさないからである。しかし、そのように人の目を欺いているというこの考え方全体は、非常に多くの人々がムーアを評して言うようなこととは両立しない。すなわち、子供と同じくらい正直であることや、率直であること、それにずるさがないこととも両立しない。そうだとしたら、われわれに残された結論は次のようなものになる。すなわち、ムーアは一見したとおり、日常的で「内的」な仕方以外では、哲学者の主張を理解しなかったのである。

この結論は、われわれを先の問いへと連れ戻す。つまり、いったいどのようにしたら、ムーアは哲学者の発言について、そうした日常的な解釈だけをするようになれたのだろうか、という問いである。ここまで述べてきたことを繰り返せば、哲学者の発言をムーアのような仕方で解釈する際、そこに言葉の誤用はないし、また、ムーアの解釈によって哲学的懐疑論が論駁されなかったとしても、その解釈の仕方はまったく問題なく受け入れられる。理解可能なものでムーアの見落としたものはないかもしれない、とまで私は認めた。哲学者の問いや主張を「哲学的」に解釈する仕方と言っても、それは理解できるようなものではないかもしれないのである。しかし、そうした問いや主張は、特別な「外的」な仕方で解釈を受けるよう少なくとも意図されているということ、すなわち、外界についてのわれわれの知識をすべて一度に査定するというデカルト的取組みに由来する仕方で解釈を受けるよう少なくとも意図されているということ、そのことだけでも認めるそぶりをムーアが見せないのだとしたら、そのそぶりを見せないことはどのようにしたら可能なのか。ムーアの頭の中についてのこの問いには私は答えられない。ムーアは非常にわかりにくい天才哲学者だ。

ムーアが述べたり行ったりしていることを一方に置いて、哲学的懐疑論者が自らの問いや主張を理解する仕方をもう一方に置いてみよう。それらを引き離そうというこれまでの私の努力にもかかわらず、気がかりな問いが残されている。私はまだその問いに答えていないし、それとまともに向きあってもいない。私の考えでは、ムーアは哲学的懐疑論に対する「十分な論駁」を提示していない。しかしながら、ムーアの言うことと哲学的懐疑論はそれでも両立しないという可能性は残っているように見えるのである。例の警部の反論によれば、リストが完全なものだということは知られておらず、したがって、殺人を犯したのが誰なのかを見習い刑事は知らない。これに対して見習い刑事は、「いいえ、あなたは間違っています。なぜなら、執事がそれをやったと私は知っているからです」と言って論駁しはしなかった。しかし、見習い刑事の発言が警部の言ったこととそれでも対立するということは否定しがたい。二人の言葉がともに真であることはありえないのである。次のような考えから逃れることも、それと同じくらい難しいように見える。すなわち、懐疑的哲学者の言う「外的な事物があるかどうかは誰も知らない」ということが、ムーアの言う「外的な事物があることを私は知っている」ということによって論駁されないのだとしても、ムーアの言うことは哲学者の言うことと対立する、という考えである。二人の言葉がともに真であることはありえないのである。哲学者と同じ言葉で表現される言明で、ムーアの言うことが真だということと両立しないものは現にあると私は論じた。今度は、その言明とは外界についての哲学的懐疑論のテーゼにほかならない、というふうにも考えられる。もしそうだとすれば、哲学的懐疑論と、ムーアやわれわれの誰もが日々行う主張との間にある関係は、ある重要な点で、デカルトの論証の冒頭で思われたのと同じくらい直接的で端的な関係だということになる。

　哲学者の言うことをムーアはそのような仕方で理解する。ムーアの考えでは、知識があるという自身の主張は真であるし、またそれは明らかに懐疑的哲学者の言うことと対立する。そしてこのことに基づいて、哲学者は間違っているという結論をムーアは下すのである。懐疑的哲学者の主張によれば、ムーアの言うことは哲学的懐疑論の論駁になっていない。私の考えでは、懐疑的哲学者はその点では正しい。われわれは、二つの結論から一つを選ぶよう迫られているように見える。その二つとは、「知識をもっているというムーアの主張は真ではない」という結論と、「ムーアのそうした主張は哲学的懐疑論と対立すらしない」という結論である。デカルトをはじめとする懐疑的哲学者は、前者の選択肢をとる。つまり、ムーアを含め、誰も外界については何も知らない、という選択肢である。しかし、後者の選択肢にあるように、この二つが対立しないとしたら、知識をもっているというムーアの主張は真であるにもかかわらず、彼は哲学的懐疑論を論駁していない、と主張することが可能であろう。知識をもっているというムーアの主張を正しいと認めると、いわばその代償として、ムーアのこの主張と哲学的懐疑論のテーゼとの論理的な結びつきが失われてしまう。だが、その選択肢をとれば、ムーアやわれわれの誰であれ、知識をもっていると日常生活で主張したとしても、哲学的懐疑論はそうした主張が偽であることをもはや含意しないのである。哲学的懐疑論が攻撃を免れていることを認めると、いわばその代償として、われわれのふつうの主張のすべてもそれに応じて哲学的な攻撃を免れていることになる。進んでその代償を払いたいと願う人は多いであろう。ムーアの主張を認めることからのこうした帰結が意味しているのは次のことである。つまり、哲学的懐疑論を支持する議論にどれだけ圧倒的な説得力があろうとも、科学や日常生活でわれわれが手にしたり求めたりするような知識がそうした議論によってとやかく言われる筋合いはないのである。

哲学的懐疑論は、ふつうの生活でわれわれが述べたり信じたりしていることが真だということと両立しうるのか。正直に言うと、どのようにしたらそれらが両立しうるのか、私には理解しがたい。伝統的認識論の取組みをひとたび把握すると、日常生活での主張は、第2章で概説したように、制限されたものとしてしか理解しがたくなる。そうすると、哲学的懐疑論が真でないことがどのようにして可能なのかが理解しがたくなるであろう。一方には、哲学上の知識理論がある。他方には、知識をもっているという日常的な主張、すなわち哲学上の理論がおそらく主題とするような主張がある。次章以降で探し求めていくのは、それらの間の関係を理解しようとする上での、別の方法である。伝統的捉え方以外のものをもってこなければ、哲学的懐疑論を避けることも取り除くこともできないのである。

第4章　内的と外的——「経験的」と「超越論的」

ムーアの外界の証明は、ムーアがカントの表現のうちに見てとったある難題に応じるものだとされている。カントは自らの不満を、次のように表明していた。

> われわれの外にある事物の現実的存在……をまったく信仰に頼って想定しなければならないということ、またこのことに疑いをもち始めた人に、満足のいく証明を与えうるものでないということは、やはり哲学および人間理性一般にとって、依然として恥ずべきことである(1)。

カントが不満を訴えている恥ずべきことと、ムーアが証明の中で行っていることとの間には、正確にはどのような関係があるのだろうか。もし、ムーアの証明がうまくいっていて、これまで一度として証明されたことはないとカントが述べていることを本当にそれが証明しているのだとすれば、そもそもたいして恥ずべきことなどあったはずもなかったであろう。ムーアの考えによれば、事物がわれわれの外に存在しているということを、人々は何世紀にもわたってまさにムーアと同じ方法で証明し続けている。人間理性が恥じなければならないことは、ここには何もないのである。そして、哲学にとって恥ずべきことが残っているとしても、それは、こうした証明がすべて与えられてきたという事実に、最も偉大な哲学者の一人である、ケーニヒスベルクの賢人［カントのこと］その人がどういうわけか気づかなかった、ということだけになるであろう。確かに、カントが引きこもりがちの生活を送り、故郷の町から一歩も外に出なかったことは知られている。だが、そのようなカントだからといって、人々が何世紀にもわたってまさにムーアが思い描いたとおりのことを行ってきたのに彼はそのことを知らなかった、などということは、あまりにも信じがたいことである。

ムーアの証明は、その意図と成果において、われわれが日常生活で立証し受け入れている証明の類似物と受けとめてよいと私は示唆した。それゆえ、ムーアの証明とカントの述べている哲学的に恥ずべきこととがどのように関連しているのかを問う際に私が意図しているのは、われわれが従っているなじみの手順や、日常生活においてはさまざまなことがらを知っているとするわれわれの主張が、そうした恥ずべきこととどのように関連しているのかを問うということなのである。

カントも気づいていたが、人間が行うのは、誤植を探したり、訴訟を起こしたり、実験を行ったり、殺人事件を解決したりすることだけではない。人間は、自分たちが知識をもつことはどのようにして可能なのかを一般性をもったかたちでどうにか理解しよう、とおのずと努めるものでもあるのである。人間というもののあり方のこの側面をもっと理解できるようになりたい、と人間は望んでいる。それゆえ私は、われわれが日常的に行っている証明や主張はカントが述べている哲学的に恥ずべきこととどのように関わっているのか、と問うことにおいて、人間の知識を理解しようとするこうした一般性をもった探求は、探求の主題であるとおそらく考えなければならないこととどのように関連しているのか、と問うているのである。ここには何の困難もないように見えるかもしれない。すでにあらましを述べたとおり、デカルトは距離を置いた「外的」な精査を単純素朴な仕方で捉えており、そしてその精査は、われわれを取り巻く世界についてわれわれが知っていると信じたり考えたりしているどのことがらについても行うことができるのである。しかし、カントの場合、哲学的取組みとわれわれの日常的知識や科学的知識との間の関係は、デカルトの場合ほど直接的ではなくて、もっと込み入っている。デカルトに従って両者の関係を捉えるならば、すでに述べたとおり、哲学的懐疑論を避ける手だてはない。それゆえ、われわれが日常的知識をもつことはどのようにして可能かを理解する手だてはなく、そればかりか、そのことが可能であるということを理解する手だてすらないのである。カントはこのことには同意するであろうが、まさにそれゆえにカントは、自分で別の捉え方を作り出し、われわれがもっている知識を哲学的に吟味する際になさなければならないことは何かを捉え、その吟味はどのように進めなければならないのかを捉えた。カントの考えでは、哲学および人間理性一般にとっての恥ずべきこととは、カントのような捉え方がこれまでに作り出されたことがなく、過去の理論がみな懐疑論に至ってしまった、ということにほかならないのである。

この手の研究によって吟味され説明されるべきであるのは、われわれが日常的知識や科学的知識をもっているときに実際に立っている場所である。このことは、十分な知識理論のいずれにとっても、それが成功するための条件なのである。つまり、一例を挙げると、われわれを取り巻く独立した世界があって、われわれはその世界のことを知っている、ということを否定するようになってはならない。確かに、仮に、空間の中には何ものもまったく存在しておらず、存在しているものはことごとく自分自身の心の中だけに存在しているのだとしたら、デカルトの懐疑論は牙を抜かれることとであろう。私から独立したものが何もないのだとすれば、私から独立したものが存在しているということを私が知らないということは、私の知識に何ら制限を加えるものではないのである。しかし、カントに言わせると、このような「独断的観念論」は世界の存在を端的に否定してしまっており、しかもまさにその世界こそが、われわれがそれとわれわれとの関係を理解し始めようとした当のものなのであるのだから、その存在を否定することは不合理なのである。

カントは、別のたぐいの見解にも同じく不満足のようである。それはすなわち、われわれから独立した世界は「知ることができない」「疑わしい」「われわれが直接かつ問題なく知っているほかの事物ほど信頼できる仕方で知っているわけではない」などと述べているか、それを含意することを述べている見解である。あらゆるこうした見解を「観念論」とカントは呼んでいる。「蓋然的」観念論とも呼ぶが、それは、こうした見解では空間の中に事物が存在するということが、われわれにとって蓋然的になってしまうからである（B二七四）。また、「懐疑的」観念論とも呼ぶが、それは、こうした見解では空間の中にある事物が疑わしい、十分に正当化されないものになってしまうからである（A三七七）。これらの形式の「観念論」はどれも、われわれから独立して存在する事物をわれわれが知っているとは表現しないし、われわれが経験の中でそうした事物に出会うとも表現しない。カントによれば、これらの形式の「観念論」は、いま述べたことが原因で、われわれが世界の中のどの場所に実際に立っているのかを歪曲して述べていたり、不正確に表現していたりするのであり、このため、これらの観念論を避けるためには、われわれを取り巻く世界について人間が知識をもつことはどのようにして可能かを説明するはずの、何らかの理論をもってくればこと足りるはずなのである。このようにカントが考えているところからすでに感じられるが、人間の知識に哲学的な反省を加えることから帰結しうることをどう受けとめるかの点で、カントはデカルトよりもG・E・ムーアに近いようである。

カントの場合、哲学的な知識理論が成功していると言うための基準は高い。そういう理論がもたらさなければならない帰結の例を挙げれば、「そのページには三箇所もの誤植があることを校正担当者は本当に現に示しているし知っている」、「庭にゴシキヒワがいることを私は本当に現に知っている」、(ムーアの発言がわれわれの発言とまったく同種のものだとする限りで)「自分の手が存在することをムーアは現に知っており、彼はそのことに基づいて、外的な事物が少なくとも二つは存在することを現に証明している」などである。このように述べると、それらは本当のところ少しも高い基準ではないように見えるかもしれない。つまりそれらは、われわれの知識についてのどのような説明であれ満たすべき条件にすぎないように見えるのである。知識についてのこのような日常的事例は、まさに、哲学的な知識理論であれば説明すべきことである。しかし実際には、哲学的な知識理論がこの条件を満たしたり、あるいはこうした知識を説明したりすることは、あるとしてもきわめて少ないのである。すでに見たように、デカルトは「第一省察」の終わりまでには、そうした説明を与えていない。そして、私の考えでは、もっと最近のもっと精巧な理論の中にも、ちょうど同じようなかたちで最終的には失敗しているものがたくさんあるのである。

カントからすれば、そうした知識理論がみな失敗するのは次のことが理由である。すなわち、こうした理論は、われわれはわれわれの外にある事物をどうにかして間接的に、推論を介して知る、と述べているのである。もし、空間の中の対象は直接知覚されることはなく、われわれはどうにかして間接的にそれらを知るのだとすれば、われわれが空間の中の対象を知ることができるのは、われわれが直接かつ問題なく感知する何かほかのものからその存在を推論することによってのみであるように見えるであろう。カントは次のように考えている。こうした見解に基づくなら、空間の中の事物が存在するかどうかは、いつもある程度不確かなことになるであろう。というのも、この場合には、われわれがどれだけ確信していようとも、「われわれが直接感知する事物は、外界というわれわれが存在を信じているものとは何か別のものに起因するかもしれない」ということをつねに認めなければならないだろうからである。そうした事物が純粋に「内的」な源泉をもち、「内感の単なる戯れ」（A三六八）以上の何ものでもないという可能性を、完全に排除することは決してできないであろう。こうした見解に従えば、われわれは外的な対象を知ることはできないであろう。なぜなら、この見解においては、外的な対象が存在することは「証明しえない」（A三七七）ことであると表現されるだろうからである。

そこで、懐疑論を避けるためには、世界についてわれわれがもっている知識は間接的であり、推論を介して知られるものであるとするいかなる説明も拒否されなければならない。われわれがそれについて何らかのことは知っている外的な事物は、「推論される必要がなく、直接に知覚される実在性」（A三七一）をもっていなければならないのである。カントの考えでは、われわれが実際に立っている場所は次のとおりである。

> 私が外的な対象の実在性に関して推論を必要としないのは、私の内感の対象（私の思考）の実在性に関して推論を必要としないのとまったく同様である。（A三七一）

どちらの場合においても、「[そうした対象を]直接知覚する（意識する）ことは、同時に「そうした対象が」実在することを十分に証明するものである」（A三七一）。われわれが日常生活において立っているのは、「外的知覚が、空間の中に何かが実在していることを直接証明する」（A三七五）場所なのである。

私がこれまでに述べてきたのは、「カントによれば」これが日常生活においてわれわれが立っている場所である、ということであった。そして、「カントの考えでは」これがわれわれの側にあるときの事物のありようである、ということであった。とはいえ、デカルトのつきつける難題を勘案するならば、われわれが認識を行う際に立っている場所に関して安心を与えてくれるこうした見解を表明する権利など、カントにははなから与えられていないように見えるかもしれない。しかし、カントとデカルトのいったいどちらがわれわれの知識のありようを正しく記述しているのかということは、ここでは本当は問題になっていないのである。デカルトの記述は到底正しいはずはないということをカントは示したいと思っているが、カントはその反論を述べるにあたって、デカルトの考えに太刀打ちできる自前の代替案を単に提案するだけで済ませているわけではない。カントの発言は、われわれがもっている知識を満足のいくかたちで説明するにはどうすれば十分であるか、ということの条件を述べているものとして受けとめることができるのである。あるいは、そこまでは言えなくとも、懐疑論はどうあっても避けることができないと最終的に示された場合に、知識理論において求められるべき目標と最後の手段として捨て去られるべき目標とを述べているものとして受けとめることができるのである。したがって、カントが要求していることの一つの重要な特徴とは、彼の発言は伝統的懐疑的説明が少なくとも条件つきで力をもっていることを認めるものである、ということである。「伝統的懐疑的説明が少なくとも条件つきで力をもっている」ということで私が言おうとしているのは、もしデカルトが正しくて、われわれは対象をデカルトが表現している仕方で知覚しているのであれば、外界についてわれわれは何も知りえないと結論している点においてもデカルトは正しいであろう、ということである。こうしたわけで、カントの考えによれば、懐疑的でない説明を行う以上は、「われわれは、われわれがそれについて何らかのことを知りうる外的な対象と、間接的で推論を必要とするような関係にある」という考え方が否定されなければならないのである。ほとんどいかなる哲学的な知識理論も、カント以降のものでさえ、この条件を満たしていない。こうしたわけで、哲学的な知識理論は懐疑論を避けることができないのである。

ここまでくれば、カントが何を強調していたのかが見てとれる。すなわち、カントによれば、われわれが所有している知識とは、G・E・ムーアが外界の証明を行った際に提示したと考えた知識とちょうど同じたぐいの知識なのである。ムーアは、両手を自分がしたように目の前にあげることで、外的な事物が二つ存在することを証明してしまったと考えた。彼は、自分の手が存在することを確信していた。そしてそれと同じように、自分自身の思考や感情も含めて、自分の経験に属するそれ以外のどんなことも存在すると確信していた。彼は、自分の手を知覚するに際して、いかなる推論も行わなかったし、いかなる推論も要求することはなかった。彼は、自分の手を目の前で見ただけで、自分の手がそこにあることを知ったのである。そしてこのことは、外的な事物が少なくとも二つ存在することを証明するに足るものであった。カントによれば、哲学的な知識理論であればこうしたことを説明すべきなのである。われわれは現に、外的な事物を証明しているし知っているのだが、まさにこのことが、カントが不満を訴えている恥ずべきことが存在する理由である。外的な事物についてわれわれがもっている知識のことを、間接的であるとか、推論を必要とするとかと述べるどのような理論も、こうした知識を説明することはできないであろう。ムーアが疑問を抱かずに到達したまさにその場所にわれわれが立っているということを、そうした理論は示すことができないのである。

しかし、われわれはみなまさに「常識」の場所に立っているのであり、ムーアは決してそこから逸脱することはなかったのだ、とカントが考えているのだとすれば、カントとムーアはどこで意見が食い違っているのだろうか。ムーアや校正担当者は、自分が知っていると主張していることを実際に正しいと証明しているのかどうかに関しては、カントとムーアの意見は食い違ってはいないのである。この点に関しては、彼らは二人とも実際に証明していると主張するであろう。しかし、ムーアがやろうとしたことはこれですべてである。彼はほかには何も主張しなかったのである。すると、カントとムーアは、伝統的デカルト的説明のうちに含意されている懐疑論を拒否する点で結ばれるとしても、二人が異なっている論点はどのようにしてありうるのだろうか。

二人の間の相違点を一つ挙げると、カントは見たところムーアとは違って、懐疑的観念論者をそれでもやはり「人間理性の恩人」（A三七八）と見なしている。懐疑的観念論者がつきつける難題、すなわち、世界についてのわれわれの知識を絶え間なく脅かす懐疑的観念論者の批判は、カントが述べるところによれば、「われわれをして目を開くことを余儀なくさせ、また、われわれがおそらく不正な手段で入手したところのものを、正当に取得したものとしてただちにわれわれの所有に帰するような不当を阻止する」（A三七七～三七八）ものなのである。ここで問題になっている「所有」とは、まさにムーアが到達した場所、すなわち、自らを取り巻く外的な事物が存在することを確実に知っている場所に立つということである。しかし、カントにしてみれば、所有の「適法性」という問題が存在するのであり、それは、ムーアの行うたぐいの証明では解決することができない問題なのである。こうした問題が生じるのは、あるいは、こうした問題にはっきりと焦点があてられるのは、哲学的懐疑論がもたらす脅威によるものである。哲学的懐疑論は、このようにして、人間理性に恩恵を与えるのである。カントの考えでは、日常生活においてわれわれがみな到達している場所は、何らかの形式の哲学的懐疑論が正しいとすれば、「適法」でも「正当に取得したもの」でもないことになるであろう。この場合には、われわれが証明しているし知っていると考えているたぐいのことがらを、われわれは実際には証明していないし知らないということになるはずなのである。このため、われわれは懐疑論を阻止しなければならない。しかしカントであれば、懐疑論はムーアの外界の証明を用いても阻止されないと考えるであろう。

ムーアは、自分の証明に満足しない哲学者は多くいるであろうということに気づいていた。ムーアの考えでは、そうした哲学者たちは自分に反対して次のように述べるはずなのである。すなわち、「ここに手が一つあり、ここにもう一つある」というのがムーアの前提だが、彼はこの前提を実際には証明していなかった、それゆえ、彼は自らの結論を実際には証明していなかったのだ、というようにである（PP、一四九頁）。ムーアの考えは正しかった。哲学者たちはよくこのような仕方で反論してきたのである。こうした反論は間違っているとムーアは考えていたが、この点に関しても彼は正しいように見える。自分が前提していることをそれ以外のことに基づいて証明することができるということは、一般的に言って、何かを証明することの条件ではない。というのも、自分が前提していることをそれ以外のことに基づいて証明することができるということは、一般的に言って、何かを知ることの条件ではないからである。そのような仕方で証明することができない多くのことがらを、われわれは知っている。そして、われわれが証明なしで知っていることがらは、ある別のことがらの証明が完全に成功する場合に、その証明の前提としての役割を果たしうるのである。

カントがムーアの証明に対してこうした間違った反論をしてしまう哲学者の一人ではないということ

は、明らかであるように思われる。カントにしてみれば、外的な事物の知覚は「空間の中に何かが実在していることを直接証明する」（A三七六～三七七）のである。われわれは、われわれの感官を「証拠にして」外的な事物を「直接意識する」のであり、そこでは推論は行われていない（A三七〇）。それゆえ、カントであればムーアに反対して次のように述べることはないはずである。すなわち、ムーアは自分の手を目の前で見ることで、外的な事物が存在することを証明しようとしているが、自分の手が目の前にあることや自分がそれを見ていることをそれ以外のことに基づいて証明することができないなら、彼はそのこともまた証明することができない、というようにである。カントにしてみれば、自分の手を見ることは、外的な事物が存在することを証明するのに必要なことのすべてなのである。しかし、それでもなおカントの考えでは、哲学的懐疑論はムーアの証明によっては阻止されないのである。

カントにしてみれば、われわれを取り巻く世界についてわれわれが知っていると思っているたぐいのことがらについては、懐疑的観念論ないし蓋然的観念論が正しいとすれば、われわれには知られていないことになるであろう。このため、カントの考えでは、われわれが本当にムーアの到達した場所にいるということを示すためには、つまり、われわれが行っている「所有」を「適法なものにする」ためには、懐疑的観念論が誤りであることを示さなければならないのである。カントはこのことを、ムーアの証明とは別種の彼自身の証明を用いて示そうとしている。彼によれば、自分が証明したいと思っていることに証明が与えられたことはこれまで一度もなく、それゆえ、哲学および人間理性一般にとっての恥ずべきことは、依然として放置されたままなのである。観念論が誤っていることを証明すれば、そのことによって、その反対である実在論が真であることも証明されるであろう。したがって、「適法性」の問題の解決は、観念論を論駁し、まさにその事実によって実在論を証明することでなされるはずである。しかし、この「適法性」の問題とは正確にはどのような問題なのだろうか。そして、実在論を証明することでその問題が解決されるはずであり、自らを取り巻く世界の中にわれわれから独立して事物が実在することをムーアが証明しているとすれば、なぜムーアの証明は問題の解決にならないのだろうか。

カントが証明したいと考えている実在論は、複雑で強力な見解である。それは、事物は空間の中に知覚者から独立して存在し、事物が存在することを知っているいかなる人の能力からも独立して存在する、という考え以上のものを含んでいる。こうした考えは、実在論の形而上学的側面と呼ばれるかもしれない。しかし、カントの実在論は認識論的側面ももっている。カントの実在論は、知覚者から独立に存在する事物にわれわれが到達するための経路に関することがらも含意しているのである。カントからすれば、外的な事物をわれわれが知覚し、その結果、そうした事物について知識をもつことは、直接的であり、媒介を挟んでおらず、問題はない。外的な対象が実在することを知るのに、推論に訴える必要はなく、われわれはこうした対象を直接知覚するのである。どのような見解であれ、この直接性を否定するならば、その見解は懐疑的観念論の一形態となり、その結果、人間の知識はどのようにして可能かを説明することに失敗してしまうであろう。こういうわけで、カントにしてみれば、受け入れることのできる唯一の説明は形而上学的側面でも認識論的側面でも実在論なのである。われわれが行っている「所有」が「正当に取得したもの」で「適法である」と示されるべきであるとすれば、われわれは実在論を立証しなければならないのである。

カントの考えでは、実在論はこれまで一度として証明されたことがない。実在論の「適法性」の問題が未解決であるということは、哲学および人間理性一般にとって、依然として恥ずべきことなのである。しかし、「恥ずべきこと、すなわち、実在論がこれまで一度として証明されたことがないということは、結局のところどういうことなのか」ということは、はっきりしているわけではない。実在論とは、「対象は空間の中に存在し、われわれは知覚によってそうした対象に直接到達する」という見解のことである。しかし、ムーアの証明は、事物がわれわれから独立して空間の中に存在することを証明してはいなかったのだろうか。それにカントも、ムーアがそのことを証明したとは認めないのだろうか。また、ムーアの証明では、事物がわれわれから独立して空間の中に存在することを、彼のちょうど目の前にある二つの空間的対象を彼が直接知覚することによって証明してはいなかったのだろうか。こうしたムーアの証明ではカントの実在論の正しさは示されないというのであれば、なぜそうなのかを述べることが可能であるべきである。何がさらに必要とされているのだろうか。まずは、実在論の形而上学的側面について考察してみよう。ムーアが真であると証明したのは、「事物は空間の中にわれわれから独立して存在している」ということである。しかし、まさにこの言葉を用いることによって、実在論の形而上学的側面は表現されているのであった。カントであれば、ムーアの証明は受け入れるであろうが、ムーアの証明は実在論の形而上学的側面が真であることを立証している、ということは認めないであろう。カントの主張では、実在論はこれまで一度として証明されたことがないのであった。カントはなぜ、ムーアの証明は実在論の形而上学的側面が真であることを立証していると認めないのだろうか。ムーアの外界の証明が完全に正しいとしたとしても、一度として証明されたことがないとカントであれば言うであろうような命題を述べることはできるのだろうか。しかし、その命題の唯一の候補とは、「事物は空間の中にわれわれから独立して存在している」という命題であるように見えるのである。

おそらく、カントとムーアの相違点は、実在論の認識論的側面においてより多く見出されるのであろう。カントにとって恥ずべきこととは、われわれの外にある事物の現実的存在を「まったく信仰に頼って」想定しなければならない、ということなのである。実在論の認識論的側面が述べているのは、外的な事物が存在することをわれわれは信仰に頼って理解しているわけではない、ということである。われわれは外的な事物を直接知覚して、それが存在することを知るのである。だが、ムーアは自分の手を目の前で現に見て、そのことに基づいて、外的な事物が存在することを現に示した、ということをカントが認めるならば、彼は、外的な事物が存在することをムーアは信仰に頼って理解していたにすぎないと述べて不満を表明することはできない。まさにこうしたたぐいの不満を未然に防ごうとムーアは試みていたのであり、そのためにムーアは、彼が考えるカントの恥ずべきことに対して断固として応答していたのであった。ムーアはカントに対して次のように述べているかのようである。「君はこう言っている。外的な事物が存在することは、まったく信仰に頼って受け入れることにならざるをえない、と。ばかを言うな。信仰以上のものを僕が手にしているって見せてあげるよ。証明してあげよう。そんな証明はこれまで一つもなかったと君は言うけどさ。」もしもカントが、ムーアは本当に現に証明を行っているのであって、単に盲信に陥っているわけではないということを認めるとすれば、カントが考える、実在論の立証に必要ではあるがムーアがなおも証明していないこととは、どういうことなのだろうか。

　証明が必要とされているのは、単にあれやこれやの外的な事物、たとえばムーアの手のようなものが存在するということではなくて、外的な事物一般が存在するということである。こう言いたくなるし、カントならば確実にこう言うであろう。しかし、第3章で確認したように、ムーアが現に証明し知っているのは、外的な事物に関する完全に一般性をもった命題が真であるということである。したがって、ムーアが知っていることはカントが証明したいことよりも一般性が低いと述べることはできないのである。ムーアは自分の手が存在することを知っている。それゆえ彼は、外的な事物がいくつか存在するということも知っている。このため、彼が知っているのは完全に一般性をもった命題である。およそ外的な事物が存在することをムーアは知っているのかどうか、という一般性をもった問いに対しては、答えは「知っている」になるにちがいない。つまり、われわれがカントとともに、ムーアは彼が知っていると主張していることを現に知っていると認めるならば、そうなるのである。

しかし依然として、次のようにも感じられるであろう。すなわち、「外的な事物が存在することを一般に知ることは可能である」ということがともかくも保証されている場合に限って、ムーアは自分の結論を立証することができる、というようにである。それゆえ、「カントが証明しようと取り組んでいるのは、およそ外的な事物が存在することを知ったり証明したりすることは可能である、ということなのである」と記述するとしたら、それはもっともなことである。そして、ムーアはあたかもこの問いを無視しているかのように見えるかもしれない。このことが示唆しているのは、二種類の異なることがらがあって、そのどちらもが証明されなければならない、ということである。すなわち、（a）外的な事物が存在するということ、（b）外的な事物が存在することを、ムーアのやり方を用いて証明し知ることは、一般に可能であるということ、この二つのことがそれぞれ証明されなければならないのである。そして、ムーアは第一のことしか証明していないが、他方でカントは第二のことを証明したいと考えていると、こう見えるかもしれない。

しかしながら、ムーアという人は、カントが提起するこのような哲学上の問いを無視していたと見られているにしても、世界について知識をもつことは一般に可能であるのかという問いに本当に答えていないのだろうか。もし、ムーアは自分が知っていると主張していることを現に知っているのであれば、彼はまったく申し分のない方法を手にしているように見えるのである。すなわち、その方法を手にしているということから、ムーアを指して、外的な事物が存在することを知ることは可能であるのかという問いに彼は解決を与えた、と言うことができそうである。凍結した湖を私が実際に渡れば、そのことによって私は、その湖を歩いて渡ることは可能である（可能であった）ということも示している。手が目の前にあること、それゆえ、外的な事物が存在することを誰かが実際に知っていれば、そのことによってその人は、そうしたことをそのような仕方で知ることは可能であるということも示している。何かが実際にそうであるということは、そうであることが可能であるということの最良の証明なのである。したがって、仮に、証明しなければならないことは二つあり、一つは、外的な事物が存在するということであり、もう一つは、外的な事物が存在することを一般に知ることが可能であるということであるとしても、さらに説明が加えられなければ、ムーアは第一の証明を行っているだけで第二の証明は行っていない、と言うことはできないのである。ムーアが第一の証明を現に行っているとすれば、彼は第二の証明も行っているということが帰結する。もちろん、ムーア自身は、第二の証明を行ったと実際に主張しているわけではない。しかしわれわれは、彼が第一の証明を成功させたことから、外的な事物について一般に知識をもつことは可能であるということも彼は現に証明していると見てとることができるのである。カントでもこのことは見てとれるはずである。しかしそれでも、カントがこの単純な証明を見たときに、これまで一度としてなされたことがないと自分が述べている証明がついになされた、と見なすことはないであろう。したがって、これまで一度として証明されたことがないのは恥ずべきことであるとされているものをちゃんと特定しようとして、「外的な事物一般について知識をもつことが可能であることは、これまで一度として証明されたことはない」とただ述べてみても、それだけでは足りないのである。われわれは依然として、定式化すべき命題を定式化できていない。つまり、カントであれば、これまで一度として証明されたことがなく、ムーアの外界の証明がたとえ完全に正しいとしても証明されたことにならないと述べるであろう命題は、まだ定式化できていないのである。

ムーアが見落としていたか無視していたこととは、実在論の認識論的側面がもつある別の要素であるとひょっとすると感じられるかもしれない。ムーアは自分の手を知覚し、そのことに基づいて外的な事物が存在することを証明した。しかし彼は、次の問いを無視していたように見えるかもしれないのである。つまりそれは、外的な事物を直接知覚することは可能であるのかという問いであり、ムーアはこうした場合にいくつかの外的な事物を実際に直接知覚していたのかという問いである。しかし、「ムーアはここで言われているような見落としをしていたのだ」と単純に述べることは、またしても容易なことではない。というのも、一つには、ムーアが自分の手を現に直接知覚していたのだとすれば、すでに述べてきたように、彼を指して、自分の手を直接知覚することが可能であることを彼は証明した、と言うことが確かにできるからである。したがって、「外的な事物を直接知覚することは可能である」ということが、ムーアのやり方ではこれまで一度として証明されなかったことである、というはずはないのである。

さらにムーアは、ある方法を用いることで、自分はいま考えているような場面で外的な事物を実際に直接知覚しており、したがって、外的な事物が存在することを推論を介さずに知っている、ということを簡単に証明することができる。彼は、自分の手を間接的に知覚してはいないことを示しさえすればよいのである。何かを間接的に見るということは、たとえば、テレビ画面だけで見るということであり、曲がり角の周辺を鏡で見るということである。つまり、そういう像を見るということである。これは、晴れた日の日光の下で、手を伸ばせば届く距離に向かいあって見ることとは対照的である。何かが存在することを、見つけ出した痕跡や証拠から推論することもある。しかし、事物それ自体を前にしているときには、そんなことはしない。日常生活のさまざまな場面において、われわれは知覚から知識を得るやり方を二つに区別することができる。対照的な二つのやり方のどちらを念頭に置くのかは、具体的な文脈に依存しているのである。法廷で証人はこうたずねられるかもしれない。「被告が被害者を刺したのを君は実際に見たのか。それとも、倒れている被害者と一緒に被告がいて、被害者を刺すことのできる範囲内に被告しかいなかったのを見ただけなのか。」別の証人はこうたずねられるかもしれない。「君は被告が刺すのを直接見たのか。それとも、テレビ画面で見ただけなのか。あるいは、鏡越しに見ただけなのか。」われわれは具体的な場面でこうした二つのやり方を現に区別している。そして明らかに、どちらのやり方についても日常的な事例は存在するのである。われわれは事物を直接知覚し、推論を介さずに知識を得ることもあれば、そうでないこともある。しかし、このような日常的な意味においては、ムーアが自らそうしたように両手を目の前にあげることは、明らかに、事物を直接知覚する事例であり、推論を介さずに知識を得る事例なのである。ムーアは実際にはそんな証明を行わなかったが、両手を目の前にあげることがこうしたたぐいの事例であることを彼が証明することは容易であろう。自分の目と手の間には、テレビのスクリーンも、鏡も、それ以外のどんなそのような仕掛けも介在していなかったということを、彼は証明しさえすればよいのである。そして彼は、自分が依拠していたものは痕跡でも証拠でもなくて、手そのものがそこにあることであったということを証明しさえすればよい。そうすることでムーアは、「われわれは外的な事物を直接知覚しており、それが存在することを推論を介さずに知っている」ということが真であることを、彼らしい単純素朴なやり方で証明するはずなのである。しかし、「われわれは外的な事物を直接知覚しており、それが存在することを推論を介さずに知っている」というのは、まさに実在論の認識論的側面を表現するための言葉にほかならない。カントであれば、ムーアの証明を拒否する理由はないであろうが、それにもかかわらず彼は、自分の実在論の認識論的側面は依然として証明されていないと主張するのである。われわれはまたしても、次の条件を満たす命題が何であるのかを特定しそびれてしまったのである。それはすなわち、カントの実在論を表現していると確信することができるが、ムーアの単純素朴で日常的なやり方では証明することができない命題である。

ある意味においてムーアは、「外的な事物は存在する。われわれはそれを直接知覚し、それが存在することを推論を介さずに知っている」という命題が真であることを証明していると述べることができるであろう。われわれはこのことを認めざるをえないとしてみよう。たとえそうだとしても、われわれの大多数（どうやらG・E・ムーアはこの中に含まれていないが）はやはり、私がムーアの証明と見なしてきたものは実在論に関するカントの問いを解決しないし、解決しえない、と感じているようなのである。まだうまく言葉で表現する方法は見つかっておらず、カントの実在論の形而上学的側面と認識論的側面の両方を曖昧さのないかたちで述べられるという確信はもてていないとしても、私の考えでは、カントの次の要求が力をもっていることをわれわれは感じとっている。その要求とは、われわれを取り巻く世界との関係でわれわれが日常的に立っている場所が「正当に取得され所有されたもの」であることを示すためには、カントが念頭に置いている実在論が立証されなければならない、というものである。われわれが感じとっているこうしたことを具体的に実行に移すためには、次の二つの問いに答えなければならない。第一に、カントが立証したいと考えている実在論のテーゼとは、正確に言うと実際のところどういうテーゼなのだろうか。すなわち、そのテーゼを表現するのにごく自然に用いられる言葉を用いることによって、G・E・ムーアがすでに証明したことや、彼が容易に証明することのできることも同じように表現することができるのだとすれば、カントが立証したいと考えている実在論のテーゼは、そもそもどのようにして表現すべきであるのだろうか。第二に、カントはこうした実在論のテーゼを、実際にはどのようにして立証しようとしているのだろうか。またはそれ以前に、どのようにすれば立証することができると思っているのだろうか。

二つ目の問いから手をつけることにする。というのも、それが一つ目の問いの答えに近づくための最も効果的な方法であるように見えるからである。カントのテーゼを表現する言葉を理解するだけでは、カントのテーゼを理解していることが保証されないのだとすれば、そうした言葉のカントにとっての「意義」なり要点なりと呼ばれるかもしれないことに考察の的を絞り込むことが、いっそう理にかなった戦略であるかもしれない。どちらの問いについてであれ、それが少しでも前に進んでいくためには、哲学的懐疑論がもたらす脅威が呼び戻されて登場するにちがいない。

「恥ずべきこと」を記述するにあたって、カントは単に、「われわれの外にある事物の現実的存在……をまったく信仰に頼って想定しなければならない」と述べているだけではない。「このことに疑いをもち始めた人に、満足のいく証明を与えうるものでない」とも、彼は述べているのである。このことは、カントが念頭に置いていたかもしれないことに関して手がかりを与える。というのも、誰かの疑いを証明によって反駁しようとするならば、それには少なくとも二つの異なったやり方があるのだが、そのうちの一つだけしかムーアの外界の証明は説明していないからである。誰かが何かを否定したり疑ったりしている場合、われわれは、彼が否定したり疑ったりしている命題が真であることを証明することによって、彼の疑いや否定を反駁しようとすることができる。われわれの証明が正しければ、その命題を否定しているので彼は誤っているのであり、彼にはその命題を疑う理由がないことをわれわれは示すことができるのである。しかし、たとえわれわれの証明に誤りがまったくないとしても、このような単純素朴な手順がいつも成功するわけではないことをわれわれは知っているし、あるいは少なくとも、こうした手順が将来にわたってずっと成功するわけではないことをわれわれは知っている。非常に説得力のある仕方で疑いや否定を引き起こすように当初思われていた考察は、それとは反対のことをわれわれが仮に証明したとしても、よみがえって再びわれわれにその威力を印象づけるようになるかもしれないのである。われわれはここで、自分たちがパラドックスやアンチノミーのような状況に置かれていると気づくかもしれない。そのような状況においては、われわれの疑いは満足のいくかたちで反駁されることはないし、われわれの理解が満足のいくかたちで増進することもないのである。ある人が部屋を横切ると、そのことによって、「運動は不可能である」と論じている点でゼノンは誤っているということが証明される。しかし、ゼノンの議論の一歩一歩に私が半ば説得されているとか、そうでなくてもそれに引きつけられているとか、あるいは、ここで説得されるべきでなく引きつけられるべきでない理由を私が十分に理解していないとかというような場合には、その人が現に部屋を横切ったことを私がいくら知っていようとも、そのことは、私の疑いを満足のいくかたちで反駁しないであろうし、また、運動はどのようにして可能かについての説明も私に与えないであろう。

誰かがもっている疑いを反駁するためのもう一つの方法とは、その疑いには根拠がないことを明らかにするというものであるだろう。すなわち、その疑いを引き起こすように見える考察はそのように疑うことの正当な理由にはならない、ということを明らかにしたりすることで、疑いを生じさせないようにするというものであるだろう。これは、疑いの標的となっているものが真であるか偽であるかということよりも、疑いの源泉となっているものが何であるのかということに考察の的を絞り込む、ということである。外界についてわれわれがもっている知識にこの戦略を適用すると、哲学的懐疑論は中心的な問題として現れることになるであろう。というのも、事物はわれわれの外に存在しているのだろうかと問うことは「もっともであると考えている」人たちは、デカルトが「第一省察」で行ったような考察に基づいて、そう考えているからである。たいていの場合、一般性をもった疑いは、このような考察を行うことによって導き出されるのであるが、このような考察によってはそうした一般性をもった疑いは引き起こされない、ということを仮に示すことができたとしてみよう。あるいは、そうした一般性をもった疑いを一貫した仕方で定式化するだけでも、あらかじめこの疑いに暗黙のうちに答えが与えられていなければならない、ということを仮に示すことができたとしてみよう。この場合、カントが不満を訴えている恥ずべきことは取り除かれたはずである。ムーアは、疑いの源泉となっているものが何であるのかということに、少しも注意を払っていない。いうなれば彼は、疑っているゼノンを前にして部屋の横断を続けることだけでよしとして、真なる前提から「運動は可能である」という彼自身の結論に到達できないのはどうしてか、ということを注意深く見たり説明したりしていないのである。カントの考えでは、懐疑的議論は成功しえないのであるが、しかし彼は単に、懐疑的議論の結論は誤りであるという主張だけを求めているのではない。カントが証明したいと考えているのは、懐疑的論法は、その論法自身が一貫していることを承認しうる前提から到達するところの結論を決して手にすることができない、ということなのである。

デカルトは、われわれの経験はみな、外的な事物があろうとなかろうと、まさにいまある仕方でありうるということを認めていて、そのことから懐疑的結論に到達している。だから、われわれが感覚に基づいて知ることができることとは、われわれから独立して空間の中に存在する対象についてまったく何も知らなくとも、真であると知ることができるのである。現れと実在との間には一般にこのようななずれがあるのだが、このことは、いわゆる「認識論的なプライオリティ」なるものを表現するものである。すなわち、感覚による経験、知覚、表象、あるいはデカルトが「観念」と呼ぶものは、われわれから独立して空間の中に存在する対象に対して「認識論的なプライオリティ」をもっているのである。さて、一方の種類のものごとが他方の種類のものごとに対して「認識論的なプライオリティをもっている」とか、認識の順位においてプライオリティがあるとかと述べるとすると、それはいったいどういうことを述べているのだろうか。その答えは次のとおりである。つまりそれは、一つ目の種類のものごとは、二つ目の種類のものごとが知られていなくても知ることができるが、逆は成り立たない、と述べているのである。したがって、この意味において、二つ目の種類のものごとは、一つ目の種類のものごとほど直接的な仕方で知られるわけではないし、また、二つ目の種類のものごとは、一つ目の種類のものごとに基づくことによってのみ知られることになる。そして、外的な対象についてわれわれが知識をもつときにわれわれはまさにこうした場所に立っている、とデカルトは述べているのである。われわれがもっている感覚による経験に関するある種のことがらや、事物がわれわれにどのように現れるかに関するある種のことがらについては、われわれから独立した対象が空間の中に存在することについて何も知らないとしても、われわれは知ることができる。したがって、このような感覚による経験や、事物がわれわれに現れる仕方に関する事実は、外界に関する事実に対して認識論的なプライオリティをもっていることになるのである。こういう具合にして、外界はわれわれがもっている感覚による経験ほど直接的な仕方で知られるわけではない、ということになる。また、こういう具合にして、外界はわれわれがもっている感覚による経験に基づくことによってのみ知られる、ということになる。

カントの考えは次の通りである。経験や事物の現れは外的な事物に対してこういう具合にして認識論的なプライオリティをもっているとするどのような見解も、われわれは拒否しなければならない。こうした見解に基づくならば、対象についてわれわれが知識をもつことはどのようにして可能か、ということを説明することはできないのである。こうした見解は、観念論の一形態であるだろう。カントが証明したいと考えている実在論は、あらゆるそうした観念論的な見解の否定なのである。したがって、カントの言う実在論を証明するということは、感覚による経験は外的な対象に対して認識論的なプライオリティをもっているとする説は正しくないし、それどころか正しいことはありえない、ということを証明するという問題になる。これは、ムーアが関心を寄せていたようにはとても見えないたぐいの問題である。ムーアが証明できることは、「われわれは外的な事物を直接知覚しており、それが存在することを推論を介さずに知っている」という言葉で正しく表現されるのだが、それにもかかわらずやはりそうなのである。これと同じ言葉は、カントが興味をもっている実在論を表現するものとして受けとめられるときには、認識論的なプライオリティというデカルトの説の否定として理解されなければならず、ムーアが立証したと認めることができるありふれた真理を述べているものとして単に理解されてはならない。したがって、カントのテーゼは、デカルトの説を理解することによってのみ理解されるであろうし、少なくとも、デカルトの説に通じていると考えられている考察を理解することによってのみ理解されるであろう。こういう具合にして、哲学的懐疑論は登場するのである。懐疑論に通じていると考えられている考察とは、まさに、「観念」は対象に対して認識論的なプライオリティをもっているという説に通じている考察である。したがって、カントの実在論について正しい種類の理解をもつつもりならば、こうした説がどのような根拠に基づいているのかを理解して、正しく評価しなければならないのである。このような形態の実在論を証明するということは、ムーアでもやすやすと行うことができるようなありふれた証明を行うことではない。そして、カントが述べているところによれば、世界についてわれわれが知識をもつことはどのようにして可能かということを、満足のいくかたちで説明するためには、前者の形態の実在論を証明することが必要とされるのである。

カントの考えでは、伝統的懐疑論がつきつける難題は次のことを示している。すなわち、われわれの日常的な知識が「正当に取得したもの」であり、適法でない仕方で所有されているものにすぎないものではないということは、保証されなければならないことなのである。しかしカントは、このことは哲学上の要求であると見てとっている。つまりカントは、G・E・ムーアや、実験室にいる科学者や、法廷にいる証人を指して、懐疑的観念論が誤りであることをまずはじめに証明しなければ、自らを取り巻く世界に関して何らかの事実を証明したり知ったりすることはできない、と述べているわけではないのである。また、哲学には恥ずべきことがあるという事実は、次のことを含意しているわけではない。すなわち、科学者や市井の人は、「感覚による経験は対象に対して認識論的なプライオリティをもっている」という説を前もって論駁しているのでない限り、対象が目の前に存在するということをまったく信仰に頼って理解しているにすぎない、ということを含意しているわけではない。カントからすれば、日常生活や科学の場面でわれわれが行う主張については、そうした証明は必要とされていないのである。このような場面で行われるわれわれの主張は、そのままで完全であって問題はない。しかし、カントの考えでは、われわれが知識をもつことを理解するためには、つまり、われわれを取り巻く世界についておよそ知識をもつことはどのようにして可能かに関して、哲学で探し求められているたぐいの理解を得るためには、観念論は決定的に論駁されなければならないのである。哲学者たちは、これまでつねに、知覚および知識を観念論的に捉える捉え方を承認し続けてきたので、そのため彼らは、懐疑論をずっと引き受けることになってしまった。カントはこのことを恥ずべきことと考えているのであり、そしてその考えは正しいのである。このことによって哲学者たちは、外的な事物についてわれわれが知識をもつことを、信仰に基づく行為としてしか説明することができないのであり、そのため、外的な事物についてわれわれがもっている知識を、知識なり理にかなった信念なりとして説明することがまったくできないのである。しかし、カントがはじめからずっと十分に自覚しているのは、世界について何らかの知識をもつことはどのようにして可能かについて反省を加えはじめるや否や、人が懐疑論へと追いやられてしまうのはきわめて容易である、ということである。カントが明言しているように、こうした反省から懐疑的結論を導くことをいっぺんに封じ込めようとする吟味なり証明なりは難しいことを要求しているのだ、ということに彼は気づいているのである。

ムーアがこうしたことを明示的に認めたことは一度もないように見える。彼が完全に気づいているのは、哲学者たちはしばしば外界について何も知らないと言ったり、それを含意することを言ったりしている、ということである。彼には哲学者の親友が何人かいるのだが、彼らがそういうことを言っているのを彼は知っているのである。しかし、そうした哲学者たちに対する彼の応答というのは、彼らの言っていることが真ではないことを彼らに気づかせるようなものである。ムーアにしてみれば、あたかも彼らは手助けを必要としており、手助けを求めているようなものなのである。彼らはさながら、あるページにいくつの誤植があるのかをちゃんと確定できないかのようであり、あることがらを知っているのか知らないのかをちゃんと思い出せないかのようである。ムーアは進んで、彼らの手助けをしたり、彼らが忘れてしまったかのように見えることを思い出させてやったり、彼らが組み立てている抽象的な理論から彼らが明らかに所有している否定する余地のない知識へと、彼らを連れ戻してやったりするのである。

しかし、懐疑的哲学者たちは、次のような仕方で窮地に追い込まれているのであった。すなわち彼らは、世界についてわれわれが知識をもつことはどのようにして可能か、ということについての一般的説明を探し求め、その結果として、知覚ならびに知識に関するある種の考察が否定的な結論に通じているのは避けられないように見えることを見てとることによって、窮地に追い込まれているのであった。このような哲学的吟味に備わっている独特の本性こそが、ムーアが一度も把握していなかったように見えるものである。ムーアは、世界について彼がもっている知識に関して、私が「内的」な場所と呼んだところの内側に立ったままなのである。こうした知識に関する問いについては、同じたぐいのすでに知られている別のことがらに訴えることで答えられるべきである。これに対して、世界についてわれわれがもっている知識一般に関する哲学上の問いというものもあり、これが、哲学的懐疑論がもたらす脅威に対応している。そして、こうした問いは、ムーアが「内的」な方法を用いたところで決して答えられないわれわれの知識に関する問いであるように見えるのである。これが、「適法性」という「外的」な問いであり、カントが実在論を証明することで解決しようとしている問いである。(もっとも、ムーアが見落としたか決して答えることができなかった問いとは正確にはどのような問いであるのかを、われわれが依然としてはっきりとした言葉で定式化できていないということは、認めなければならないが。)

伝統的懐疑的説明に陥ることは避けなければならないが、それでも、哲学が答えを与えなければならないような問いが存在する。それはすなわち、われわれを取り巻く世界についてわれわれが知識をもつことはどのようにして可能か、という問いである。そのことは可能であるという事実を論証してみたところで、それだけでは不十分である。それどころか、そのことは現に成り立っていると論証してみたとしても、なおも不十分なのである。われわれがこれまでに見てきたことによれば、ムーアもまたこのことをある意味で証明していたと述べることができる。求められているのは説明であるが、世界についてわれわれが知識をもつことはどのようにして可能か、ということについての説明をただもってきても、(たとえそれが真なる説明であるように見えるとしても)うまくいくわけではないのである。ムーアあるいはムーアのように考える人であれば、たとえば、われわれは自らを取り巻く事物を見たり触ったりして知るのだと言うことによって、われわれが知識をもつことを説明するかもしれない。カントもきっとこのことを否定したいとは考えないであろう。しかし、カントが探し求めている説明というのは、哲学的懐疑論に至ることがこれほど避けられないように見える考察に直面しているにもかかわらず、世界についてのことがらをわれわれが知ることはどのようにして可能なのか、ということについての説明を行うものなのである。

われわれは、自らを取り巻く事物を見たり触ったりしている。このように述べることで単純に答えてみても、懐疑的難題と一緒にそれが示されるなら、それは不安定な答えになるであろう。つまりこの答えは、われわれは結局のところそうした事物を本当に見たり触ったりしているわけではない、という裁定に道を譲らなければならないはずなのである。まさに哲学的懐疑論がもたらす脅威によって、われわれのもっている知識はカントが探し求めているたぐいの仕方で説明される必要がある、ということが示される。こうしたわけで、懐疑的観念論者は「人間理性の恩人」であるとカントは考えているのである。そして、カントが探し求めているたぐいの説明とは、懐疑論がもたらす潜在的脅威を破壊するものであり、あるいは少なくとも、そうした脅威の武装解除を行うものである。たぶん、何かあることが生じることはいったいどのようにして可能か、ということを説明する際には、つねにそのようなかたちになるのであろう。ある種の考察は問題になっていることがらを不可能にするように見えるとする。すると、そうしたことが「どのようにして可能か」を説明することによって示されるのは、そうしたことが生じることを妨げるように見える障害は本当のところまったく障害ではない、ということなのである。[2] したがって、カントの課題、つまり、カントが実在論を立証することによって答えようとしている問題を理解するためにさえ、世界についてわれわれが知識をもつことを妨げるように見える哲学的懐疑論が提出する障害を、われわれは理解し承認しなければならない。さもなくば、われわれは、目下の問題を表現している言葉以上のものを手にすることはないであろう。そしてこのときには、「われわれを取り巻く事物についてわれわれが知識をもつことはどのようにして可能か」という完全に理解可能な疑問文は、それ自体では、カントが答えたい問いを表現するのに十分なものとはならないのである。

　われわれが知識をもつことを妨げるように見える障害とは、感覚による経験はわれわれから独立して存在する対象に対して認識論的なプライオリティをもっている、という説に由来するものである。したがって、カントの実在論が保証しなければならない知覚と知識の直接性は、彼自身も述べているように、次のことを立証することによって保証されなければならない。

　われわれは外的な事物に関して単に想像するだけでなく、経験もしている。そしてこのことは、われわれの内的経験、すなわちデカルトが疑いえないとした経験すら、外的経験を前提としてのみ可能であるということを証明しうるときにのみ、成就せられうるわけである。（B二七五）

このことが意味しているのは次のことである。外的な事物の「経験」ないし「外的な事物の現実的存在の直接的意識」（B二七六n）は、われわれが「内的経験」をともかくももつための条件として示されなければならない。それゆえそれは、われわれが感覚による経験をもつための条件としても示されなければならないが、この感覚による経験こそは、疑う余地なく知られるものであるか、空間の中の外的な対象よりも信頼できる仕方で知られるものであるとして、デカルトによって主張されている当のもののであった。証明されなければならないのは、「内的経験一般」は「外的経験一般」が可能である場合に限り可能である、ということである（B二七八）。そして、この「外的経験」こそが、「空間の中に何かが実在していることを直接証明する」（A三七五）ものなのである。われわれはこのようにして、自らを取り巻く事物に直接到達しなければならない。このことを立証したとすれば、「外的直観の実在性」（B xl）ないし「外感の実在性」（B xli）を立証したことになるであろうし、またそのことによって、世界の中でわれわれが立っている場所を正しく説明しているのは実在論である、ということを示したことにもなるであろう。

仮に、「内的経験一般」が可能であると示されるのは、「外的経験一般」がカントの理解している仕方において可能である場合に限られる、としてみよう。もしそうだとすれば、感覚による経験は外的な対象に対して認識論的なプライオリティをもっているという説は、論駁されたことになるであろう。しかし、たとえカントの「外的経験」が、「空間の中に何かが実在していることを直接知覚すること」という意味であるとしても、彼の実在論が次のことを含意していると考えるのは間違いである。すなわち、「外的知覚」をわれわれが所持しているときはどんなときであれ、われわれはそのときに、われわれの外にある空間の中に何かが存在しているのを直接知覚している、ということは、カントの実在論には含意されていないのである。われわれは誤りを犯すかもしれないし、実際に誤りを犯すこともある。また、あれやこれやの事物が存在することに関して、確信をもてないこともままある。たとえば、夢や妄想の場合には、われわれの知覚は「構想力のはたらきから生じた結果にすぎない」（B二七八）。事物が実在するかどうかについて具体的な場面で問われることはありうるし、そうした問いが実際に問われているときもある。そして、こうした問いを解決することが可能である場合には、それは、通常の広く認められた仕方で解決されるのである。

これも経験、あれも経験と称せられているものが、実はまったくの想像ではあるまいか、ということになると、これは経験の特殊な規定に従い、また実在するものについてのいっさいの経験の基準に関連して決定されなければならない問題である。（B二七九）

実在の「基準」とここで呼ばれているものが何であるのかについて、カントはほとんど何も述べていない。彼は、事実上次のような趣旨のことを述べる以外には、この問いを直接論じることはほとんどないのである。すなわち、何かが実在しているということは、すでに知られている自然法則に合致する仕方で、その他の実在物の中に一貫性をもったかたちではめ込まれることによって立証される。カントが言うには、錯覚によって欺かれたり惑わされたりしないようにするためにわれわれがなすべきであるのは、「経験的法則に従って知覚と結びつくものは実在する」（A三七六）という規則に従うことなのである。[3]しかしながらカントは、その問いが生じてくる具体的な場面で実在と現れは実際どのようにして区別されるのかについて、細部に踏み込んだ詳しい説明を展開しているわけではない。

この論点をめぐるカントの扱いが散漫であることから、カントの理論はこの点において欠陥があるように見えるかもしれない。また、われわれを取り巻く事物が存在することをわれわれはどのようにして知るのか、ということついて説明したいと考えているのであれば、われわれは正確に言ってどうすれば誤りを避けることができて、実在と現れを区別することができるのかということについて、もっと注意深く説明すべきであるように見えるかもしれない。しかし、こうしたたぐいの不満を表明するならば、カントの実在論の核心部分を誤解していることをさらけ出していることになるのである。仮に次のように考えてみることにしよう。すなわち、われわれを取り巻く世界についてのことがらを知るためには、われわれは、自分たちが経験するどのことがらについても、それが実在していることや錯覚でないことをそのたびごとに立証しなければならない、というようにである。もしそうだとしたら、カントは実在論者として、どのようにすればそのようなことはなされうるのかということや、どのような根拠によってそのようなことはなされうるのかということについて、きわめて注意深い説明を行わなければならないのは明らかであるだろう。しかし、感覚による経験をもっていることをわれわれが知っているときには、その経験に対応する外的な実在物が存在しているかどうかを、それぞれの場面においてであれ一般的な場面においてであれほかのこととは独立に確定しなければならない、ということは、カントの実在論が明示的に否定していることであった。感覚による経験に外的な実在が対応していることをつねに立証しなければならないとしたら、うまくいくことは決してありえないとカントは考えているのである。感覚による経験に外的な実在が対応していることをつねに立証しなければならないとすると、蓋然的観念論ないし懐疑的観念論が唯一の答えになってしまって、実在性はうまくいっても常に不確かなものとなってしまうであろう。したがって、いま提出されたこの問題は取り除いておかねばならないのである。

この問題は、感覚による経験なり知覚なりは外的な実在に対して認識論的なプライオリティをもっているという信念、つまり、われわれの内的経験は空間の中にあるわれわれの外の対象よりも確実ないし直接的に知られうるという信念によって支えられている。これはまさに、カントの実在論が否定しようとしていることにほかならない。

「内的経験一般」が可能であるのは「外的経験一般」が可能である場合に限られる、としてみよう。また、「外的経験」とは外的な事物を直接知覚することである、としてみよう。すると、われわれを取り巻く事物が存在することをわれわれが知ることができるためには、われわれがもっている感覚による経験に対応する外的な実在物が存在することを、それぞれの場面においてであれ一般的な場面においてであれ、ほかのことと独立に確定する必要はなくなる。「外的知覚」はたいていの場合、「私の外にある……事物の現実的存在を直接意識すること」であるだろう。したがって、私の外に何かが存在することをさらに推論することは、こうした場合、必要でもなければ可能でもないのである。私が目の前で何かを見ることは、「空間の中に何かが実在していることを直接証明する」ことになるであろう。われわれはしばしばこうした経験をもっている。このことは、われわれがもつことのある個々の「外的知覚」はどれも外的な事物が存在することを必然的に含んでいる、ということを含意してはいないが、しかし、次のことは確かに含意しているのである。すなわち、われわれはときとして錯覚に陥ったり、単に構想力がほしいままに活動したりすることもあるが、そうした一般に認められている事実から、われわれが知識をもつことに対して懐疑論がもたらす完全に一般性をもった脅威が生み出されることはありえないのである。

したがって、カントの実在論を証明するということは、次のことを意味するであろう。すなわち、実在性を疑ったり不確かだと思ったりすることは、特別な状況下では適切で反論の余地もないこともあるのだが、しかしそれを、デカルトがそうしているように、感覚による知覚のあらゆる場面に拡張することは不可能なのである。仮にこうしたことが可能であるとすると、われわれはいつも必ず推論を伴って世界についての知識に到達していることになるであろう。その推論とは、われわれの経験の特徴、すなわち事物がわれわれに現れる仕方から、事物の本当のありようへと至る推論である。これはまさに、感覚による経験は外的な対象に対して認識論的なプライオリティをもっているという説である。カントの実在論の証明が示そうとしているのは、こうした説はおよそ経験なるものを可能にするための条件のうちの一つに反している、ということなのである。デカルトの見解によれば、われわれが経験の中で外的な事物を直接感知することは決してない。われわれがもっている外的な事物の知識はいかなるものであれ、感覚による経験に基づいて到達されるものにすぎず、そして、感覚による経験に関しては、われわれは確信をもつことができるのである。しかし、こうした見解においては、今度は次のことが議論において前提となっている。それはすなわち、外的な事物についての知覚や知識をいっさいもつことがなくても、事物がわれわれに現れる仕方に関する「内的」経験をわれわれはもつことができる、ということである。これはまさに、「内的経験一般」が可能であるのは「外的経験一般」が可能である場合に限られる」というテーゼが否定しようとしているものにほかならない。カントにしてみれば、およそ経験なるものをわれわれがともかくももっているならば、われわれは、外的な事物を直接経験することが可能でなければならないのである。ここで言われている外的な事物とは、われわれから独立して空間の中に存在する事物のことである。したがって、われわれは空間の中の事物に直接かつ問題なく到達しているのであり、そのため、そうした事物についてわれわれがもっている知識は、直接的であって問題はないのである。ここで「問題ない」と言われているのは、デカルトが試みているたぐいの完全に一般性をもった攻撃をまったく寄せつけない、という意味においてである。デカルト式の蓋然的観念論ないし懐疑的観念論は、およそ経験なるものをわれわれがともかくももっているときには、正しくはありえないのである。

カントは、デカルトの取組みが懐疑論へと至る唯一の理由は次のことであると見てとっている。すなわち、デカルトの取組みは、われわれが日常的知識や科学的知識をもつための条件を、十分に深く、正しい仕方で検討してはいないのである。デカルトの取組みは限定的なものであり、その対象は、われわれの日常的な主張や信念を信用する根拠とでも呼べるものに限られている。つまり、デカルトの取組みが提起する問いというのは、われわれの日常的な主張や信念が完全に確実であったり知られたりすることはありうるか、という問いであり、また、それはどのようにすればありうるか、という問いなのである。デカルトは、われわれの経験はどのようにしてわれわれの信念を支持したり正当化したりしうるのかを調査した。しかしカントの考えによれば、デカルトの調査したことがこのことだけではなくて、およそ経験なるものをわれわれがともかくももつことは何によって可能になるのか、ということもまた調査していたとしたら、「懐疑的観念論」の結論に彼が陥ることは決してありえなかったはずなのである。デカルトの懐疑論でも認めるはずの「内的」経験をもつためにさえ、われわれから独立して存在する外的な事物をわれわれは直接経験できなければならない。こういう具合にして、観念論の論駁は進められ、懐疑的結論はおよそ経験なるものを可能にするための条件のうちの一つに反している、ということが示されるのである。カントにとって、こうした条件を吟味することは、「悟性能力そのものの分析」（A六五＝B九〇）である。カントの主張によれば、デカルトが立っているような懐疑的場所に立つことは不可能であるという結論は、まさにこうした条件だけから引き出されるのである。われわれが知識をもつことに関するどのような哲学的吟味であれ、次のことを示すことは到底不可能なのである。それはすなわち、われわれがいつも知覚しているものは、われわれを取り巻いて存在しているとわれわれが信じているわれわれから独立した対象ではない、ということである。

こうしたわけで、カントの実在論が得ようとしている帰結は、力強いものであり、認識論的に安心できるものである。カントが証明したいと考えているのはそうした強い帰結なのだが、いよいよ、彼がそれをどのようにして証明したいと考えているのかについて、もっとじっくり見ていくことにしよう。カントは、観念論を論駁しようとしたり、「純粋理性の第四誤謬推理」と彼が呼ぶものを害のないものにしようとしたりする際に、ある論法に訴えている。私は、その論法の具体的な進め方を、一歩一歩検討したいと考えているわけではない。私が関心を抱いているのは、もっと基本的な問いである。つまり、そうした議論の一歩一歩がたとえ実際よりも曖昧なところがずっと少なかったとしても、また、そうした議論がカントの結論を説得力のある仕方ですっかり論証するとしても、やはり生じるにちがいない問いなのである。

カントの結論に到達するためには、ただ一つだけ方法が存在する。換言すると、懐疑的観念論を回避し、世界についてわれわれが知識をもつことがどのようにして可能かを説明するために、「われわれにまだ残されている唯一の避難所」（A三七八）が存在する。それはすなわち、「いっさいの現象の観念性」（A三七八）とカントが呼んでいるものを受け入れることである。カントの考えでは、われわれが直接感知することのできるものは、われわれの下に属しているものに限られる。われわれがこうしたやり方で知覚できるものは、結局のところ、われわれ自身の感性と悟性に何らかの仕方で依存していなければならないのである。このことが、哲学におけるいわゆる「コペルニクス的転回」の核心である。事物についてわれわれがもっている知覚や知識は、知覚され知られる当の対象にただ従って規定されているにすぎないとしてみよう。こうした仮定の下では、世界についてわれわれが知識をもつことはどのようにして可能か、ということを決して説明することはできないであろう。それゆえ、われわれは次のような革命的な考え方を採用しなければならないのである。それはつまり、「対象はわれわれの知識に従って規定せられなければならない」(B xvi)という考え方であり、「対象はわれわれの直観能力の性質に従って規定せられなければならない」(B xvii)という考え方である。懐疑的観念論を回避し、そのことによって、われわれを取り巻く事物について推論を介さないで知識をもつことはどのようにして可能かを説明するためには、「いっさいの知覚を――それが内的知覚と名づけられるにせよ、あるいは外的知覚と呼ばれるにせよ――われわれの感性に関係するところのものの意識」と見なさねばならず、いっさいの「知覚の外的な対象……を単なる表象」と見なさねばならないのである。「われわれはかかる表象……を直接に意識することができる」(A三七八)。しかしながら、「いっさいの現象の観念性」を受け入れるということは、つまり、外的な対象をわれわれの感性に依存している「表象」として見るということは、観念論を採用するということである。カントの見解によれば、世界についてわれわれが知識をもつことはどのようにして可能かを説明するためには、何らかの形式の観念論が要求されているのである。

カントの考えでは、これと同じ形式の観念論は、次のことを説明するためにもまた要求されている。つまり、空間についてわれわれがもっている知識は、幾何学において具体的に表現されているような、必然的で、それゆえアプリオリな性質をもっているということを説明するためにもまた、これと同じ形式の観念論が要求されるのである。空間についての知識は、経験に由来しているわけではないのだが、それにもかかわらずそうした知識は、空間がどのようなあり方をしていなければならないのかをわれわれに教えている。さらにわれわれは、算術に関する必然的真理もアプリオリに知っている。このため、カントが述べるところによれば、空間と時間は「感性の形式」にすぎないものと見なさなければならず、われわれの感性から独立してそれ自体として存在するものと見なしてはならないのである。そしてそれゆえ、空間や時間の中に存在するものとしてわれわれが知覚するすべての事物——それは、われわれが知覚する事物のすべてを尽くしている——もまた、同様にして、思考や経験から独立しては存在しないものとして見なければならない。カントの考えでは、こうした観念論的な見解が真でないとすると、数学や世界についてわれわれが知識をもつことはどのようにして可能かということは、説明できなくなってしまうはずなのである。

このことが意味しているのは、観念論を回避するために「われわれにまだ残されている唯一の避難所」は観念論である、ということである。観念論を論駁することができるのは、観念論が真である場合に限られているのである。われわれが知覚する事物が空間的事物でありわれわれから独立して存在している、ということが示されうるのは、それがすべて現れであってわれわれから独立していない場合に限られる。このことは、おそらく、観念論を論駁するための方法としては奇怪なやり方であるように思われるであろう。観念論を奉ずることによって観念論を回避する、というのだから。だが、カント哲学を理解するための鍵となるのは、ここには対立もパラドックスも存在していないということを見てとることである。受け入れなければならない観念論と、カントが証明したいと考えている実在論とは、矛盾するものではない。それどころか、ここで言われている観念論が真であることは、カントが証明したいと考えている実在論が真であることを保証する唯一のことがらなのである。それは、「われわれにまだ残されている唯一の避難所」なのである。

受け入れなければならない観念論のことを、カントは「超越論的」観念論と呼んでいる。そして、われわれが世界の中で立っている場所を正しく説明する実在論は、「経験的」実在論である。観念論と実在論は両立しない見解であるが、これらは、一方が「超越論的」に理解され、他方が「経験的」に理解されるならば、対立することはないのである。観念論と実在論が端的に両立しない見解であるのは、両者がそれぞれ次のように述べるからである。すなわち、観念論は、「われわれが知覚しているものすべては、われわれに依存して存在する」と述べる。また、実在論は、「われわれが知覚しているものすべてが、われわれに依存して存在するわけではない。われわれから独立して存在する対象もあって、われわれはそれを直接知覚している」と述べる。この二つの発言は対立するものであり、両方が同じ仕方で理解されるなら、両方ともが真であることはありえないことになる。だが、カントの考えでは、後者——彼の実在論——が真でありうるのは、前者——彼の観念論——もまた真である場合に限られるのである。このようなことがどのようにして可能かを理解しているという確信をもつためには、これら二つの発言そのものを理解するだけでは明らかに足りない。必要なのは、これら二つの言葉を異なった仕方で——一方は「超越論的」に、他方は「経験的」に——受けとるなり理解するなりすることはどのようにして可能か、ということを見きわめることなのである。

両者の相違は、おそらく次のように理解するのが最もよいのであろう。それはすなわち、両者の相違を、二つの異なる語り方ないし言葉の使用法の相違として理解する、つまり、ものごとを述べるときに取りうる二つの異なる観点の相違として理解する、というものである。(4) 私は先に、次の二つの種類のことについて言及した。一つは、われわれがもっている一群の知識に対して「内的」なままであるような主張や吟味についてである。もう一つは、もっと距離を置いた「外的」な問いや主張についてであるが、それは、世界についてわれわれがもっている知識の全体に関係しているのであった。カントによれば、たとえば、「われわれから独立した」という表現は、二つの異なるやり方で用いることができる。この表現を「経験的」に使用するということは、経験の中で見てとることのできる事物の集まりを一つ選び出し、この用語が正しくはあてはまらない別の事物の集まりと区別するということである。われわれの経験の内側には区別を必要とする意義のある対比が存在している。つまりそれは、その存在と本性がある程度まで知覚者に依存しているものと、その存在と本性があらゆる知覚者から完全に独立しているものとの間の対比である。「石」「木」「鉛筆」「紙」は、後者の仲間に分類されるが、「痛み」「残像」「夢」などは、それを経験する人に依存して存在する。まさにこのことは、ムーアが自らの証明を組み立てる際に主張していることの核心である。アンブローズに対する応答で彼が指摘しているのは、「外的な事物」という用語は「経験的」なものであるということである。というのも、この用語は、われわれが経験の中で出会う可能性のあるすべてのものにあてはまるわけではないからである。そして、ムーアの「経験的」な外界の証明とは、「外的な事物」という用語が正しくあてはまるものが実際に存在することを論証するものである。「われわれから独立した」という表現が、このようなやり方で「経験的」に理解されている場合には、「われわれから独立した事物があり、われわれはそれを直接知覚している」ということは、次のことを述べている。すなわち、われわれが直接知覚できるあらゆる事物のうちのいくつかは、それを知覚していようといまいと存在するはずの事物の集まり――われわれの経験の内側において、われわれに依存して存在する事物の集まりから区別することのできる集まり――に属しているのである。

われわれが理解できる経験的な区別であっても、どちらの側についても実際に例が与えられるというわけではは必ずしもない。われわれは、全身緑色で生まれる人間とそうでない人間とを区別することができる。しかし、こうした具体的な区別をわれわれの経験の範囲内のあらゆる事物に適用しようとするときに気づくのは、前者の仲間に属するものは事実上存在しない、ということである。全身緑色で生まれる人間など存在しないのである。よって、われわれが二種類のものの間に経験的な区別を認め、それらの間に経験的な区別をつけることができるとしても、その事実だけでは、二種類のものが両方とも実際に存在するということにはならないのである。二種類のものが両方とも実際に存在するような経験的な区別もあるだろうし、そうでない経験的な区別もあるだろう。つまりそれは、どのような種類のものが実際に存在しているのかに応じて、それぞれの場合に即して決まることなのである。[5] どちらであるかは経験によって決着がつくはずである。「われわれに依存した」と「われわれから独立した」を経験的に区別するという場合には、どちらの側についても例となる事実が存在するのを見てとることができる。実在論とは、(少なくとも形而上学的側面においては) 事物がわれわれから独立して存在するという見解である。よって、少なくともこの側面においての実在論は、「経験的」に理解される場合には、明らかに真なのである。

これと同じことは、おそらく、実在論の認識論的側面に関しても言えるであろう。すでに述べたように、われわれの経験の内側には二つの異なった場面があって、われわれはそれを区別することができるし、現に区別しているのである。つまりそれは、知覚を通じて間接的な仕方だけで何かを知るようになる場面 (たとえば、テレビ画面、鏡、痕跡からの推論を介して何かを知るようになる場面) と、事物を直接知覚する場面（たとえば、晴れた日の日光の下で、手を伸ばせば届く距離で事物を見る場面）とである。こうしたたぐいの経験的な区別が存在するのであれば（あるいは、文脈によっては、それ以外の経験的な区別もいくつかあるかもしれないが）(6)、われわれはそれ（それら）を区別することができるし、現に区別している、ということは明らかであるし、どちらの側についても例となる事実が存在している、ということも明らかである。「直接知覚する」「われわれから独立した」という表現が、このようなやり方で「経験的」に理解される場合には、「われわれから独立した事物があり、われわれはそれを直接知覚している」ということは、次のようなことを述べている。「われわれが晴れた日の日光の下で、手を伸ばせば届く距離で知覚しているのであって、「テレビ画面で」「鏡やその他の仕掛けを用いて」知覚しているだけではないあらゆる事物のうちのいくつかは、（痛みや残像などとは異なって）われわれに依存しないで存在している。」このような議論の余地のない経験的な発言を否定できようか。実在論は、「経験的」に理解される場合には、明らかに真なのである。

しかしカントは、実在論が「超越論的」に理解されているときには、それを受け入れない。カントは、「われわれから独立した」「直接知覚する」という表現を「超越論的」に使用するときには、観念論者なのである。そして、観念論者の考えによれば、われわれが直接知覚する事物のうちでわれわれから独立して存在しているものなど、一つもないのである。「超越論的」観念論が真である場合にのみ、「経験的」実在論は真でありうる。しかし、「超越論的」観念論者であるとは、どういうことなのだろうか。さらに言えば、ある表現を「超越論的」に使用するとは、どういうことなのだろうか。ある表現を用いても、われわれが経験の内側で出会う可能性のあるあらゆる事物のうちの一部を、一般にある表現を経験的に用いたときと同じようには選び出すことはできない、としてみよう。すると、われわれがその表現を理解可能な仕方で用いることができるとすれば、それはどのようにしてなのだろうか。

この問いに答えることは難しい。われわれが現に知っているように、カントからすれば、「経験的」に成立していることがらは「超越論的」に成立していることがらを確定しないのである。この二種類の語り方は、同じ言葉を用いているとしても、少なくとも次の程度には相互に独立している。すなわち、われわれが直接感知する事物は、「経験的」に言えば、われわれから独立して存在しているのだが、だからといってその事実から、「われわれが直接感知する事物は、「超越論的」に言っても、われわれから独立して存在している」とはならないのである。カント自身は、「経験的」実在論と「超越論的」観念論を一つのものとしており、そのことは、こうした推論がうまくいかないことを示している。「超越論的」な説を「経験的」に立証したり論駁したりすることは不可能なのである。これが、これまで一度として証明されたことがないとカントが述べていたものを、G・E・ムーアが彼のやり方を用いても決して立証できないことの理由である。

しかし、「超越論的」な説を感覚経験に基づいて「経験的」に立証することが不可能であるとしても、「超越論的」な説は経験の向こう側にある存在者の領域に関する説であるにちがいない、ということにはならない。「経験の向こう側にある存在者の世界」とは、われわれのふだんの生活に根ざした感覚知覚を超越した領域のことであり、われわれ人間が知覚においておよそ発見することのできるあらゆるものの背後なり向こう側なりに、何らかの仕方で存在する領域のことである。カントは、「超越論的」観念論を受け入れる際に、感覚によらない特別な到達手段をもっていると考えていて、それに基づいて「超越論的」観念論を受け入れている、というわけではない。つまり彼は、超越的で感性を超えた何らかの領域に到達するための特別な手段をもっていると考えていて、それによって、そうした領域ではわれわれから独立して存在するものなどないということをともかくも認識できる、と考えているわけではないのである。「超越論的」とは、カントにとって、「超越的」とか「向こう側の世界と関係がある」といったことと同じ意味ではない。(7)

このことは、「超越論的」という用語の意味が何でないかに関しては、重要なことを述べている。しかし、この用語の意味が現に何であるかに関しては、たいしたことは述べていない。カントにとって、ある問いなり言明なりが超越論的であるのは、そうした問いや言明が、われわれが対象について知識をもつための一般的条件に関係している場合である。

> 私は、対象に関する知識ではなくて、むしろわれわれが一般に対象を知る仕方――それがアプリオリに可能である限り――に関するいっさいの知識を超越論的と名づける。(8)（A一一～一二＝B二五）

したがって、超越論的な吟味を行うことによって検討されるのは、対象についてわれわれがもっている知識のこうした側面であり、われわれがもっている知識のこうした要素である。われわれはこうした知識を、経験からまったく独立に所有している。一方で、われわれを取り巻く事物の存在と本性についての知識は、経験から実際に得られているのである。対象についてわれわれがもっている知識のうちにはこうした側面ないし要素がある――それどころか、なければならない――ということを、カントは疑っていない。彼の考えでは、人々は、何かを経験した末に世界について知識をもつということが可能であるためにさえ、ある種のことがらを知らなければならないのである。それは、彼が「悟性」と呼ぶ能力の

「うちに」存しているにちがいないことがらである。カントの考えでは、われわれがおよそ経験的知識を得るためにさえ知らなければならないことについては、それ自身が経験的に知られるということはありえない。したがって、われわれがもっているあらゆる経験的知識のうちには、アプリオリないし非経験的な要素がなければならない。この要素が、超越論的な吟味を行う際の主題なのであり、カントがしばしば「超越論哲学」（A一二＝B二五）と呼んでいるものの主題なのである。

　こうした主題を経験的に研究することはできない。なぜなら、こうした主題を吟味する際に必ず取り組まれるのは、いま述べたたぐいの知識、すなわち、「悟性」がもっているいま述べたたぐいの特徴だからである。そしてそれらは、およそ経験的知識が可能であるためには存在しなければならないものである。さらに、カントの考えでは、知識をもつためのこうした必要条件は、経験的な手段によって発見されることはありえない。カントが述べているところによれば、「経験は、何かあるものが事実としてしかじかである、ということを教えはする。しかし、そのものが「それ以外ではありえない」ということを教えるものではない」（B三）のである。必然性は、アプリオリであることの「確かな基準」である。われわれが何かを知っていて、それが「考えられている限りでは必然性をもつと考えられる」場合には、われわれがもっているその必然性についての知識は、経験的な知識ではありえず、アプリオリな知識でなければならないのである（B三）。したがって、もしわれわれが、およそ対象の経験的知識が可能であるためにはあることがらを知らなければならない、ということを知っているとしたら、われわれがその場合にもっている知識は、経験的な知識ではありえず、アプリオリな知識でなければならない。こうした条件をアプリオリに吟味することを、カントは提案し追求しているのであり、彼はそれを「超越論哲学」と呼んでいるのである。われわれが知識をもつための条件をこのように超越論的に吟味することと、観念論を受け入れなければならないということとは、連動している。それゆえ、「超越論的」観念論と呼ばれることになるのである。

こうした研究に見込みがあるということに関しては、カントは楽観的である。その理由を、彼は次のように表現している。

> ここでのわれわれの主題は、事物の本性――これは無際限である――ではなくて、かかる本性について判断する悟性であり、それもアプリオリな認識に関する限りの悟性である。この場合にわれわれは、研究の対象を外部から取り込むことを要しないのだから、したがって、それはいつまでもわれわれに隠されているわけにいかないし、それにまた、どう見積ってもきわめて少ない量であるから、その全部を取りあげたところでこれらの対象……を評価することができるであろう。(A一二～一三＝B二六)

「外部から」取り込むことを要しないものは、いつまでもわれわれに隠されているわけにいかない。なぜなら、そうしたものについてわれわれがもっている知識は、ある意味で、われわれによって「供給」ないし「提供」されているからである。カントはこのことを確信している。「理性は自分の計画に従い、自ら産出するところのものしか認識しない」(B xiii)ので、「外部から」取り込むことを要しないものは、純粋理性を批判することによって発見することができるのである。カントの主張によれば、コペルニクス的転回から学んだ教訓とはこのことである。対象について知識をもつための必要条件が何であるかを、アプリオリに経験から独立して知ることができるのは、何かを知る主体としてのわれわれの「うちに」

そうした条件がともかくも見出される場合か、そうした条件の「源泉」がともかくもそのようなわれわれの「うちに」ある場合に限られるのである。ただし、それがわれわれのうちにではなくて、信頼できる到達手段をわれわれがもっていないある独立した条件ないし事態のうちにある場合には、話は別である。

カントの「コペルニクス的転回」の核心とは次のことである。すなわち、知覚には思考や悟性が必然的に含まれていると見なければならない。そして、われわれにとって対象を「構成する」ためにさえ要求される悟性の原則は、およそわれわれの経験とは独立に「われわれのうちに」あるものとして見なければならない。ただこのことによってのみ、われわれが知識をもつこと（当の悟性原則についてわれわれがアプリオリな知識をもつことも含まれる）はどのようにして可能かを説明することは可能になるのである。仮に、われわれがもっているあらゆる知覚と信念は、われわれから完全に独立したものに由来するものにすぎない、と考えてみることにしよう。そして、われわれがもっているあらゆる知覚と信念は、そうしたものに従って規定されたりされなかったりする、と考えてみることにしよう。こうした場合には、知識をもつことはどのようにして可能かを説明することは、まったくできないであろう。このことから示されているように、カントからすれば、「対象はわれわれの知識に従って規定される。もしくは、知覚能力の性質に従って規定される」という見解——これは観念論の一形態である——は、人間の知識一般の必要条件をアプリオリに検討するという当の企てを行うためにさえ要求されるのである。こうした形式の観念論を採用しなければ、カントが探し求めているたぐいの人間悟性についての知識に、われわれは決して到達することはできないであろう。悟性のもっている必然的特徴は、仮にそれがわれわれから完全に独立しているとすれば、アプリオリに発見することはできないであろう。そして、そうした特徴というのが、およそ人間悟性のもっている必然的特徴であるとすれば、そうした特徴を経験的に発見することはできないであろう。

したがって、アプリオリな知識が問題になっている限りでは、われわれがもっているそうした知識を説明するためには観念論が要求される。このことによって、観念論はカントにとって「超越論的」観念論となるのである。超越論的観念論が要求されるのは、数学についてわれわれがもっている知識や、われわれを取り巻く世界についてわれわれがもっている知識を説明するためばかりではない。それは、純粋理性を批判して、最終的には超越論哲学を完成させるという、カントの特別な取組みを可能にするためにも要求されるのである。カントは、このようなアプリオリな吟味ないし超越論的な吟味という捉え方をしたことを、自分が哲学に対して果たした貢献のうちで最も重要なものであると見なしている。実際、カントのこのような捉え方は、哲学それ自体の本性に関わるものであった。それは、ほかのどのようなたぐいの人間の知識とも一線を画した、特別な地位をもつアプリオリな学問である。それは、人間の知識に対して純粋に理論的で距離を置いた関心を抱いている、ということにおいて特別な学問であるというだけではない。それは、その内容やそれが主題にしていることそのものにおいても特別な学問であるし、それが特別な認識論的身分をもっていることにおいても特別な学問なのである。

こうした特別な哲学上の課題に関するカントの捉え方と、それに伴って登場する観念論は、次の二つの間の区別に関するある種の捉え方を含みもっている。すなわちそれが、われわれが日常生活において行う、「内的」な、直接関与している主張と、われわれが哲学において到達する、「外的」な、距離を置いた結論との間の区別である。ここで「外的」な結論とは、「内的」な主張が真であるかどうかや、そうした主張はどのようにして可能かということに関して、われわれが哲学において到達するような結論のことである。このような捉え方が何を含意しているのかについては、カントの捉え方を、デカルトおよびムーアの捉え方と対比することで、部分的に明らかにすることができる。

デカルトは、われわれがもっている日常的知識を特別なやり方で哲学的に吟味しよう、と現に考えている。デカルトの考えでは、ここで言われているようなあらゆる日常的知識なるものの価値は、このような特別な哲学的吟味を行うことによって、おとしめられるかもしれないのである。われわれにとって脅威となるかもしれないこのような哲学的取組みを、ムーアは決して認めていなかったように見える。「内的」な、直接関与している日常の場所の内側に、彼は完全にとどまったままなのである。ムーアからすれば、われわれがもっている知識に関する懐疑的な一般化や否定的な一般化は、日常的知識の具体的な事例をもってくることによって論駁される。それはさながら、「その部屋には椅子はない」という発言が、その部屋で具体的な椅子を数脚見つけることによって論駁されるようなものなのである。デカルトであれば、一般性をもった否定的結論を論駁するために、このような通常なら問題のない主張を用いることは不可能であると考えるであろう。というのも、彼の考えによれば、自らを取り巻く世界についてわれわれがもっている知識とされているもののすべてを、彼はみんないっぺんに査定しているのであって、その中には、ムーアが引き合いに出すような具体的な事例も含まれているからである。デカルトは、われわれが日常的にもっている信念を、特別なやり方で検討している。それは、日常生活においてふつうに行われているやり方とは異なったやり方であり、人間が営む生活の実践によって通常課せられている制約に縛りつけられていないやり方である。日常生活におけるこのような制約の内側では、否定する余地なく真であるように見えることがらでも、このような吟味を行った末に、疑いの余地があるとわかることもあるかもしれない。それどころか、そのようなことがらは、われわれを取り巻く世界についてわれわれが知っていることがらをまったく表現していない、ということがわかることもあるかもしれない。

デカルトとムーアの考えにはかなりの相違がある。しかしそれにもかかわらず、哲学的吟味に関するデカルトの捉え方には、なおもムーアと共通の前提が存在している。ムーアは、「われわれから独立して存在する対象については誰も何も知らない」という旨の哲学者の発言を、一般性をもった命題にすぎないものと見ている。したがって、「ここに鉛筆があるのを私は知っている」というような、日常において見られる具体的な主張が、こうした命題に対する反例となるのである。ムーアの考えによれば、哲学者が述べるような一般性をもった命題を論駁できるのは次のことが理由である。すなわち、彼の考えによれば、日常生活において「ここに鉛筆があるのを私は知っている」という主張がなされ、それが真であることはあるので、「われわれから独立して存在する対象については誰も何も知らない。われわれが知っているのは現れだけである」という哲学的な結論は偽であるにちがいないのである。デカルトは、自分が行った哲学的吟味の結果には次の含意があると見てとっている。それはすなわち、日常生活において誰かが「ここに鉛筆があるのを私は知っている」ということを現に述べたとしても、それが真になることは決してない、ということである。よって、デカルトが到達した否定的結論を論駁するのに、ムーアが述べていることを用いることはまったく不可能である。こうした場面でムーアが述べていることは、厳密に言えば、真ではないのである。しかし、デカルトでも、ムーアの主張と彼自身が到達した哲学的な否定的結論とは現に対立している、ということは認めるであろう。すると、デカルトとムーアはともに次のことに同意していることになるのである。それはすなわち、日常生活において「ここに鉛筆があるのを私は知っている」という主張がなされ、それが真であることが仮にあるとすれば、「われわれから独立して存在する対象については誰も何も知らない。われわれが知っているのは現れだけである」というデカルトの結論は偽になるはずである、ということである。

デカルトが行っている特別な哲学的吟味は、純粋に「理論的」であり、日常生活における実践的な関心からは距離を置いたものである。しかしそれは、依然として日常生活と十分に結びついているのである。このため、こうした吟味を行うことによって到達される、われわれの知識に関する一般性の高い結論と、厳密に言えば日常的知識において述べられていたり含意されていたりすることがらとは、直接対立しているように理解されるべきである。カントは、デカルトの懐疑的観念論を「経験的」観念論と呼び、自分自身の「超越論的」観念論と対比するが、そのときに彼が念頭に置いていることの一つはこのことであると私には思われる。

カントに言わせると、彼が行っている特別な哲学的吟味とは「超越論的」なものである。彼が行っている哲学的吟味では、用語は「超越論的」に用いられるのであり、もはやそれは「経験的」には用いられないのである。カントも次のようには考えるであろう。すなわち、ムーアは、われわれがもっている知識を哲学的に吟味して出てきた結論を論駁するために、われわれが日常生活において知識をもっていると主張するような具体的な主張を引き合いに出してくるが、そのようなことで論駁を行うことは不可能である、と。それは単に、哲学的吟味によって検討されるのが、ムーアが引き合いに出すような当の主張の適法性であるからだ、ということに基づいているだけではない。このことの理由としてもっと重要なのは、日常生活においてなされるそうした具体的な主張と、カントが念頭に置いているたぐいの哲学的吟味を行うことによって到達された結論とは、対立しないし、前者が後者を証拠立てることもない、ということなのである。カントの捉え方に従えば次のようになるであろう。すなわち、日常生活において「ここに鉛筆があるのを私は知っている」という主張がなされ、それが真であることがあるとしても、「われわれから独立して存在する対象については誰も何も知らない。われわれが知っているのは現れだけである」という哲学的な結論は偽になるはずだ、ということは真ではないのである。彼自身の超越論的観念論が、「独立して存在する対象については誰も何も知らない。われわれが知っているのは現れだけである」と述べているのである。しかし、日常生活において、ムーアなりほかの誰かなりが「そこに鉛筆があることを私は見て知っている」「鉛筆は人間の思考や感性から完全に独立して存在している」と述べたとしても、彼は、カントの観念論の理論を論駁していないどころか、それに矛盾することを述べてさえいないのである。

世界についての知識をわれわれがもつことはどのようにして可能か、という問いがある。哲学上の課題というものをデカルトのやり方で捉えるならば、この問いに対する唯一の答えは懐疑論であるように見えるであろう。カントはこのことに同意している。確かに、ムーアの素朴な応答では効果はないであろう。というのも、ムーアが頼みにしているのは、日常的知識が安定しているということなのだが、その安定性こそ土台から崩されていたはずだからである。つまり、私が前に述べた言い方を用いるなら、伝統的懐疑的説明が少なくとも条件つきで力をもっていることをカントは認めている。人間の知識すべてに対してデカルトのやり方で反省を加えるならば、懐疑的結論へと容易に追いやられてしまうのであり、そして、カントはムーアとは違って、それが容易であることを痛感しているのである。しかしそれにもかかわらず、彼は、こうした懐疑的結論を拒否している。カントの考察からすれば、懐疑的結論を拒否するということは、あらゆる十全な哲学的知識理論において要求されていることなのである。カントが作り出す理論が一般性をもったかたちで保証しているのは、ムーアやわれわれの誰もが日常生活において行うたぐいの知識をもっているという主張は、真であり、十分に適法である、ということである。われわれが感覚に基づいて述べたり信じたりしていることについて、そう述べたり信じたりすることが間違いであったり保証されていなかったりする具体的な場面もあるかもしれないが、そうだとしても、カントの理論が一般性をもったかたちでそうした保証を与えていることに変わりはないのである。しかし、問題となっている主張が適法であり、懐疑論の攻撃を寄せつけないということは、超越論的観念論を採用するということによってのみ、一般性をもったかたちで保証することができる。カントにしてみれば、日常生活において「ここに鉛筆があるのを私は知っている」というような主張を日常的に行い、それが真であることが可能なのは、「われわれから独立して存在する対象については誰も何も知らない。われわれが知っているのは現れだけである」という言明が真である場合に限られるのである。したがって、カントは、日常的な主張と哲学的な理論とに関して条件文で述べられていた命題を受け入れないはずである。この命題は、先に見たように、デカルトとムーアが二人とも受け入れていたものである。カントにしてみれば、二人がともに受け入れている条件文の前件が真となりうるのは、その後件が偽である場合に限られる。知識に関する哲学的吟味と、知識をもっているという日常生活の主張との関係を、カントは明らかに異なった仕方で捉えているのである。

　こうしたカントの捉え方は、以上の理由から、ムーアの外界の証明を理解しようとしていた際にわれわれがまさに探して求めていたことを提供するものであるように見えるかもしれない。そこでは、ムーアの述べていることが完全に真で、完全に適法で、まったく独断的でないにもかかわらず、それが哲学上の問いをまったく解決せず、哲学上のテーゼをまったく論駁しないことはありうるか、また、どのようにすればありうるか、と問われていたのであった。世界についてわれわれがもっている知識に関する哲学上の問題を、カントのやり方で捉えるならば、これはまさにムーアが立っている場所である。またそれは、われわれの誰もが立っている場所でもある。われわれの日常的知識と科学的知識は、懐疑論による一般性をもった攻撃を寄せつけないものとして保証されるのである。デカルトが「第一省察」で試みているやり方で外的な事物の存在を疑うことは「もっともであると考えている」人がいるとしよう。カントは「満足のいく証明」を用いて、「そうした人の疑いを反駁する」ことができる。ムーアやわれわれの誰もが、日常生活においてしばしば頼みにするような証明があるが、カントの証明は、こうしたたぐいの証明ではないし、こうしたたぐいの証明ではありえない。カントにしてみれば、ムーアが述べているたぐいのことがらが真であるということから、カント自身の理論も含めて、何らかの哲学的理論が真である（あるいは偽である）ということを直接推論することはできないのである。ムーアの与える証明は申し分なく厳正であり、彼はその結論を本当に知っている。彼は、「外的な事物が存在する」ということが真であることを立証しているのであり、さらに、「外的な事物が存在することは知られている」ということが真であることさえも立証しているのである。しかし、彼はそのことによって、「われわれから独立して存在する対象については誰も何も知らない。われわれが知っているのは現れだけである」というカントの観念論のテーゼが偽であることを立証しているわけではない。二つのことがらは対立していないのである。

カントが懐疑的観念論を超越論的に論駁していることの要点なり意義なりに関しては、おそらくここまでで十分に述べたであろう。問題は、カントが立証するつもりの安心を与えてくれる反懐疑的立場を理解することすらどれほどまでうまくできるのか、ということであり、われわれはこの問いをこれ以上先送りするわけにはいかないのである。こうした超越論的な結論に到達しようとする際の、カントの一

歩一歩は気にしなくともよい。われわれやカントは、こうした超越論的な結論それ自体を理解すること

すらできるのだろうか。また、それがもし可能だとすれば、そうした結論は、哲学上の問いに対する答

えであるという点で、彼が非常に苦心して回避しようとしている懐疑的観念論よりも少しは優れている

のだろうか。

カントにとって哲学上の課題とは、外的な事物についてわれわれが知識をもつことはどのようにして可能か、ということを説明することである。われわれは現にある種のことがらをアプリオリに知っていて、そのことがらによって外的な対象について知識をもつことが可能になるのだが、そのことがらをアプリオリに知ることができるのは、観念論が真である場合、すなわち、知識の条件が「われわれによって供給されている」場合に限られる。したがって、われわれが知識をもつことの唯一の説明である観念論は、「超越論的」に理解されるべきである。こうした説明から、安心を与えてくれる何らかの反懐疑的立場を汲みとることができるとしても、そのことが可能であるのは、超越論的観念論とは何であるかを理解できる場合、さらに言えば、ある表現が、単なる経験的使用とは対照的な超越論的使用をもつとはどういうことかを理解できる場合に限られる。そして、こうしたことは容易に理解できるわけではまったくないのである。

人間の知識の条件を研究するという一般的な考え方がある。換言すると、人間という生き物にはいくつかの特徴が備わっていて、それによって、人間という生き物は自分の周囲で起きていることに関して何かを知ることが可能になるのだが、人間という生き物に備わっているそうした特徴を吟味するという一般的な考え方がある。こうした一般的な考え方を理解することのうちに、何か困難があるわけではない。しかし、こうした研究を実行するにあたっての最良の方法は、人間を観察することであり、人間は

どういうふうに機能しているのかを理解しようとすることであるように見えるであろう。これは経験的な吟味となるであろう。だからといって、経験的な吟味は複雑でなく実行しやすいだろう、と言っているのではない。そうした吟味に含まれるものは、知覚や学習のメカニズムだけでは済まないであろう。すなわち、言語や言語習得の本性、そして、思考や信念やもちろんそのほかにも無数にあるはずの関連するいろいろな能力の形成も、そうした吟味に含まれるであろう。しかしカントは、われわれが知識をもつための条件に対して、経験的な関心ではなくてアプリオリな関心を寄せているのである。つまり、カントが吟味しているのは、われわれが何かをともかくも知ったり経験したりするためには、われわれは何をアプリオリに知らなければならないか、あるいは、このとき人間の感性と悟性に必然的にあてはまることがらとは何か、ということなのである。すると、こうした条件が存在するということは、どうすれば信じられるのだろうか。あるいは、こうした条件が存在するとして、それがアプリオリに発見可能であるということは、どうすれば信じられるのだろうか。カントは、われわれが知識をもつための条件に関して、特別でアプリオリな吟味を行っている。われわれは、彼のこうした吟味を理解しているときに限って、超越論的という彼の概念を理解しているのである。しかし、これまでに見てきたように、カントが念頭に置いているたぐいのアプリオリな吟味がまさに可能であるためには、超越論的観念論が真であることが要求される。知識を可能にする条件は「われわれによって供給されている」ということに同意してはじめて、われわれは、われわれが知識をもつための必要条件を発見することはどのようにして可能か、ということをアプリオリな反省だけから理解することができるようになるのである。すると、議論は循環に陥っているように見える。一方でわれわれは、超越論的観念論を理解するためには、観念論に単なる経験的な身分ではない超越論的な身分を与えるための吟味について、それがもつ特別な本性を理解しなければならない。他方でわれわれは、そうした特別な種類の吟味はどのようにしてそもそも可能なのかを理解するためには、観念論は超越論的に理解されたときには真であると見てとらなければならない。

用語を超越論的に使用するという考え方が理解困難であることは、カント的であるようにさえ見えるほかの理由からもわかることである。カントからすれば、人間の思考や言説は、カテゴリーが適用されるものへの適用においてのみ可能である。カテゴリーとは、われわれの経験のあらゆる理解可能な局面がそのうちのどれか一つに必ず分類されるという、一般性をもった概念のことである。しかし、カテゴリーが適用された結果、理解可能な思考ができるようになるのは、可能な経験の範囲内に限られる。われわれがそれによって自分たちの世界を理解できるようになる概念は、経験において適用されることがなければならないのである。すると、ある用語の使用を確定するにあたって、われわれの経験において成立していることが見出されうる、経験によって確かめることのできる条件によって確定するのでなければ、そうした用語を用いた理解可能な思考や言説はどのようにしてありうるのだろうか。

われわれは、「直接知覚する」「われわれから独立した」というような用語を、なじみのある経験的なやり方で使用しているときには、「われわれから独立して存在する対象があり、われわれはそれを直接知覚している」という文が真であることを見てとっている。こうした文は、経験的に理解されたときには、おおよそ次のことを述べているのである。すなわち、鏡もテレビ画面もその他の媒体となるような仕掛けもなしに、われわれは事物を知覚することがある。そうした事物は存在しているし、誰かがそれを知覚していようといまいと存在しているはずなのである。しかし、これと同じ用語が超越論的に用いられ、カントの特別なアプリオリな吟味という文脈のうちに置かれているときには、先の文は真理を述べていない。そのときには、実在論ではなくて観念論が真であると言われているのである。カントの観念論のテーゼとは、「われわれが直接知覚するものは、われわれに依存しているものに限られる」というものであるが、これは、実在論に属する先のありふれた経験的言明が真でありうるのはどのようにしてか、ということを唯一説明するものとされている。したがって、「直接知覚する」「われわれから独立した」という用語は、カントの観念論のテーゼにおいては、われわれがよくなじんでいるような経験的適用をもつものとして理解することはできないのである。また、こうした用語は、何かほかの仕方で経験において適用されるわけでもない。こうした用語は、人間が感覚経験をもつことのできる領域から完全に引き離されたところで使用されているように見える。それゆえ、カント自身の原則に従うと、こうした用語を理解可能な仕方で使用する余地をそもそも残すにはどうすればよいか、ということを見てとることは困難になるのである。

カントならきっとこう答えるであろう。自分が行う超越論的吟味は、どうにかしてわれわれに理解可能であるに決まっている。また、そのことに伴って、ほかの場面ではなじみのある用語を超越論的に使用するということも、どうにかしてわれわれに理解可能であるに決まっている。さもなくば、われわれは、世界について日常的知識をもつことはどのようにして可能かを決して理解することはできないであろう。超越論的観念論が「唯一の避難所」であるというのは、本当のことなのである。世界についてわれわれが知識をもつことに関しては、完全に一般性をもった哲学上の問いが存在している。そうした問いがわれわれにとって意味をなすものでありさえすれば、人間の悟性を超越論的に吟味するというようなことは可能であるとわれわれは認めなければならないのである。さもなくば、自分が認識を行う際に立っている場所について一般性をもった説明を見つけることを、われわれは決して望めないであろう。

このような応答は、超越論的なものとは何であるかが不明瞭であるにもかかわらず、確かに魅力がある。しかし、この応答は二つの深刻な問題を提起しているのであり、われわれはその問題に取り組む必要がある。

まず、懐疑論がつきつける難題には説得力があるように見えるのだが、それにもかかわらず、われわれが日常的知識をもつことはどのようにして可能かを理解しなければならないようにわれわれには強く感じられるので、われわれは、なじみのある用語を超越論的に使用することに対してためらいを振り払い、カントの超越論的観念論を（場合によっては即座に）受け入れるようになる、と想定してみよう。するとこのような場合には、われわれは次のように確信しているかもしれない。すなわち、人間の知識を正しい種類の仕方でそもそも理解するためには、われわれが用いる用語をそのように使用することが可能でなければならない、言い換えると、ある非経験的な水準があって、われわれが知識をもつことはそうした水準の下で検討することができるのでなければならない、というようにである。しかし、こうしたことをすべて認めるとしても、観念論を超越論的な水準で採用することと経験的な水準で採用することとを比べたときに、前者のほうが後者よりも魅力的でわれわれを満足させる「避難所」になるというのはなぜか、という問いは残る。観念論を経験的な水準で採用することは、きわめて逆説的で悩ましく見えていたのである。われわれの知識に関してもっと満足のいく説明を探し求めるように導くものは何であるか、と問うたとき、その答えが、そうした説明がなければ、（経験的に言って）われわれに依存していると理解されていることがらにわれわれの知識が制限されているというのが事実であるように見える、ということであるとしてみよう。そうだとすると、（超越論的に言って）われわれに依存していると理解されていることがらにわれわれの知識が制限されている、という見解のうちに、われわれはなぜ「避難所」を認めてしまうのだろうか。われわれから独立したありのままの事物についてわれわれはどんな知識ももちえない、という考えがある。懐疑論を大いに悩ましいものにしているのは、こうした考えなのである。すると、こうした考えは、超越論的な様式で受け入れられたときには、経験的な様式で受け入れられたときよりもなぜ悩ましくなくなるのだろうか。

カントならこう答えるであろう。経験的に理解された観念論は、到底真であるはずがない。したがって、経験的観念論を採用するという選択肢は、はなからわれわれには残されていないのである。世界についての日常的知識と科学的知識をわれわれはもっているが、こうした知識の直接性と安定性を保証するのは、超越論的観念論だけである。そして、こうした知識が直接性と安定性を有するということは、結局のところ、懐疑的観念論が偽であるということなのである。しかし、超越論的なものに関するカントの捉え方を前提するならば、こうした保証がもっている効力に関して深刻な問題が存在することになる。そして、このことが二つ目の問題なのである。

この問題を直接表現するには、次のように問うてみればよい。カントが言及しているもう一方の代案——超越論的実在論——を、彼はなぜ拒否しているのだろうか。超越論的実在論が超越論的な「避難所」であることは、なぜ可能ではないのだろうか。超越論的実在論が述べているところによれば、対象は（超越論的に言って）われわれから独立して存在しているのである。カントは、われわれのもっている知識がこうした理論によって正しく説明されることはありえないと考えている。それというのも、カントの考えでは、仮にこうした理論が真であるとすると、われわれから独立して存在する事物をわれわれは決して直接知覚しえないし、それゆえ、そうした事物が存在することをわれわれは決して確信できないからである。

超越論的実在論は必然的に困難に陥り、経験的観念論に席を譲らざるをえなくなる。超越論的実在論は、外感の対象を、感官そのものから区別されるような何かあるものと見なすからである。……そうなるとわれわれが、これらの事物に関するわれわれの表象をいくらよく意識したところで、表象が実在すればその表象に対応する対象もまた実在する、ということは確実どころではなくなる。

(A三七一)

カントは、何らかの隠された超越的領域に感性を超えて到達し、そのことによって、超越論的実在論を拒否しているわけではない。彼が超越論的実在論を拒否する理由は、ただ一つの種類のものでしかないのだが、その種の理由に基づけば、どのような超越論的な説もいつでも拒否することができるのである。その理由とは、その超越論的な説はわれわれが知識をもつことはどのようにして可能かを説明しない、というものである。

カントはこのような仕方で超越論的実在論を拒否するのだが、そこには不可解な点が一つある。カントは、超越論的実在論がこのようなかたちで経験的観念論なり懐疑的観念論なりに席を譲ることは避けられないと考えているのだが、それはなぜなのだろうか。どうやら次のことが理由であるらしい。つまりカントは、およそわれわれが直接知覚できるものは、われわれに依存しているものだけであると信じているのである。これまでに見てきたように、彼はこうした見解を経験的なテーゼと見なしているわけではない。彼が現に考えていることによれば、「われわれが知覚するもののすべては、われわれに依存している」ということは、超越論的に理解されたときに真になるのである。(超越論的に言って)われわれに依存していないものを、われわれは(超越論的に言って)直接知覚しているかもしれない、という可能性をカントが考慮に入れているように見えることは決してない。このことは、おそらく、「表象」なり「われわれのうちに」あるものなりを知覚することなしには、知覚を行うことはどのようにして可能かを理解することはカントにはできない、ということに起因するものである。(9) カントは、われわれから独立した事物を直接知覚していることを、経験的に言っているときには受け入れることができる。しかし、彼がそうすることのできる唯一の理由とは、それと同じことを超越論的に言っているときには受け入れないということなのである。

カントの考えによれば、超越論的実在論を採用するならば、われわれから独立して存在する対象をわれわれは知りえないままであったり、そうした対象はわれわれにとって不確かなままであったりする。彼がそのように考える正確な理由は不明瞭なままであるかもしれないが、たとえそうだとしても、このことだけからカントは超越論的実在論を拒否するようになったということは重要である。

もし外的な対象が物自体と見なされるならば、われわれはわれわれの外にある物自体が実在するという知識にどのようにして到達するのかを理解することは、絶対に不可能である。われわれは、われわれのうちにあるところの表象だけを根拠にしているからである。(A三七八)

超越論的実在論を採用するならば、われわれを取り巻く事物についてわれわれが知識をもつことは説明されないままであるだろう。この点において仮にカントが完全に正しいとしても、なぜこうした理論は、そのことだけのために超越論的に言って真である資格なしとされてしまうのだろうか。「われわれを取り巻く事物は知りえないものだ」ということがまさに超越論的に真である、ということはありえないのだろうか。私の考えでは、ほかならぬ「超越論的」という概念についてのカントの理解を前提するならば、カントはこの問いに「ありえない」と答えるにちがいないのである。「超越論的な知識」とは、われわれが知識をもつことについての説明の一部分であるか、そのような説明に寄与するものである。そうした説明とは、われわれが経験を介して自らを取り巻く世界について知っていることについて、そうしたことをわれわれが知ることができるのは理解可能なことである、ということをわれわれに示すものである。カントの考えでは、われわれが経験において直接感知しているものは、一つ残らずわれわれに依存している。彼がこうした考えに愛着を抱いていることを考えあわせるならば、超越論的な理論としての実在論とは、「われわれの表象にどういうわけか対応するかたちで、事物もわれわれから独立して存在している」ということを述べているものでなければならないのである。しかし、どう見ても「この観点からは」、「われわれの感官のいっさいの表象」はそうした事物の実在性を「確実ならしめるに不十分である」という結論を下すほかはないであろう（A三六九）。われわれがそれについて知りたいと思っているところの事物は、われわれが感知する事物から切り離されてしまったのであり、しかも、われわれから独立した事物を不可知なものにしてしまうかたちで切り離されてしまったのである。

このようなわけで、世界についてわれわれが知識をもつことを説明することが不可能になるというのが、（誤解を招きかねない表現ではあるが）超越論的実在論の唯一の欠陥である。このような表現が誤解を招きかねないというのは、超越論的な説にはこれ以外の欠陥はありえないからである（おそらく完全な矛盾を除けば）。超越論的な説を真にしたり偽にしたりするような独立した道筋は存在しない。つまり、われわれが知識をもつことを説明するかどうかということが、超越論的な説が受け入れられるかどうかの唯一のテストなのである。超越論的実在論に従うと懐疑論へと引き戻されてしまう。まさにこのことが理由となって、「懐疑的観念論はわれわれを駆って、われわれにまだ残されている唯一の避難所、すなわち、いっさいの現象の観念性に赴かざるをえなくする」(A三七八)のである。懐疑的観念論によれば、われわれは超越論的観念論を受け入れるしかないのだが、それというのも、われわれに残されている可能な説明は超越論的観念論しかないからなのである。

カントは急いで念を押しているが、超越論的観念論という説は、「超越論的感性論」において、「現在到達したところの見解とは独立に」すでに立証されていたのであった(A三七八)。しかし、彼が言おうとしているのは、超越論的観念論が立証されたときには、われわれが知識をもつことが可能であるための条件を超越論的ないしアプリオリに吟味するという方法は用いられていなかった、ということではない。それは、超越論的な説をそもそも立証することのできる唯一の方法なのである。「超越論的感性論」において、超越論的観念論が「立証される」根拠となっているのは、われわれが幾何学や算術においてアプリオリで総合的な知識をもつことを説明できるのは超越論的観念論しかない、ということである。こうした論証は、「第四誤謬推理」や「観念論に対する論駁」において示されている超越論的観念論を支持する考察とは独立であると言われるかもしれない。しかし、「超越論的感性論」における論証から超越論的観念論に到達する仕方と、「第四誤謬推理」や「観念論に対する論駁」において超越論的観念論に到達する仕方とは、異なってはいないのである。「超越論的感性論」において論じられているのは、空間と時間についてわれわれが知識をもつことを説明できる方法は超越論的観念論しかない、ということである(A二五=B四一)。「第四誤謬推理」において論じられているのは、われわれを取り巻く空間と時間の中の事物についてわれわれが知識をもつことを説明できる方法は超越論的観念論しかない、ということである。同じ説がどちらの領域でも唯一の説明となっている。しかし、どちらの場合でも、こうした説を支持するたった一つの考察とは、こうした説しかわれわれが知識をもつことを説明するものはない、ということなのである。

だが、「超越論的な説を確証するまったく独立した方法というものは存在しない」「われわれが知識をもつことがどのようにして可能かを説明するものは超越論的な説しかない、ということ以外に、超越論的な説を受け入れる根拠はない」というのであれば、われわれは次のような疑問を抱くようになるかもしれない。すなわち、懐疑論が偽であるということは、結局のところ、完全に厳密に論証されたのだろうか。超越論的観念論が真であると言われているのは、そうでないとすると、われわれを取り巻く事物についてわれわれが知識をもつことが不可能になるからである。これは、要するに、「超越論的観念論を受け入れないと、われわれが知識をもつことは説明できない」と述べているに等しいように見える。しかしたとえそうだとしても、このことは、超越論的観念論の証明を――証明とまではいかなくても、それを支持する考察くらいは――与えているのだろうか。超越論的観念論を何かしら独立したかたちで確証することができないのだとすると、このことは、「超越論的観念論をとるか、さもなくば、説明がまったく存在しないのに我慢するか」と述べることと同じであるように見える。すると、説明がまったく存在しないというのが正しいということは、なぜありえないのだろうか。われわれが知識をもつことは、なぜ説明されなければならない*の*だろうか。

われわれはひょっとすると、自らを取り巻く世界について知識をもつことを説明できないのかもしれない。これには、少なくとも二通りの異なった道筋が存在する。まず、懐疑論が真である場合には、われわれはそうした知識をまったくもたないであろう。われわれから独立して存在する事物についてわれわれは何も知らないというのが、われわれがこのときに立っている場所を正しく記述するものとなるのである。カントの主張では、少なくとも経験的に言われているときには、こうした可能性は排除されたのだった。しかし、そうした可能性を排除するためにカントが用いた唯一の手段とは、その同じ記述を超越論的なものとして再び行うことであったように見える。われわれが立っている場所を説明することができると彼が考えている唯一の説明は、われわれから独立して存在する事物についてわれわれは何も知らない、と述べているのである。これは、いくら超越論的な水準においてであるとはいえ、われわれが知識をもつことを満足のいくかたちで説明するのだろうか。ほかの場面ではなじみのある用語を超越論的に使用するということを、ともかくも私は理解しているとしてみよう。それゆえ私は、こうした説明が何を述べているかについても理解しているとしてみよう。それでも、こうした説明は満足のいくものではないように私には思えてしまう。こうした説明は、依然として「私に依存していると私が理解していることがらに、私の知識は限定されている」と述べているのである。ゆえに私は、主観的なものにすぎないと見なしていることがらに制限されていることに気づく。しかも、客観的に成り立っていることについて何かを学ぶということは、私にはまったく不可能なのである。こうした説明のほかにとるべき道がないというのは事実である。この事実ときちんと向き合うなら、私は、自分がいささか寂しく荒れ果てた場所に立っていることを甘んじて受け入れるかもしれない。それはさながら、新入りの囚人が塀の中での生活を甘んじて受け入れるようになるようなものである。しかしそのことによって、立っている場所自体がそれ以上満足のいくものになるわけではない。超越論的なものをともかくも私は理解しているとしよう。このとき、超越論的観念論と、「第一省察」におけるデカルトの議論に従うとまったく避けられないように見えるたぐいの懐疑論とでは、どちらのほうが説明力があるのかを見きわめることは難しいであろう。超越論的観念論と経験的観念論は同じものである、と言っているのではない。そうではなくて、経験的観念論が経験的な水準での知識の説明として満足のいくものではないのと同じように、超越論的観念論も超越論的な水準での知識の説明として満足のいくものではない、と言っているのである。超越論的観念論を採用したとしても、科学や日常生活において主張したり信じたりしていることをわれわれから独立した領域に属する知識の例と見なすことは、可能にはならないであろう。

私はこのように不満を表明するが、それはたぶん、私が超越論的な様式をうまく捉えていないことをはからずも物語っているのであろう。超越論的観念論を受け入れても君は何も失いはしない、とカントなら言うであろう。私の知識は、私に経験的に依存していることがらや、経験的な意味において主観的なものにすぎないことがらに限定されるわけではない。私は、最高の物理学、化学、数学、その他の科学がもたらしうるあらゆるものを、理論上は手にすることができるのである。よって私は、デカルトが「第一省察」の終わりで立っていた場所よりも、満足のいく場所に立っている。「第一省察」の終わりの時点では、「椅子」「テーブル」「紙」(「科学」は言わずもがなとして)についての知識と推定されるものはすべて、価値をおとしめられていたのであった。超越論的観念論は、知識と推定されていたそうしたものを復権させる。このため、日常生活においてある人が、「私は暖炉のそばのここに腰掛けて、紙を一枚手にしていると知っている」と言うとすると、その人の言っていることはたいていの場合において文字通り真になるのである。日常生活において表現されている主張や信念は、知識の例になる。つまり、そうした主張や信念が知識をもっていると述べているまさにその当のことがらについての知識の例になるのである。そうした主張や信念の内容が減ることはまったくないし、そうした主張や信念の支える力が減ることもまったくない。われわれを取り巻く世界についての知識という、デカルトが吟味しはじめた当の知識が擁護されたときには、それは、われわれが所有しているともともと想定していたそのままのかたちで擁護されたのである。われわれを取り巻く世界についての知識は、結局のところ、適法に所有されているのである。

しかしそうは言っても、超越論的な観点――われわれが知識をもつことはどのようにして可能かをきちんと説明できる、ただ一つの種類の吟味の内側――から見れば、われわれが科学や日常生活において知っているあらゆることは、結局のところ、主観的で人間の感性に依存しているのである。それは、事物がわれわれから独立して本当にあるあり方についての知識ではないのである。超越論的な思考法に切り替えたときにわれわれに残されている知識とは、あまりにもわれわれ中心のもので主観的であり、その意味において、われわれがもともと切望していたものではない。どちらかといえば、運動を否定しているゼノンは結局正しいのだが、「超越論的」に正しいだけであって、「経験的」に正しいわけではない、と言っているようなものなのである。運動している事物と運動していない事物は、「経験的」には明らかに区別されるが、われわれが両者の間にそのような区別をつけることを説明するものは、「超越論的」に言うと運動しているものは何もないということだけしかない、と言うとしよう。これは、われわれが直面している難問を解決するものとして、どの程度満足のいくものであるのだろうか。もし、われわれがこの答えをともかくも理解しているとすれば、パラドックスやわれわれが悩まされてきたことは取り除かれておらず、異なる水準に移動しただけであるように見えるのである。

しかし、われわれを取り巻く世界についてわれわれが知識をもつことをわれわれは説明できないかもしれないと言うときには、もう一つの道筋があるのかもしれない。われわれが探し求めているたぐいの説明は、はなから存在しないのかもしれないのである。その理由は、「懐疑論が真なので説明すべきものは何もないから」ではなくて、「いま問われている哲学上の問いは一般性をもち、包括的な説明を要求しているが、そのような問いが、哲学において考えられているような意義をもったかたちで、一貫して提起されることはありえないから」である。カントはある意味では、ものごとを切り詰めていくこうしたたぐいのデフレ的な見解を、ある限定的な仕方で擁護しているのである。われわれはどのようにして、感覚経験においてわれわれに現れる観念に基づいて、外的な事物について知識をもつことができるのか。これがデカルトの問いであった。そして、こうしたデカルトの問いを、デカルトが意図したとおりの仕方で一貫して提起することが可能でありさえすれば、懐疑的答えしか可能な答えはないであろうとカントは考えているのである。それゆえカントは、デカルトの問いが適法でないことを暴き出そうとする。すなわち彼は、デカルトの問いが、経験が可能であるための条件のうちの一つに反しており、それゆえ、そうした問い自体が理解可能であるための条件のうちの一つに反していることを示そうとしているのである。しかしカントは、デカルトが念頭に置いていたたぐいの説明がありえないことを、彼独自の説明をさらに別に提示するというかたちで示している。それは、デカルトが混乱したために説明しようと努めた当のことを説明するものではないが、それでも、われわれを取り巻く世界についてわれわれがもっている知識のすべてを説明すると現に主張しているのである。

超越論的観念論は満足のいくものではない、とこれまでに述べてきた。このことは、知識理論においてよく見られるパターンと私が考えているものの一例と見なされるかもしれない。われわれは、知識について何らかの問いを抱くことがあるが、そうした問いは、満足のいかない懐疑的結論に通じているか、あれやこれやの知識「理論」に通じているかのいずれかである。しかも、そうした知識「理論」は、反省を加えてみると、本物の満足を与えるわけではないと判明するのであり、満足を与えないという点では、そうした理論が回避しようとしていたそもそもの懐疑的結論と同じなのである。われわれは、こうしたたぐいの失望を何度か味わったあげく、人間の知識について一般性をもったかたちで説明を与えることはそもそも可能なのだろうか、と思うようになるかもしれない。つまり、満足のいくほど十分に非懐疑的なかたちを保持した説明や、主観的な要素を中心に扱うことから満足のいくほど十分に免れたかたちを保持した説明を与えることは、そもそも可能なのだろうか、と思うようになるかもしれない。哲学者たちがはじめに設定する一般性の高い問いがある。そして、哲学者たちが唯一行き着く先は、懐疑論か懐疑論と区別することが難しい説明であるように感じられるとしよう。すると、哲学者たちは議論のもっと早い段階で、デフレ的な手続きを導入するものと思われるかもしれない。

次章では、このような一般性をもった戦略を代表するものの一つに目を向ける。それは、われわれがもっている日常的知識や科学的知識に関して、安心を与えてくれるカントの結論に到達したいと切望するものであるが、超越論的な説明などという曖昧なものは用いないというのである。超越論的な説明がなければ、カントの結論は支持することができないと考えられているというのにである。この戦略は、懐疑論を排除すると同時に、哲学的な説明を行うことをどの程度まで回避することができるのだろうか。このことは、そうした戦略はカントを越えて（前進しているとすれば）どのくらい前進しているのか、ということを測る重要な物差しとなるであろう。カントはムーアとは違って、懐疑論には何かしら訴えるものがあることを認めている。また、懐疑的でない満足のいく成果を手にするためには、どのような吟味であれ到達しなければならない深さがあることも認めている。すると、ここで次のように問われることになるのである。哲学的な説明を探し求めることを認め、そうした説明が理解されるには深さが必要であることを認めることは、可能なのだろうか。そしてその際に、懐疑論に再び陥ったり、われわれを取り巻く世界についてわれわれが知識をもつことはどのようにして可能かについて、結局のところ満足のいかない説明に再び陥ったりしないということは、可能なのだろうか。

第5章　内的と外的――有意味と無意味

カントの理論で用いられている用語を理解する際には、それらが「超越論的」ないし非経験的なものとして用いられているものとして理解しなければならない。カントの理論の使命は、日常的知識や科学的知識を、説明し保証することにあるのだが、カントの用語を「超越論的」なものとして理解しないとしたら、それらの知識は、デカルトによる懐疑的議論によって脅かされてしまうからである。このため、カントの理論を理解するのは難しいし、カントが説明していることや保証していることを受け入れるのも容易ではない。われわれが用いている用語がどのような意義をもっているかとか、その用語が理解可能であるかとかという点は、その用語の「経験的な使用」とカントなら呼ぶはずのものにきわめて大きな制限を受けているのである。実際、このことを説明することのできる見解であれば、カントが行った超越論的な説明のような不明瞭な説明を与えることは回避するであろう。しかもそのような見解は、それでいて、カントが与えたかったとおりのたぐいの反懐疑的保証をもたらすかもしれないのである。

「われわれが用いている用語がどのような意義をもっているかは、その用語の経験的な使用に制限を受けている」という、いま述べた考えを反懐疑的なかたちで表す方法を一つとりあげよう。それは、「どのような表現にしても、それが有意味なものならば、それがどういうときにあてはまり、どういうときにあてはまらないかについて、実際に起こりうる何らかの感覚経験が関連している」と述べることである。あるいは、有意味な文を問題とするなら、「各文が真であるか偽であるかの決定には、何らかの、実際に起こりうる感覚経験が関連している」と述べるのである。この見解によれば、ある文によってわれわれが何かを理解したり何かを意味したりすることが可能なのは、その文が真であること、ないし偽であることを支持する何らかの感覚経験をわれわれがもちうる場合だけである。実際、「有意味性の経験的検証可能性原理」と呼ばれる原理が唱えている考えによれば、ある文が有意味であるための必要十分条件は、その文が、少なくともある程度は検証可能ないし反証可能であり、かつ、その文を確証したり、その文の反対を確証したりするのが最終的には感覚経験である、ということである。もちろん、この手の原理は、それを支持する者たちが擁護したいと思っている帰結がそのまま保持されるかたちでは、立証することはおろか、きちんと述べることすら不可能であることがわかっている。(1) だが、表現にあいまいなところが残り、十分に正確に述べることができていないとしても、そのことは、過去の哲学上の重要なアイデアを見る限り、成功するための障害にはなってこなかった。そして、意味の捉え方に関する、ここでとりあげている考えもその例外ではない。

カントは、たいていの伝統的哲学的論争は収拾することがないことを見てとった上で、それらを収拾させる唯一の特効薬として「純粋理性の批判」を提唱した。カントによれば、理性がもつ本来の領域は、発見され記述されなければならない。理性が確固たる基盤に基づいて進んでいくことができ、自らの提出する問題に答えを与えることができるのはどこまでなのかという限界は、明確にされなければならない。そして、その結果、それらの限界の向こう側にあるあらゆることがらは、意味をなさないか仮象だということになる。これは、有意味性の検証可能性原理の要点でもある。見たところ適格な平叙文であっても、少なくとも、その文に対して実際に起こりうる一連の感覚経験というものがあって、ほかの一連の感覚経験の場合よりはその文が真であることが確からしくなるのでないとすれば、その文は、まさしく無意味である——つまり、真や偽になりうる何ごとも述べていない。また、見たところ適格な疑問文が、現に有意味であり、本当の問いを述べているとしたら、それは、実際に起こりうるある感覚経験があり、その経験によって、ある答えのほうがほかの答えよりも真であることが確からしくなる場合に限られる。そうでないとしたら、その問いは単なる「擬似的な問い」であり、本当の問いではまったくないし、何か答えが与えられたとしても、その答えは、真にも偽にもなりえない「擬似言明」にほかならない。[2]そのような「擬似的な問い」の答えを探したところで、ある種の仮象に基盤を置くことしかできないであろう。そのような答えが存在しえないのは、問い自体が意味を欠くからなのである。一見したところどのような現れ方をしていようと、それらの問いは、まさしく何も問うていないのである。

実在に関する哲学上の典型的な問いは、有意味かどうかを問うこのテストの基準を、満たさないと考えられている。このようなテストを課すべきとする見解によれば、実在に関する概念でわれわれに理解することができるものがあるのだとしたら、それは実在についての「経験的」な概念でなければならない。これこれのものが存在すると述べたり実在のものであると述べたりする趣旨の主張は、経験において検証可能ないし確証可能でなければならないのである——そうでなければ、その主張は無意味であろう。ところで、日常生活においても科学に携わっている際にも、ある種の事物が存在するだとか実在のものであるだとかという主張を検証したり確証したりすることは、現に非常によくあることである。カルナップの用いた例であるが、ある山が実在のものであるのか単なる伝説上のものであるのかについての問いが提起されたとしよう――「そのような山が、アフリカのある場所にあるのかないのか」という問いである。その問いを解決しに出かけた二人の地理学者がいたとしよう。彼らは、問題の場所に着いたときに何を見出すかについては、一致をみるかもしれない。ある種の山を、ほぼ想定されていたとおりの場所に見出したなら、二人は、「その山は実在のものである」「その山は現に存在する」「単なる伝説上のものではない」と報告することができる。カルナップが言うには、その際に彼らは、実在についての「経験的、科学的、非形而上学的概念」を使用しているのである。(3) 彼らはその山を、時空の枠組みの中のある一定の場所にはめ込んでいる。そして、彼らの主張しているところによれば、その山がその枠組みの中のほかの事物に結びついているのは、既知の経験法則によってなのである。

しかし、この地理学者たちが、哲学者でもあったとしたらどうか。一方は自分のことを「実在論者」だと称し、他方は「観念論者」だと称するのである。実在論者の側は、「その山は、その空間的な大きさや位置など、調査によって見出されたいろいろな性質のすべてをもっているだけでなく、実在の――つまり、あらゆる経験とは独立に存在する――ものである」と断言する。観念論者は、これを否定して言う。「確かにその山は、その空間的な性質など、調査によって見出されたすべての性質をもっており、それゆえ伝説上のものではないのだが、実在論者が思っているような意味で実在のものであるわけではない――存在するすべてのものと同様、その山が存在するということは、その山が知覚されるということに依存しているのである。」カルナップの考えでは、「二人の科学者の意見がこのように相違することは、経験の領域ではありえない」という点は明らかである。「というのも、経験的事実に関する限り、人々の間には完全な一致が見られるからである」(PsP、三三三〜三三四頁)。先の二人が争っていたのは、経験的手段で解決可能だと彼らが思っているものではない。検証可能性原理によれば、それゆえ二人の間には有意味な争点はない、ということになる。

> その山について言えるのと同じことは、外界一般についても言える。……外界は実在のものであるという実在論のテーゼも、外界は実在のものではないという観念論のテーゼも、科学上、有意味とは見なせない。こう述べたからといって、二つのテーゼが偽であるというわけではない。むしろ、それらはまったく意味をもっていないのであり、その結果、それらの真偽の問題を提起することさえできないのである。(PsP、三三四頁)

カントによる超越論的観念論のテーゼは、このテストによれば、無意味だとして排除されるであろう。カントのテーゼは、「空間内にあるわれわれを取り巻く事物は、経験的に実在するものであり、知ることのできるものである」ということを保証し、それゆえ、そのことと両立するはずのものであった。しかし、検証主義者からすれば、実在に関するありふれた経験的な問いの及ばないところを探したところで、カントのテーゼがことによると答えとなっているかもしれない有意味な問いなど、ありはしないのである。実在についての経験的な概念が通常どおりに用いられている経験的な問いを、われわれは解決することができるし、現に解決している、ということをカントがいったん認めるならば、実在論対観念論に関して解決されずに残っている有意味な争点などない。超越論的観念論と超越論的実在論は、ともに無意味なのである。ただ、カントなら次のように言うであろう。自分が唱える超越論的観念論が無意味ではありえないのには理由がある。というのも、実在についてのほかのすべての有意味な問いを経験的にまさに解決できるためには、超越論的観念論が真であることが要求されるからである。超越論的観念論抜きでは、われわれは懐疑論から身動きがとれなくなるのである。だが、このカントの見解に対して検証可能性原理は、以下のように応じる。超越論的観念論は、何の説明も保証もできない「擬似理論」である。それゆえ、説明力があると言われたところで、超越論的観念論を受け入れる理由にはなりえない。反対に、超越論的観念論を認めないにしても、懐疑論が助長されることはない。というのも、懐疑論自体もまた、無意味であるとして排除されるからである。実在に関するすべての有意味な問いを、経験的手段によってわれわれが解決することが可能であるということを保証するには、有意味性の検証可能性原理だけで十分なのである。

具体的な領域や主題をとりあげ、そこに限ってなされる哲学的懐疑論がある。そういう懐疑論が表面上述べているのは、その領域内で何かを知ることは決してできないということであり、また、その領域内で一方のことがらを信じるべき理由が他方のことがらを信じるべき理由よりも多いということさえ決してないということである。もしこれが真なのだとしたら、検証可能性原理から帰結するのは、その領域にあるものは、有意味でも理解可能でもないのであって、われわれが知り損なっているわけでも、信じるのに十分なだけの理由がないわけでもない、ということである。その要点を積極的な面から表現してみよう。すると、有意味なものについては、それがもつ真理値を知る能力をわれわれはもっているにちがいないし、少なくとも、一方の真理値をもつと信じることよりも他方の真理値をもつと信じることを支持する、より優れた理由を手にすることは可能であるにちがいない、ということになる。こうして、検証可能性原理からの帰結の一つとして、「どのようなかたちの懐疑論も真ではありえない」ということが導き出されることは必至である。とはいえ、「懐疑論はそれゆえ偽である」「必然的に偽ですらある」と述べるのは、間違っているであろう。知識や理にかなった信念という、どうやら懐疑論によるとわれわれにはもつことができないとされているものが、本当にわれわれにとって永久にもつことができないものだとしてみよう。すると、われわれが知識を欠いていたり、理にかなった信念を欠いていたりする対象として、理解可能なものなど何もないであろう。懐疑論の主張とされる言明は、「……であるかどうかは誰も決して知りえない」というかたちをとるが、この言明中の「……」の部分は、いま述べたことからすれば、検証不可能ゆえに無意味な何らかの表現によって埋められているであろう。だとすれば、懐疑論のテーゼを主張しようとするのは、（ラッセルの例を借りれば）「四重性が遅延を飲む（quadruplicity drinks procrastination）かどうかは誰にも決して知りえない」と述べようとするようなものであろう。このような文による表現を真であると裁定するのも偽であると裁定するのも、ともに正しくない。その文は無意味な構成要素を含んでいるのであり、そのため、その文は、その構成要素とまったく同様に無意味なのである。

デカルトが人間の知識に反省を加えた末にたどりついた結論によれば、人は誰も、自分を取り巻く世界について決して何も知りえない。デカルトの考えによれば、われわれの経験がどのようなものであったにしても、世界がどのようなものであるかについては、われわれがおよそ得ることのできるあらゆる証拠とは両立するが相互には両立しない、さまざまな可能性が無数にあることになる。仮にデカルトの言うとおり、「外的な事物が存在する」という文が真であることや偽であることを支持することは、実際に起こりうるどのような経験を経たとしても不可能であるとしよう。すると、検証可能性原理によれば、その文はまさしく無意味であり、まったく何も言っていないことになる。したがって、これに対応する「外的な事物は存在するか」という疑問文も、何も問うていないことになる。その文は、答えを知り損ねることが実際に起こりうる問いではありえない。それは、答えが何であるかが明らかだからではない。有意味な答えがなく、そのため、有意味な問いがないからである。カルナップはある箇所で、外界についての実在論の主張とされる主張をなぞらえるのに、「この三角形は高潔である（This triangle is virtuous）」だとか、さらには「ベルリンうまあお（Berlin horse blue）」のような表現をあげている（PsP、三二六頁）。それらの表現は、真や偽になりうることは何も言明していない。それらは、何も言明していないのである。われわれが知ったり知り損ったりしうることは何も言明していない。それらは、何も言明していないのである。デカルトが使う「外的な事物が存在する」という文も、もし本人の言うとおり、それが真であるかどうかは誰も決して知りえないのだとすれば、何も言明してはいないのである。

このように述べたからといって、外的な事物が存在するかどうかについての問いが、申し分なく有意味であり、問うことも答えを与えることも経験的に可能な場合がある、ということを否定することにはならない。先の二人の地理学者は、山の事例において、そのような問いを解決した。彼らがその際、近くにもう一つ別の山を見つけたなら、彼らは、「ここに山が一つある」そして「ここにもう一つある」とも言えるであろう。アフリカないし地球の地勢について何らかの記述を行うように彼らが求められたとしたら、その記述の中に「複数の山がある」という言明を加えることには何の差し支えもないであろう。その言明は、彼らの観察によってわかったことの一部を要約するものである。状況に応じて必要があるようならば、さらに踏み込んで、いっそう一般性の高い帰結を彼らが公に述べたとしても、何の反対も受けないように見える。また、山が外的な事物であることは、誰も否定しないであろう。おそらく、突然の思いつきや痛みや残像は外的な事物ではないが、何か外的な事物があるのだとしたら、山こそは外的な事物である。先の地理学者たちも、ほかのすべての人と違わず、山が外的な事物であることは知っているものと考えてよいであろう。すると、もともと手にしていた経験上の証拠のおかげで、「その山は実在のものであり、伝説上のものではない」とか「ここに山が一つある」とか「ここにもう一つある」とかと彼らは述べることができるだけではない。「外的な事物が存在する」と述べることも彼らにはできるであろう。彼らの述べていることは、経験を基盤にして知りうることであり、したがって、検証可能性原理によれば無意味ではない。だが、その同じ「外的な事物が存在する」という文は、われわれには決して知りえないとデカルトが考えていた何らかのことを表現しているのだと言われることがある。そして、その場合には、その同じ文は無意味であると断言されたのである。明らかに、文の中の語の並びがどうなっているかだけの問題ではない。それ以外にも、経験においてその文が確証されたりその反対が確証されたりする可能性があるかどうかという点が、不適格なところはほかにない文が実際に有意味であるかどうかを左右するのである。

ここでは、地理学者たちを登場させて、ムーア風の物言いを想像上でとりあげているわけだが、その中で使用されているのは、外的な事物についての「経験的」な概念と、それに結果として伴う実在や存在についての「経験的」な概念だけであった。そして、ムーア自身の主張によれば、ムーアが証明の中で使用している概念もこれと同じである。したがって、ムーアが述べていることや行っていることに対しては、検証主義者は何も反対しなくてよい。けれども、まさにそれだからこそ、ムーアや地理学者たちが述べたり行ったりしていることはすべて、外界についてのデカルトの問いとは関連がありえないのである。デカルトの問いは、検証主義者の掲げる理由により、まさしく無意味である。そして、デカルトは「外的な事物が存在するかどうかは誰も知らない」というテーゼを唱えるとされるが、そのテーゼも、同じ理由でやはり無意味である。したがって、ムーアがそのままの述べ方で「自分は外的な事物が存在することを知っている」と述べている場合にしても、同じことを地理学者たちが述べている場合にしても、ムーアや地理学者たちが、デカルトの結論に対して反駁を述べているということはありえない。仮に彼らが反駁を述べていると考えるとしたら、その際には、「ここに手がある」や「ここに山がある」という文から、デカルトが用いている「外的な事物が存在する」という文がそのまま単純に帰結する演繹法があるのだと考えていることになる。あるいは、「ここに手があることを知っている」や「われわれは山があることを知っている」という文から、「外的な事物が存在するかどうかは誰も知らない」というデカルトの懐疑的結論が偽であることがそのまま単純に帰結する演繹法があると考えていることになる。デカルトが用いている二つの文と同じ語が同じ順序で構成されている二つの文であっても、場合によっては、そのうちの最初の文は真であって、後の文は偽であるということが、ムーアや地理学者が述べた真である主張によって確かに示されるのである。しかし、むしろそれだからこそ、その場合にそれらの文は、デカルトの言葉で表現されていることを表現することはできない。検証可能性原理によれば、デカルトは、自分の用いている言葉によっては、有意味なことはまったく何も表現していないのであり、そのため、ムーアや地理学者たちの言明は、デカルトの言明を含意することもできなければ、それに対立することもできない。ある言明が真であり、申し分なく意味をなしているのだとしたら、その言明は、意味をなさないことを含意したり、それに対立したりすることはできないのである。

以上の点を踏まえると、検証主義者による捉え方によって、ムーアを理解する別の仕方が見えてくる。つまり、ムーアの言っていることはどれも、哲学上のテーゼを論駁したり、哲学上の問いを解決したりすることはいっさいないが、それにもかかわらず、それらがすべて申し分なく真であり、正当であり、独断的でない、ということがどのようにして可能なのかを理解することができるのである。カントにおいて見られるたぐいの考えによれば、問題の哲学上の問いは、きちんと理解すれば、それが「超越論的」なものであって経験的なものではないということが判明することになり、そのため、ムーアが「経験的」に述べていることは、その問いに対する答えを含意したり、その答えに対立したりすることはできないことになる。しかし、その考えは正しくない。むしろ、そういう問いは、きちんと理解すれば、それが無意味な「擬似的な問い」であって本当の問いではまったくないということが判明するものなのである。経験的に知ることができ、したがって有意味であるものが、その「問い」に対する答えのどれかを含意したり、答えのどれかに対立したりすることが決してできないのは、ごく単純に、そのいわゆる「問い」に対するいわゆる「答え」はどれも、それ自身無意味だからである。ムーアの考えでは、自分はデカルトの述べていることを論駁しているのであり、外界とわれわれが外界についてもつ知識とについて自らが提起した問いに対して、肯定の答えを与えているのであった。カントの捉え方によれば、ムーアはそのようなことはしていない。つまり、われわれの知識についての本物の問いは相変わらず手つかずのままであり、その問いには、ムーアの方法によってもほかのどのような経験的な方法によっても答えを与えることはできないのである。だが、検証主義者からすると、ムーアがデカルトの問いに答えを与えていないという点はカントの見解と同じであるが、有意味なのにムーアが無視していることなど何もないのである。

したがって、検証主義による有意味性についての理論は、デカルトの捉え方とは正反対の立場である。つまり、デカルトの場合には、一方に、ムーアにしてもわれわれにしても誰もが日常生活において行う「内的」な、直接関与している、経験的な発言を置き、他方に、哲学者たちが有する「外的」な、距離を置いたところからの問いやテーゼを置くことにより、両者の関係というものを捉えていた。この伝統的な捉え方によれば、ムーアによって無視されてしまっているものがある。それは、日常生活においてわれわれが行うあれこれの主張や、知識をもっているという主張に対しても、距離を置いたところから哲学的査定をすることができる、という点である。その査定の結果得られる結論によれば、たとえ自信をもってあれこれ主張したとしても、どの主張も、厳密には知識の例ではなく、そのため、われわれを取り巻く世界について知識をもっているとわれわれが主張したところで、そういう主張のどれも、厳密には真でない。哲学上のこの結論と日常生活においてわれわれがなす主張とは、真っ向から対立している。このことは、それ自体では、ふだんわれわれが行っている主張を日常生活において述べたり、受け入れたりすべきでない、ということを含意しているわけではない。伝統的捉え方によれば、そういういろいろな主張を日常的に述べたり受け入れたりするのは、暗黙のうちにあるさまざまな制約の範囲内でのことである。というのも、われわれにはさまざまな制約が、行為や人間のコミュニケーションに関する実践的な要求によって課せられているからである。ところが、純粋に理論的な哲学的吟味においては、それらの制約が取り払われるなり、無視されるなりする場合がある。そして、その際には、次のことが見出される。すなわち、知識に関してわれわれが日常的に行う主張というものは、日常生活において有しているまさにそのとおりの意味を保ったままでは、厳密には決して真ではない、ということである。哲学上のこの結論と日常生活においてわれわれがなす主張とは、真っ向から対立している。われわれを取り巻く世界についてわれわれが申し分なく有意味で理解可能なかたちで述べていることがらを、われわれはどれ一つとして決して知らないのである。

検証可能性原理によれば、そのようなことはありえない。われわれを取り巻く世界についてわれわれは何も知りえないという趣旨を述べる、哲学上のどのような結論も、われわれを取り巻く世界について語ることすべてを、有意味なものの限界の向こう側に置くことになってしまう。ここで懐疑的哲学者が少し譲歩して、われわれを取り巻く世界について日常生活において述べていることがらはとにかく有意味であるという点までは認めたとしよう。その場合には、その哲学者が「それらのことがらは知りえないものだ」という断言を行っても、その「外的」な、距離を置いたところからの哲学的査定は、正しいはずがない。検証可能性原理が保証してくれるところによれば、それらの日常的な発言の真偽は知りうるものでなければならない。伝統的捉え方は間違っているにちがいないのである。

日常生活においてわれわれが立っている場所についての「伝統的捉え方」と私が呼んできたものと、検証可能性原理とが、このような仕方で対立していることがわかったとしても、驚くことではない。伝統的捉え方というものが、私の記述したとおりのものだったとしてみよう。すると、その捉え方によれば、「アフリカに五千メートル以上の高さの山はあるか」と問うたときに私が問うている当のものが成り立っているか成り立っていないかは、ある種のことがらとはまったく独立なことである。つまり、「その高さの山があそこにある」とか「ない」とかということを知ったり、理にかなったかたちで信じたり、正当化可能なかたちで主張したりすることが、いつか誰かにできるかどうかという、そういうことがらとはまったく独立なことである。これに対し検証可能性原理が言うのは、私が問うている当のものは有意味であり、したがって、仮にも真でありうるとすれば、それは、「あそこに山がある」とか「ない」とかということを知ることや、信じるに足る理由を手にすることが誰かに可能である場合だけである、ということである。この原理から直接矛先を向けられないようにするには、客観性というものを捉える際、客観的な事実であることがらをわれわれが知るなり、そのことがらを信じるための十分な理由をわれわれが手に入れるなりする可能性というものを、その概念の中に含めておかなければならない。反対に、客観性というものを捉える際に、知る可能性というものが含まれており、したがって知る可能性があることが保証されているならば、その捉え方の下では、明らかに、客観的事実についての懐疑論は不可能になるのである。

このことから帰結するのは、検証可能性原理によれば、外界が存在するという信念が、伝統的哲学者がわれわれに帰属させようとしている種類の信念のことである場合には、それをわれわれがもっていると述べることさえできない、ということである。もちろん、われわれのうちの誰をとりあげるにしても、その人が「外的な事物が存在する」が真であると信じているだとか、認めているだとかと述べることが可能な場合はある。たとえば、「複数の山がある」や「ここに人間の手がある」という文から「外的な事物が存在する」という文が、明白で議論の余地のないかたちで導き出される帰結として理解される場合である。しかし、このような理解の仕方は、外界が存在するというわれわれの信念を吟味する際に懐疑的哲学者がとっている理解の仕方であるとカルナップが考えているものではない。その信念を確証するものや、その信念の反対を確証するものは、経験においては見出すことができない、というのが、懐疑的結論が示しているとされていることがらである。したがって、検証可能性原理によれば、「そのような信念とか主張とか仮定とかは存在しない」（ESO、二〇八頁［邦訳、二五六頁］）。そのような信念をわれわれはもっていないということをカルナップが見出したのは、人間が信じているすべてのことがらを一つ一つ調べあげて、その中にそのような信念がないことを確かめることによってではなかった。彼は、自分が掲げた検証可能性原理から演繹を行うことによって、哲学者が言うとおりのものを仮に人々が信じているのだとしたら、人々が信じていることがらは無意味である、ということを見出したのである。われわれが信じていると述べることができるもののうちには、真や偽になりうるものは何もないのである。だが、そのような信念をわれわれはもってさえいないのだとすれば、伝統的哲学者が査定を行う対象は何もなく、信用すべき根拠を調べることのできる対象は何もない。したがって、その哲学者が探し求めている正当化は、鬼火、きつね火のたぐい以上のものではなく、その結果として述べられた懐疑論の言明も、擬似言明以上のものではないのである。

伝統的認識論が企ててきたことに対して以上のような裁定を行うのは、見たところは手厳しいが、それにもかかわらず、認識論の企ての本性に対してこの裁定がもつ理解の深さや共感の度合いは、ムーアが表現したと思われるあらゆることよりも上である。カルナップにしてもカルナップに従う検証主義者にしても、外界に関する伝統的問題を十分よく理解していた。そのため、ムーアのやり方ではその問題が解決できないことはわかっていたし、それればかりか、その問題は解決できるものではまったくなく、それゆえ無意味である、ということも、わかっていた。その問題は理解不可能な「擬似問題」であるとカルナップは公式には断言していたのだが、それにもかかわらず、彼にはその問題がわかりすぎるほどわかっているのだと言うことができるであろう。その問題には意味がないときっぱりと主張することのできる場所に、彼は立っているのである。その問題が無意味であることをカルナップが見出すために、彼は二つの段階を踏んでいる。まず彼は、伝統的哲学者の議論をたどっていき、次に、「実際に起こりうるどのような経験をしたところで、外界の存在を信じることのほうが外界の非存在を信じることよりも裏づけが少しでも多くなるようなことはありえない」ことを見てとったのである。ムーアはどうだったかといえば、懐疑的議論について、その手のことは何も見出さなかったのである。

カルナップが理解を示しているのは、伝統的認識論者が何を企てているかに関してだけではない。彼は、哲学者による懐疑的結論――あるいは、結論そのものではないにしても、仮にそれが理解可能だとした場合のそれ——に、すっかり共感しているし、全面的に認めてさえいるのである。もしそうでなかったとしたら、その結論は無意味であるという裁定にカルナップは決してたどりつくことができないであろう。懐疑的結論は無意味であると断言するためにカルナップがもっている唯一の理由は、外界が存在するという哲学者の「言明」を確証することも、その反対を確証することも、経験においては不可能である、ということである。だが、懐疑的哲学者は、まさにその同じ理由によって、懐疑論は真である——実際に起こりうるすべての経験は、例外なく、外界が存在することとも存在しないこととも両立する——と断言する。だからこそ、外界が存在するかどうかをわれわれは経験によっては決して知りえないのだ、というわけである。したがって、無意味だと断じる際のカルナップの根拠と同じものが、懐疑的哲学者が懐疑論を唱える際の根拠である。カルナップが、その破壊的な結論にたどりつくことができるのは、懐疑論の「条件つき正しさ」とでも呼べるものを彼が受け入れる場合に限られるのである。すなわち、仮に、世界についてわれわれがもっている知識に関する有意味な問いを、伝統的哲学者がどうにか提起したのだとしたら、その問いに対するその哲学者の懐疑的な答えは正しいであろう、ということを受け入れる必要がある。この条件文が真である場合にのみ、当の問題は、検証可能性原理によって無意味とされる。そして逆に、非懐疑的な答えが仮にも可能なのだとしたら、「外界が存在する」という言明は経験的に有意味なものであるということに、結局はなるのである。

　検証主義と懐疑論の間の共通点を記述するには、別の方法もある。というのも、どちらの陣営もともに次の点を認めているからである。すなわち、「外界が存在する」というわれわれの信念が、懐疑的哲学者がわれわれに帰属させているまさにそのとおりのものであるのだとしたら、懐疑論が真であると結論づけることは正しい、という点である。そのような信念をわれわれがもっているのだとしたら、その信念の正しさを確証したり、その反対を確証したりすることは、決してできないであろう。まさにそれゆえに、カルナップは、われわれがその手の信念をもっていることを否定するのである。とはいえ、その際に懐疑論と異なっているのは、有意味性の検証可能性原理を付け加えている点だけである。その強力な原理を行使する場所に検証主義者を立たせてくれるのは、懐疑論が条件つきで正しいこと以外のことでは決してない。争点となっている信念の正しさが経験的に決定不可能であるという点が、ここでは不可欠の要素となっている。だが、外界が存在するというわれわれの信念の正しさが経験的に決定不可能であるという点は、懐疑的哲学者が強く主張する唯一のことがらである。それはまた、カルナップが強く主張する唯一のことがらでもある。ただ、これに加えてカルナップは、検証可能性原理を補助的に用いており、その上で、「懐疑的哲学者は、そのような信念をわれわれがもっていると最初から想定しているのだから、間違っている」と断言するのである。

検証可能性原理は、哲学の営みやわれわれの哲学理解を、打ち壊す結果をもたらすものである。この原理によって無意味であると宣告されるはずである伝統的な哲学上の問いや理論は多い。この原理があくまでも消極的な目的で用いられるなら、哲学上の無意味な問題が出てくるたびに、それを暴き出し、そのままに置いておくだけのことである。このように、ものごとを切り詰めていくデフレ的な戦略を推し進めるということであれば、哲学上の問題がもつ起源と性格に関して、確固たる立場をとることは要求されないし、それらをどうにか捉えておくことさえ要求されないであろう。ある問題が経験的には解けないことを見出せば、その問題を棄却するのに十分なのである。G・E・ムーアが哲学上の問いにただ答えを与えようとしたのとちょうど同じように、慎重にして、破壊的なこの検証主義者は、それらの問いをただ排除することができるであろう。その際にその検証主義者は、それらの問いがどのような種類のものであるかについてや、その背後に本当はどのようなものが潜んでいる可能性があるかについては、ムーアと同様、好奇心を垣間見せることさえないのである。

検証主義者のうちのきわめて優秀な者たちの場合には、態度を決めずにただ切り返すという、いま述べたような方策だけにとどまることはない。そのような検証主義者たちは、ムーアよりも哲学的である。彼らにしてみれば、検証主義が唱える考えそのものが、妥当な実証的哲学において根拠をもっていなければならないということはわかっている。それに、彼らはたいてい、伝統的哲学者のとる手順が妥当でないことに説明を与えている。正当で見習うべき哲学的思索と、伝統の中に見つかる空虚な幻想的思想との間に区別を設けるという行為は、知の世界地図において哲学が位置づけられる場所をどこかに見出すという重要な課題の一部を果たすのである。

たとえばカルナップは、伝統的ないろいろな哲学上の問題が経験的に無意味であることを暴き出しているだけではない。カルナップは、それらの問題がもつ性格と起源についての実証的な説明を付け加えて与えているのだが、それだけでもなく、さらに――おそらく、そうした説明を与えているがためなのだが――事実上、提示していることがらがある。つまり、われわれが日常的に立っている場所を、われわれが何らかの知識をもっている事物と関連づけて正しく記述し、かつ、そういう知識をもつことがどのようにして可能なのかの一応の説明となっている、とカルナップが見なすものがどのようなものであるかを、彼は語っているのである。その際にカルナップが提示しているものは、伝統的捉え方とは異なっている。その代わりにそれは、懐疑論によっては説明されないことがあれほど明白であった当のことがらを、理解可能にするためのものである。すでに見たとおり、カントが唱えた実証的理論の場合には、その理論が取って代わろうとしていた地位にいたはずの懐疑論と比べて、最終的に本当に前進を示していたかどうか疑う理由があった。ここで残る課題は、カルナップの行った説明の場合には、伝統的懐疑論やカントの理論より少しでも満足のいくものとなっているかどうかを見きわめることである。

カルナップも確認しているとおり、哲学上の問いというものは、日常生活においてや科学に携わっている際に典型的に問われる問いと比べると、一般性がより高いという点で異なっているように見える。存在や実在についての哲学上の問いは、傾向としては、あれこれの具体的な事物に関わったり、事物に関する具体的なタイプに関わったりするというよりは、ある領域内のすべての事物に関わったり、事物に関するすべてのタイプに関わったりすることが多い。ムーアも、哲学者の問いは一般性をもっていると見てとっていた。だからこそ、ムーアの考えでは、それらの問いを肯定的であるにせよ否定的であるにせよ解決するためには、否定することはできないと彼が考えた具体的な事実を引き合いに出せばよかったのである。そして、すでに見たとおり、完全な一般性をもっている命題を、ムーアの知っていることをもとに立証する方法はあるのである。しかしながら、カルナップにとっては、ムーアが作った、一般性をもっているそれらの命題や、それらの命題が答えになる問いは、哲学上のものではない。それらは、哲学が答えようとしてきた種類の「外的」な問いではないのである。二人の地理学者が「外的な事物が存在することを知っている」と述べたとき、彼らが答えたのは、カルナップが「事物の世界それ自身の実在を問う外的な問い」(ESO、二〇七頁[邦訳、二五六頁])と呼ぶものに対してではない。外的な問いは、カルナップが言うには、「市井の人によっても科学者によっても提起されることはなく、ただ哲学者によってだけ提起される」(ESO、二〇七頁[邦訳、二五六頁])。それでは、それはどのような種類の問いであり、それを哲学上のものにするものは何であろうか。

その外的な問いやその問いに対する答えが哲学上のものであることの理由が、その問いが完全な一般性をもっているということだけにあるはずはない。地理学者たちが述べたたぐいの、「外的な事物が存在する」という文は、完全な一般性をもっているが、これは、外的な事物についての哲学上の問いに答えるものではない。また、ここで問題となっている外的な問いは、それを問うたり、主張したりする哲学者がいる、というだけのことであるはずもない。ムーアは「外的な事物が存在する」と述べた哲学者であるが、カルナップによれば、ムーアは、そう述べたところで、どの哲学上の問いにも一向に答えていない。外的な問いや言明がカルナップにとって哲学上のものとなるのは、その問いがもつ一般性が、ある一定の仕方で理解される場合だけである。地理学者たちの山のような事例に「実在についての経験的な概念」が適用された場合には、そのような問題は提起されなかったのである。

何かあるものを実在の事物や出来事として認めることは、それを具体的な時間－空間の位置にある事物の体系へと組み入れるのに成功し、その結果それは、枠組みの規則によって実在のものとして認められた別の事物に適合する、ということを意味している。……科学的意味で実在のものであるというのは、体系の要素であるという意味であり、したがって、この実在という概念を体系自身に有意味なように適用することはできない。（ESO、二〇七頁［邦訳、二五五〜二五六頁］）

外的な事物の体系全体が実在するかという問いは、カルナップの考えでは、まさに哲学者たちによってのみ提起される問いである。その問いは有意味に提起することはできない、とカルナップは考える。なぜそう考えるのであろうか。「科学的意味で実在のものであるというのは、体系の要素であるという意味である」という事実から彼が出す結論は、「したがって」実在という概念を体系全体に適用することはできない、ということである。この推論を行うとき、カルナップは何に依拠しているのであろうか。それは、彼が念頭に置いている問いが完全な一般性をもっていることにほかならないように見える。なぜなら、一般性をもっている、「外的な事物が存在する」という文が有意味であることを、彼があたかも否定しているかのように見えるからである。カルナップが言うには、「事物の世界が実在するというテーゼのほうは……事物言語で定式化することはできないし、またそれ以外のどんな別の理論的言語でも定式化することはできないように思える」（ESO、二〇八頁［邦訳、二五六〜二五七頁］）のである。このように述べているため、カルナップはあたかも次のように考えているように見える。すなわち、哲学者が問うたり述べたりしていることがらは、単に定式化するだけでも、哲学者が述べるのに使おうとしている当の言語が供給してくれる表現力を超えており、それゆえに、有意味な問いを提起することや、有意味な命題を主張することに哲学者は失敗するのである。

どうやらクワインは、だいたいいま述べたような見解をカルナップが保持していると解釈しているようである。カルナップが「外的」な哲学上の問いと「内的」な科学上の問いとの間につける区別のうちにクワインが見出すのは、存在に関する「範疇」の問いと「部分クラス」の問いと彼が呼ぶものの間の区別である。クワインにとっては、この区別は結局、問題としている事物について語るのに用いている言語を形式化する際の二つの方法の間の区別にすぎない。事物の領域全体にまたがる束縛変項を一種類だけもつ形式言語においては、「これこれのものはあるか」という問いは、「外的」な問いないし「範疇」の問いとなる。これに対し、ある種類の事物に対してはある種類の変項があり、別の種類の事物に対しては別の種類の変項がある、という場合には、そのうちの一つの種類の事物としてこれこれのものが存在するかを問う問いは、「内的」な問いないし「部分クラス」の問いとなり、「ある」と語ることのできるすべての事物を網羅するものではなくなる。このように理解したならば、問題としていた区別は、何があるのかを問う文を書く際の二つの異なった方法の間の区別にほかならない。どの表記方法を選択するのかということが、これこれのものは存在するかということに関わる問いをどのようにして別々の種類に分類すべきか、という点を決定するのである。

クワインとカルナップの間には決定的な違いがある。というのも、クワインの場合には、哲学以外の地理学や物理学や数学のような真理探求の企てと哲学との違いは、「範疇の間口の広さの差にすぎない」[4]という信念をもっているからである。どうやらクワインの理解では、カルナップの「内的と外的」の区別は、ちょうどこの信念を表明したものであるらしい。クワインによれば、哲学者の扱う「外的」な問いないし「範疇」の問いは、一般性をもっているという点だけは、より専門化された科学の諸分野でとりあげられる「部分クラス」の問いとは異なっているが、どちらの問いも、本質的には同じ仕方で答えを与えられるべきものなのである。この上なく一般性の高い「範疇」の問いなり主張なりに移行するには、一種類の変項の値としてとりうる範囲がすべての種類の事物にわたるようにするだけでよい。なお、クワインが言う意味で、哲学を「経験的」に捉えるとはどのようなことであるかという点や、とりわけ、外界にまつわる哲学上の問いをクワインがどのように取り扱うかという点については、後でもっと詳しく見ることとするが、それは次章において扱うことがらである。さしあたり述べておくべきなのは、カルナップが彼なりの仕方で「外的と内的」の区別を設けるとき、彼は、クワインが考えているのとは別のことを念頭に置いているにちがいない、という点だけである。

カルナップも認めるはずだが、申し分なく有意味で一般性をもった文である「外的な事物が存在する」という文を議論の余地のない答えとしてもつ、申し分なく有意味な問いはある。その理由はまさしく、「その問いを、外的な事物についての「外的」な哲学上の問いと混同すべきでない」ということが、有意味であり、議論の余地のないことであるからである。カルナップが区別する、互いに別々の「言語」や「体系」は数多くある。それに、カルナップは、自分が考慮しているほとんどすべての事例において、「内的」で一般性をもっている言明があると明示的に言明しており、例として「数は存在する」「命題は存在する」「性質は存在する」「時空点は存在する」等をあげている。これらは、有意味であり、明らかに真である文である。だが、それらの言明が述べているのは、「数、命題、性質等は存在するのか」という「外的」な問いが、ある哲学者によって問われたときに問われていることに対する答えではない。したがって、問題の哲学上の問いが有意味ではなくなっている元凶が、その問いを定式化する際の用語が供給できる表現力をその問いが超えているという、ただそれだけのことであるはずはない。その用語で表現される、申し分なく有意味であり、答えを与えることも可能な問いは、存在するのである。

たとえば、数に関わることを語ったり証明したりするための言語的な枠組みがある。その枠組みの中では、「数は存在する」という言明は、「五は数である」という「内的」な（この場合、分析的な）言明から帰結する。したがって、「数は存在する」という「内的」な言明は、「……体系が空でないということをせいぜい言っているにすぎない」（ＥＳＯ、二〇九頁［邦訳、二五八頁］）。これに対して、数は存在するかどうかについて一般性をもったかたちで問う哲学者たちがおそらく問うているのは、五は数であるかどうかや、四と六の間に数があるかどうかではない。われわれが手にしている数体系においては、五が数であるという事実や、四と六の間に数があるという事実から、数は存在するということが帰結する。同様に、カルナップからすれば、「時空点は存在するか」という問いは、「内的な問いのつもりで発せられているかもしれない。だとすれば、それに対して肯定的に答えた場合の答えは、もちろん、分析的なものであり、あまりに当然の答えである」（ESO、二一三頁［邦訳、二六二頁］）。その答えが分析的であるのは、それが帰結するもとになっている、いくつもの時空点が存在することに関する具体的な主張自体が、数に関する言明のように分析的だからである。しかし、ほかの「体系」においては、同じ「内的」な問いに対して肯定的に答えた場合の答えが、「経験的」なものであって分析的なものでないにもかかわらず、やはり明白な、あまりに当然の答えとなるということがある。たとえば、「fは色であり、そして……であるようなfが存在する」という「内的」な主張は、「経験的、事実的な性質のものである」（ESO、二一二頁［邦訳、二六一頁］）。しかし、一般性をもっている「内的」な言明である、「色は存在する」という言明は、そこから帰結するので、やはり「経験的」で「事実的」であるが、その一方で、明らかに真でもある。このことは、「外的な事物が存在する」という文を、物理的事物の「体系」に「内的」なものとして捉える場合にも、同じく成立する。もっとも、この点は、カルナップが明示的にそう述べているわけではない。しかし、地理学者たちが山を見つけたことからも、ムーアによる証明の前提からも、その文は、あまりに当然のものとして、議論の余地なく帰結するのである。

哲学者だけが問うとカルナップが考えているたぐいの「外的」な問いには、議論の余地のない答えはない。数があるかどうかを問う各哲学者は、「それぞれの側についての長たらしい論証を述べ立てる」（ESO、二〇九頁［邦訳、二五八頁］）のであって、そのことから、彼らが内的な問いを念頭に置いているのでないことが示される。そして、問うているのが事物の存在に関するものである場合には、「論争は解決されることなく数世紀間続いている」。解決されないのは、「解決することができない」からである。すなわち、「それが間違った仕方で組み立てられている」からである（ESO、二〇七頁［邦訳、二五六頁］）。

事物の世界にまつわる「外的」ないし哲学的な問いが、それに対応する「内的」な問いとは区別され、哲学的であると見なされるのは、その問いが決定不可能であり不適格であるからにほかならない。このことは、その問いが文法的ないし統語論的に不適格だということではない。その問いに対応する、統語論的には同一な「内的」な問いは、申し分なく有意味であり、答えを与えることが可能だからである。事物の体系全体にまつわる「外的」な問いが「間違った仕方」で組み立てられていると述べるためにカルナップが与える唯一の理由は、その問いには経験的に答えを与えることができないということだけである(5)。その「問い」に対する答えとして与えられる「実在論」という哲学的主張もまた、無意味であり、真でも偽でもない。その主張が真であることや偽であることを立証することが実際に可能な、経験的な方法などないのである。

カルナップが「事物の世界が実在するというテーゼのほうは……事物言語で定式化することはできないし、またそれ以外のどのような別の理論的言語でも定式化することはできないように思える」と述べるとき、彼が述べているのは、「外的な事物が存在する」という文が有意味な文でないということではないし、その文は事物言語で定式化することができないということでもないし、その文は真でも偽でもなく、そのため申し分なく有意味な「理論的」な問いに対する答えを表現することはできないということでもない。カルナップは、それらのことを単に述べているのではない。彼の意図に沿って言えば、その同じ文が、事物の世界が実在するかを問う「外的」な哲学的問いに対する答えと見なされた場合、すなわち、「実在論」という哲学的テーゼを主張するものと見なされた場合は、その文は無意味であり、したがって、有意味な理論的な問いのうちのどれをもってきたところで、その答えとはなりえないのである。その文を定式化するのに用いる「理論的言語」などないと述べることによって述べているのは、どのような言語をとってきても、その文は、真である何かや偽である何かを表現することはできないということである。そして、その理由は単に、実際に可能な感覚経験はどれも、カルナップが理解しているとおり、その文が真であることや偽であることに関連しないというだけのことである。

「理論的」な問いは、ここでは、「実践的」な問いと区別されている。答えとなるものが真理であるような問いは、解決となるのが行動であるような問題とは区別されるのである。事物の体系全体にまつわる「外的」な問いが、哲学者の一人によって問われるとき、その問いは、正しいか間違っているかの答えをもつ「理論的」な問いであると誤解される。カルナップにしてみれば、その問いはまさに「実践的な問題、つまり、われわれの言語の構造に関する実践的な意思決定上の問題である。われわれは当の枠組みにおける表現形式を、受け入れて使用するのか、それともそうしないのかを選択しなければならない」（ESO、二〇七頁［邦訳、二五六頁］）。この種の選択問題は、ムーアや地理学者たちの「内的」な主張をもってきたところで、しかも、それらの主張がいくら正当だとしても、解決することはできない。その問題は、吟味をしたり発見をしたりすることで決定することのできる理論的な問いではまったくなく、意思決定上の問題なのである。

実践上どう解決すべきかは、理論的知識によって影響を受けるかもしれない。ある種の言語形式を採用するとどのくらい使い勝手がよいのかとか、どのくらい実り豊かになるのかとかを、われわれは決定しようとするかもしれない。しかし、その言語形式を採用した場合の結果がどのようなものとなりそうかを見出すことと、その言語形式を採用することや採用を意思決定することとは、まったく別のことである。予測される結果に鑑みると、一方の意思決定を行うことが強く正当化されるという場合でさえ、そのことは変わらない。つまり、その場合に正当化されるのは、何かを採用したり使用したりすることなのであって、採用された言語によってわれわれに語ることが可能になる事物についての一つの真理だとか一群の真理だとかではないのである。事物について語る言語が有用で実り豊かであることは、疑う余地もなくわかっていることではあるが、カルナップにとっては、

……この状況を記述する際に、「事物言語は使い勝手がよいという事実は、事物の世界が実在することを確証する証拠である」と述べるとしたら、誤りである。むしろ、「この事実は、事物言語を受け入れるのが得策であるようにしている」と言うべきである。（ESO、二〇八頁［邦訳、二五七頁］）

こう述べているからといって、より実り豊かであることや、より単純であることを根拠にして仮説を確証するという考えに、カルナップは全面的に反対しているわけではない。カルナップの指摘によれば、この事物言語の事例について言えば、いまあげた仕方にせよほかのどのような仕方にせよ、そういう何らかの仕方によって正当化すべき仮説もテーゼも、はなから存在しないのである。検証可能性原理が含意するところによれば、その手の命題は存在しないのであって、したがって、そのような信念をわれわれはもっていないのである。

「外的」な哲学的問いを、このように実証的な仕方で捉え、その問いは「実践的なもの」であって「理論的なもの」ではないと見なすとすると、有意味性の検証可能性原理に単に訴える場合よりも、ことはうまく進む。すでに見たように、哲学上の問いに経験的な答えを与えることができないとすると、検証可能性原理が含意するところによれば、その問いは「理論的なもの」ではない——その問いには、

真である答えも偽である答えもない。このことはさらに、懐疑論が無意味であることを含意する。しかし、カルナップが付け加えて述べる主張によれば、伝統的哲学者にとって「理論的」な問いに見えるものは、本当は、言語的な枠組みの選択にまつわる「実践的」な問いなのである。「外的」な問いに関するこのテーゼは、検証可能性原理だけからは帰結しない。このテーゼは、知識に関するある一般理論の一部なのである。その一般理論によれば、伝統的に行われてきた追求が無意味であることが暴かれるはずであり、われわれが知識をもつことはどのようにして可能であるのかという問いに対しては、非懐疑的な答えが与えられるはずである。その一般理論の理解に努めるためには、その理論と比較する対象として、その理論が取って代わろうとしている当の、見当違いを犯している伝統的捉え方をとりあげればよいであろう。

カルナップにすれば、われわれを取り巻く事物についてわれわれがもっている知識の中には、不可欠な要素が二つある。一つは、知識の基盤となっている経験であり、もう一つは、その経験を理解する際に用いる言語的枠組みである。実はどの言語でも同じことなのだが、外的な事物について語る言語は、「言明を形成するための規則、また、言明をテストしたり、受け入れたり、拒否したりするための規則」（ESO、二〇八頁［邦訳、二五六頁］）の集まりである。実際、何かを述べるための規則をすでに身につけ、また、述べていることをテストし、受け入れたり拒否したりするための規則をすでに身につけているものとしよう。その場合には、われわれが立っている場所から見れば、われわれを取り巻く世界についてわれわれが述べていることのうちには、われわれの経験によって支持されるものもあれば、支持されないものもある、ということがわかる。これに対し、事物について語る言語をわれわれが受け入れることによって定式化することが可能となる言明を、われわれがいっさい用いないものとしよう。

その場合、経験によって確証されたり反対が確証されたりしうるものは、われわれには何もないであろう。

ここまでのところでは、伝統的哲学者が反対するものはまだ何もない。伝統的哲学者でも同様のことを主張するであろう。つまり、世界について何かを知ることができるためには、われわれを取り巻く事物について語るための用語をわれわれはもっていなければならないし、その用語を用いて述べられていることを支持したり査定したりする方法をもっていなければならない、と伝統的哲学者も主張するであろう。しかし、カルナップの見立てでは、外的な事物について語る言語的枠組みと、外的な事物に関してその枠組みの「内側」から表現したり知ったりすることのできる真理との間の関係を、伝統的哲学者は誤解している。われわれを取り巻く事物にまつわる知識を探し求め表現するために何らかの言語的枠組みが必要であるということを伝統的哲学者が認める際、どうやら伝統的哲学者の考えによれば、その枠組みが必要なのは、その枠組みを採用することとはまったく独立に客観的に真や偽である何かを表現するためだけなのである。そう考えているために、伝統的哲学者が問えるようになる問いがある。その問いとは、知識を得るのに用いている日常的な手順や科学的な手順をすべて駆使し尽くしたとしても、世界は本当にわれわれの見なしているとおりのものなのか、という問いである。この問いによって事実上問うているのは、外的な事物について語る言語を受け入れるのは正しいのか、ということである。言い換えれば、事物がほかのこととは独立にどのようなありようをしているのかを、その言語が正確に表現しているのだと知ることはできるのか、と問うているのである。

この問いは、カルナップにすれば、意味をなさないものである。客観的な事実についてや事物のありようについて語るといっても、二通りの場合がある。つまり、ある場合には、それらについて語ることは、何らかの言語的枠組みにとって「内的」なことであり、そのため、それらについて語ったとしても、その枠組みを所有していることを正当化することはできない。そして、それ以外の場合には、それらについて語ることはあらゆる枠組みにとって「外的」なことであり、それゆえ無意味である。ある言語的枠組みの全体に関して有意味に問うことのできる「理論的」な問いはごく限られている。それは、その枠組みの規則と原理は何であるかという問いと、その規則や原理に従った場合に起こりそうな結果はどういうものであるかという問いだけである。その後に残されるのは、その枠組みを採用するか否かという「実践的」な争点のみとなる。実際、次のように問うとしよう。すなわち、その枠組みを採用することによってわれわれの置かれる場所は、その枠組みを採用することとは独立に真であることがらを述べたり知っていたりするために、ほかの枠組みを採用する場合よりもふさわしい場所であるのか、と問うのである。すると、そのときに問うているのは、その枠組みによってはじめて語ることが可能となることがらについて問う無意味な「外的」な問いなのである。このような問いを提起したという点にこそ、伝統的哲学者の誤りを見てとることができる、というのがカルナップの見立てである。独立の事実や真理というものはなく、そうしたものによってある枠組みを選択することが正しい（あるいは間違っている）とすることは不可能なのである。ある言語的枠組みを採用するかどうかという争点は、いつでも程度問題である。そこで問われているのは、当の枠組みが、目下の目的にとってどのくらい実り豊かで使い勝手がよいか、ということなのである。

歴史学上ないし心理学上の仮説として見た場合には、この考え、すなわち、われわれを取り巻く世界について語るのにわれわれが用いている種類の言語を、われわれが実際に選ぶなり採用するなりするという考えは、いくら好意的に見ても、無理のある考えであるように感じられる。もっと現実に即して言えば、われわれは単に、われわれを取り巻く世界について学びながら成長しただけであり、その際には意思決定や選択は行わなかったと言うべきである。カルナップも「われわれはみな、幼い頃に、事物言語を当然のこととして受け入れた」（ＥＳＯ、二〇七頁〔邦訳、二五六頁〕）と認めている。しかし、カルナップにすれば、われわれがそうしているからといって、事物の世界についてのある種の「外的」なテーゼを、真であるものとしてわれわれが受け入れたと理解すべきではない。われわれは単に、ある種の言語を受け入れたり採用したりしただけなのである。その際には、確かに「意図的な選択」や明示的な規約などはなかった。

それにもかかわらず、その事物言語を使用し続けるか、打ち切るかを選択する自由がわれわれにあるという意味で、意思決定上の問題と見なしてよいだろう。事物言語の使用を打ち切る場合、われわれはセンスデータおよびその他の「現象的」存在者の言語に限ることもできるだろうし、あるいは慣用の事物言語に代わる言語で、別の構造をもつものを構成することもできるだろうし、あるいはついに話すのをやめることもできるだろう。（ＥＳＯ、二〇七頁〔邦訳、二五六頁〕）

ここで肝心なのは、外的な事物について語る言語的枠組みに関して、われわれは完全に「自由」であり続けるということであり、子供の頃の言語学習がどうであったかについて歴史的観点で何が発見されようとここでは無関係である。というのも、この枠組みを採用すべきかどうかという問いが、純粋に「実践的」ないし規約上のものであるという特徴をもつことは、そういう「自由」によってこそ明らかにされるからである。その際に問われているのは、意思決定上の問題であって、外的な事物にまつわる何らかの客観的事実によって決着をつけることのできる問いではない。

カルナップの説明において「自由」というものが不可欠の役割を果たしているにしても、その「自由」とはどういう種類のものであるのかを理解するのは簡単ではない。カルナップは、黙ったままでいる自由がわれわれにはあると言うが、伝統的哲学者の誰であれ、その可能性は否定しないであろう。われわれを取り巻く世界についてわれわれは何も語らず何も信じなかったかもしれないと認めることはできるし、事物について語る言語をいままで一度ももたなかったかもしれないだとか、もたなくなるときが来るかもしれないだとかということは認めることができる。また、カルナップが念頭に置いている種類の「自由」があることを立証するには、さまざまな言語的枠組みが数多くあるという事実を指摘するだけでは不十分である。「その事物言語を使用し続けるか、打ち切るかを選択する自由がわれわれにある」とカルナップが述べるとき、彼が言いたいのは、われわれに用いることのできるほかの言語――たとえば、自然数や命題や時空点の「体系」――があるというだけのことではない。というのも、伝統的哲学者にしたところで、われわれが語ることのできる対象の中に、われわれを取り巻いているとわれわれが見なしている外的な物理的対象以外の事物も含まれている、ということは認めるはずだからである。

カルナップは、「事物言語に代わる言語で、別の構造をもつもの」の話をする。そして、彼の意図では、それはまぎれもなく事物言語の代わりとなるものであって、単なる別の言語ではない。その意味での「代わり」の言語とはどのようなものであろうか。それは、われわれが手にしている事物言語で現在われわれが行うことなら何でも行えるようにしてくれる言語でなければならない。だが、たとえそういうものだとしても、それで十分であろうか。カルナップの述べていることからすると、「センスデータおよびその他の「現象的」存在者の言語」は、外的な事物について語る言語の代わりとなる。懐疑的哲学者がそのことを否定しないでもかまわないのは明らかである。懐疑的哲学者は、次のように主張する。「私がつきとめたところによれば、センスデータその他の「現象的」存在者なら、それを話題にしたり、それに関わる信念をもったりすることは経験的に正当化することができるのだが、そのようなことは、厳密に言えば、それ以外のものについてはいっさい不可能なのである。」まさにだからこそ、外界についてわれわれがもっている知識にまつわる問題が、いまあるかたちで生じる。そういう「データ」の向こう側へと進んでいき、ほかのこととは独立な外的な事物の存在を、理にかなったかたちで信じることは不可能に見えるのである。もしわれわれが、知ることのできることや信じるに足る理由がありうることの外へ出ないように自らを制限したいと思うなら、われわれを取り巻く対象であり、ほかのこととは独立だとされるものについて語るという慣用の方法をやめ、その代わりとして、「現象的」なものに自らを制限すべきである。われわれが知っていることがらや信じるに足る理由があることがらについての主張を行うためには、「現象的」言語を代わりに用いるほうが、事物言語を用いるよりも優れている。

ただし、伝統的な見解によれば、だからといって、外的な事物にまつわる客観的事実などないということは含意されない。ここで意味されているのは、単に次のことなのである。すなわち、われわれを取り巻く事物について何が真であり何が偽であるかは決して知ることができないのだから、何らかの知識や理にかなった信念を表現したいと思うのなら、われわれは自らを「現象」に制限しなければならない、ということである。こういう意味での「代わり」は、カルナップの言う意味での「代わり」ではない。

カルナップにとって、センスデータについて語る言語というものは、条件が整えばわれわれが採用するかもしれないという言語ではない。つまり、事物言語を用いたのでは、現在われわれが表現していることがらの大半は述べることが正当化されないということにわれわれは気づくかもしれないが、そういう条件が整った場合にはわれわれが採用するかもしれないという言語ではない。カルナップが対立する相手として据えようと思っている見解によれば、われわれは事物言語に対して代わりとなる言語を選ぶと、われわれは何かを逸してしまうとされる。すなわち、言明を行うためにその言語を採用するという行為とは独立に真であり続ける無数のことがらが、語られないままになってしまったり、知られないままになってしまったりするのである。これに対し、センスデータについて語る言語が、カルナップの要求するまぎれのない意味で、外的な事物について語る言語の代わりとなるものだとしたら、その場合には、センスデータについて語る言語を何らかの仕方で代わりの手段として用いることによって、同じ目的が達成されるのでなければならない。この二つの異なった言語体系において表現可能な言明を、それぞれにとりあげた場合、それらが互いに競合しうるものと考えてはならない。それらは、どちらの枠組みを採用するかとは独立に真であることを述べるという課題において競合相手になりうるものではないのである。そのような課題はどれも有意味ではない。「外的」な真理の中には、具体的な枠組みに「内的」な言明によって捉えられたり捉え損なわれたりするものがある、などということはないのである。一方の枠組みに「内的」な言明は、他方の枠組みに「内的」な言明とは対立しない。言明が属している枠組みどうしと同様に、それらの言明どうしも、まぎれもなく互いの代わりとなるものなのであって、理論的なことや、真偽に関わることを基盤にして査定することが可能な、相対的な長所短所をもつ競合相手どうしではないのである。

いま示した考え、すなわち、ある枠組みにおける言明は、別の枠組みにおける別の言明の代わりとなるものであり、違いがあるとか競合相手であるとかというものではない、という考えは、代わりとなる言語的枠組みというものをカルナップが捉えるときに不可欠の役割を果たすものである。その考えがなかったとしたら、われわれは多くのことをさらに問うことができるであろう。つまり、いくつもある枠組みのうちで、真理を述べる能力を最も高めてくれるのはどれであるかや、客観的な世界のことを調べるのに最適なのはどれであるかと問うことができるのである。もしそのように、枠組みは客観的真理を探すための単なる道具であると考えるとしたら、互いに対立しない枠組みすべてを同時に採用できるであろう。その場合には、代わりとなるものどうしのうちから選択をする必要はないであろう。したがって、「……の代わりとなるものである」という関係は、決して真偽という観点によって理解してはならず、言語的枠組みを採用する際の何らかの目標や目的との連関によって理解しなくてはならないのである。

言語的枠組みどうしがまぎれもなく互いに代わりとなるものどうしであると見なすべきであるかどうかを左右する唯一ないし複数の目標を、きわめて正確に特定することができると期待するのは、確かに無理である。しかし、たとえ「われわれの経験を理解する」という目標と同じくらい曖昧な何かを手にしたところで、カルナップの見解を理解するのには困ってしまう。センスデータについて語る言語も、事物について語る言語も、事物について語る言語に代わる言語で、別の構造をもつものも、どれもおそらくは、われわれの経験を理解する別々の仕方であり、かの目的に応じてどれかを選ぶ自由がわれわれにはある。しかし、その共通の目標をまさに記述する際に、どうしても触れることになるものがどうやらあるようである。それは、「われわれ」と呼ばれる何かと、われわれに起きる何か、つまり「経験」と呼ばれるものである。われわれが存在し、経験を有するということは、単に、ある言語に「内的」な真理であるというだけのことではありえない。それは、事物言語の場合でも、「現象的」言語の場合でも、あるいは、かの目標へと至ることが期待されるかもしれない何かその他の具体的な言語の場合でも、同じである。というのは、われわれが存在し、経験を有するということは、代わりとなるさまざまな言語のうちから、たとえどれを選んだとしてもおそらくは変わらずに真である何かだからである。そうでなければ、異なった言語どうしがまぎれもなく代わりとなるものどうしであって、同じ共通の目標に寄与する、ということはないであろう。そしてその場合、その複数の言語は単に別物なのである。それでは、「われわれ」や「経験」にまつわる真理は、互いが代わりのものとなるそれらすべての枠組みに共通な何かであり、共通の「内的」な言明がそれぞれの枠組みに備わっているのであろうか。そうでないとしたら、その真理はどこに属しているのであろうか。その真理がすべての言語的枠組みに対して「外的」であるということはありえない。というのは、もしそうなら、その真理は無意味だからである。しかし、その真理が「内的」なものである枠組みが一つでもあるのだとしたら、その真理が属している枠組みを捨て、その真理をいっさい欠いている代わりのものに乗り換えた場合には、どのような結果が生じるのであろうか。

これらの問いには――驚くことではないかもしれないが――カルナップは答えない。だが、それらの問いを脇に置くとしても、彼が唱える実証的な理論がどのようなものかを把握するのは相変わらず難しい。彼の考えでは、伝統的哲学者が誤解しているのは、外的な事物について語る言語的枠組みと、その枠組みの「内側」で表現され、知られている真理との間の関係がどのようなものであるかについてである。だが、その関係についての彼自身による非懐疑的な説明は、正確にはどのようなものなのであろうか。どの枠組みをわれわれが採用するかとはまったく独立に成立するような真理もあるのだ、という見解に彼は反対するが、そのことからすると、カルナップにしてみれば、外的な事物についての言明は、われわれが事物言語を採用していなかったとしたら、真でも偽でもないものである。この考えに対し、それでは、そういうテーゼそのものはどの言語的枠組みに属するのか、という問いも最近は投げ掛けられるようになった。しかし、その問題は別にしたとしても、そのテーゼが述べていることそのものを理解するという問題、あるいは、そのテーゼを受け入れるべき何らかの理由があることを見出すという問題が、ここにはあるのである。

外的な事物について語る「言語的枠組み」において、外的な事物に関してわれわれがなす言明は、われわれがその枠組みを採用していなかったとしたら、真でも偽でもないものである、という主張がなされるとき、その主張は何を意味しているのであろうか。「アフリカに山がある」という真理をとりあげよう。その言明は、おそらくは、事物について語る言語に「内的」な言明である。その言明は真であるばかりでなく、それが真であることをわれわれは知ってもいる。それは、事物の世界についてわれわれがもっている知識の一部を表現している。人間は、外的な事物に関する文を形成するための規則と、それらの文をテストしたり、受け入れたり、拒否したりするための規則とを身につけているので、適切な経験を実際に経てきたし、そのことによって、当の言明の確証も実際に行っている。知識に関するカルナップの理論の場合についても、同じことが言える。たとえ「それは、事物について語る言語をわれわれが採用することとは独立に成り立つ真理ではない」と付け加えて述べたとしても、そのことにどのような意味があるであろうか。ここで議論上の仮定として、何らかの状況の下では、われわれは事物について語る言語を採用していなかったかもしれないということ、また、その言語を拒否することをいま決断し、もはやその仕方では語らないということさえありうるということを認めるとしよう。そして、この仮定とカルナップの見解から何が帰結するかを問うてみる。つまり、いま仮定として述べた状況においては、「アフリカにある山に関してわれわれがいま発話することも理解することもできる言明は、もはや真ではない」ということは帰結するであろうか。もちろん、外的な事物について語るのに用いる言語というものを誰も手にしたことがなかったとしたら、その言明が発せられることは決してなかったであろうし、その仕方で語ったり考えたりしようとする人が今後ずっといないとしたら、その言明は再び発せられることは決してないであろう。しかし、そういうことを私は問うているわけではない。私が問うているのは、カルナップの見解が次のとおりのものであるかどうかである。すなわち、アフリカにある山に関してわれわれがいま発話することも理解することもできるその言明は、われわれが事物言語を捨てるとしたら、もはや真ではなく、また、われわれが事物言語を採用したことが一度もなかったとしたら、それはいままで真ではなかった、というのがカルナップの見解なのであろうか。

もしそのことがカルナップの見解から現に帰結するのだとしたら、彼の見解が正しいということがいったいどのようにして可能なのかを見てとるのは難しい。われわれが事物について語る言語を採用したことがなかったとしたら、アフリカに山があるという言明はいままで真ではなかっただとか、その言語をわれわれが捨てることにするなら、その言明は真ではなくなるだとか語るとしたら、そのときにとっている考えは、「アフリカに山があるかどうかは、われわれがどのように語ったり考えたりしようと選択するかに依存する」という不合理な考えと結局は同じものであるように見える。いま述べた考えは、実に大胆なかたちをとった観念論であろう。その考えが不合理なのは、山というものは、われわれがすでに十分によく知っているとおり、人間がどのように語ったり考えたりしようと決断するかによっては、どちらの方向の影響も受けないものであるからである。問題にされている山々がそこにあった（あるいは、なかった）のは、人間だとか、知覚したり考えたりするほかの主体だとかがその場に現れるずっと以前からのことである。そういう事実も、事物について語る言語の「内側」でわれわれが知っている何かである。カルナップの見解を、事物について語る言語に対して「内的」な言明と見なしたとすれば、彼の見解は明らかに偽である。われわれを取り巻く事物についてわれわれがもっている知識であるとわれわれがすでに見なしていることは数多くあるが、そのテーゼはそれらの知識と対立する。「経験的」な見地から考えると、そのテーゼは、既知の事実に公然と反対する観念論の一形態なのである。

カルナップのテーゼを「経験的」ないし「内的」に受けとり、そのテーゼ自身が、事物について語る言語の「内側」で述べられている何かであると見なすとすれば、それは確かに方向が間違っている。しかしそれでも、そのテーゼは、何らかの枠組みに対して「内的」であるにちがいなく、そうでないとしたら、そのテーゼは無意味である。いずれにせよ、そのテーゼは、ある言語的枠組みを採用することと、その枠組みの「内側」で表現可能な言明との関係についての見解である。そして、もしその見解が含意することのうちに、「当の枠組みが採用されていなかったとしたら、そういう「内的」な言明は真でも偽でもないことになる」ということが含まれるとしたら、やはりその見解は、「経験的」なものであるかどうかはともかく、受け入れることのできない観念論であるかのように見える。その見解が含意することのうちにはやはり、アフリカにある山が、人間の選択や人間が語ったり考えたりする際の形式に、何らかの仕方で依存することが含まれているように見えるのである。そして、もちろんこのことは、アフリカにある山だけの問題ではないし、もっと言えば、外的な事物一般だけの問題でさえない。どのような「体系」であっても、それに「内的」であるどの言明の真理値も、人間が行う選択だとか、人間が語ったり考えたりすることだとかに、同じ仕方で依存するであろう。そのため、数であれ、命題であれ、時空点であれ、その他何であれ、それぞれについてわれわれが語ることがらは、その仕方で語ることを決断していなかったとしたら真ではないであろう。

どう見ても観念論的に見えるこのテーゼが、カルナップと同様の見解にとってはきわめて重要なものである、という点は強調しておくべきである。事物について語る言語に「内的」な真理は、その枠組みが採用されていなかったとしたら真でも偽でもない、という見解が、カルナップの見解から帰結しないのだとしたら、彼の説明と、彼の説明が取って代わろうとしている伝統的な懐疑的な捉え方とを区別することはできない。その場合には、自分が排除しようと思っていた可能性に、カルナップは余地を残すことになるのである。つまり、事物についての真理は、たとえ事物言語をわれわれが捨てるとしても引き続き真であるかもしれず、あるいは、その真理は、われわれがその言語を採用してきたこととは独立に真であったかもしれないのである。そして、この可能性を認めると、今度は（伝統的見解と同じように）次の考えも認めることになるであろう。すなわち、ある言語的枠組みをわれわれが採用する必要があるとすれば、その唯一の理由は、その枠組みを採用することによって与えられる手段を用いると、その枠組みをわれわれが採用することとは独立に何が真であり何が真でないのかを定式化することができるし、ついには知ることもできることである、という考えである。この考えを認めることによってはじめて理解可能になることがある。一つには、事物言語が全体として十全なものなのかと問うたり、その言語は全体として受け入れることができるものなのかと問うたりする、カルナップなら「理論的」な問いと呼ぶものが理解可能になる。それに、われわれが選びとったまさにその具体的な手段を用いた場合に、事物の客観的なありようを知ることがわれわれに可能になるのかどうかを問うことも、意味をなすようになるであろう。

事物言語全体についてのこのような「理論的」な問いは、どのようなものであれ理解不可能であるとカルナップは考えるが、それが、伝統的捉え方に対してカルナップが反対する際の核心である。なぜそうなのかを見てとるのは簡単である。事物の客観的なありようは、われわれやわれわれの言語とは完全に独立であり、また、われわれは、ほかのこととは独立なそれらの事実にまつわる知識を探し求めている、という考えをいま問題にしているわけだが、その考えこそが、われわれがもっている知識を伝統的な仕方で哲学的に吟味する際の背後にある考えなのである。そして、この考えがあってはじめて、次のような結論が可能になるのである。すなわち、われわれが最良の手順をとり、人間の能力の限りで注意深く徹底的にものごとを進めていった場合でさえ、事物は、われわれが信じているのとは別のありようをしており、そのため、われわれは決して知識をもつことができない、という結論である。

カルナップは、懐疑論の条件つき正しさと私が呼んだ考えを受け入れている。その考えとは、仮に、世界についてわれわれがもっている知識に関する有意味な問いを提起することに、伝統的哲学者が現に成功しているのだとしたら、その哲学者が下す懐疑的結論は正しいであろう――つまり、われわれは決して知識を得ることができないであろう――というものである。ここで仮に、カルナップが実際には否定していることがらを否定しなかったとしてみよう。つまり、われわれが事物言語の「内側」でいま行う主張が、その言語をわれわれが採用することとはまったく独立に真ないし偽であり続ける、ということを否定しなかったとしてみよう。すると、その場合の彼の説明は、懐疑的な問いに対してきわめて寛大であり、その点に関しては、われわれを取り巻く事物に対してわれわれがもつ関係を伝統的捉え方によって捉える場合と違いがないことになるであろう。したがって、そういったことを否定したのは、カルナップの立場にとっては不可欠のことであった。そのために彼の立場が不明瞭になり、何らかの形式の観念論に踏み込んでいるように見えるようになったとしても、そのことは彼の立場にとっては妨げとはならないのである。

カントも、懐疑論の条件つき正しさと私が呼んだ考えを受け入れている。つまり、カントの理解でも、仮に、われわれの経験についてや、われわれの経験とわれわれを取り巻く事物との関係について、デカルトがなした記述が正しいのだとしたら、外的な事物が存在するかどうかをわれわれは決して知りえないのである。カントは、吟味を行う際にどの程度の奥行きや広がりが要求されるのかを承知している。つまり、ある吟味を行うことによって、デカルトがなした記述が示す捉え方に対して、満足のいくかたちで論駁を行いうるのだとしたら、その吟味にはどの程度のことが要求されるのかをカントは承知している。そういう吟味は、外界についてわれわれが考えることが可能であるための条件そのものを――それればかりか、考えることがそもそも可能であるための条件までも――見つけ出さなければならないであろう。そして、そのような条件をもとにしなければ、「経験的」観念論や懐疑的観念論が不可能であることは導出されえないのである。しかし、すでに見たように、カントにしてみれば、そのことを導出するのに成功することができ、また、そのことによって、われわれがもっている知識を説明することができるためには、観念論が真であることを立証するしか方法はなかった。もしわれわれが観念論に助けを求めなかったとしたらどうなるであろうか。そして、「コペルニクス的」な考えを受け入れなかったとしたら、つまり、「対象は、われわれがもっている知識に従って規定せられねばならない」あるいは「対象は、われわれの悟性と感性の性質に従って規定せられねばならない」という点を受け入れなかったとしたらどうなるであろうか。その場合には、われわれが知識をもつことがどのようにして可能であるかは、決して説明することができないであろう。

「前コペルニクス的」とでも呼べる考え、すなわち、われわれの知覚や知識は、対象によって単純に規定される場合もあれば規定されない場合もあるという考えは、カントによれば、知識を説明することを不可能にしてしまうものである。だからこそ、「外的な事物」は、われわれとは独立な事物自体と見なすことはできないのであり、また、われわれがもっている知識を哲学的に説明する際には、実在論よりも観念論のほうを受け入れなければならないのである。カルナップのテーゼにおいては、ある具体的な言語的枠組みをいったん採用した場合にわれわれが知ることになる真理というものを理解する際には、その真理のことを、その枠組みをわれわれが採用することとは独立に真であるものであると見なすべきではない、とされた。そして、このテーゼは、いま述べたのと同じ、カント的ないし「コペルニクス的」な考えを別のかたちで示したものである。しかも、そのテーゼを支持する理由も同じである。仮に、真理に関わることを述べる言明が真であるか偽であるかは、その言明を表明するにあたってある具体的な枠組みをわれわれが採用するかどうかとは独立なことである、と考えることができたとしよう。すると、その言明が述べている真理を知ることがどのようにして可能なのかを説明することはできないはずである。そしてその場合には、われわれがその枠組みの「内側」で立証することのできる最大限のものと、その枠組みとは独立に客観的に真であるものとを比べたとき、その間にはもともと隔たりがあったということになるのである。われわれがもっている知識についてのカルナップの説明は、この点で完全にカント的であり、しかも、説明が不明瞭である点にしても、観念論をとっている点にしても、いずれもカントの見解がもっているものを受け継いでいるように見える。おそらく、カルナップの説明は「経験的」観念論ではない。つまり、その説明は、われわれを取り巻く事物についてわれわれがもっている知識に関して語る際に用いている枠組みに対して「内的」なものではない。だが、カルナップの説明は、それにもかかわらず観念論ないし非実在論である。そうでないとしたら、知識をもつことがどのようにして可能であるかを説明することはできないであろう。

実のところ、カルナップによる説明は、ほかのほとんどすべての点においても、カントの理論と同じように進められている。どちらの哲学者にしてみても、外的な事物に関してわれわれが抱く信念から距離を置くなり一歩身を引くなりといったたぐいのことは可能である。われわれの抱く日常的な信念をすべてまとめて哲学的に精査するという営みに携わることが、われわれには可能なのである。そういう信念をそうやって哲学的に吟味することは、それらの信念に信用すべき根拠があるかどうかを単に査定すること――それらの信念が経験に支えられているとして、どのくらい十分に支えられているかを調べること――ではない。ここで関係しているのは、そういうことではなく、それらの信念がそもそも可能であるための条件なのである。それは、空間内でわれわれを取り巻く事物について理解可能なかたちで考えることがわれわれにそもそも可能であるのはどのようにしてなのかを示す条件である。カントもカルナップもともに主張するところによれば、そういう条件をもとにしなければ、「デカルトのような懐疑的結論には決して到達しえない」という結論は導出されない。検証可能性原理は、思考が理解可能であるための条件を言い表すものと見なされている。そして、その原理に基づけば、懐疑論が不可能であることは直接導かれる。ところがカルナップは、われわれが知識をもつことはどのようにして可能なのかということを説明したり、伝統的哲学者が誤って懐疑論に導かれていったのはどのようにしてなのかということを説明したりするために、ある知識理論も同時に提供している。その理論とは、理解可能であるために検証可能であることがなぜ要求されるのかを説明するはずのものである。カルナップは、「代わりとなる言語的枠組み」という概念を用意する。そして、言語的枠組みが十全なものなのかどうかを判断するために使える「外的」な理論的根拠がありうるという考えを否定する。カントによってこれと同じように進められるのは、超越論的観念論による説明である。仮に、われわれが知りたいと思っていることがらは、われわれがそれをどう知覚し、どう知っているかとは完全に独立である、ということを認めたとすれば、懐疑論は避けられないものになるのである。ただし、超越論的観念論を、意味についての経験的検証可能性原理と調和させるのは難しい。それでは、カルナップ自身による実証的理論は、この点で少しはうまくいっているのであろうか。

ここで問われるのは、カルナップ自身の理論がどういう身分にあるかということである。カルナップの理論が説明しようとしているのは、カントの超越論的観念論が説明しようとしていること――われわれが経験的知識をもつことはどのようにして可能であるか――そのものである。ただし、カルナップの理論の場合には、理論自体が、理解可能な範囲をはみ出ないようになっているが、カントの超越論的観念論の場合は、検証主義の見地からすれば、理解可能な範囲をはみ出しているように見えるので、その点では両者は異なっている。カントの理論はアプリオリなものである。しかし、検証主義者にしてみれば、アプリオリに知ることができる唯一の真理は、分析的真理、すなわち、それを表現している用語の意味のみによって真であるものである。検証主義者のこの考えは、哲学という学問領域に関するカントの考えを否定するものではない。つまり、カントの考えでは、哲学とは、科学に携わる際や日常生活の際に用いられる概念と原理とを吟味するという特別な地位をもったアプリオリな学問領域なのであるが、その考えを否定するものではない。検証主義者の考えによって否定されるのは、「われわれは、アプリオリな手段によって真理を見つけ出すことができ、しかも、その真理が、そこで用いられている概念や原理そのもののもっている意味にすでに含まれているわけでもないし、そうした意味によって保証されているわけでもないということがありうる」という考えである。検証主義者によるこの見解をとれば、哲学は「概念分析」である。検証主義者にしてみれば、カントが間違っているのは、哲学をアプリオリなものとして捉えている点ではないし、また、懐疑論が不可能であることは純粋にアプリオリな根拠に基づいて立証され説明されるのだとカントが考えている点でもない。そうではなくて、カントは、アプリオリな知識そのものの限界がどこにあり、どのような性格をもっているかを、間違って捉えているだけなのである。カントの考えでは、超越論的観念論が真であるということは、カントが可能だと思っているアプリオリな吟味に関してさえも成り立つにちがいないことである。だが、その一方でカントは、自分が行うアプリオリな吟味は、分析的真理だけを導くものではないとも考えていた。カルナップであれば、超越論的観念論は無意味だと宣告するであろう。だが、その一方でカルナップは、自分自身の理論を救うためには、次のことを示さなければならないであろう。すなわち、知識をもつことがどのようにして可能であるかを哲学的に吟味する際にカルナップが依拠していることは、どれもそれ自体は分析的、つまり、そこに含まれる用語の意味のみによって真である、ということである。だが、カルナップが唱える、「外的な事物に関する言明のうちには、われわれが事物言語を採用することと独立に真ないし偽であるものはない」というテーゼについても、それが分析的真理であると言うことは可能なのであろうか。そのテーゼは、どの概念を分析したものなのであろうか。そういう概念は、どの枠組みに属しているのであろうか。それに、分析的であるにせよないにせよ、そのテーゼ自身は、何らかの具体的な枠組みに対して「内的」なのであろうか。さらには、その答えがどちらであるにせよ、そのテーゼは、カントの超越論的観念論と同程度に、観念論を表現したものではないのであろうか。

これらはすべて、代わりとなる言語的枠組みに関するカルナップの実証理論を理解しようとする際に直面する困難である。これらの困難については、これ以上追求しないこととしよう。というのも、ここまでくれば、これらの困難が、検証可能性原理そのものを理解し、受け入れる際に現れる本当の困難なのかどうかについて考え始めてもよいからである。たとえカルナップの理論が、世界についてわれわれがもっている知識に関するカントによる不明瞭な観念論的説明よりも改善されていないとしても、また、たとえカルナップの理論が、伝統的な説明においては避けられないように見える懐疑論や観念論に比べて何の進展もしていないのだとしても、それでもその理論によって示されることはあるかもしれない。それは、基本的な間違いは、伝統的哲学者が提供する理論に競合する理論をそもそも与えようとすることだ、という指摘である。検証可能性原理を純粋に消極的ないしデフレ的に用いるとすれば、伝統的問題は、無意味なものとして簡単に排除される。そして、それがうまく果たせるのだとしたら、懐疑論が与える脅威を土台から崩すのに、それ以上のものは要らない。もしその際に、受け入れることの可能な積極的な答えを用意したいという気持ちが生じたとしても、その衝動は抑えておくのが賢明であろう。というのも、そのときに答えを与えようとしている問いは、よく見れば、無意味な擬似的な問いとしてすでに排除されているものだからである。

しかしながら、このように純粋に消極的な反哲学的戦略をとったとしても、その緊縮ぶりにもかかわらず、それでもなおつきあたる問題がある。それは、検証可能性原理そのものの身分がどうであるかとか、それは受け入れることができるのかとかといった、手に負えないような問題である。カントの見立てによれば、超越論的観念論を受け入れること以外には、デカルトが指摘する懐疑論が不可能であるという証明を手にする方法はないのであった。検証可能性原理は、それと同じ反懐疑的結果へと直接に導いてくれる。だが、その事実によって与えられる理由を根拠にして、デカルトの懐疑論を無意味なものとして捨て去ることがわれわれにできるとしても、それは、その原理を受け入れ、その原理が有意味な文や理解可能な思考が満たすべき必要条件を述べているものと見なすということに、十分な理由がある場合だけである。検証可能性原理をそのようなものとして受けとれるかどうかは、その原理がどのようにして立証されるかにかかっている。この原理を適切な仕方で立証しようとした結果、緊縮的なデフレ的戦略を大幅に超え出たところに至るということは、ありそうなことである。つまり、無意味な哲学的思弁がやたらと繰り広げられたものだと自らが見なすものを除去していくという原理を、単に適用するという緊縮的な戦略だけではすまされないというわけである。

検証可能性原理は、無意味なものから有意味なものを区別するはずのものである。そして、そのことからおそらく言えるのは、その原理を受け入れることが可能なのは、その原理が示す区別が正しい場合に限られる、ということである。つまり、その原理の中で言明されている条件を満たすものはすべて実際に有意味であり、満たさないものはすべて無意味であるのでなければならない。すると、その原理を受け入れることが可能かどうかを判断するには、われわれがすでに線引きの仕方を知っている区別を、どのくらいうまく捉えているかを見ればよい。その唯一の有効なテストは、われわれがすでに有意味だと見なしている文や無意味だと見なしている文が、われわれがそのとおりだと思う仕方で分類されるかどうかであろう。ことによると、任意に決めた時点までこの方法でテストしたところ、その限りでは、外延に関して、ないしは、記述的な事実に関して言えば、この原理が妥当することがわかり、それゆえ、有意味なものと無意味なものとの間の区別はいつでも、われわれが行うのとちょうど同じものになりそうに見えるかもしれない。しかし、その場合でさえ、その原理によってわれわれが置かれることの決してない場所がある。それは、ある何かについて、それが理解可能なことはわかっているとわれわれがすでにまったく独立に考えているにもかかわらず、それを無意味であるとして排除することができる場所である。要するに、検証可能性原理というものを、われわれが行うのと同じ区別を行う際に実際に依拠している条件を述べている言明として受けとるとすれば、検証可能性原理は、有意味であるかどうかについてわれわれが独立に行っている判断と一致していなければならないし、また、検証可能性原理を武器として用いたとしても、われわれがすでに理解していることはほぼ間違いないとわれわれが思っている何かを、われわれから奪うことはできないのである。

検証可能性原理は、われわれがあらかじめ行っている判断と一致しうるかどうかといういま述べた問題は、有意味ということに関して満足のいく原理を定式化しようと最大限努力した人々によって、ある程度は認識されていた。彼らは、移民法を作った人々とちょうど同じように、自分たちが何を除外したいのかはすでに知っていたのであって、むしろ課題は何かと言えば、容認できる言葉遣いによって原理をうまく表現し、望まれざるものはすべて除外するがそれ以外は除外しないことを確実にすることであった。最初のうちの草案は次々と拒否されたが、それは、受け入れられないことが明らかなもの（たとえば、絶対者についての言明）を認めてしまっていることがわかった時点や、ちゃんとしたものであることが明らかなもの（たとえば、自然の一般法則）を決して認めないようになってしまっていることがわかった時点のことであった。そして、十分に満足のいくかたちで法則が表現されたことは一度としてなかった。しかしながら、たとえそうだったとしても、すでに示されていなければならなかったはずのことがらがある。それは、検証可能性原理は、われわれの誰もが線引きの仕方を知っている区別をたまたま捉えている原理以上のものであるということ、および、確かに検証可能性原理は、論理実証主義者たちが是と認めるものを、彼らが真面目な知的関心に基づいて除外したがっているものから分離するための仕掛け以上のものであるということである。

検証可能性原理を完全にデフレ的に使用する際には、その背後に必ず、理解可能な思考を行うことがどのようにして可能であるかについての捉え方なり理論なりが、少なくとも大まかなかたちでは用意されていなければならない。それに、その捉え方なり理論なりを明確に表現し、その擁護論を展開するところまで行かなければ、ほかの点では十分に理解可能なように見える哲学上の問題を、無意味な問題だとして排除することのできる基盤を見つけることは不可能であろう。そういった理論を説明し、その擁護論を展開するには、無意味な哲学上の問題に対して大きな破壊力をもった道具を適用するだけでは済まない。その際に要求されるのは、不明瞭なかたちであった点や、観念論のかたちであった点は別にすると、カントが与えようとしたものと同じたぐいのことがらである。検証可能性原理がなぜ正しいのか、すなわち、理解可能な思考ならば必ず経験的確証が可能であることが要求されるのはなぜなのかは説明されなければならないのである。それを説明するのは不可能だと、いまの時点で私は言うつもりはない。その代わりに、ここでぜひ指摘しておきたいことがある。それは、その説明を行うことと、われわれを取り巻く世界について考えることや知ることはどのようにして可能であるかの説明を行うこととの間にどのような違いがあるかはわからない、という点である。そして、そういった説明を行うことこそ、伝統的認識論者がやろうとしていることなのである。

検証可能性原理の擁護論を最初に展開した人たちが、その原理を受け入れるための基盤として置いていたものを見ておこう。その一つは、ある文が有意味であるのは、「事実的内容」をもっている場合、つまり、ある事態を表現している場合に限る、という考えであった。そして、もう一つは、ある文を理解しているかどうかは、その文が真である場合には成立し、偽である場合には成立しない事態が何であるのかを知っているかどうかの問題である、という主張であった。(6) ここまでのところでは、検証主義らしい好みが特に表れているところはない。彼らが反省によって得たこれらの考えに検証主義らしいひねりが加わるのは、もっと進んだところにある考えによってである。その考えとは、ある何かについて、それが真であることを知ることも、偽であることを知ることも、さらには、拒否すべき理由よりも受け入れる理由のほうが勝るということも、決してありえないのだとすれば、それは、理解することさえできないものである、という考えである。そして、たいした議論を経ることもなく、経験的に確証可能であることが、有意味性の基準であると見なされ、さらに、受け入れることが可能なかたちで有意味性についての原理を定式化するという問題が、受け入れることが可能なかたちで経験的な確証可能性についての定義を定式化するという問題になった。だが、経験的に確証可能な文を、定式化可能なその他のあらゆる表現の中から選び出す試みとしてさえ、このプログラムは失敗した。とはいえ、そういう定義に関する課題を仮にうまく解決していたとしても、それではまだ不十分である。というのも、その定義によって経験的に確証可能であるとされるものの外延が、有意味なものの外延と一致することを示すことができ、しかも、なぜそうなのかも説明することができる議論が、さらに必要だからである。検証可能性原理について論じていても、この重大な問いには決してたどりつかなかった。そこにたどりつく前の段階——「経験的に確証可能であること」そのものを定義する段階——で行き詰まってしまったのである。

哲学におけるこの手のたいていのプログラムに関して、興味深くて重要な点は、それが失敗に終わったことではなくて、なぜ失敗に終わったかということである。いまの事例においては、困難のもとは、ある種の文とある種の確証方法にあった。その問題となった文や確証方法とは、直接観察したことを単純に報告することとは対極にある「理論」だとか「推論された存在者」だとかといったものに、何らかの仕方で関わっているものであった。[7] もしも、経験的知識を得るためのわれわれにとっての源泉が、一般命題に単純な枚挙的帰納法を施すこと以外にはなく、しかもその一般命題に含まれる述語はみな、「感覚」の用語であることに疑問の余地がないものによって定義することができるのだとしたら、成功も目に見えていたかもしれない。しかし、実際にわれわれが用いる用語や論法は、必ずしも（もしかすると、決して）そのような単純な型どおりのものではない。実際の用語や論法は、ここで捉えている意味で「感覚で得た経験」と呼ばれるものとは、それほど緊密に結びついてはいないのである。論理実証主義が失敗に至った経緯をたどることには、私の主な関心はない。ここでの目的にとって重要なのは、検証主義者たちが成功していたとしたら、それはどのような場合にありえたかということであり、その答えは、彼らに次のことを説明し遂げることが可能であることである。すなわち、われわれは、われわれが抱く信念を経験において確証することができ、その確証を実行し、したがって、われわれを取り巻く世界にまつわることを知るようになれるが、それはどのようにしてなのかの説明である。その説明は、経験的に確証可能であるということが十全なかたちで定義されていたとすれば、与えられていたはずのものである。しかし、それがなされていたとしたら、哲学的懐疑論を無意味であるとして排除するために、さらに道具をあつらえる必要はないであろう。その場合には、世界についてわれわれが知識をもつことがどのようにして可能であるかについての、実証的で非懐疑的な説明をわれわれはすでに手にしているのである。言い換えれば、伝統的認識論者が説明したがっていたことをまさに説明する、実証的哲学的知識理論をすでに手にしているのである。

このことから浮かびあがってくる、重要だがほとんど認識されていない事実がある。それは、有意味性の検証可能性原理と、外界についてわれわれがもっている知識に関する伝統的問題との間の関係に関する事実である。このことに関しては、両者のうちの一方にかなり偏った論の立て方だけが見られるのがふつうである。つまり、「検証可能性原理が含意するところによれば、当の問題に対する懐疑的な答えは無意味であり、そのため、その問題が懐疑的答えへと至るのが避けられないのであれば、その問題そのものが無意味なのである」というように論じるのである。しかし、実を言えば、われわれを取り巻く世界についてわれわれがもっている知識を理解することに関心をもっている伝統的哲学者と、有意味な文の範囲を、経験的に確証可能であるところに収めるような原理を探し求めている検証主義者とは、ともにまったく同じ課題に直面している。それは、われわれが抱く信念を経験的に確証することはどのようにして可能であるかということや、あることをほかのことよりも信じるべき理由が経験によってわれわれに与えられるのはどのようにして可能であるかということを説明するという課題である。この共通の課題に取り組むにあたって、懐疑的哲学者と検証主義者とが異なるのは、経験的に確証可能であることの基準として検証主義者が与える基準を満たしているものが、本当に確証の事例に現に相当するのかどうかについての見解である。この論争が扱っている問いは、一つは、われわれがとっている基準は実際にはどういうものかという問いである。つまり、その基準は、日常生活においてや科学において実践していることからどのように推論されるというのかという問いである。そして、もう一つの問いは、実際に何かがその基準を満たしているかどうかという問いである。これらの問いに答えることにおいては、どちらの側の立場も、そのままで有利な場所に立っているということはない。こういったことは、共通の問題なのである。

われわれになじみの例をとりあげよう。「私は暖炉のそばに腰掛けて紙を一枚手にしている」という文は、ふつうの基準の下では、簡単に確証または反対の確証がなされるように見える。実際、あたりを見回し、何が見つかるかを観察するだけでよい。こういうことをわれわれは日常生活において頼りにしている。しかし、いったん伝統的懐疑的哲学者が主張することに従い、仮に、われわれが日常生活において確証であるとして通常受け入れるものは、反省を加えてみるとわれわれ自身に見てとれる条件、すなわち、経験的確証であるために厳密に要求される条件のうち、すべてを満たしているわけではないのだとしてみよう。すると、確証の定義を行うにあたって、先に見たような、特に反省を加えたわけではない日常的な確証の手順を、ただ文章化するだけでは十全でないことになるであろう。そういう単純な文が真であることを私が知っているためには、厳密には、自分が夢を見ていないことを私が知っていなければならないのだとしてみよう。すると、夢を見ている可能性を私が排除しているわけでも、考えてみているわけでもない場合（実際、日常生活においてはそうであろう）には、まさしく私が暖炉のそばに腰掛けて紙を一枚手にしているように私に見えたり感じたりしていても、そのことは、私が本当にそこに腰掛けていると信じるべき理由を、そうでないと信じるべき理由よりも多くは与えてくれないのである。伝統的捉え方の下では、肯定的な確証として通常受け入れられていることは、厳密には、まったく確証ではない。われわれを取り巻く世界についての言明はどのようなものであれ、それを確証したり反対の確証をしたりすることは少しも可能でないであろう。検証可能性原理が含意するところによれば、もしいま述べたことが真であったとしたら、外界についての言明はどれも有意味ではなく、そのため、懐疑論そのものは一貫したところのないものとなるであろう。しかし、このことは、それ自体では、確証についてわれわれがとっている基準についての伝統的捉え方に反対する議論ではない。二つの見解の間に対立が生じるのは、検証可能性原理を定式化するところまで行おうというまさにその段階、すなわち、経験的確証可能性を定義しようという段階である。十全な検証可能性原理があるとすれば、それは、伝統的哲学者が提起するたぐいの困難のうちには有意味なものはありえないということを含意するであろう。しかし、その手の原理がどのようなものであったとしても、その原理を援用する理由が、その原理そのものを定式化する際に用いている「確証」というきわめて重要な概念に対する事実上の反論となっているものを、排除するためだけであるなどということはありえないのである。

こうした論点を踏まえると、何が必要なのかがわかってくる。つまり、経験的確証可能性という概念を、われわれを取り巻く世界についてわれわれが口に出して受け入れている文に実際に適用されるものとして定義したり擁護したりする作業を行うのであれば、その際には、われわれが日常的に実践している確証についての伝統的な捉え方と私が呼んでいるものがどうして間違ってしまっているのかを説明しなければならないのである。懐疑的な議論を最終的に棄却するためには、その前に暴き出さなければならないことがある。それは、二つのものの間の関係、すなわち、「内的」な、直接関与している日常生活の主張と、「外的」な、距離を置いたところから日常生活の主張に対して行う哲学における査定という二つのものの間の関係を捉える際、懐疑的議論が根底にもっている考え方は、一貫したものとなっていないということである。懐疑的議論がとるその捉え方によれば、われわれは、さまざまな実践上の理由から、知識や理にかなった信念が満たす完全な条件であると見てとることのできる条件を満たしていないところで通常は満足しており、また、その完全な条件が日常生活において満たされることが決してないということを見てとるようになることも可能である。経験的確証可能性についての理論が成功するためには、その理論は結局、いま述べた捉え方のどこが間違っているのかを、つまり、確証としてふつうに認められているものがやはり本当に確証であるのはなぜなのかを示さなければならない[8]。それがなされるまでは、経験的確証可能性の定義としてどのようなものを提案しようとも、そこにはつねに、伝統的捉え方というものが難題として立ちはだかっているのである。

検証主義と、伝統的認識論が企ててきたこととの間で釣り合いを保とうとして私が行ってきたことを見て、それでは、検証主義者にばかり不当な要求を押しつけており、伝統的懐疑的哲学者の側には、同程度の完璧さや正確さを要求していないのではないかと感じられるかもしれない。確かに、私が議論してきたことからすれば、経験的確証という概念を、適用の際に問題がないように定義し、擁護論を展開するという作業を完璧なかたちで行うためには、伝統的認識論者が直面しているのと同じ問題を解決することが要求されてしまう。その問題が解決されない限りは、有意味性の経験的検証可能性原理というものを正確に定式化することはできないのである。しかし、たとえそのような原理が、正確で決定的なかたちでは言明として述べられたことがないにしても、また、たとえたくさんの未解決の問題が残っているにしても、検証主義は、それにもかかわらず、正しい道筋をとっているように見えるかもしれない。最終的な定式化がどれほど難しいにしても、われわれはおそらく経験的確証を直観的には十分に理解しているので、何らかのかたちをとった有意味性の検証可能性原理がどうやら真であるようだということは見てとれるであろう。確かに、その考えを決定的なかたちで言明として述べることを要求するのであれば、その前に少なくとも、それがもっともらしいかどうかを査定し、それが何を含意するかについて反省を加えるという作業を始めることができてからにすべきである。

特にこの具体的な事例においては、正確な定式化を詳細に展開するように強要するのは、まったく的外れのことであるように見える。というのは、伝統的な仕方で捉えられた外界についての問題は、経験的確証可能性をどのように捉えることにしたとしても、経験的に決定不可能であることは明らかだからである。このことはまさしく、われわれを取り巻く世界についてわれわれが何かを知ることが困難であるからこそ帰結することである。つまり、それが帰結するのは、何らかの経験的証拠を得たところで、われわれを取り巻く世界についてのある信念が、その反対の信念よりも理にかなったものとなるということはありえないからなのである。このことは、共通の根拠として、懐疑論者も検証主義者も共有しているにちがいないことである。そのため、「検証可能性原理は、言明のかたちで、注意深く正確に述べられなければならず、それができる前に懐疑論の土台を崩すために使うことはできない」という要求をするのは、理にかなっていないように見えるであろう。懐疑的哲学者自身でさえ強く主張しているのは、われわれを取り巻く世界について述べたり信じたりしているどのことがらも、経験的に確証したり反対の確証をしたりすることは不可能である、ということである。検証可能性というものが何らかのかたちで有意味性と結びついている限りは、もしも懐疑論者の言うとおり、われわれが世界について何かを知ったり、何かを信じるに足る理由をもったりすることが決してできないのだとすると、われわれを取り巻く世界についてわれわれが語っていることはすべて無意味であると宣告されることになるであろう。

いま述べたことによって、論点を取り扱うためのまっとうな足場が用意されることになると思う。人間の知識すべてに対して「合理的な再構築」を実行することは可能かということに関する大きな問いは、脇に置いておけばよい。そして、われわれはただ、有意味性が検証可能性に直接結びつくという考えがもっともらしいかどうかに反省を加えればよいのである。とはいえ、検証主義がもっともらしいかどうかの査定は、どのようにしたら、こういう荒削りの言葉遣いによって行えるであろうか。そういった査定は、検証主義が棄却しようとしている当の懐疑的議論がもっともらしいかどうかの査定と独立に行おうとしても、不可能であるように私には思える。G・E・ムーアの考えによれば、懐疑的結論が偽であることを彼自身はごく単純に知っており、そのことは、例の警部が、見習い刑事の最初に述べた意見が間違っていることを知っているのと同様であり、そしてこの場合には、懐疑的結論を生み出した論法を注意深く調べる必要は特にないのである。しかし、ある人が、検証可能性原理が真であるとの確信をもっており、その確信の度合いは、ムーアが自分の手の存在を確信しているのと同程度であるという場合を考えてみよう。その場合にその人は、懐疑的議論に（その人にすれば、にせの）もっともらしさを生み出している源泉を詳しく調べることを、ムーアのように簡単に拒むことなどできはしない。たとえ検証主義が真であるにせよ、伝統的哲学的吟味がどうして間違っているのかを説明する必要はやはりあるのである。

そのような説明が必要なのは、学者ぶりたい人の好奇心を満たすためだけであるとか、それらの議論に説得力を感じる人が多かったという事実を説明するためだけであるなどと言いたいわけではない。言いたいのは、最終的に検証可能性原理を受け入れることを目指す場合でさえ、懐疑論がどうして間違っているのかを理解可能なかたちで診断する必要がある、ということである。私が提示したかたちの反省を行うことによってデカルトが得た結論は、検証可能性原理によれば無意味であるとされるが、デカルトの結論が無意味であるように見えないのは確かである。デカルトの結論に対するわれわれの反応にはいろいろなものがありうるし、また、デカルトの結論にはまったく我慢できないとわれわれに感じられることもあるが、たとえそうだとしても、われわれが最初から、デカルトの結論は文字どおり意味を欠いているとして棄却する、ということはないと思う。われわれはデカルトの結論をよく理解しており、もしそれが真だとしたら、どのようなことが成り立つはずなのかわかるように思える。もちろん、最初には理解可能に見えたものが、反省を加えてみると、錯覚だったことがわかるかもしれない。しかし、錯覚でなかったことがわかるかもしれない。懐疑的結論が理解可能であるかどうかという争点に決着をつけようとするのであれば、懐疑的結論へと至る論法に対してわれわれがもともとどのような反応を示していたかという点は、われわれが依拠しなければならないことがらとして、大きな比重を占めるものである。われわれがもともと示していた反応に対して、ある種の原理が立ちはだかり、その原理は、おそらくほかの根拠からして十分にもっともらしいものであり、しかも、われわれのもともとの反応とは対立するものだとしても、そういう場合に、われわれのもともとの反応をあっさりと棄却するなどということは、われわれにはできないのである。

要するに、懐疑的議論にともかくも説得力を感じた人にとっては、その説得力そのものが検証可能性原理を受け入れるのに反対する議論を提供してくれるのであって、その議論の強さは、検証可能性原理が与えうる、懐疑的結論が有意味であることに反対する議論と同程度なのである。懐疑論は、「われわれを取り巻く世界について何かを信じるに足る理由を誰も決してもたない」と言う。検証主義は、「したがって、われわれを取り巻く世界についての言明はどれも有意味ではないことになる」と言う。しかし、このことが、外界についての懐疑論の拒否につながるならば、それとまったく同程度に、検証可能性原理についての帰謬法にもつながる。有意味性についてのどのような理論であれ、その理論が、「アフリカに山がある」や「私は暖炉のそばに腰掛けて紙を一枚手にしている」や「ここに人間の手がある」のような明らかに理解可能な文が何も意味していないことを含意するとしたら、その理論を受け入れることができないのは明らかであろう。もちろん、検証可能性原理によってそれらの文が無意味であることが含意されるのは、それらの文で述べられていることは決して知ることができないと結論づける伝統的認識論的吟味を、一緒に行った場合だけである。しかし、その懐疑的議論がどうして受け入れ可能ではないのかをわれわれが見きわめていない限りは、検証可能性原理を受け入れないための、きわめて有力な理由をわれわれは手にしていることになるであろう。われわれは、有意味性と検証可能性とのつながりについて反省を加えていった結果、外界についての懐疑論という明らかな反例につきあたったのである。

その手の反証を未然に防ぐには、検証可能性原理が懐疑的議論を恐れる必要は何もないのはどうしてなのかを、見きわめなければならないであろう。このことから、次の問いに答えを与えるような説明が要求される。すなわち、一方で、われわれを取り巻く世界について具体的に日常的に行うあれこれの主張や、知識をもっているという主張は、検証可能性を根拠にすると完全に有意味であるにもかかわらず、他方で、一般性をもっている懐疑的結論が（検証可能性原理が含意するように）無意味でありうるのはどのようにしてなのであろうか、という問いである。その答えが、ただ「有意味な主張は具体的なものであり、かつ、懐疑的結論には一般性があるから」ということであるはずはない。デカルトが下した結論がもっている威力の源は、デカルトが考察の対象としている具体的な事例についてデカルトが述べていることをわれわれが捉える際に、「デカルトが述べていることは、世界についてわれわれが知っていることと推定されるものすべてを代表するものである」とわれわれが見なす、そのわれわれの傾向のうちにある。そういう一般化を行っている部分に対して検証主義者たちは疑念をもっており、その疑念が正しいことは、われわれにはわかっている。カルナップに言わせれば、事物について語る枠組みの「内側」で実在についての主張を行っても、それは、その体系全体についての有意味な主張とはなりえないのである。しかし、そういう一般化を行う段階を阻むものはいろいろあるにせよ、それは、無意味だと申し立てられる主張が完全な一般性をもっているというだけのことではない。「外的な事物が存在する」や「外的な事物が存在することをわれわれは知っている」という文は、一般性をもった文である。そして、それらの文は、「内的」に受けとられる限りにおいては完全に有意味である。というのは、それらの文は、われわれを取り巻く世界について具体的に行うあれこれの主張や、知識をもっているという主張から、自明なかたちで導き出されるからである。ただ、それらの文が「外的」に受けとられる場合だけは、それらの文は検証可能性を根拠にすると無意味になる。そのため、説明する必要があるのは、「内的なもの」から「外的なもの」への移行が不可能であるということについてなのであって、具体的なものから一般性をもつものへの移行を行う部分についてではない。すると、「内的」な問いや主張と「外的」な問いや主張との間の関係について、伝統的捉え方が正しいことはありえないのはなぜなのかは、説明が要求されるであろう。そして、このことこそ、懐疑論を避けるべきだとしたら説明しなければならない、と私が思っていることがらなのである。

デカルトが下した結論は、検証可能性を根拠にして拒否されるかもしれない。すなわち、彼が考察の対象としている具体的な事例でさえ最初から無意味である、と論じるのである。その根拠は、「私は暖炉のそばに腰掛けて紙を一枚手にしている」という文が検証不可能であると見なされることである。そのときに説明しなければならなくなるのは、日常生活において具体的に下される裁定がすべて同様に無意味であるということを検証可能性原理が含意しないのはなぜなのかである。「風にあたってじっとしていることが風邪の原因になるかどうかを私は知らない」という文だとか「その飛行機監視兵は、あの飛行機がFであるかどうかを知らない」という文だとかは、検証可能性を根拠にして無意味であると想定されているわけではない。それればかりか、「自分が暖炉のそばに腰掛けて紙を一枚手にしているのかどうかを私は知らない」という文も、無意味であると想定されているわけではない。その文が真であることもありうるのである。その文を、デカルトが当の具体的な場面で用いたものとして見た上で、検証可能性原理がそれを無意味であると宣告するならば、その場面でのデカルトによるその文の用い方にはどこか、その文が有意味に用いられている場合の用いられ方からは逸脱したところがあるにちがいない。その違いをかなりの程度理解しているというわけでもない限り、検証主義者は、デカルトの論法には何か間違いがあるということを知ることのできる場所にただ立っているにすぎず、また、デカルトの述べていることは無意味ではないかという検証主義者の疑いを正当化する根拠は、検証可能性原理そのものしかない、ということになるであろう。もう一度言っておくが、検証可能性原理を拒否することのほうが、デカルトの述べている文が決して何も意味しないということを認めることよりも、もっともらしいであろう。デカルトが事実上、その具体的な事例を、いわば最初から「外的」に扱っており、具体的な「内的」な事例においてそのような問いを扱うときに人が行うのとは違った仕方で扱っているのだとしても、それらの間の違いについては、何らかの説明がなされなければならない。伝統的懐疑的哲学者の説明の中には、その違いについての説明も含まれるし、なぜ距離を置いたところからの「外的」な裁定だけが、われわれの立っている場所についての真理を与えてくれるかの説明も含まれている。「内的なもの」と「外的なもの」についてのそういう伝統的捉え方が正しいものでありえないのはなぜであるかが理解されるまでは、検証可能性原理はもっともらしくないままなのである。

そのため、検証主義に従ったところで、どうやら哲学的懐疑論を棄却する近道が得られるわけではないようである。検証主義者も同意するはずだが、哲学的懐疑論に対しては、ムーアが試みたようなかたちで、経験において直接に答えを与えるだとか、論駁を加えるだとかということはできないものとしてみよう。すると、問いそのものが無意味であることを暴きつつ、同時にほかのすべてのものも無意味であるなどとは宣告しないためには、その問題についての伝統的捉え方を注意深く分解し、有意味な「内的」な主張から無意味な「外的」な主張への移行がどうしてなされえないのかを説明するしかない。それをなし終えたとき、懐疑論の運命に関して言えば、有意味性の検証可能性原理が真であるかどうかは問題ではなくなる。そのときにはわれわれは、デカルト的懐疑的結論が到達不可能なところにあることはすでに見きわめているであろうし、もしかすると、その理由さえ理解しているであろう。しかしながら、そうした懐疑的結論が到達可能なものであるように見え続け、もっと言えば、理にかなったものにすら見え続けている限りは、意味の検証可能性原理を拒否することを支持する、まさに先に述べたとおりの理由を、われわれは手にしているのである。

第6章　自然化された認識論

伝統的デカルト的考察のねらいは、世界についてわれわれがもっている知識すべてを同時に査定することである。そして、その考察にあたっては、距離を置いた「外的」な場所らしきところから、問題の知識に対して判断を下す、というかたちをとる。それでは、私が示そうとしてきたことは何だったのであろうか。私は、哲学という企てを捉えるにあたって、また、その哲学という企てと、われわれが科学に携わる際や日常生活において述べる「自分は知識をもっている」という主張との関係を捉えるにあたって、伝統的な仕方に従う場合を考慮した。そして、そうした場合には、「懐疑論は、その表現に用いている語そのものの意味に反したり、意味を歪曲したりしている」という、よくあるかたちの非難をしたところで、その非難には実質がない、ということを私は示そうとしてきたのであった。これに加えて私が示唆しようとしてきたことがある。それは、いったんこの高尚な、距離を置いた哲学的視点から展望することに慣れてくると、世界についてわれわれがもっている知識と推定されるものについて適切な裁定を行った結果、懐疑論以外の立場がどのようにしたらありうるかという点は、きわめて見てとりにくくなる、ということである。懐疑論は、避けられないものに見えてくるかもしれない。つまり、懐疑論は、ある種の攻撃の仕方を決して寄せつけないだけのものではない、と見えてくるかもしれないのである。

世界についてわれわれがもっている知識すべてについて、デカルトが行っているのと同様の説明を行うことを試みる場合、われわれが理解しようと努めることがある。それは、科学においてや日常生活においてわれわれが信じていることがらが、われわれがそれを信じるようになる基礎だとか根拠だとかにどのように関連し、また、そういう基礎だとか根拠だとかによってどのように保証されているのかを理解することである。証拠になりうるものは、すべて感覚によるものであり、世界についてわれわれがもっている知識は、経験的なものである。しかし、感覚で得た具体的な一連の経験はどれも、事物のありように関して信頼のおける情報をわれわれに与えることに失敗しうるということは否定できない。世界は、知覚されたとおりのありようとは異なっている可能性があるのである。伝統的認識論的取組みという特別の文脈の内側では、ほかの場合にはどうやら無害なこの自明の理が、破滅的な帰結を生むように見える。われわれを取り巻く世界についてわれわれがもっている知識をすべて同時に問題とするならば、世界についての、独立に信頼のおける何らかの情報に、われわれは、ふだんと同じように頼らざるをえない。そうしない限り、「現在われわれがもっている一連の経験が、事物のありようを示す導き手として、この時点において信頼のおけるものとなっているのかいないのか」という問いを解決することはできないのである。そこで、世界についてわれわれがもっているすべての信念の根拠なり基礎なりは、感覚を通じてわれわれが得ることのできるものに制限されることをいったん認め、また、感覚を通じてわれわれが得るすべてのものと、われわれを取り巻く外界についてあてはまったりあてはまらなかったりすることがらとを一般に区別することにいったんしたとしよう。すると、外界のありようは、われわれが知覚していることや信じていることとは完全に異なっている、という可能性を排除することはできない。夢を見ているという可能性を、デカルトの議論において展開されているのと同様のかたちで考えれば、この要点の鮮やかな例証となる。世界についての知識が可能であるために、夢を見ているという可能性が排除されなければならないとしたら、また、その排除を行うことは、感覚で得た経験だけに基づいたのでは不可能であるとしたら、世界についての知識を感覚によって得るというのは不可能である。

すると、われわれの立っている場所は、部屋に閉じ込められてテレビ画面だけを見ることができる人と同じであるように見える。次のような状態を実際に想像してみよう。すなわち、閉じ込められているその人は、そこに見える映像だけに完全に制限されており、また、その映像が、そこにまぎれもなく映し出されている事態をもとにして通常どおりの仕方で生み出されたものであるのかどうかについての情報も、独立には与えられていないとする。この場合、私の考えでは、その人は部屋の外の世界について何も知らないという結論をわれわれは下さなければならない。もちろん、これと同様の状況を実際に作り出すことは、不可能ではないにしても困難であろう。その被害者が生まれたときからその部屋で育てられていたのでもない限り、その人は、そうした制限が始まった時点ですでに、外の世界についての信頼のおける情報を、少なくともある程度は所有しているであろう。とはいえ、そういう独立の情報抜きには、そこにあるテレビ画面だけからその人が知識を得ることは決して可能ではないであろう。ここで仮に、日常生活においてわれわれが得ている情報が、われわれが感覚を通じて得るものに制限されていることも、いまの例と同様のことであるのだとしてみよう。そして、そのため、感覚の向こう側にある世界について何らかの結論を下すことは、つねにもう一歩先にあることがらなのだとしてみよう。その場合、われわれがもっている知識も、いまの例と同様に、われわれに直接利用可能なものに制限されていることとなり、向こう側にある外界にまでわれわれの知識が拡張していくことは決してありえないであろう。

この結論は避けられないものに見える。そのため、ここで回避しなければならないのは、「感覚によって得られるわれわれの経験は、デカルトがとった仕方で理解することができる」という考えであるかのように見えるかもしれない。つまり「そういう経験がわれわれに与えてくれる情報は、われわれを取り巻く世界はあのようではなくてこのようであるといった点を未決定のままにしておくものばかりである」という考えを回避しなければならないように見えるのである。実際、カントはそのように見た。こうした考えを回避しないとすれば、感覚を通じてわれわれが得るものと、外界のことにあてはまったりあてはまらなかったりすることとを一般に区別するように徹底した場合には、われわれを取り巻く世界についての知識からわれわれは永久に引き離されることになるのである。しかし、そうやって一般に区別を行うことが致命的な懐疑的帰結をもたらしてしまうのは、おそらく、認識論の課題を伝統的哲学者のやり方で捉えるという文脈の内側だけでのことである。おそらく、距離を置いた「外的」な視点から区別が行われる場合に限り、感覚を通じてわれわれが得るものと外界のことにあてはまることがらとの区別は、知識を不可能にさせるように見えるのである。もしそうなら、懐疑論は避けられるかもしれないし、世界についてわれわれがもっている知識が理解可能になるために、「感覚によって与えられるもの」と外界のことにあてはまることがらとを一般に区別することを放棄しないで済むかもしれない。その場合には、距離を置いた「外的」な視点を、錯覚によるものだとして避けるなり、暴くなりするという問題となるのである。というのも、伝統的に言って、「外的」な視点に立って見てきたからこそ、わわれわれが認識を行う際に立っている場所が、これほどまでに貧弱な力しか発揮できない場所だと映ってきたからである。

W・V・クワインによる「自然化された認識論」は、そのような「外的」な場所に立てることを否定することに依拠している。科学的知識や日常的知識にしても、また、それらを追求し、表現する際に用いる言語や思考過程にしても、それらを自然現象として捉え、科学的に研究し、記述し、説明すべきであり、その点は、自然界のほかのどの部分とも変わらないのである。これは、知識をもつことがどのようにして可能であるのかをまさしく経験的に研究するものであるが、カントの行った特別なアプリオリな吟味はこれとは違っていた。しかし、認識論ないし知識理論というものは、知識とは何であるかや知識はどこから来るのかを研究するものにほかならない。そして、クワインにしてみれば、人間の知識や言語や思考を研究するからといって、物理学や動物の行動や数学を研究するのと根本のところで異なった種類の吟味をすることが要求されるわけではないのである。何であれ、われわれ自身や世界についてのことを調べようとする場合には、何を調べるためにも使えるようにすでに発達させてきた概念や科学の資源の内側から行わなければならない。これこそ哲学的であると伝統的に見なされてきた問いを追求する場合でさえ、事物のありようについてわれわれがもっている知識なり最良の仮説なりであると現在われわれが見なしているものの内側からでなければ行うことができない。われわれには代わりのものはないのである。すると、哲学者にとってふさわしい役割が何であるにしても、世界や科学やわれわれの概念資源を吟味する際に、われわれのもつ資源の外側にしばらくの間だけでも立つ誰かによって行われるよう要求されることはありえない。

そのような宇宙的亡命などありはしない。哲学者が科学や常識の基本的な概念枠を研究し、改訂することができるためには、同じ概念枠か、または、同様に哲学的な精査をする必要のある別の概念枠の中で作業する必要がある。(1)

距離を置いた特別な場所などはなく、そういう場所から哲学者がそのような吟味を遂行するかもしれないということはないのである。

科学は、理論物理学において到達された最高度に抽象的な部分でさえ、つねに「内側から」進められる。仮説や理論を評価したり、受け入れるか拒否するかを決めたりする際には、すでに知られていることや、どうにか発見しうることに照らして行われる。したがって、科学者たちは、ある種の船員たちのようなものであり、彼らは、外海で自分たちの船にゆられながら、その船を修理したり、改造したりしなければならないのである。彼らには、新しい船を起工したり、新しく基礎部分から作り始めたりできるようなドックはないし、あっさりといまの船を捨ててもっと高性能に設計されたものを選ぶ、ということもできない。ほかのものはないのである。ノイラートによるこの比喩は、科学が企てていることを表す描写としてクワインが好んで使うものであり、クワインにしてみれば、「哲学者も科学者と同じ船に乗っているのである」(WO、三頁［邦訳、四頁］)。哲学者も実在に、すなわち事物のありように関心があるが、ただ、哲学者が行う吟味は、地理学や物理学や数学よりも一般性が高いだけなのである。どのような種類の物理的対象が存在するかを具体的に確定することが、自然科学者の課題である。たとえば、偶数の素数が存在するかどうかは、数学者に与えられる問いである。これに対し、物理的対象の領域そのものの存在を認めるかどうかや、数やクラスというものの存在を認めるかどうかという問いは、たいていは哲学者に帰せられる。しかし、その手の問いがほかのものと異なっているのは、「範疇の間口の広さ」（WO、二七五頁［邦訳、四五九頁］）だけである。哲学は、単にほかよりも一般性が高いだけであって、やはり哲学も、真理を発見しようとし、世界に関してや世界の中でわれわれのいる場所に関してのわれわれの理解を促進しようとする、「内側から」の試みなのである。

カルナップの見解によれば、実在について、すなわち存在するものについて提起されているように見える哲学上の問いは、本当は「実践的」な問いであって、実在について語るためにどれか一つの言語的枠組みを採用することで解決するはずの問いである。哲学は、実在を理解するために言葉や言語的枠組みを扱っており、実在そのものは扱っていない。それは、「第二階」のないし「メタ科学的」な吟味なのである。すでに見たとおり、このような見解をとった場合には、数学だとか物理学だとか空間内にあるふつうの事物について語るための枠組みだとかの「外側」で、吟味や活動が行われるということを容認しなければならなくなるようである。そして、そこで扱われる問いは、ここで言っている意味であらゆる枠組みに対して「外的」なものとなるのである。すでに確かめたとおり、カルナップが扱う問いが「外的である」ということを理解するのには困難があるし、また、カルナップの考えと結びつく、「どの言語的枠組みをわれわれが採用するかとは独立に成立したり成立しなかったりする事実などない」という観念論的テーゼを受け入れることにも困難がある。さらには、そのテーゼ自身が属している言語的枠組みが存在するとして、それがどれであるかを見きわめるというもっとやっかいな困難も存在する。クワインのように、哲学はほかの科学と連続的であると捉えるとすれば、これらの不明瞭なところは回避することができるのである。

クワインも否定しないことであるが、哲学的なものだと伝統的に見なされてきた存在論の問いは、言語の外にある実在よりも、言葉やわれわれの用いる概念枠のほうにより深く関わっている。また、その問いを大きく左右するのは、便利であるか、単純であるか、全体として概念が無駄なく使われているかといった実用的な考察であって、観察可能な事実に関する実際の問題にはあまり左右されないようである。アフリカに山が存在するかや、どこかに一角獣が存在するかを問うことから移行して、数だとか命題だとか物理的対象だとかが存在するかどうかを問うことにすると、それに従って、問いの種類も移行しているように見える。カルナップの考えでは、その移行後の問いは、観察を行ったり理論的な考察を行ったりしたのではまったく解決することができない種類の問いなのであった。

カルナップが下した結論は阻止されるべきだ、というのがクワインの考えである。確かに哲学においては、実在を理解するために用いている用語や枠組みについて語るほうが、実在そのものについて直接語るよりも有益であるのが通例である。クワインにしてみれば、その理由は単に、そのほうが、存在論に関わる哲学上の争点に関して進展がありそうだからである。ただし、ここでは、論争の当事者たちが「意味論的上昇」を実行して、自分たちの用いている用語が理論的に言ってどれだけ有効であるかについての議論を行う際には、それらの用語を「形式的な語り方」で言及するものと想定しており、「実質的な語り方」でそれらの用語をいきなり用いることによって、何が存在し、何が存在しないのかについて直接語ったりはしないものと想定している。そのような直接的な語り方をしてしまうと、存在論に関わる論争がもつ理論上の特徴は不明瞭なものとなるのである。しかし、「実質的」な語り方から「形式的」な語り方へと意味論的上昇を行うことは、どこにおいてでも可能である。それが適用されるのは、哲学だけに限られるわけではないし、言葉で交わされるもののうちできわめて抽象度の高いものだけに限られるわけでもないのである。また、「意味論的上昇」を行わせることが可能であるということから何が示されるかを誤解してはいけない。というのも、主張を行ったり問いを提起したりする際に、言葉への言及は行っているが、実在について直接語るためにその言葉を使用しているわけではないという場合、その主張や問いが、本当に言葉や言語的枠組みだけに関するものであるということは示されないし、その主張や問いが、言葉や言語的枠組みを用いて記述されている実在には関わらないものであるということも示されないからである。たとえば、「タスマニアにウォンバットがいる」という、われわれからすれば、経験的に知られている偶然的真理である文をとりあげよう。この文は、「形式的な語り方」で言い換えることによって、「「ウォンバット」という語は、タスマニアにいる生物の一部についてあてはまる」とすることができる。だが、こうした変換によってできた主張が、言語だけに関わるものであって、言語の外にある実在には関わらないものである、などということはない（WO、二七二頁［邦訳、四五三〜四五四頁］）。

ここで、カルナップの捉え方に関するクワインの見解を見てみよう。カルナップの捉え方によれば、哲学上の問いは言語的なものであり、実用的な根拠に基づいてのみ解決できる問いであって、事実的な根拠に基づいたのでは決して解決できない。クワインの見解では、カルナップがそのように捉えてしまった一因は、カルナップが意味論的上昇の意義を正しく読みとらなかったことにある。

というのも、体系的な有効性を考慮に入れることが、すなわち、大まかに言って実用的な考慮を行うことが適切なのは、意味論的上昇をさせて理論について語る場合に限られる、という具合になっているわけではないし、また、世界における対象のふるまいの事実に関して考慮を行うことが適切なのは、意味論的上昇を避けて理論の内側で語る場合に限られる、という具合になっているわけでもないからである。体系的な有効性を考慮に入れることは、いずれの場合にも等しく不可欠である。ただ、一方の場合はそれがわれわれの口にのぼり、他方の場合は暗黙のうちにわれわれを導くというだけである。(WO、二七四頁[邦訳、四五七頁])

こう述べることによって拒否しているのは、理論の便利さや単純さのような実用的な面の考慮を哲学上の問いに対して行うことをカルナップが強調したところではない。むしろ、このクワインの言葉は、何が事実として成立しているかを吟味するあらゆる場面においてそのような要素が重要であることに気づかせてくれるものであり、したがって、ここで否定されているのは、カルナップがつけようとした区別、すなわち、哲学とその他すべてのものとの間の区別である。

カントもまた、哲学とその他すべてのものとを区別するはずである。そして、明らかにクワインによる哲学の「自然化」は、特別なアプリオリな哲学的吟味というカント的考えにもやはり反対する立場にあり、それればかりか、アプリオリな知識なるものが存在するという信念に対しても反対する立場にある。しかし、カントの見解もカルナップの見解も、不明瞭ではあるものの、意図としては、外界についての伝統的な懐疑論をどのようにして回避すべきであるかを説明するものであった。どちらの見解も、懐疑論の条件つき正しさと私が呼んだものを認めている。つまり、「仮に、外界についての有意味な理論的問いを、伝統的哲学者が何とか提起したのだとしたら、その問いに対するその哲学者の懐疑的な答えは正しいであろう」ということを認めている。クワインは、哲学上の問題についてのカント的説明もカルナップ的説明も拒否し、外的な物理的対象とそれについてわれわれがもっている知識とにまつわる問いは、「科学的」ないし「理論的」な特徴をもっていると強く主張する。それでは、そうすることで、クワインは懐疑論を回避しているのであろうか。すなわち、カントとカルナップが（そしてこの点ではデカルトも）避けられないと論じる、その懐疑論を回避しているのであろうか。クワインによる自然化された認識論ないし科学的認識論は、満足のいく答えを与えるであろうか。すなわち、カントとカルナップが直接答えることをあきらめた問いであり、その結果、彼らが説明を果たすために特別な哲学理論をこしらえることになった、まさにその問いに対して満足のいく答えを与えるであろうか。クワインは、そもそもその当の問いに答えを与えようとしているであろうか。これらのどの問いに対して答えを与えるのも簡単ではない。

クワインが認識論をどう捉えているかについて自分で語っていることにいろいろと目を通してみると、どうも、伝統的哲学者が直面しているまさにその問いに対してクワインが答えを与えることを意図しているように見えてくる。クワインは次のように問う。「われわれに感覚という証拠だけしかないとしたら、世界に関するわれわれの理論にわれわれはどのようにして到達しているのであろうか(2)」。この問題が生じるのは、「われわれは感覚を通じて間接的にしか外的な事物を知りえない」からであり、「物理的事物は、一般に、いかに遠くにあろうとも、その事物のおかげでわれわれの感覚面に誘発される効果を通じてはじめて、われわれに知られるようになる」（WO、一頁［邦訳、一〜二頁］）からである。こうして、完全に一般性をもっているように見える問題――「外的な物理的事物についてそもそも何かをわれわれが知るようになるのはどのようにしてか」という問題――にぶつかるが、その問題に対する答えは、われわれが感覚を通じて得るものが、われわれが説明したいと思っている知識をどのようにして提供するのかを説明することによって与えられるはずである。われわれを取り巻く世界についてわれわれが知っていると主張するものと比較すると、われわれの感覚「入力」は「貧弱」である、とクワインは言う。これが、その問題――人間という動物が、自分の感覚面に「到達しうる感覚情報」（RR、二頁）から出発して、「三次元的な外界とそこでの出来事に関する記述[3]」に至りえたのはどのようにしてなのかを説明するという問題――を引き起こしているものの正体である。この問題は、多くの点で、デカルトが第一省察の終わりでわれわれに残した問いにそっくりである。その問いとは、「われわれが知覚において直接感知するものに基づいて、われわれを取り巻く世界についてのことをわれわれが知るようになれるのは、いったいどのようにしてなのか」というものであった。

クワインの研究対象は、感覚刺激と、感覚刺激がやがて引き起こす知識との間の関係である。言い換えれば、「貧弱な入力と奔流のような出力との間の関係」（EN、八三頁［邦訳、五七頁］）である。とはいえ、その関係そのものが、われわれを取り巻く世界の部分をなすものなので、それを研究するにあたっては、ほかのどの自然現象とも同様のやり方をとるべきである。人間を観察し、人間に対して実験を行う際には、現在の自然科学のうち、有用かもしれないと思われる部分なら、どのようなところを利用することもできる。問われているのは、世界についてのわれわれの科学や知識はどのようにして存在するようになったのかということであり、その答えは、科学を追求していくことによって見出されるはずである。しかも、その科学とは、その起源は何なのかを理解しようとわれわれが努めている当の科学である。代わりとなるものはない。クワインからすれば、認識論というものは、自然科学の一部をなすものとして見られなければならない――「自然化された認識論」が、存在しうる唯一の認識論なのである。

自分の哲学上の課題を捉えるときのクワインの考え方が、伝統的認識論者の考え方と似ているように見える点はある。その一つは、われわれが感覚を通じて得ることのできるすべてのものを一方に立て、外界のことにあてはまったりあてはまらなかったりすることがらを他方に立てて、両者を、完全に一般性をもったかたちで区別する点である。この区別を行うことは、自然化された認識論が答えるべきだとクワインが考えている問題を定式化するのに不可欠なのであるが、このことは、その区別が、外界についての伝統的問題を定式化するのに不可欠なのとまったく同様である。しかし、クワインにとっては、その区別そのものが、科学的な吟味と反省に由来するものである。

われわれは世界を、そしてその一部としての人間を吟味し、人間の周りで起こることについて人間がどのような手がかりを手にしうるかを見出すことはできる。人間の世界観から人間のもつ手がかりを差し引くと、その差として人間の純寄与物が得られる。この差は、人間の概念的主権の及ぶ範囲、すなわち、データをそのままにしつつ理論を改訂しうる範囲を表すのである。(WO、五頁〔邦訳、七頁〕)

吟味をすることによって、「そのまま」にしておける「データ」は、人間の「概念的主権」の及ぶ範囲と比較すると「貧弱」であることがわかる。このことから、科学におけるいっさいのことは、どの程度まで人間による「自由な創造」なのか、もっと言えば、どの程度まで、物理学者のエディントンが言うように「仕組まれたこと」(RR、三〜四頁)であるのかがわかる。ここで「科学」という語によってクワインが意味しているのは、われわれが真だと見なすすべてのことであり、そこには、外界についてのあらゆる真理も含まれている。人間が世界の中で立っている場所はどこなのかを研究するときに見出すのは、世界に関する信念としてそういう具合に人間が抱いていることがらはすべて、人間が自分の感覚を通じて得る「情報」ないし「データ」をはるかに超えた向こう側にあることがらだということである。

外的な対象についての情報をわれわれが得るための道が、対象から発せられる力によってわれわれの感覚面に引き起こされる刺激を通じてのものだけであるということは、科学的な事実ないし理論から言えることである。つまりは、われわれがもっているデータと外界についてわれわれがもっている知識との間には、大きな隔たりがある。そして、その隔たりに橋渡しをするには、大胆な推論が必要である。(4)

伝統的問題を引き起こすのと同じ「われわれがもっているデータ」と「外界についてわれわれがもっている知識」との間の隔たりがここには現れているようなのであるが、クワインにとっては、世界についてのわれわれの理論が、自らの「背後にある感覚的もしくは刺激的側面」(WO、三頁[邦訳、四頁])をはるかに上回っているという事実そのものも、科学の見解の一つ、すなわち、世界についてのこの理論そのものの一部をなすものなのである。見たところでは、そのほうが、当の区別をつけるという点ではいっそう都合がよいし、認識論という企てそのものにとってもいっそう都合がよいようである。自然化された認識論が答えを与えなければならない問題は、ここで俎上に載せている当の科学が打ち出している。つまり、その起源は何なのかを説明することを自然化された認識論が目指している、当の科学が打ち出しているのである。

認識論上の問題に対していったんこのような見方をとると、その問題に対しては、ある種の答えが当然浮かんでくる。もちろん、どう答えるかの詳細までがすべて手に入るわけではないし、詳細がどうであるかを見出すためにすべきことのすべてについてはっきりとした考えをもつようになるわけでさえない。科学的な研究を、知覚や学習や言語習得や人間の知識の発達と伝達について続けていけば、現時点ではわれわれにははっきりと予見できない方向に進んでいくことになるし、予見できない方法がとられていくことになるはずである。しかし、クワインにしてみれば、今後の展開の大まかなあらましは十分にはっきりとしたものであり、そのため、非常に抽象的で図式的ではあっても、啓発的な説明を、人間の知識に対して与えるのには差し支えがないのである。哲学らしい一般性の高い水準でなら、外界についての人間の知識がどのようにして可能であるのかを説明することが、われわれにはできるのである。

外的な事物一般についてわれわれがもっている知識を理解する仕方は、個々の理論的知識を、それぞれの基礎となっている「データ」と関連づけて理解するときとまったく同じ仕方にすべきである。知覚可能なふつうの事物に対して生じることがらの一部を説明するために物理学者によって案出されたり、頼りにされたりする理論のうちには、知覚されていない対象あるいは知覚される可能性さえない対象と関わりあいがある理論があるかもしれない。というのも、物理学者はそういう理論をとることによって、単純さや無駄のなさの点でより優れた基礎的な原理を、物理的世界についての自分の説明全体の中に導入しようとするかもしれないからである。たとえば分子のような、ふだん出会っているものとはまったく違う対象についての真理として、その物理学者が導入するなり受け入れるなりするものを唯一に決める場面を考えよう。その場面では、知覚可能なふつうの対象についての真理として、その物理学者が知っているものや想定可能なものを総動員しただけでは不十分である。そういう知覚可能なふつうの対象は、その物理学者が理論を拡張した末に、そのふるまいを説明しようと目指している当のものだからである。知覚可能なふつうの事物に関する理論は数多くあり、それらは、知覚可能なふつうの事物に関して、互いに同じ真理集合を含意するものとして使うことができ、したがって、同じ真理集合を説明するものとして使うことができる。手にする「データ」だけからでは、分子というものを、説明の際の道具として導入して、理論を単純にするようにその物理学者が強いられることはないのである。しかし、その物理学者が現に導入するなり頼りにするなりしている理論が受け入れられ、そのままに保持されているのは、その理論が自らの使命を果たしているからである。したがって、ふつうの事物についての真理と比較すれば、分子が存在することは「仮説」ないし「措定」である。分子が存在することは、ふつうの事物についての真理からは帰結しないが、分子が存在することを主張する理論は存在し、その理論は、ほかの事実や理論と一緒にすれば、観察可能なふつうの真理を含意していることが示されうるのである。

クワインにしてみれば、物理的対象一般が存在するということは、いま述べたのとまったく同じ仕方で、「仮説」ないし「措定」として理解されるべきである。もちろん、物理的対象一般の存在が「仮説」ないし理論であるというのは、知覚可能なふつうの事物についての一群の真理と比較すればそうだということではない——その手の真理は、物理的対象が存在することをすでに含意している。そうではなくて、言明というものは、たとえそれがふつうの物理的事物についてのものだとしても、すべて「仮説」ないし理論的言明なのだと理解すべきであるというのは、感覚を通じてわれわれが得るものと比較すればそうだということなのである。言明はみな、「手にしうるいかなるデータをもはるかに超えているのである」(WO、二二頁[邦訳、三五頁])。科学が教えてくれるところによれば、感覚を通じてわれわれに到達する情報は、われわれの感覚面における刺激によって与えられるものだけであるが、われわれを取り巻く物理的世界に関してわれわれが信じている真理全体が「われわれの感覚刺激によって確定されることは決してない」(WO、二二頁[邦訳、三五頁])。このことはちょうど、分子に関する物理学者の主張が、ふつうの物理的事物についての観察可能な真理によって確定されることが決してないのと同じである。そして、物理的世界についてわれわれが抱く信念一般を取り扱う場合には、このことは、われわれの経験が限られているというだけの問題ではなくなる。確定するのに不十分であるということは、「人類の広範囲なすべての感官面の、過去、現在、未来の刺激をことごとく含めても」(WO、二二頁[邦訳、三五頁])変わらない。物理的対象に関する理論ないし「仮説」は、そのようなあらゆるデータをもはるかに超えているままなのである。したがって、その理論ないし仮説を、われわれの感覚面での刺激との関係で見れば、分子に関する理論ないし仮説を、知覚可能なふつうの事物についての真理との関係で見た場合と、まったく同様である。クワインにとっての唯一の重要な違いは、次のことである。すなわち、

ふつうの事物の仮説は先史時代に包まれ隠されているが、分子の措定は、物理学者によってしかるべき理由からはっきりとなされている。われわれは、人間もしくは哺乳類であることの動機など語ることができないのと同様、ふつうの物理的対象という太古から無意識に有している仮説の動機についても語ることはできない。しかし、この仮説と分子の仮説とは、その機能と生存価値という点からして互いに類似しているのである。(WO、二二頁[邦訳、三五頁])

分子が存在することを物理学者が知るようになれるのはどのようにしてかを理解することができるなら、何らかの物理的対象がそもそも存在することをわれわれが知るようになれるのはどのようにしてなのか

も、同じ仕方で理解することができるのである。

二つの種類の仮説が共有していると言われている「機能と生存価値」とは何であろうか。それは、きちんと述べるならば、より単純でより無駄のない統一「理論」を提供し、同時に、その「理論」の基礎となっている「データ」に対する説明を与える「機能と生存価値」である。どの理論を選ぶかは、「データ」を全部もってきても「確定するのには不十分」なのだから、唯一には確定されない。しかし、クワインは以前からわきまえていたのであるが、物理的対象の「仮説」は、その仮説が立案されたときに意識的ではないかたちで目的としていた当の課題を、非常にうまくこなしてきたのである。その仮説は「経験の流れの中に扱いやすい構造を織り込む手だてとして、ほかの神話よりも効率がよい(5)」し、その仮説は、「世界についての最もスムーズかつ適切な全体的な説明」(WO、四頁〔邦訳、六頁〕)をわれわれに与えてくれる。物理的対象の理論の起源は、大昔から人間が話している言語の中に包含されているという意味で、「先史時代に包まれ隠されている」。自分の共同体の言語を習得する際に個々の人は、対象を指示するための仕組みをだんだんと自由に使えるようになり、その仕組みを手段として、外的な物理的事物について語ることができるようになる。また、そのとき、自分の感覚面に受けざるをえない刺激によって、われわれは、客観的な物理的世界に関することを信じ、主張しようという気になる。こうして、われわれは外的な事物を知るように現になっているのである。

説明の概要をこのように述べたときに見られる科学的特徴――あるいは、われわれが受ける感覚衝撃と、その後に続く、世界についてのわれわれの理論との間の関係についての研究に見られる科学的特徴――が、自然化が完全に行われた認識論を理解する際の鍵である。自然化が完全に行われた認識論という企てにおいては、そこでの問題や課題が科学の内側から提起されているだけではなく、その解答も科学の内側に探し求められ見つけられるべきである。クワインの哲学上の目的がきわめて幅広いことからすると、クワイン自身の関心は、自然化された認識論を推奨し、そのあらましを描くことが中心であって、そういう認識論を詳細に実行していくことは二の次である。われわれが知覚を通じて得る「視覚上の二次元的な投影や、大気中の粗密波が鼓膜上に与える種々の衝撃や、鼻孔において気体に起こる何らかの反応や、これらに類するその他もろもろのこと」（RR、二頁）に言及すること以上のところまで、クワインが生理学や心理学の事実に話を進めていくことはほとんどない。しかし、クワインが推奨する取組みは、それにもかかわらず、科学上の取組みであって、「おそらく、実験室からほんの少し離れて、すなわち、ある程度は思弁を用いることによって追求される」（RR、三頁）ものである。クワイン自身がこの主題に関する思索を行う際には、言語習得に考えを集中させる傾向があるが、言語習得が、世界の中で起きている観察可能な現象であるという事実は、どれだけ抽象的な水準で考察を行った場合でも変わらないことである。知ってのとおり、子供が年長者たちから言語を習得するとき、その子供が頼りにしているのは、自分の感覚面に生じていく衝撃の連続だけであるし、また、その子供は、やがては年長者たちと同様の仕方で、客観的な物理的事物について語るようになる。だとしたら、その言語能力はどのようにしてもたらされるのかを遺伝学的に理解すれば、われわれが受ける感覚衝撃と世界についてのわれわれの理論との間の関係を理解することがわれわれに可能になるであろう。クワインにしてみれば、こうした理解が得られれば、「観察」と「科学的理論」[6]との間の関係を理解したことになる。だからこそクワインは、言語理論が知識理論にとって必須であると見なしているのである。

外界についてわれわれがもっている知識の問題に関してクワインが強調しているのが、経験的で科学的な特徴であることから、クワインが取り組んでいることや問うていることは、あたかも伝統的哲学者を悩ませた問題と同じものではないかのように見えてくる。確かにクワインにとっては、その問題が生じるのは、感覚が提供するすべてのことと両立する候補として数多くのものが存在しうるからである。同じ「データ」に基づいたいくつもの異なった理論のうちのどれを採用することもできるのだから、その問題の課題は、外的な対象が存在することをわれわれはどのようにして知るのかを説明することであり、すなわち、「物理的対象の理論」が正しい理論であることをわれわれはどのようにして知るのかを説明することである。クワインが言うには、われわれがその理論に到達する、あるいは、その理論をともかくも信じ続けている根拠は、科学者が、自らが得られる証拠を超えたところにある理論を受け入れる際の根拠と同種のものである。「最終的な審判者となるのは、それがいかにつかみどころのないものとはいえ、いわゆる科学的方法しかない」(WO、二三頁〔邦訳、三六頁〕)。しかし、外界についての伝統的哲学者の問いに対して答えを与えることは、科学における最善の手順を単に見習ったとしても、期待することができることであろうか。目に見えるかたちで理論構築に携わっている科学者たちは、伝統的問題が生み出される際に出てくるさまざまな種類の可能性を、正当化可能なかたちで排除するどころか、考慮さえしないのが通常である。実験を行う人は、ある種の化学理論をテストするにあたって、自分が夢を見ていないことを立証したりはしないのである。われわれのような、科学に携わっていないふつうの人間が外界についての自分の見解に達するのも、大まかに言って同じ種類の推論によっているのだとすれば、われわれも、あのような奇妙な可能性について考慮したり、排除しようとしたりはしないはずである。その程度までのことの裏づけなら、世界についてのわれわれの理論がどのようにして発生してきたかについてのクワインの説明によってなされている。クワインの論述のどこを探しても、われわれが得る感覚上のデータが夢の産物にすぎない可能性をどのように排除するのかは説明されていないし、悪霊の産物であるだとか、物理的対象の「仮説」とは両立しない何らかのほかのものがもととなって作られたものであるだとかという可能性をどのように排除するかの説明もされていない。このことから示唆されるのは、クワインの言う自然化された認識論が何を行うように意図されているにせよ、その認識論は、伝統的認識論者にとってこれほどの困難があることがわかった当の問いそのものに対しては答えを与えることができない、ということである。物理的世界についての知識と両立しない可能性を正当に排除するということこそが、伝統的問題において問題視されていたことだったのである。

クワインの問題と伝統的問題とが異なるように見える別の点を見てみよう。われわれがもっている知識に関するクワインの問いに答える際には、われわれがたまたまもっているなり、発見しうるなりするどのような科学上の情報を利用してもよい。しかし、伝統的認識論者の問いに対しては、いま情報だと述べたものは、すべて危険にさらされ、もはやその手の説明をするという目的には使えないものだと見なされることが意図されていたのである。ある問いに対して経験科学が答えを与えることができるのだとしたら、そのような問いはどれも、伝統的哲学者の問いではありえない。こう述べたからといって、人間の知識に関する科学のようなものが存在しないと述べているわけではない。そうではなくて、そのような「内的」な吟味は、実行することは可能であるにせよ、それが伝統的問いに対する答えを与えるものであると期待することは決してできないであろう、と述べているだけのことである。これはまさにカルナップの受けとめ方と一緒である。人間に関する経験科学的な研究を行うことや、人間が現に知っていることを人間がどのようにして知るようになったかに関する経験科学的な研究を行うことが可能であることはカルナップも認めるし、そのように捉える限りでは、クワインの自然化された認識論に対しても、カルナップは何の反対もしないであろう。だが、自然化された認識論が、経験的で解決可能だという特徴をもつからこそ、そこで問われていることは、伝統的哲学的問いと同じものではありえない。伝統的哲学的問いは、カルナップからすると、哲学的であると同時に無意味でもあるが、それは、どのような証拠をもってきても、その問いが解決できないからである。どのような「理論」を作り出したところで、その理論がほかのどのような理論よりも信頼できるなどということを、われわれに利用可能だとされる情報に基づいて言うことはできないのである。

クワインが、伝統的問いの存在を認め、しかも、その問いに対して懐疑的答えを与えることは正しいと認めているように見えることがある。クワインの見立てでは、経験主義をとっていた過去の哲学者たちが、感覚データと外界についての信念との間の関係に関心をもつ際の関心のもち方には、二種類のものがあった。一つは「概念的」な問いであり、それが問うているのは、外的な物理的対象を、純粋に「感覚」のみに関わる用語によって余すところなく完全に表現するなり再定式化するなりすることが可能であるか、ということである。もう一つは「学説的」な問いであり、それが問うているのは、外的な物理的事物についてわれわれがもっている知識を十全なかたちで正当化することが、純粋に「感覚」のみによっている知識を基礎としてとることによって可能であるか、ということである(EN、六九〜七〇頁[邦訳、四八頁])。クワインの見るところでは、正当化に関するこの「学説的」な問いに関しては、われわれは今日に至るまで、ヒュームがわれわれを置き去りにした地点から一歩も進んでいない。「ヒュームが陥った窮状は、人間《ヒューマン》が陥った窮状なのである」(EN、七二頁[邦訳、五〇頁])。こう述べることでおそらくクワインが意味しているのは、物体についてわれわれが抱いている信念は、われわれが得る感覚データによっては正当化されない、ということである。

この絶望にも似た裁定を下すのには、どうやら二つの理由がある。一つは、一般性をもった言明や、未来についての言明は（そしておそらくは、過去についての言明も）どれも、たとえ純粋に「感覚」のみに関わる用語によって表現できるものであったとしても、現在の感覚経験を基礎としたのでは、その言明が正しいことを確実に知ることはできないから、という理由である。そういう言明は、現実に受けとっていることにあてはまることがらを超えた向こう側にあるのである。もう一つの理由、少なくともヒュームにとっての理由は、次のことであった。すなわち、われわれの感覚経験が、それを超えた向こう側にある言明に対して正当化を与えることができるのだとしたら、その正当化の起源は、帰納法に基づく推論であるとか演繹に基づかない非論証的推論であるとかが信頼できるというところにあるのでなければならない、という理由である。その手の推論は、経験されたことがあるものから経験されたことがないものへとわれわれを導いてくれるであろうし、その種の推論の原理自体が、現実の感覚経験しか報告しないものであるということはありえないであろう。われわれが行っている種類の推論をわれわれが行っているのはなぜかを「科学的」に説明することがたとえできたとしても、その結果として、「われわれが行っている推論のもつ結論は、その推論の前提によって正当化されているのか」という伝統的「学説的」問いに答えを与えたのだ、と帰結することはできないであろう。なぜならば、説明を行う際にわれわれが訴える科学上の情報自身が、まさにその手の推論によって得られたものだからである。

この仕方で帰納法による推論を正当化しようとする「科学上」のどのような試みも悪循環に陥ることを、クワインも一応は認めているように見えることがある。クワインの考えによれば、たとえば、自然選択に関するダーウィンの理論を援用すれば、帰納的な推論を用いているわれわれという生存者にとって帰納法が非常にうまくはたらくのはなぜかについて説明するのに役立つかもしれない。われわれの先祖が用いていた「類似しているものを見つけるための基準」はうまく環境に適応していたというわけでである。しかしながら、こうした生物学的な説明では、帰納法を正当化することはできないであろう。「これでは循環であろう」とクワインは認めている。「というのも、生物学上の知識が帰納法に依存しているからである」（NNK、七〇頁）というわけである。循環に陥ることに対する同じ批判は従来からあり、それが伝統的取組みを生み出した。外界についてわれわれがもっている知識全体がまったく同時に問題とされるのだとしたら、知識と推定されるもののうちのどれに訴えたところで、残りの知識をわれわれが知っているのはどのようにしてなのかを説明するのに役立てることはできない。われわれのもっている知識は全部、「感覚」だけを基盤として正当化されるべきだというわけである。クワインは次のことを一応は認めている。すなわち、

認識論の課題を心理学に譲り渡してしまうのは、最初の頃は循環論法だとして許されなかった。経験科学の基礎の正当性を示すところに認識論者の目標があるとするならば、その証明にあたって心理学やその他の経験科学を援用すれば、自分の目的に背くことになる。（EN、七五〜七六頁［邦訳、五二頁］）

クワイン自身の自然化された認識論は、まさに「認識論の課題を心理学に譲り渡して」いる（し、人間の知識をわれわれが理解するのに役立つかもしれない科学にならば、ほかのどのようなものにも譲り渡している）。もしこのことが、伝統的認識論者の目的には背くことになっていたにしても、クワインの目的に背くことにはなっていないのなら、それは、クワインが提起し、答えを与えている問いが、伝統的問いと異なっているからであろうか。だとしたら、両者の関係はどのようなものであろうか。

クワインがときおり示す考えによれば、それら二つの問いは異なっている。物理的物体についてわれわれがもっている知識を、純粋に「感覚」のみに関する用語を用いて正当化できるかという「学説的」な論点は、はかない望みとして捨て去られるべきだとクワインは言っている。クワインの言っているとおりだとすると、「観察」と「科学」との間の関係を理解するという、さほど難しくない科学上の取組みに集中することができる。言い換えれば、われわれの感覚面における「貧弱な入力」と世界についてのわれわれの理論を具体的に表現している「奔流のような出力」との間の関係を理解することに集中することができる。伝統的認識論者は、世界についてわれわれがもっている知識について、それが確実であることを示したり正当化を行ったりすることに専心していたため、感覚による知覚において感知されているある種の対象を分離して取り出すことにばかり固執していた。伝統的認識論者は、知覚においてわれわれが獲得できると言えるもののうちでどれが疑う余地のない情報であるのかを見きわめたかった。そうすることによって、伝統的認識論者が、より鋭くより正確な仕方で投げかけることができるようになる問いがあるのである。つまり、そうした疑う余地のない情報は、外界についてわれわれが抱いている内容豊かな信念をいったいどのようにして正当化することができるのか、という問いである。しかしながら、クワインの考えによれば、正当化を行うという取組みがいったん捨て去られたならば、感知という論点はよけておくことができる。そして、われわれの理論に関わる奔流のような出力が、われわれの感覚面において起きている出来事から生じるのはどのようにしてかを説明することに取り組むだけでよくなるのである。また、そういう説明を探し求めたり提供したりする際には、われわれがたまたまもっていたり幸運にも獲得したりする科学上のどのような情報を用いるのも自由であるということは明らかである。観察可能な物理的世界で起きている二種類の出来事の間の関係を一通り理解するということは、いまや科学の目標なのであって、科学の外に位置する望みのない取組みではない。つまり、この取組みにおいては、自然についてわれわれがもっている豊かな理論をどうにか支持するための基盤となる存在者として、奇妙な、しかし厳密に言えばわれわれが知覚において感知しているはずの何らかの存在者なるものを立てたりはしないのである。

ここに至ると、クワインは単に主題を変えているだけのように見えてくる。つまり、伝統的認識論者が興味をもったものとは異なった主題を推奨しているだけのように見えるのである。だとすると、次の可能性が残るが、そのことをクワインが認めているように見えることもある。すなわち、懐疑論が伝統的問いに対する唯一の答えであるし、唯一の答えであり続けるという可能性であり、また、クワインが自然化された認識論において述べていることはどれも、その答えを肯定する方向にも否定する方向にも何の変化ももたらさないという可能性である。しかしながら、こうやって折り合いをつけてしまうことは、クワイン自身も阻止したがっていることである。

『指示の起源（*The Roots of Reference*）』においてクワインが述べていることに従えば、いまでは経験的心理学の旗印の下で歩を進めている「呪縛から解き放たれた認識論者」は、伝統的主題を変えたわけではない。その認識論者が取り組んでいる主題は、「ものごとがよく見えるようになった上で、むしろもともとの認識論上の問題をあくまでも踏襲するものである」（RR、三頁）。ここで言う意味で、ものごとがよく見えるようになったのは、伝統的哲学者が見落としていたあることがらを認識したことが出発点である。クワインの考えでは、経験科学のうちのどこかに訴えたり、あるいは全面的に訴えたりすることによって、世界についての経験科学をわれわれが営むことがどのようにして可能であるかを説明しようとすれば、循環論法になるはずであり、そのため、そのようなところにいくら訴えたところで、世界についてわれわれがもっている知識の正当性を示したり、正当化を行ったりすることにはつながらないのである。しかしながら、クワインによれば、現在われわれには次のことがわかっている。すなわち、「循環に陥ることに対してこのように恐れを抱くことは純論理的な杞憂にすぎず、外界についてわれわれがもっている知識を確証しようとする取組みさえ認めることができるのである」（RR、二頁）。呪縛から解き放たれた、自然化された認識論をとるならば、杞憂を抱いていた伝統的哲学が見つけ出すことをあきらめたものが、われわれにもたらされる可能性はありそうである。認識論をこうした新しい仕方で理解するとすれば、ものごとが「よく見える」ようになっているのである。すなわちそれは、

懐疑的難題が生じるのは科学そのものからであることや、その難題に対処するためには科学的知識を自由に用いてよいことを認識している点においてである。これに対し、古い考えをもった認識論者は、自分の立っている場所でどこまでの力が発揮できるかを認識し損ねたのである。（RR、三頁）

クワインによれば、伝統的認識論者が認識し損ねたのは、世界についてわれわれがもっている知識に向けて自分で提起した難題が、まさにその知識そのものに由来しているということであった。知識が疑わしいことを見出したり、知識が信頼できるものかどうかを疑うようになったりする理由は、科学上の理由であった。伝統的認識論者が自分の疑いの本当の源泉がどこにあるかを認識していたとしたら、自分の立っている場所で発揮できる力を認識していたであろうし、自分で提起した疑いに対して答えを与える際に、科学を用いることができるという事実も認識していたであろう。

ここで、すでに言及していた重要な点に話を戻そう。知識理論が答えを与えなければならない問題は、俎上に載せている当の知識が打ち出しているものである。つまり、その起源は何なのかや、それは可能であるのかどうかを説明しようと知識理論が目指している、当の知識が打ち出しているものなのである。クワインにしてみれば、知識理論は、伝統的なものに関して言えば、その起源は疑わしいし、懐疑論の脅威にもさらされている。

疑うことによって知識理論が誘発されるというのは、その通りである。しかし、知識もまた、疑いを誘発した。懐疑論は、科学から枝分かれしたものなのである。(NNK、六七頁)

伝統的認識論者に向けてクワインが指摘している「自分の立っている場所で発揮できる力」とは、自分が提起した問いに対して答えを与えるために、科学的知識を利用することができるということである。吟味を進めていくことがきわめて困難であったり複雑であったりするということがわかるとしても、そこで行われているのは、ほかのどの科学上の追求とも同様の科学上の追求であり、世界についてわれわれがもっている知識を説明するにあたっては、ほかのどの自然現象を説明する際と比べても遜色のない場所に、われわれは立っているのである。

クワインの考えでは、混乱は、感知という論点に集中していた。古い考えをもった認識論者たちの考えによれば、われわれが得る感覚データが貧弱であることに関わるさまざまな事実を発見する方法は、直接に内観したり、場合によっては、知覚において何が与えられているかにただしっかりと注意を傾けたりすることである。しかし、実際には、われわれが得るデータが貧弱であることや、それゆえ知識が疑わしいことを見出した理由は、科学そのものに由来している。世界についての知識も、われわれが知覚しているものが世界からどれほど逸脱しているかについての知識も、懐疑論に基づく認識論を開始するにあたって最初は必要であったが、その後は回避することが試みられた。このことからわかるとおり、伝統的認識論者は、この重要な事実――「懐疑的な疑い」は本当は「科学的な疑い」であるという事実――を認識し損ねたがために、そういう疑いに対して答えを与える目的で、また、科学的知識がどのようにして可能であるのかを説明する目的で、自分がもつ科学上の知見を用いることができるほど強力な場所に自分が立っていることをも認識し損ねたのである。

このことは、伝統的哲学者が陥っている苦境に対する診断でもあるし、クワインが提唱する、「ものごとがよく見えるようになった上で、むしろ旧来の認識論上の問題をあくまでも踏襲するもの」としての科学的認識論を擁護するものでもある。自然化された認識論は、われわれにとって最大限可能なことであるだけではなく、必要なこと、ないしは、いままでずっと必要だったことのすべてでもあるのである。認識論的問題が生じるのは、自然科学がもつある種の結果を受け入れるかどうかに依存するという事実を強調した上で、クワインはすぐに次のように結論づける。「それゆえに、認識論は自然科学の内側で企てられるものであると見るのが一番よいのである」（NNK、六八頁）。ここでクワインは、「認識論は自然科学の内側で企てられるものであると見るのが一番よい」といきなり述べているわけではない。クワインが哲学者どうしの際限のない論争に飽き飽きしてしまい、代わりに心理学や生理学に専心するほうがましだ（あるいは「一番よい」）と考えでもしたら、そういきなり述べるかもしれないが、ここはそういう場面ではない。ここでは、「それゆえに」と述べられていることからして、クワインが認識論を科学の文脈で捉えようとしていることを支持するのは、その直前で述べられたことであると意図されているのである。そして、直前で述べられていたこととは、「懐疑的な疑いは科学的な疑いである」ということである。すなわち、認識論的問題は科学自体の内側で生じる、ということである。

　これと同じ推論がさらに強いかたちで示唆されるのは、伝統的認識論者が見落としているとクワインが考えている「論理上の重要な点」についてクワインが語る際である。

> 論理上の重要な点は、認識論者が直面している自然科学に向けられた難題は、自然科学の内側から生じているということである。その難題は次のようなものである……［ここには、われわれが受ける貧弱な感覚刺激のことが記述されている］……そして、この難題において次に問われるのは、外界をこのような貧弱な痕跡から見つけ出すことをどのようにして人は期待できるのか、ということである。要するに、われわれの科学が真だとしても、われわれがそのことを知るのはどのようにして可能なのか、と問われるのである。こうした難題に直面した際に、認識論者が科学理論全体を自由に用いてよいことは明らかである。（RR、二頁）

伝統的認識論者は、科学理論を自由に用いることができることが明らかだとは考えていなかった。自由に用いることはできないことが明らかだと考えていたのである。しかし、科学に向けて自分が提起した難題がもつ科学上の起源に関する「論理的な点」だけを伝統的認識論者が見落としていたのだとしたら、その場合には、その難題に対処するにあたって科学的知識を用いることができる（ことが「明らか」である）のは、その難題が科学そのものの内側で生じるからにほかならない、と言うことができる。

　認識論者が抱く疑いが科学上の起源をもつということから、いま述べたことよりもさらに強い結論を引き出したくなった哲学者もたくさんいる。認識論者が抱く疑いは、たいていの場合、何かを錯覚する可能性があることに基づいている。しかし、クワインが言うように「錯覚の特性は、外的な科学的実在からどれだけ逸脱しているかという、ただそれだけのことにほかならないのだから、錯覚という概念そのものが科学に依拠している」(RR、三頁) のだとしたら、次のことをすぐに結論づけることができるかのように見えるかもしれない。すなわち、われわれのもっている知識全体について、完全に一般性をもったかたちで懐疑的な疑いを抱くということは、決してなしえないことである、という結論である。クワインにしてみれば、「錯覚が錯覚であるのは、錯覚と対比される本物の物体をあらかじめ受け入れていることに相対的にのみ成り立つこと」であり、また、「誘因となる刺激が存在しうるようになる前に、きわめて漠然とであれ、物体というものが措定されていなければならず、そうした措定があってはじめて、直接与えられるものだけからなる中立的な世界を、どうにか認めることができるのである」(NNK、六七頁)。このことから次の結論へと至るように見えるのは自然なことである。すなわち、錯覚がどのようなものであるのかを理解するためにさえ科学的知識が必要なのだから、何かを錯覚する可能性に訴えたところで、われわれがもっている科学的知識全体を同時に土台から掘り崩すことは不可能である、という結論である。この結論からすれば、われわれがその掘り崩しに取り組み始めるためにもともと第一に必要であった支持基盤そのものが、われわれの下から取り去られてしまうであろう。掘り崩されるなり疑いにかけられるなりするものが何かあるにしても、いまの結論によれば、われわれの科学全体が同時に掘り崩されるなり疑いにかけられるなりすることはありえないように見えるであろう。あるいは、そう見えるだけでなく、実際にもそのように議論は進んでいくであろう。

大まかに言ってこれと同じ部類に属する議論については、先に言及しておいた。それらの議論は、一つの種を形成する批判である。そうした批判によれば、一般性をもった結論に懐疑的認識論者が達することができるのは、用いている用語の意味を歪曲するなり、用語が現に意味するとおりのことを意味するための条件に反するなりする場合だけである。そうした議論によれば、クワインがここで「錯覚という概念」と呼んでいるものが、外的な実在についての何らかの疑いのない知識に依存しているということは、錯覚という概念がもっている意味の一部、あるいは、錯覚という概念が有意味であるための条件の一部であると見られる。第2章で私は、この路線に沿っていった場合にうまくいく見込みについて、一般的な疑念を表明しておいた。ただし、意味や有意味性に基づいた議論がどのようなものであれ、クワインがそういう議論を行っていないことは明らかである。言語についてのクワインの見解からして、また、同義性や分析性を哲学で用いることをクワインが拒否していることからして、ある具体的な用語をとってきて、その用語の意味には何が含まれていて何が含まれていないのかといったことに訴えるという余地は、クワインには残されていない。言語についてのクワインの見解がそのような怪しい議論の立て方を支持しないということは、クワインの見解がもつ長所の一つである。しかし、認識論者の疑いが科学上の起源をもっているということによって懐疑論者は明白な矛盾なり自己論駁なりに導かれるのだとクワインが考えていないのだとしたら、クワインが「懐疑的な疑いは科学的な疑いである」ということを根拠にして、認識論者が懐疑論者の疑いに対して答えを与えるにあたって経験科学を用いることが自由であるのは「明らか」である、と考えているのはなぜなのであろうか。

問いはさらにややこしいことになっている。それは、クワインが明示的に次のような否定的な発言を行っているからである。

私は、懐疑論者は論点を先取りしているのだと言って責めているわけではない。懐疑論者が、科学が誤っていることを示すために科学というものを当然視することは、完全に懐疑論者の権利のうちである。そして、懐疑論者による科学の誤りの証明が実行されたとしたら、それは、帰謬法によるごく単純な議論となるであろう。私が主張しているのは、懐疑的な疑いは科学的な疑いであるということだけなのである。(NNK、六八頁)

ここに示されているのは、大変大きな譲歩であり、伝統的哲学者を擁護するにあたっては非常に強力な論点となる。何らかの科学的知識から議論を始めて、最終的にはそれをすべて拒否するなり疑うなりするということのうちに、論理的に奇妙な点だとか自己矛盾だとかがないのだとしたら、伝統的認識論者が見落としていたと言われる「論理上の重要な点」はどうなってしまうのであろうか。クワインが主張しているのが「懐疑的な疑いは科学的な疑いである」ということ「だけ」だとすると、そのことから、認識論は「それゆえに」自然科学の一部であるということが帰結するであろうか。また、認識論者が科学理論全部を自由に用いてよいのが「明らか」であるということが帰結するであろうか。懐疑論者は帰謬法を用いて議論を行っているのかもしれないということをいったん認めたとしたら、それらの帰結は出てこないと私は思う。

ここで問題とされている帰謬法は、おそらくは、だいたい以下のように進められるであろう。科学というものは、真であり、われわれに知識をもたらしてくれるものであるのか、それとも、そうでないものであるのかのどちらかである。科学が真でないとする。すると、物理的世界についてわれわれが信じていることはどれも知識には相当しない。次に、科学が現にわれわれに知識をもたらしてくれているのだとする。すると、知覚している最中にわれわれの感覚面に起きている貧弱な衝撃に関して科学が教えてくれることからすると、外界が本当にわれわれの知覚しているとおりのものであるかどうかを知ることはわれわれには決してできないということを見てとることができる。だが、そうだとすると、物理的世界についてわれわれは何も知りえない。こうして、またもや、物理的世界についてわれわれが信じていることはどれも知識には相当しない。どちらにしても、物理的世界についてわれわれは何も知らないのである。

いま述べた議論そのものが本当の懐疑的議論だとは私は言わない。われわれが得る感覚データが貧弱であることや、世界についてわれわれが抱く信念をその感覚データによって支持することは不可能であることが見出され、そうして見出されたことが、帰謬法が示すジレンマの二つの項のうちの一方になるのは、私が第1章で概略を述べたのと同じたぐいのかなり丹念な反省を加えた後のことであろう。いま問うているのは次のことだけである。すなわち、そういう反省は加えられたこととして、その上で、この一般的な帰謬法の型にあてはまると理解される懐疑的論法をとる人は、知識がどのようにして可能であるのかを示すために、世界について自分がもっている科学的知識の一部ないし全部を用いることのできる場所に結局のところ立っているのかどうか、という問いである。私には、その人がそういう場所に立っていないことは明らかであるように見える。先に述べたように、私の見立てでは、懐疑論者は帰謬法を用いて議論しているのだと理解することができるという点までクワインが譲歩して認めてしまっていることは、伝統的哲学者が自らの問いに対してとっている理解の仕方をきわめて強力に支持するものである。そして、私がそう見立てるのは、いま述べたことが理由である。私が正しいとすれば、「懐疑的疑いは科学的疑いである」という事実があるとしても、その手の疑いを提起する認識論者がさほど強力な場所に立てるわけではない。すなわち、その認識論者が、そういう疑いに対して答えを与えるとともに、知識がどのようにして可能であるのかを説明しようとする際、その認識論者は、世界についての科学的知識を用いるのは自由であるなどという相当に強力な場所に立てるわけではないのである。

ここで、デカルトと同様の問いを立ててみよう。つまり、われわれを取り巻く世界についてわれわれは何かを知っているのかどうか、そして、そのような知識はどのようにして可能なのであろうか、と問うのである。そして、実際にこの問いを提起してみたところ、それに答えを与えるのが、ある種のことがらのせいで難しいということがわかったとしよう。さらに、そのことがらは、物理的世界に関して、また、物理的世界に対して唯一の経路を与えてくれる知覚過程に関して、真であるとわれわれが最初から見なしていることがらであるとしよう。このとき、デカルトと同様の論法をとったところ、帰謬法によって、物理的世界についてわれわれは何も知らないという結論に到達し、また、その結論は、われわれ自身にとって満足のいくものでないことがわかったとしてみよう。その場合、たいして考えもせずに納得してしまい、しかも、知識をもつことがどのようにして可能であるかを、物理的世界についての信念に訴えることによって説明する、などということは明らかにできない。というのも、物理的世界こそは、われわれに知られていないものの領域の側にいままさにあてがわれたものだからである。ここで示したわれわれ自身の議論によれば、われわれを取り巻く世界についての知識としてわれわれがあらかじめ受け入れていたことがらは、その起源は科学上のものであるにしても、一部分たりとて、独立に信頼できるものとして用いることは許されないのである。したがって、われわれのもともとの問いや疑いが科学上の起源をもつということによって、たいしたことが示されるわけではない。すなわち、われわれの問いに対する答えや、われわれの疑いを解決する方法を見出すことが、人間の知識を物理的世界において観察可能な現象として経験的に研究することによって可能であるなどということは、示されたりしないのである。

知覚、学習、言語獲得の心理学および生理学を経験的に研究することには、それぞれに素晴らしい点やもっともらしい点があるのだが、いま述べた議論はそのことに関して何も言っていない。私は、伝統的認識論に関してここまでに述べてきたことによって、そうした研究のことを悪く言うつもりはない。ここで論じているのは、クワインが取り組んでいることと伝統的認識論が企てていることとの関係でしかないのである。また、私は、G・E・ムーアが自信をもって行う日常的な主張のことも悪く言ってはいない。それどころか、ほかの人たちが哲学的動機からムーアの日常的な主張を悪く言っているときには、そうした悪口をやめさせようとしているのである。この場合にも、私が問うていたのは、ムーアの主張は伝統的な取組みと認められていることとどのような関連があるのか、ということだけであった。カルナップとカントが主張しているたぐいの見解に従えば、ムーアの述べていることは完全に正当であって論破することができないのだが、それは哲学上の争点にどちらの方向であれ決着をつけることはない。知識を科学的に説明しようという追求が独自になされるとしても、そうした説明から得られる結果はムーアの場合と変わらないのである。それは、ムーアの「常識的」な発言の「科学」版であろう。だが、もしムーアの単純なやり方では哲学上の問いに直接答えていないし、答えることができないとわれわれが感じるならば（われわれはそう感じていると私は考えているが）、われわれは次のことも同様に見てとるべきである。すなわち、より科学的な主張に見えるものであっても、それがムーアの主張と同じ趣旨のものだとしたら、そうした主張によって哲学上の問いに答えることはできない、ということである。科学的な論述とムーアが述べていることとを比べた場合、前者のほうが後者よりも真であったり、確証の度合いが高かったり、経験にはっきりと基づいていたりしているわけではない。前者は後者よりも複雑になっているだけなのである。クワインからすれば、「科学は、意識化された常識にほかならない」（WO、三頁〔邦訳、五頁〕）のである。

クワインは、哲学的な企てについてのカントやカルナップの捉え方を受け入れない。そのために、哲学的なものを科学的なものから分離することにカントやカルナップが訴えているのに対して、そうする余地はクワインには残されていないのである。クワインが拒否しているのは、世界についてわれわれがもっている知識すべてを丸ごと見ることができる「外的」な場所の可能性である。彼にしてみれば、哲学と科学は連続しているのである。デカルトやほかの伝統的哲学者たちであれば、こうした連続性を受け入れることができるであろう。少なくとも彼らは、われわれの知識を哲学的に査定することは懐疑的帰結をもたらし、「世界についての科学的知識とわれわれが考えていたものは、本当はまったく知識ではなかった」ということになると理解しているのである。世界についての科学的知識は、それを信じないことに理由がないのと同様、それを信じることにも理由はない。どのような哲学的な吟味を行ってもそうしたことを示すことはできないであろうと、カルナップやカントなら言うであろう。しかし、デカルトからすれば、科学も世界についてのわれわれの常識的見解も、一般性をもったかたちで哲学的に攻撃される可能性がある。そして、その議論をクワインがとりあげたような帰謬法と見ることができるのであれば、こうした攻撃は「内側から」生じるものとして見られるであろう。世界についてのわれわれの科学を結果的に拒否することにつながる疑い自体が「科学的な疑い」であるとしても、われわれがそのときに最終的に到達している場所は、外界に関して知識や信頼できる信念と見なすものは何もないという場所である。そこでは、そうした疑いをそもそも生み出すのに一役買った当の信念も、信頼できる信念とは見なされないのである。帰謬法と見ることができることを認めるならば、知識を査定するための「外的」で距離を置いた場所をクワインが認めないとしても、そのこと自体は認識論的懐疑論が不可能であることを保証しないであろう。懐疑論の難題が「内側から」つきつけられることはありうるであろうし、当の難題に応じるために、そうした難題によって否定された知識に訴えることはできないであろう。

それでは、懐疑論のどこに問題があるとクワインは考えているのであろうか。どうすれば懐疑論を避けることができるのであろうか。「懐疑的な疑いは科学的な疑いである」という「論理上の重要な点」を認めれば、伝統的哲学者を懐疑論という暗澹たる結論の「呪縛から解き放つ」のに十分であるようにいったんは見えていた。だが、そうするだけでは、本当の問いのまま残っているものに対して「科学的」な答えを与えてもその答えが正当化されないのだとすれば、問題は依然としてわれわれに残されたままなのである。

一見するとこうした問題があるにもかかわらず、クワインは自分の「自然主義」を強調することで満足している。彼の「自然主義」の考え方によれば、自分の知識に反省を加える際に、彼は、

包括的な科学体系を超えたところないし向こう側で推論しているのではなく、体系の内側で推論しているのである。同じことは……私の次の発言にもあてはまる。「私は、懐疑論者は論点を先取りしているのだと言って責めているわけではない。懐疑論者が、科学が誤っていることを示すために科学というものを当然視することは、完全に懐疑論者の権利のうちである。」懐疑論者が科学を拒否するのは、科学は錯覚の影響を受けやすいと科学自身が述べているからなのであり、懐疑論者に

対する私の批判は、ただ、彼は過剰な反応をしているという点に尽くされるのである。(7)

外界に関する懐疑論は一貫していないわけではない、ということにクワインの見解ではなる。懐疑論を提出する懐疑論者の権利を、彼は擁護しているのである（「完全に懐疑論者の権利のうちである」）。彼はただ、懐疑論が極端に走ることを批判しているだけなのである。

クワインが言う「懐疑論者の過剰反応」とはどういうことなのであろうか。「科学は自らを示す際に錯覚の影響を受けやすい」という理由だけで、科学を完全に拒否して二度と用いないとしたら、それは、反応としてはびくびくしすぎているように見えるかもしれない。それは確かに過剰反応と言えるであろう。つまりそれは、高い山の上での凍えるような日に自分の車が一度だけ動かなくなったことがあるからといって、そのことだけで車を廃車にしたり、車が再び走り出すことを少しも期待しなかったりするようなものなのである。しかし、すでに論じたように、懐疑論の論法は「錯覚が起きることもときにはある」という単純な事実に直接注意を向けているわけではない。こうした事実だけでは、自らを取り巻く世界についてわれわれは何も知らない、ということは含意されない。感覚を通じてわれわれが得るすべてのものは、感覚上のデータを超えて何が成り立っているのかに関する無数の異なる「仮説」と両立するので、たくさんの異なる可能性のうちのどれが実際に現実のものとなるかを告げる手だてはない。懐疑的結論はこのことに気づくことに伴って出てくるだけなのである。われわれが立っているのがこうした場所だとすると、自らを取り巻く世界についてわれわれは何も知りえないと結論することは過剰反応ではない。このように結論することは、われわれが立たされている厳しい現状に対する唯一の理にかなった反応であろう。庭にいる鳥がゴシキヒワかキクイタダキかカナリアか、私には見てもわからないときには、その鳥がゴシキヒワであることを私は知らないと結論することが過剰反応であるとは、到底言いがたい。

しかし、クワインが示唆していることによれば、懐疑論者が過剰反応しているというのは、懐疑論者の述べていることを根拠にして科学を拒否する十分な理由を、われわれはいまのところ実際にはもっていないからである。クワインは次のことを認めている。

経験は、明日、外的な対象についての懐疑論者の疑いを正当化するような方向に向かうかもしれない。われわれがうまく行っていた観測結果の予測は、急にうまくいかなくなるかもしれないし、それに付随してわれわれは、予測を夢や空想に基づかせることでどうにかうまくやっていけるようになるかもしれない。その時点でわれわれは、自然についてのわれわれの理論の、ごく基本的な骨子でさえ、理にかなった仕方で疑うかもしれない。だが、われわれのそうした疑いは、それでもまだ内在的なものであり、科学における不断の努力と同種のものであろう。(8)

このことが示唆しているのは、懐疑的な「理論」はいまのところそれ以外のいろいろな見解に比べて十分に確証されているわけではない、ということである。ことによると、こうした理論が十分に確証されることもあるかもしれない。しかし、さしあたっては、こうした理論は十分に正当化されていないのである。

クワインがここで懐疑論と呼んでいるものは、デカルトが「第一省察」の終わりで到達した場所からはほど遠い。夢を見ているかもしれないということを引き合いに出し、そうした可能性を排除できる手だてはわれわれにはないと論じることで、デカルトは、科学的な観察だとか科学的な実験だとかとわれわれが呼びたくなるものを根拠にして予測を行うよりも、夢や空想を根拠にして予測を行うべきだと提案しているわけではないのである。また、科学が世界の知識の源泉であることを認めないということで、デカルトは、「われわれがこれまで行ってきたような科学的な議論や理論化を今後も続けるならば、われわれの行っている「観測結果の予測」はうまくいかなくなるであろう」とか、「われわれはむしろ自分たちの見る夢をあてにすべきである」ということを宣言しているわけではない。外的な対象に関する懐疑論者の疑いは未来における経験によって正当化されるかもしれない、とクワインは言うが、それではまるで、そうした疑いはいまのところ十分に正当化されていないかのようである。だが、懐疑論が認識論の問いに対する正しい答えであるかどうかは、観察や実験を重ねることによって解決することではないのである。クワイン自身が述べている仕方で問いを正しく述べれば、われわれはすでに次のことを知っている。すなわち、未来における経験がどのようなものであろうと、そうした経験によってはわれわれに与えられる感覚上のデータが増えるだけであり、そうした感覚上のデータは、われわれを取り巻く世界についての信念の集合が豊かであることと比較すると、相変わらずどうしようもないほどに貧弱なままなのである。物理的対象の「仮説」と、あらゆる可能なデータを同じように超えたところにたくさんあるそれ以外の仮説のうちの一つとを比べたとき、前者を採用することにより多くの理由があるのか、という問いがある。われわれはいつまでもこの問いと向かい合うことになるのである。

懐疑的見解とは、こうした問いに対する応答の一つであるが、データを超えたところで実際に成り立っていることについての立場を示すものではない。すなわち、懐疑的見解は、たくさんの「理論」のうちのどれをわれわれは採用すべきか、ということについての立場を示しているわけではないのである。

したがってわれわれは、懐疑的見解が多少なりともわれわれが受け入れるに値するものになるかどうかを見るために、さらにたくさんの証拠を手に入れるまで待っている必要はない。われわれが手にすることのできるものが、われわれが信じることがらをきわめて不十分にしか確定しないデータに限られているならば、懐疑的な疑いは現代において正当化されているのである。実のところ、こうした疑いは同じやり方で一六三〇年代に正当化されていた。経験の量が多いか少ないかが問題なのではないのである。現時点での科学が世界についての知識ではない代わりに、何かほかのもの（たとえば空想）が本当に世界についての知識である、と懐疑論は述べているわけではない。懐疑論は次のように述べているだけなのである。すなわち、データを超えたところで何が真であるのかに関しては、いくつもの「仮説」が競合しているが、われわれはそのうちのどれも真であると知ることはできない。それどころか、われわれが唯一手にすることのできる感覚上のデータに基づくなら、われわれはもはや、そうした「仮説」のうちの一つをほかの「仮説」よりも信じる理由はありえない、と懐疑論は述べているのである。データに基づいて何を知っていると主張するかに関して、われわれのデータが制限されることがこのように避けがたいとするならば、データを超えたところではわれわれは何も知ることができないという結論は、まったく過剰反応ではないのである。

カントとカルナップは二人とも、それぞれに異なった仕方においてではあるが、懐疑論は伝統的問いのうちに潜んでいると見てとっている。だからこそ彼らは、伝統的問いそれ自体に意識を集中させ、また、こうした問いを提起する際の方法に間違いが起こらざるをえないのはどのようにしてかに意識を集中させるのである。クワインは、その際に問題とされるたぐいの純粋に「哲学的」ないし診断的な活動は行わないようにしている。クワインがこれで十分だと思っている考えによれば、認識論者も、それ以外のすべての人と同じように、増大し続ける理論本体の内側から仕事をするほかはない。その間、そうした理論をわれわれはたえず査定し、改訂し、拡張し、微調整するのだが、われわれはそれを、変化していく理論自体に乗っかりながら行う。われわれは、自分の乗っている船を外海の上で改造し修繕しているのである。しかし、懐疑論者が行っている議論は、そうした科学のどの部分も世界についての知識を与えないという結論を、帰謬法によって導く議論であると見ることができるのだとすれば、自然主義だと言って安心してしまうだけでは不十分であることになる。われわれの乗っている船という比喩は、われわれが知っていることやわれわれにとって信じる理由のあることを表現しているのだとしよう。その場合、その船の大部分は、捨て去ることのできないものであるとか、場合によってはすでに捨て去っていたかもしれないものであるとかといった点を確実なものにするための手だては、自然主義によっては得られない。われわれと同じ船に乗っている伝統的認識論者が自然主義に従ったとしても、船の中の貧弱な部分、つまり、われわれのもっている感覚上のデータを表している部分一帯を切ってしまい、残りの部分を、舵のないままに外海に漂流させるといったことを行うことはありうるであろう。確かに、こうした破壊的行為がなくなるという保証はないのである。つまり、船を壊す人も船旅のはじめから船に乗っていなければならない、という考えに従っただけでは、こうした破壊的行為がなくなるという保証はないし、また、知識という船から、なくても大丈夫な多くの部分をそもそも切り離すためにも、そうした部分に少なくとも片足は残しておかなければならない、という考えに従った場合でさえ、こうした破壊的行為がなくなるという保証はないのである。

クワインは知識を自然主義的なやり方で研究している。その研究は、感覚を通じてわれわれが得るものと、そうしたデータに基づいてわれわれが信じている物理的世界に関するあらゆることとを、一般的に区別することによって進められている。これに対して私が言いたいのは、「知識」と「認識論の課題」をそういう仕方で捉えるならば、私がちょうどいま述べたように懐疑論を許容することになるだけでなく、懐疑論を実際に引き受けることにもなる、ということである。実際、そういう捉え方を採用するならば、外界についてわれわれが一般に知識をもつことはどのようにして可能であるかということをわれわれが理解することは、その捉え方によって要求されるかたちにおいてさえ不可能になるであろう。強調しておかなければならないが、私は、人間の知識を科学的に研究することには何かまずいことがあると言っているわけではない。クワインが依拠している認識論の課題についての具体的な捉え方を、私は調査したいのである。それは単に、人間の知識についてそれ相応の手段を用いて明らかにすることのできるものなら何でもよいから明らかにしてみる、という問題ではない。クワインにしてみれば、認識論がもっている特有の課題とは、われわれの感覚面における「貧弱な入力」から、外的な物理的世界についての真理であるとわれわれが受け入れている文によって表される「奔流のような出力」が、どのようにして引き起こされるのかを理解することを通じて、われわれが知識をもつことはどのようにして可能であるかを理解することなのである。

まずは、次のように問うてみることにしよう。ごくふつうの場面においては、あるいは科学的研究を行っている場面においてさえ、誰かが知識をもっていることをわれわれはどのように説明するのであろうか。また、そうした場面においては、誰かが知識をもっていることがどのようにして可能であるかを、われわれはどのように説明するのであろうか。クワインからすれば、これは、科学的な観察を行い、科学的な説明を行うという、単純素朴な問題である。われわれが研究しているのは、自然現象、つまり、物理的に捉えられた人間という被験者である。人間であるこの被験者には、実験的にコントロールされた入力——たとえば、あるパターンをもった、さまざまな周波数の光の照射——が与えられる。そして時間が来るとこの被験者は、三次元の外界とそこでの出来事に関する記述とを出力として語るのである。(EN、八二〜八三頁〔邦訳、五七頁〕)

こうしたたぐいの吟味を行うことには何の問題もない。私は、観察や実験を行う者として、ある人間を観察することができるし、彼を取り巻く環境についても観察することができる。同時に私は、彼を取り巻く世界についてのものと私が理解している、発話のかたちをした彼の「出力」も観察している。ここで、彼を取り巻く周囲の状況について私が知っていることを前提し、さらに、(クワインに倣って)知覚過程に関して科学が教えてくれることも前提したとしよう。すると、私に利用できる彼の「奔流のような出力」と、彼が感覚面で受けとめていることを私が知っている彼の「貧弱な入力」とは、どのように関係しているのか、あるいは、前者はどのようにして後者から生み出されるのか、といったことについて、私は説明を試みることができる。こうした「入力」がどれほど「貧弱」であるかを私は知っているので、彼が受ける感覚衝撃は世界について彼が述べることを著しく不十分にしか確定しないことも、私は知っている。それどころか、クワインの見解に従えば、被験者のものであれ誰のものであれ、これから受けるであろう感覚衝撃をすべてもってきても、やはりそれは、世界について彼が述べることを著しく不十分にしか確定しないのである(WO、二二頁〔邦訳、三五頁〕)[9]。この意味において、物理的対象について彼が語っていることは、彼の手にする「データ」に相対的な「仮説」と見ることができる。物理的世界について彼が述べていることは、彼の感覚面で生じていることについての真理からは帰結しないのである。こうした感覚衝撃と違って、物理的対象は、彼にとっては「措定物」である。つまりそれは、自分の手にする「データ」から彼が「投射する」何かなのである（EN、八三頁［邦訳、五七頁］）。

彼が物理的世界を捉える仕方を指して、手にしている「データ」の向こう側にあるものの「措定」ないし「投射」と呼ぶ際に、私は、「物理的世界について彼は何も知らない」とか、「物理的世界についての彼の信念は真でもなければ理にかなったものでもない」といった意味のことを、こうした通常の場面で言っているわけではない。被験者を取り巻く世界について被験者が述べていることが真であるかどうかを見てとることのできる場所に、私は立っているのである。したがって私は、具体的な場面において、彼の信念が単なる措定ないし投射にすぎないのかどうかを確定することができる。ここでは、彼が信じているし主張もしているが実は何の基盤もないものを、単なる措定ないし投射と呼んでいるのである。具体的な場合であれ一般的な場合であれ、彼の述べていることが彼を取り巻く世界にあてはまっていることを、私が見てとったとする。それでも私は、彼の信念は彼の感覚衝撃の領域をはるかに超えた向こう側にあり、彼の信念はこの意味で「投射」であると考えることができる。たとえそうした信念が、彼のちょうど目の前で実際に成り立っていることを超えた向こう側にあるわけでもなく、また、それ以外のどのようなかたちであれ、間違った表現を行っているわけでもない場合でも、そのことは変わらないのである。彼の目に前に木があることを私が見てとっているときに、「木がある」と彼が言うならば、彼の発言が真であることを私は知っている。彼がこの場面で世界についての知識をもっていることを説明することになったとしたら、私は少なくとも、彼はこの場面でどのようにしてものごとを正しく捉えるようになったのかを説明しなければならないであろう。これはもちろん、通常の場合には難しいことではない。私は、私が研究対象としている被験者を観察する者として、彼がものごとを正しく捉えているか否かを見定めることができる。というのも、彼が自らを取り巻く世界について何を述べているかを私は知っているし、彼がそれについて述べているところの世界において何が真であるかも私は知っているからである。こうしたわけで、被験者の世界についての信念が、被験者の感覚面での貧弱な衝撃に相対的な「仮説」ないし「措定」であると認めたとしても、そのこと自体は、「彼は世界について何も知らない」とか、「彼が知識をもつことはどのようにして可能であるかを説明することはできない」とかといったことを含意してはいないのである。

人間である別の被験者を観察していると、その人が自らを取り巻く世界について述べたり信じたりしているることが真でないのが見てとれることがある。彼は目の前に木があると自信たっぷりに主張しているのだが、彼の目の前には木はおろか、それ以外のものも何もないのである。この場合には、彼は目の前に木があることを知っているのではなく、単にそう信じているだけであると、私はただちに見てとる。私はこのとき、彼は投射を行っているだけであるとか、木があるという彼の信念は措定にすぎず真ではないとか言うかもしれない。さらに続けて、どうして彼はこのような偽なる信念をもつようになるのかを説明しようとするかもしれない。しかし、もちろんそれは、木がそこにあることを彼はどのようにして知るのかについての説明でもなければ、彼が知識をもつことはどのようにして可能であるかの説明でもないし、彼はどのようにしてものごとを正しく捉えるようになるのかの説明でもないであろう。この場合には、彼はものごとを正しく捉えておらず、そこに木があることを知らない、ということを私は知っているのである。彼の信念は偽であり彼は知識をもっていないということを、私は見てとっている。だから、私の説明は、彼が知識をもっていることを説明しないし、彼がどのようにして真なる信念をもつようになるのかも説明しないのである。したがって、被験者の信念を説明するあらゆる説明が知識の説明であるわけではないし、それどころか、真なる信念の説明でさえあるわけではない、ということになる。

では、クワインが思い描いているたぐいの実験が行われている状況において、誰かが知識をもっていることを説明したり、あるいはせめて、真なる信念をもっていることを説明したりするためには、何が要求されているのであろうか。私の考えでは、ここまでに考察してきた二種類の事例が示しているのは、その人の信じていることが真であるということが不可欠な役割を果たしているにちがいない、ということである。しかし、被験者の信念が真であるということが、彼が知識をもっているかどうかにつねに関連があるとしても、それでは不十分である。たとえ私が、被験者は自らが現に信じていることをどうして信じるようになるのかを説明することができるとしても、私はそのことによって、彼はどのようにしてそれを知るようになるのかとか、どのようにして真なる信念をもつようになるのかとかいうことを、必ずしも説明したことにはならない。仮に、彼の信念は実際に真であり、私は観察者としてそのことを知っているとしても、いま述べたことに変わりはない。というのも、真なる信念をもっているにもかかわらず知識はもっていない、ということも可能であるからである。つまりそれは、偶然の一致かもしれないし、まぐれ当たりかもしれないし、当該の信念が真であることとは無関係の理由によって抱いている信念かもしれないのである。このような場所に立っている被験者は、真なる信念をもっているにもかかわらず、知識はもっていないであろう。したがって、彼のもっている信念を説明しても、彼のもっている知識を説明することにはならないであろう。

このことは、自然化が完全に行われた認識論といえども行うべきたぐいの説明がうまくいくための、重要な条件である。しかしそれは、厳密さや確実さに関する法外な基準を知識の観念に押しつけることから帰結しているわけではない。どのような説明であれ、それが望まれているたぐいのものであれば、少なくとも、被験者はどのようにしてものごとを正しく捉えるようになるのかとか、どのようにして真なる信念をもつようになるのかとかいうことを、説明しなければならないのである。こうした最小限の条件を超えて、知識の概念が含意すると考えられていることが（仮にあるとして）どのようなものであろうと、いま述べたことに変わりはない。[10] もちろん、ある人は現に信じていることをどのようにして信じるようになるのか、ということを説明することはできるかもしれないし、その人がきっと起こると信じていた事態が実際に起きたのはどうしてかも説明することはできるかもしれない。しかし、こうした説明それ自体は、知識理論である以上は提供すべきであるたぐいの、真なる信念の説明ではないのである。壺の中にはぴったり千四百十七個の豆が入っている、と信じている人がいるとしよう。そして私は、人間の行動を研究する研究者として、彼はどのようにしてそうした信念をもつようになったのかを説明することができるとしてみよう。彼は豆がいくつあるのかを数えていなかった。壺の中の豆を見てもいなかったし、壺の中に豆を入れることに関わった人から豆がいくつあるのかを聞いてもいなかった。しかし彼は、豆はきっかりその数だけ入っていると確信するようになった。そして私は、彼がどのようにしてその信念を獲得したのかを知っているのである。さらに、壺の中には実際にぴったりその数だけの豆が入っていることを、私はたまたま知っているとしてみよう。たとえば、豆を壺に入れたのはほかならぬ私であるというのが、その理由かもしれない。すると私は、壺の中にぴったりその数だけの豆が入っていたのはどうしてかを説明することができる。さて、この二つの説明——その人のもっている信念についての説明と、壺の中にきっかりその数だけの豆が入っていることについての説明——を一緒にすれば、彼はどのようにして真なる信念をもつようになるのかとか、彼の信じていることはどのようにして真になったのかとかについても、私は説明を手にしていると言われるかもしれない。しかしそれは、この人はどのようにしてものごとを正しく捉えるようになったのかについての説明ではないであろう。それは、およそ人間の知識を説明するものであれば必ず含んでいなければならないたぐいの真なる信念の説明ではないであろう。

誰かが知識をもっていることを説明するためにある種の説明が要求されているときには、もっとたくさんのことが必要とされる。そうした説明が、その人が信じていることが真であるということと、その人がそれを信じているということとの間の結びつきを探らないのだとすれば、それは不十分な説明であろう。私は、二つの説明を組み合わせることで、先に述べた人が壺の中の豆についてもっている信念は真であるということを説明したが、こうした私の説明はいま述べたことを探ってはいない。私の説明では、信念が真であることは、単なる偶然の一致にすぎないのである。先に述べた人が自分の信じていることを信じているのは、たまたまのことではない。このことについて、私は十分に満足のいく説明を手にしている。また、壺の中にはきっかりそれだけの数の豆が入っているということも、たまたまのことではない。このことも私は説明することができる。しかし私は、この二つの説明を受け入れるだけでは、壺の中の豆についての信念が真であることと、その信念がその人のもっている信念であることとの間の結びつきを理解できるようにはならない。クワインが思い描いているたぐいの実験が行われている状況において、被験者が知識をもっていることを私が正しい仕方で説明することができるのは、次の場合に限られるのである。すなわちそれは、被験者を取り巻く世界が彼の言っているとおりであることを私が知っていて、かつ、被験者を取り巻く世界がそのようなあり方をしていることが、世界はそのようなあり方をしていると彼が述べたり信じたりすることの要因の一部となっていることを、私が知っている場合である。この場合に限って、私の行っている説明は、たまたま真であるような信念の起源を説明すること以上のことを行っていることになるのである。その場合には、信念が真であることに訴えるということが、信念の起源を説明する際に不可欠な役割を果たしているであろう。

人間の知識を科学的に研究したり、実験を用いて研究したりすることに、私は難癖をつけているわけではない。われわれは明らかに、人間を取り巻く環境との相互作用において人間を観察することができるし、現にそのような観察を行っている。われわれは明らかに、人間はそうした環境に関して何かしらのことを知っていると考えることができるし、現にそのように考えている。われわれは明らかに、人間はどのようにしてそうしたことを知るようになるのかを説明することができるし、現にそうした説明を行っている。人間の知識はどのようにして成立するのかをわれわれが理解するための条件のうちの一つを、私は強調しようとしてきたにすぎないのである。人間が信じていることが真であることと、人間がそれを信じているということとの間には、何らかの結びつきがあるということをわれわれは立証できなければならない。人間が何を信じているかを知っていて、それどころか人間の信じていることはたまたま真であるとさえ知っているとしても、そのことを知っているだけでは十分ではないはずなのである。

この点について確証を得るためには、われわれが他人を観察しているときに立っているかもしれない別の場所について反省を加えてみればよい。ここまでに私が思い描いてきた事例では、被験者の信念が何であるかを私は知っているし、そうした信念が真であるかどうかも私は知っているのであった。被験者の信念が真であることを私が知っていて、そうした信念はその信念が向かっている先の事実とどのようにして適切な関係をもつようになるのかを私が説明できるとすれば、被験者は自分の知っていることをどのようにして知るのかを私は理解することができる。また、被験者の信念が真でなければ、彼は知識をもっていないと私は見てとることができる。しかし、私が関心を抱いている信念について、それが真であるかどうか私には見定めることができない場合もあるかもしれない。私は、私の研究対象である被験者を観察することができて、彼がどのような感覚衝撃を受けているのかを確定することができるかもしれない。また私は、彼の「奔流のような出力」のうちで目下私が関心をもっている部分が、どういった信念を表現しているのかも知っているかもしれない。しかし、成り立っていると彼が信じている事態についてのその他のどのような情報も、何らかの理由のために、私には見てとったり手にしたりすることができないかもしれない。何か私の視界をさえぎるようなものがあって、そのために私は、たとえば、彼の目の前に木があるかどうかを、いまは見定めることができないかもしれない。私は、こうした場合には、被験者自身の内部で生じていることがらと、被験者の「出力」とに制限されていることになるであろう。他方私は、被験者が記述している世界についてのことがらを何も知らないことになるであろう。

もちろん、この被験者であれほかの誰であれ、被験者がもっている知識についての科学的な調査は、このような場所から行われるわけではないし、われわれが通常立っているのはこのような場所であるということを、私は示唆しているわけでもない。何らかの障害物があるために、被験者の信念が真であるかどうかを私はチェックできないとした場合、私が行うべきことは、そうした障害物を単純に取り除くだとか、そうした障害物がなくなるまで待つだとか、自分の立っている場所を変えるだとかといったことであり、最悪の場合でも、被験者のもっている信念のうちで難なくチェックできるものについて研究すべきである。私がこのような可能性に言及しているのは、人間を経験的に研究することには何かしらの困難がある、ということを示唆するためではない。

ここで肝心なのは、典型的とは言いがたいふつうとは異なる仕方で制限されたこのような場所に私が立っているときには、被験者が自分の記述している世界について何かを知っているのかどうかは、私には立証することができない、という点である。私は、被験者が何を信じているのかを知っているであろうし、被験者がそう信じているのは彼の感覚面におけるどのような衝撃によるものなのかもたぶん知っているであろう。しかし私は、被験者の信念の対象である世界の部分に到達するための経路をもっていないので、被験者の信念が知識に相当するかどうかを見定めることは、はなからできないであろう。私は、被験者が述べていることと、彼がそれについて何ごとかを述べているところの世界とを、障害物がなく、観察に適している通常の場所に立っているときのように照らし合わせることはできないであろう。それゆえ私は、これらの間に関係があるのかないのかについて、説明することはできないであろう。ふつうとは異なる仕方で制限されたこうした場所に立っているときに利用できるものしか、私には与えられていない場合でも、私は、被験者の信念を彼のもっている「データ」からの「投射」と見てとることはできるので、「被験者は……という投射（措定、提案）を行っている」と述べることはできる。しかし私は、「被験者は……ということを信じているが、そのことは正しい」「被験者は……ということを知っている」と述べることはできない。私は、被験者の信念を、被験者自身が行っている単なる投射や措定以上の何かであると見てとることはできないのである。しかしだからといって、私がその場合に立っている場所からは、被験者の信念は単なる投射にすぎず本当は真ではない、ということが言えるわけでもない。私はそのことを見定めることもできないのである。要するに、私が立っている場所は、被験者の信念を単なる投射以上のものと見てとることができない場所なのである。

私がそうした場所から何らかのかたちで説明を行うことによって、被験者が、自分の「貧弱な感覚入力」から出発して、私の知る限り彼が作りあげたものである「構成」や「投射」を、実際に作りあげ、採用したのはどのようにしてかについて示すことができるのだとしよう（この説明でさえ、どのようにすれば行うことができるのかははっきりしていない）[11]。しかし、たとえこのことを仮定したとしても、こうした説明は被験者が知識をもっていることを説明しないであろうし、被験者がどのようにして真なる信念をもつようになるのかも説明しないであろう。被験者の信念が知識ないし真なる信念であると見てとることができるような場所には、私ははなから立っていないのである。被験者が知識なり真なる信念なりをもつことはどのようにして可能であるかを説明するために、私が知らなければならないのは、被験者の信念が何であるかということと、被験者の信念が向かっている先の世界において何が成り立っているかということである。そして私は、被験者の信念が何であるかをただ知ることとは独立に、私自身も世界に関する知識を手に入れなければならない。目の前に木があると被験者が信じているとしても、そのことは、その信念が真であるかどうかを私が知るのには十分ではないのである。世界についての情報を独立にもっている場合に限って、被験者の信念とその信念が向かっている先の世界とを照らし合わせることが可能であり、被験者の信念が真であるかどうかを確かめることができるのである。

ここまでは、他人がもっている知識の具体的な事例を観察可能な状況下で実験によって研究するときに、そうした研究が成功するための条件について論じてきた。こうした研究は、クワインも考えているように、被験者がもっている「貧弱」な感覚上の「データ」と、そうしたデータに基づいて彼が真であると信じている外的な物理的世界に関するあらゆることとを区別することによって進められる。この区別は、具体的な事例に適用したときには何の問題もないのかもしれないが、たとえそうだとしても、外的な物理的世界についての人間の知識はそもそもどのようにして可能であるか、という完全に一般性をもった問いは相変わらずわれわれの前に立ちはだかっている。「貧弱な入力」「奔流のような出力」という用語を用いた説明が、「誰であれ、外的な物理的世界についておよそ何かを知るようになることはいったいどのようにして可能であるか」ということを説明するのに役立つのは、それと同じ種類の説明が、あらゆる他人に対しても私自身に対しても完全に一般性をもったかたちで用いることができるということが私に見てとれる場合に限られるのである。われわれはおそらくこれまでに、このような一般化の動きが哲学において見られるときには、少なくともそれに対して不信の念を抱くように学んできた。具体的な事例において機能しているように見えるものを、人間の知識のすべてに関する一般性をもった結論へと拡張しようというわけだが、こうした拡張には用心深く目を光らせておくことが必要なのである。

私は先に述べた区別を首尾よく誰かほかの人に適用することができることがあるが、私にそうすることができるのは、私はそうした区別をすべての人に同時に適用したりはしないからにほかならない、と判明したとしてみよう。あるいは、私はそうした区別をほかのどのような人にも適用することができるが、私にそうすることができるのは、私はそうした区別を私自身に同時に適用したりはしないからにほかならない、としてみよう。この場合には、われわれが世界について知識をもつことはどのようにして可能であるかを完全に一般性をもったかたちで理解するために、こうした区別を使用することはできないであろう。クワインの方法を用いれば、他人が知識をもつことはどのようにして可能であるかを理解できるということを、さしあたって認めるとしよう。このときに残される問いは、外的な物理的世界について私自身が知識をもつことはどのようにして可能であるかも、その方法を用いることで私は理解することができるのか、という問いなのである。

このことはちっとも難しくないように見えるかもしれない。クワインは、要求されている一般性をわれわれはどのようにして獲得すべきであるのかについて、次のように説明している。

われわれが研究しているのは、われわれの研究の被験者である人間が、彼のデータからどのようにして物体を措定し、また、どのようにして彼の物理学を投射するのかという問題である。また、われわれは、世界においてわれわれが立っている場所が、被験者のものとまったく同様であることを認めている。それゆえ、われわれの認識論的な企てそのものと、この認識論的企てが一章を作る心理学と、心理学をその構成学科の一つとする自然科学の全体とは、いずれも、認識論における被験者にわれわれが割り当てていた物体や物理学と同じように、われわれ自身が刺激から構成するなり投射するなりしたものにほかならないのである。(EN、八三頁〔邦訳、五七頁〕)

クワインの見解によれば、われわれが見てとっている被験者であるほかの人間が立っている場所とは、「貧弱」な感覚上のデータから物体を「措定」したり、物理学全体を「投射」したりしている場所である。被験者は、こうした感覚上のデータに制限されており、彼が存在すると信じている世界と、こうしたデータを介して接触しているのである。われわれはみなそれぞれ、自分自身のことを考えていると、「世界においてわれわれが立っている場所が、被験者のものとまったく同様であることを認め」なければならないとしてみよう。するとこの場合には、「貧弱」な感覚上のデータに制限されているのはわれわれも同様であるということを、われわれはみなそれぞれ認めなければならないであろう。さらに、われわれを取り巻く物理的世界についてのあらゆるわれわれの信念は、そうした感覚上のデータをはるかに超えている、つまりそうした感覚上のデータによっては著しく不十分にしか確定されないということも、われわれはみなそれぞれ認めなければならないであろう。

私の考えでは、いま述べたようなことがらを「認める」という行為が、われわれに実行できない場合――つまり、世界についてわれわれ自身がもっているあらゆる信念は「刺激から構成するなり投射するなりしたもの」であるということが、われわれには見てとれない場合――がある。すなわちそれは、自分自身やほかの誰かが世界についての知識をもつことはどのようにして可能であるかを、われわれがさらに説明する場合である。こう述べることは、「物理的世界について私がもっているあらゆる信念を、私の感覚面における「貧弱」なデータを超えた「措定」ないし「投射」と見てとることは、私にはできない」と単に言っているのとは違う。おそらくどうにかすれば、私は自分が立っている場所を、そのような仕方で見てとることはできるであろう。他人がまさにそうした場所に立っているのを見てとることは確かに可能であるように見える。また私は、「誰かほかの人が知識をもつことはどのようにして可能であるかについての説明が、私自身のもっている知識についても同様に適用されるというのは、理解することができない」と言っているわけでもない。私はほかのどのような人とも同じく人間である。よって、われわれを取り巻く世界についてのことがらをわれわれが知るようになる仕方も含めて、ほかの人に一般にあてはまることは私にもあてはまるのである。私が否定しているのは、ここでとりあげている二つのことがらを、両方とも同時に行うことが私にできる、という点にほかならない。私の考えでは、物理的世界について私自身がもっているあらゆる信念を、「刺激から構成するなり投射するなりしたもの」と見てとると同時に、「自らを取り巻く世界について私はどのようにして何かを知りうるのか」を説明することは、私にはできないのである。私は、ほかの人の信念をこうした仕方で見てとることができて、なおかつ、その人が世界についてもっている知識をこうしたかたちで説明することができるとしよう。確かにそれは私には可能であるように見える。しかし、たとえそうだとしても、私は次の点を議論によって示したいと思っている。すなわち、自らを取り巻く世界について私のもっているあらゆる信念を、私のもっている「貧弱」な感覚上のデータを超えた「措定」ないし「投射」と見なすとしたら、私自身が知識をもつことはどのようにして可能であるかを私は説明することができない、という点である。そして、もし私がそうしたやり方では、私自身が知識をもつことはどのようにして可能であるかを理解することができないのだとすれば、同様に私は、そのやり方では、ほかの人が知識をもつことはどのようにして可能であるかを理解することはできないのである。言い方を変えれば、ほかの人がもっている知識は「貧弱」な感覚上の「データ」からの「投射」である、ということを私が理解できるのは、「人間が世界についてもっている知識のうちのあらゆるものを、私はそのようなやり方で理解しているわけではない」という条件の下においてのみである。このことをこれから示してみることにしよう。

外的な物理的世界について私がもっているあらゆる信念は、「貧弱」な感覚上の「データ」から「構成するなり投射するなりしたもの」に相当する、という見解を私がとりあげようとするときには、どのようなことが起こっているのであろうか。私は、世界について自分がもっているあらゆる信念について、それが何であるかを知っているのだが、そうした信念が向かっている先の世界に到達するためのうまい経路を、独立にもっているわけではない。つまり、自分のもっている世界についての信念が真であるかどうかを確定するために基づくことができるような経路を、独立にもっているわけではない。他人と世界との相互作用を研究しているという通常の場合、私はこうした経路をもつことができる。私は、彼のもっている信念が何であるかを知っているし、彼がそうした信念をもっているという事実とは独立に、彼の信念が向かっている先の世界において何が成り立っているのかを知ることができる。このことによって私は、この場合に彼が知識をもつことはどのようにして可能であるかを説明できるようになるのである。私自身の場合について言うと、世界について私がもっているあらゆる信念を、感覚上のデータからの「措定」ないし「投射」と見なすのだとしたら、私はそうした場所には立っていないことになるであろう。私は、物理的世界に関する信念の集合を自分がもっていることや、物理的世界に関することがらを主張する傾向が自分にはあることには気づくであろう。しかし私は、そうした信念が向かっている先の世界に到達するための経路を、独立にもってはいないのである。

　もちろん私は、世界についての自分の信念が真であるかどうかをつきとめることと通常見なされていることを、試みることはできるであろう。私にできることをわれわれの言葉遣いで表現しよう。つまり、私は自分を取り巻く世界を目で見ることができ、場合によっては、耳で聞いたり、手を伸ばして触ったり、さらには、測定したり実験を行ったりすることさえできるのであり、そして、それらのことをすることによって、自分のもっている信念が真であるか否かを見てとろうとするのである。しかし、物理的世界について私がもっているあらゆる信念は「刺激から構成するなり投射するなりしたもの」であり、そういう信念は、もとの刺激をはるかに超越しているのだ、という考えを私がもち続けている限り（クワインが認めていたことを「認める」ためには、こうした考えをもち続けなければならないのだが）、世界について自分がもっている信念が真であるか否かを知るに至るところには、自分はまったく近づいていないのだと私は見なさなければならないであろう。「世界を目で見」た末に（あるいは、世界に対して実験を行った末に）私が気づくのは、せいぜい、物理的世界に関することがらを主張する際に私がもっている一群の信念や傾向性が、以前のものから強化されているだとか、もしかしたら手直しされているだとかということでしかないであろう。その際、こうして補強されるなり新たに獲得されるなりした信念がどれであるかを私は知っているわけであるが、私からすれば、そうした信念もやはり、自分の「入力」から私が「構成するなり投射するなりしたもの」に新たに付け加えられた要素にすぎず、しかも、その「入力」は、新しく増えてはいるものの、相変わらずきわめて「貧弱」な「入力」だと見なさなければならないものなのである。こうした「確証」「検証」「実験」によって世界についての何らかの情報を私は独立に手に入れているのだと見ることはできない。というのも、以前の信念が真であることも、その世界とつき合わせることによって確かめられていたからである。こうした「確証」「検証」「実験」によって私が手にするのは、以前と同じことを繰り返したものでしかない。そして、私が依然として知らないのは、自分が「構成するなり投射するなりしたもの」のうちに真である部分があるのかどうかという点である。

私は単に、われわれの信念が向かっている先の世界とつき合わせることによってわれわれがもっている信念をチェックすることは不可能である、と主張しているわけではない。実のところ、私の考えでは、通常の場合にはそうしたことは現に可能なのである。いずれにせよ、われわれが行う検証やテストの手順をこうしたかたちで記述することに、おかしなところはないと私は見ている。ある本が隣の部屋のある場所に置かれている、と私が述べるなり信じているなりしているとして、そのことが正しいかどうかをつきとめるために、私が隣の部屋に入ってみるとしよう。こうしたときに、「私は自分の信念を事実とつき合わせることによってチェックした」と述べたり、それどころか「私は自分の主張や信念と事物のありようとを照らし合わせた」と述べたりしても、そのことにおかしなところはないと私は見ている。私の考えでは、こうしたことは日常的に起こっているのであり、そしてそれは、いま述べたかたちで述べることができるのである。ここで肝心なのは、物理的世界について自分がもっている信念を、いま述べてきたような仕方で世界についての事実とつき合わせることによってチェックすることが、私にできない場合があるということである。つまり、私がそれと同時に、物理的世界について自分がもっているあらゆる信念を、クワインが意図しているとおりの仕方で「刺激から構成するなり投射するなりしたもの」にすぎないと見なしている場合である。そうした場合には、テストやチェックを行うために用いることができる物理的世界についての情報を、私は独立に手にしてはいないのである。

すでに見たように、他人を研究しているときには、その人の信念が向かっている先の世界についての情報から、少なくとも一時的に遮断されているということはありうる。そのときに立っている場所は、ふつうとはかなり異なるものであるが、ありえない場所ではない。そういう場所においては、事実に到達するための独立の経路は絶たれており、そのため私は、その人の信念を知識と見なすことはできないし、また、その人が知識をもっていることや、それどころか真なる信念をもっていることさえ、どのようにして可能であるかを説明することはできない。私はこのとき、「彼は……という投射（措定、提案）を行っている」と述べることができるのに十分なほどの知識をもっているであろう。しかし私は、そこからさらに進んで、「彼は……ということを信じているが、そのことは正しい」「彼は……ということを知っている」というより強い裁定へと移行するための手だてをもってはいないはずなのである。自分のもっているあらゆる信念を「刺激から構成するなり投射するなりしたもの」と見なすクワインの提案に従うならば、私は、物理的世界についてもっている自分自身の信念に関して、よりよい場所に立っているわけではないであろう。自分が物理的世界についてのさまざまなものごとを、信じたり「投射」したり「措定」したりしているのを、私は見てとることができる。しかし私は、自分が物理的世界についての知識をもっているということや、それどころか真なる信念をもっているということでさえ、見てとることはできないのである。したがって、自分が知識をもっていることを説明したり、自分はどのようにしてものごとを正しく捉えるようになったのかを説明したりするような説明を、私は示すことはできないのである。

だからといって、私が真なる信念をもつことは可能であると私が考えることができないわけではない。私のもっている信念が真であることを妨げるものは何もない、という意味では、そう考えることも可能なのである。それに、「私が真であると信じている事態が私の信念と正しい仕方で結びついているときには、真なる信念は知識に相当する」と考えるならば、私の信念が知識に相当することは可能であるとも私は考えるかもしれない。私のもっている信念と私の信念が向かっている先の世界とが正しい仕方で結びついている、という考えのうちに、私は矛盾を見出さないからである。私がこうした考えをもつとしても、それはごく自然なことである。というのも、私があることを信じているときには、それが真であるのは不可能なことではないと私はやはり考えているであろうし、私があることを知っていると主張しているときには、私がそれを知るのは不可能なことではないと私は考えているであろうからである。しかし、たとえ私の信念が、現にたまたま真である、ないし、私の信念が向かっている先の事態と現にたまたま結びついているとしても、依然として私は、自分が真なる信念ないし知識をもっていることを、知識理論が説明すべき仕方で説明したり理解したりすることはできないであろう。「世界について私がもっているあらゆる信念は、私の感覚面における「貧弱」な衝撃から「構成するなり投射するなりしたもの」である」という考えをもち続けている限り、私の信じていることが実際に真であることを示したり、私の信じていることが現に知識に相当するのはどうしてかを説明したりすることは、私には決してできないのである。

実のところ、感覚面についてのこのような語り口をとことん深刻に受けとめるなら、われわれは次のことを見てとることができる。すなわち、クワインの提案を自分自身に適用するならば、われわれ各人が立っている場所は、私がここまでに記述してきた場所よりもいっそう悪い場所であることになるし、しかも、自分自身について言えば、他人を取り巻く環境についての知識を自分がもっていないときに置かれている、異常なまでに制限された状況よりもさらにひどい場所であることになる、ということである。クワインにとって認識論の問題とは、ある人の感覚面における「貧弱な入力」と、物理的世界についての一群の信念や主張のかたちで表現されるその人の「奔流のような出力」との関係を説明することである。しかし、「私は感覚面で衝撃を受けている」という私の信念や、もっと言えば「私はそもそも感覚面をもっている」という私の信念も、厳密に言えば、それ自体外的な物理的世界に関して私がもっている信念である。「物理的世界について私がもっている信念は、私の感覚面における衝撃から「投射」されたものである」という私の「科学的」信念でさえ、それはそれ自体、物理的世界についての信念なのである。こうした「発見」も私のもっている「データ」から「投射」したものにすぎないと見てとるためには、自然化された認識論が答えるとされる当の問題に対して、どのような態度をとることになるのであろうか。他人を研究しようとしているが、その人を取り巻く環境に到達するための経路はもっていないとしてみよう。この場合でも私は、彼の感覚面において何が起きているのかや、彼は世界についてどのような信念をもっているのかは、少なくとも知ることができる。私はこうした場所からは、彼の「貧弱な入力」と彼の「奔流のような出力」との関係についての問いに十分に答えることはできないが、少なくとも、物理的世界の一部については何らかの情報を独立に現に手にしている。彼の「入力」が何であるのかを、私は知っているのである。しかし、私自身の場合には、クワインの提案に従うと、私はそうした情報さえもっていないということになる。物理的世界の一部についての、疑われることのないそうした情報は、他人についての問いを提起することまでは最低限可能にしてくれるのだが、そうした情報も、私自身の場合には、私がどうにかして「構成」し信じるようになっている物理的世界についての手の込んだ「投射」に、さらに付け加えられた部分にすぎないものであると見なければならないのである。私から見ると、私の感覚面について私が抱いている信念はすべて、私の「奔流のような出力」の繰り返しなのである。私は、物理的な何かに到達できる独立の経路を失ってしまっていたのである。つまり、私が「出力」を生み出す際に物理的な何かが果たす役割を吟味したり説明したりするという望みは絶たれていたのである。

クワインの提案に従おうとして、彼の知識の捉え方を私自身に適用しようとするならば、私は、被験者の信念が真であるかどうかについての情報だけが遮断されている観察者の立っている場所よりも、いっそう悪い場所に立たされることになるであろう。三人称の事例におけるこのような場所と並行関係にある場所として最も近いのは、おそらく、私がまったく物音のしないまっくら闇の中に一人ぼっちでいて、どこからともなく唐突に「木がある」という言葉が聞こえてくる、というような場所であろう。明らかに、こうした状況においては、その言葉が知識を表現しているのかどうかや、それどころか、真であることを表現しているのかどうかでさえ、見定めることはなから無理である。したがって、こうしたたぐいの情報だけしか手にしていないとすれば、こうした状況において知識をもつことがどのようにして可能であるかや、それどころか、真なる信念をもつことがどのようにして可能であるかさえ、説明することはできないのである。研究の対象となる「出力」のこのわずかな部分のほかには、私は何も手にしてはいないであろう。しかし、物理的世界について私がもっているあらゆる信念は「貧弱」な感覚上の「データ」からの「投射」である、ということを「認める」ならば、物理的世界について私自身がもっている信念に関して、私はつねにこうした場所に立っていることになるのである。私は自分自身の「出力」のほかには何も手にしてはいないことになる。私からすれば、これは、やせ我慢をして強がることと変わりはないのである。

物理的世界について自分のもっているあらゆる信念を「投射」と見なし続けて、きわめて厳しく制限されたこうした場所の内側にとどまり続けるとしても、私は次のような問いを抱くようになるかもしれない。すなわち、私が真であると信じているいくつかのことがらと、私が現に何かを信じたり主張したりすることとは、どのように関係したり結びついたりしているのであろうか、という問いである。たとえば、私は、自分の感覚面において衝撃が存在していると信じているし、自分の感覚「入力」は貧弱で、自分の科学的な「出力」は奔流のようであると信じている。そして、「認識論をたえず駆り立てていた理由」（EN、八三頁〔邦訳、五七頁〕）などというものを引き合いに出すまでもなく、自然な好奇心から、そうした奔流のような「出力」がこれほどにも心もとない基盤からどのようにして生み出されうるのかについて、私は何らかの説明を探し求めるようになるかもしれない。私が信じているいくつかのことがらの間には、このような頭を悩ませる関係があるのだが、私はこうした関係を理解しようとする際に、自分のもっているほかの信念に訴えるかもしれない。たとえばそれは、心理学に関する信念であったり、生理学に関する信念であったり、言語獲得に関する信念であったり、役に立つかもしれないと思われるそのほかの科学の分野に関する信念であったりする。しかし、私が訴えている「科学」はすべて、それ自体はまさに私の「データ」から「投射」を繰り返した結果にほかならない、ということを心にとどめておく限りは、私が認めることになることがある。それは、「入力」と「出力」に関するこうした複雑に入り組んだ論述を自分に伝えることは、私が物理的世界を手の込んだ仕方で「構成するなり投射するなり」ということを繰り返した結果を表現するという問題にすぎない、ということである。私がここで試みてきたことは、私が知っているなり信じる理由をもっているなりする何らかの説明を、私に提示するものだと見ることはできない。つまりそれは、自分がすっかり受け入れていて、ことあるごとに自分自身に伝えたいと感じている、複雑に入り組んだ論述と異なるものではないのである。

物理的世界についてわれわれがもっているあらゆる信念は「投射」であると見なければならない、という要求は、知識理論に破滅的な帰結をもたらす。私の考えでは、われわれはそうした帰結を見過ごしたり否定したりしがちであり、そして、その理由は、(驚くことではないが)われわれがふつうはこうした要求を完全に満たすことはできないことにある。このことは、われわれがいま行っている考察にさえあてはまる。われわれは知らず知らずのうちに、いくつかのことがらを、物理的世界についての疑う余地のない真理であると見なしてしまい、単なる「投射」にすぎないものとは見なさない。しかも、人間の知識をクワインのやり方で考えようとしている間でさえ、そのことは変わらないのである。しかし、人間の知識には主観的な要素と客観的な要素が組み合わさっているという考えを完全に一般性をもったかたちで受け入れ、人間の知識に占める世界の客観的な寄与分は、われわれが世界について抱いている信念の集合の全体からすれば小さいと見るとしたら、主観的な要素(知識主体の寄与分)が世界についてわれわれが抱いている信念の集合の全体を大部分確定すると見なければならないであろう。数え切れないほどの「仮説」や「理論」が、わずかで心もとないこういう同一の「データ」から「投射」されうるであろう。それゆえ、われわれがほかの理論に先んじてこうした「理論」のうちの一つをたまたま受け入れているとしても、それは、競合するほかの可能な理論や現実の理論よりも、その理論のほうが何かしら客観的に優れているからということではありえないのである。貧弱なこういう同一の「データ」と両立する整合的な「理論」はどれもこれも、この意味において、われわれが目下受け入れている「理論」の競合者である。したがって、われわれが目下受け入れている「理論」を終始変わらず固守し続けていることを説明することは、知識主体たちがもつ何らかの特徴に訴えることによってのみ可能であり、知識主体たちが知っていると主張する世界がもつ何らかの特徴に訴えることによっては不可能である。そして、伝統的認識論者がつねに保持してきた見解によれば、まさにいま述べたことこそ、われわれのもっている外界についての知識を土台から掘り崩すものなのである。外界が存在するというわれわれの信念は、われわれが行う単なる「投射」にすぎないという可能性がある。言い換えれば、外界が存在するというわれわれの信念は、われわれに関しては真であるようなある種のことがらを理由にしてわれわれが受け入れているものにすぎず、われわれが存在すると信じているわれわれから独立した世界に関して真であるようなことがらを理由にして受け入れているものではないという可能性がある。しかし、まさにこうした可能性こそは、現実のものではないことが示されなくてはならないものである。というのは、それが示されないと、外界が存在するというわれわれの信念はどのようにして知識に相当するのかということは理解しようがないし、また、そうした信念はどのようにしてわれわれにとって信じる理由のあることに相当するのかということさえ理解しようがないからである。

クワインの考えによれば、世界についてわれわれがもっている知識の外部という都合のよい場所を、哲学者を自称する者からとりあげるならば、知識に反省を加えた結果が全面的に懐疑的な結末となると見込む必要はなくなる。もしそうならば、自然化された科学的認識論は、ありうる唯一の認識論として残されるはずである。こうした戦略には一理あるのだが、すでに論じてきたように、世界についてわれわれがもっているあらゆる知識を、そうした知識を著しく不十分にしか確定しない貧弱な感覚上のデータからの「投射」であると見なしている限りは、こうした戦略は成功しないであろう。こうして私は、カントの考えをそのまま繰り返して述べることになる。すなわち、一方に感覚を通じてわれわれが得るすべてのものを置き、他方に外界についてあてはまったりあてはまらなかったりすることがらを置いて、この二つを完全に一般性をもったかたちで区別するならば、われわれは、自らを取り巻く世界についての知識を永久にもつことはできないはずなのである。こうした認識論上の区別を、一般性をもったかたちでつけることは、自然化の取組みにとって致命的である。こうした区別を、一般性をもったかたちでつけるとすると、その結果として、われわれはいわば自分自身のもっている世界についての知識の外側に追放されてしまい、われわれが行っているどの「投射」についても、それが真であると想定する理由を独立に手にすることはできなくなってしまうのである。このことは、認識論における亡命者が、世界についての知識に関して自分の立っている場所の貧しさを見出すときに頼りにしうるような、まさにそうしたたぐいの場所を提供しているように見える。そのような亡命があるべきでないならば、こうした場所もまたあるべきではないのである。

しかし、クワインにしてみれば、困難をもたらすと私が述べているほかならぬこの区別こそ、それ自身科学において述べられている見解なのである。クワインによれば、「外的な対象についての情報をわれわれが得るための道が、対象から発せられる力によってわれわれの感覚面に引き起こされる刺激を通じてのものだけであるということは、科学的な事実ないし理論から言えること」なのである。また、「……外的な対象からわれわれの感覚面に到達しうる唯一の情報が、視覚上の二次元的な投影……に制限されていなければならないということは、科学が教えてくれることなのである」（RR、一二頁）。これが本当に「科学がわれわれに教えてくれる」（NNK、六八頁）ことであるとすれば、先に述べた区別を、一般性をもったかたちでつけることは、そうした区別をつけることから私が導いている結論を、どのようにしてもたらしうるのであろうか。私の議論によれば、世界についてわれわれがもっているあらゆる知識のことを、クワインが述べるような意味で、「貧弱」な感覚上の「データ」からの「奔流のような」「構成ないし投射」であると理解することは、われわれにはできない。しかし、このように論じるとき、私は、科学的な事実に対してやみくもに反対していることにはならないのであろうか。

やみくもに反対しているわけではないと私は思う。私がここまでに述べてきたことは、「人間を取り巻く環境との相互作用において人間を観察することは、われわれにはできない」とか、「人間の感覚面において生じているある種の出来事をそれ以外のあらゆる出来事から分離したりすることは、われわれにはできない」とかということを含意してはいない。ある人を取り巻く世界において、その人の感覚面における出来事の向こう側で何が起こっているかに関して、きわめて多くのことをわれわれは知っているし、その人自身も知っているかもしれない。実を言えば、感覚面における出来事がどのようなものであるかについて、本人が何か考えをもっているなどということは、きわめてありそうにないことではある。しかし、こうした出来事は存在しているのであり、われわれは、生理学について十分に知っていて、その人についても十分に知っているなら、こうした出来事をその他すべての出来事から選び出すことができる。そしてもちろん、このことは完全に一般的に成り立つことなのである。われわれのうちの誰かが、その人を取り巻く環境に相互作用を起こせば、必ずその人の感覚面に何らかの出来事が生じる。このような出来事は、われわれが自らを取り巻く世界について現にもっている信念を獲得することの原因の一部であるとおそらく見なされるべきである。われわれの感覚面が刺激されなければ、自らを取り巻く世界についてわれわれは何かを信じるようには決してならない、ということは明らかであるように見える。クワインの言葉を借りれば、「千里眼が存在しないこと」を科学（クワインが用いる包括的な意味での科学）は現に「われわれに教えてくれる」（RR、二頁）。われわれを取り巻く対象からわれわれの脳の奥深くで生じる出来事へと至る、出来事の因果連鎖が存在する。そして、われわれの感覚面で生じる出来事は、このような連鎖の一部として生じるのである。こうした出来事を研究し、こうした出来事がどのような結果をもたらすかや、その結果が今度はどのような結果をもたらすか等々を見ていくとしても、そうした行為に異議を唱えることはできないであろう。

クワインは、自然化された認識論という自らの取組みをいま述べたような仕方で述べている場合がある。それは特に、循環の問題と認識論的なプライオリティの問題という伝統的に厄介だとされてきた問題を、自然化された認識論がどのようにして回避するのかを彼が力説しているときのことである。伝統的認識論者は、われわれが知覚において直接感知するものを分離して選び出すことに関心を寄せていた。そして、このことが、知覚において意識に現れるのはどのような種類の心的なものなのかをめぐっての、「センスデータ」論者とゲシュタルト心理学者との論争を引き起こしたのであった。クワインであれば、「感覚受容器における物理的入力について直接語ること」（RR、四頁）によって、この問題を回避するであろう。「受容という作用は明らかに物理的である」（RR、四頁）ので、「認知機構の入力として最適だとされているのは感覚受容器の刺激にほかならない」（EN、八四頁［邦訳、五八頁］）。それゆえ、感知について語ることもないし、伝統的な問いを提起する上でなくてはならなかった認識論的なプライオリティという概念も必要ないのである。

いまや物理的刺激をもち出して議論することが許される以上、その問題は解決した。すなわち、AがBに対して認識論的なプライオリティを有するのは、感覚受容器に対してAがBよりも因果的に近い関係にある場合なのだ。あるいは、こうしたほうがいくつかの点でより好都合であるが、もっぱら感覚受容器への因果的近接性をもって明示的に語り、認識論的なプライオリティについて語るのはやめることだ。(EN、八五頁[邦訳、五八頁])

このように理解するならば、自然化された認識論が行っているのは、一方にわれわれの「入力」を置き、他方に、われわれを取り巻く世界について現に信じていることをわれわれが結果として信じるようになることを置いて、その両者の間の関係を研究することである。そして、この研究を行う際に具体的に行うのは、われわれの感覚面で生じるこうした出来事が、それよりは「われわれの認知機構」に近いほかの出来事をどのようにして引き起こし、また、われわれを取り巻く世界についてわれわれがもっている信念を結果としてどのようにして引き起こすのか、ということの研究である。もっと厳密に言えば、自然化された認識論とは、「われわれの感覚面で生じる出来事」が「われわれを取り巻く世界について何かを信じるようになるという出来事」を引き起こす仕方を研究するものであろう。しかし、このような吟味がどうにかして何らかのことを発見し説明するとしても、そうした吟味は、われわれの「貧弱な感覚上のデータ」は世界についての「奔流のような出力」をどのようにして引き起こすのか、ということを説明しないであろう。貧弱な感覚上のデータは、世界についての「奔流のような出力」を著しく不十分にしか確定しないからである。われわれはどのような「大胆な推論」を用いることで、「われわれがもっているデータと外界についてわれわれがもっている知識との間にある大きな隔たり」をどうにかして「橋渡し」しているのか、ということは、このような吟味では示されないはずである。というのも、同一の因果連鎖の中のある出来事と別の出来事の間に「推論」によって「橋渡し」をすべき「隔たり」があると述べることは、意味をなさないからである。ちょうど一つの出来事があり、それが別の出来事を引き起こし、その出来事がさらに別の出来事を引き起こし……という具合になっているのである。ある出来事（たとえば、感覚面における衝撃）について、その出来事は系列の後ろのほうで生じる別の出来事（たとえば、何かを信じるようになること）を「不十分にしか確定しない」と述べることは、意味をなさないのである。もちろん、順序が後の出来事が引き起こされるには、それより前の出来事と当の出来事とが生じる間に生じるあらゆる出来事も必要とされる。したがって、この意味では、衝撃だけによって、信じるということが引き起こされるわけではない。しかし、こうしたたぐいの因果的な不十分さのことを指して、クワインは「確定するのには不十分」と言っているのではない。

クワインが言おうとしているのは、「データ」は「奔流のような出力」を含意してはいないということである。データは、「出力」が何になるのかを論理的に確定しはしないのである。たくさんの異なる「出力」が、同一の「貧弱」なこういう「データ」と論理的に両立する。それはさながら、「分子に関する真理」が「日常的事物に関する常識的な用語で語りうる真理」によっては十分に確定されないようなものであり、それゆえ、「日常的事物に関する常識的な用語で語りうる真理」が「われわれの感覚面刺激によって確定されることは決してない」のである（WO、二二頁［邦訳、三四〜三五頁］。強調は引用者による）。クワインの述べるところによれば、「出力」の内容が真であるか偽であるかという点こそが、データや感覚衝撃によって確定されないことである。「確定するのには不十分」という関係は、ある真理集合と別の真理集合との間で成り立っているのである。感覚衝撃や刺激は（途中で生じる出来事と一緒に）原因となって、「出力」を信じるようになるという出来事なり、「出力」を主張する傾向をもつようになるという出来事なりを引き起こす。しかしこのときには、認識論の問いを提出する際にクワインが念頭に置いているたぐいの、「確定するのには不十分」なことが起こっているわけではない。クワインの問いとは次のものであった。すなわち、「外的な対象からわれわれの感覚面に到達しうる唯一の情報」（RR、二頁。強調は引用者による）が、そうした感覚の「情報」を受けとめた末にわれわれが信じるようになる外的な対象に関することがらに比べて「貧弱」であることを認めるならば、知識はどのようにして可能なのか、という問いであった。この隔たりが、まさにクワインにとっての認識論の問題を引き起こしているものなのである。だからこそ、われわれはこの問題に答えるにあたって、「どのように証拠は理論と関係するのか、そして、自然に関する理論は手元にあるすべての証拠をどんなふうに超えているのか」（EN、八三頁［邦訳、五七頁］）ということを学ぶことになるのである。

「衝撃」それ自体も出来事であるが、この出来事は、それとは別の「奔流のような」出来事に比べて「貧弱」であるわけではない。感覚面において何かが生じ、それに続いて「世界について何かを信じるようになる」という出来事が生じる。この二つの出来事の間の関係は、前者が（両者の間に生じる出来事に補われつつ）後者を引き起こすということでしかないのである。しかし、「確定するのには不十分」ということが述べているのは、「奔流のような」ことがらと、それに比べると「貧弱」な何かとの間にある関係についてである。前者は後者を「超越している」のである。目下問題になっている出来事――感覚面で生じている出来事、および、「われわれの認知機構」にもっと近いところで生じている、要は、われわれが具体的にあることを信じている、という出来事――についてだけ考えて、「貧弱さ」や「確定するのには不十分」や「奔流のような出力」などについて語るのをすべてやめるとしたら、わわれわれを取り巻く世界についてわれわれがもっている知識に関するクワインの問いはどうなるのであろうか。物理的出来事の系列に関する問いは残る。それに、物理的出来事がどのようにして「われわれは、自らを取り巻く世界について現に信じていることを信じている」という事態を引き起こすのかに関する問いもおそらく残る。しかし、こうした問いに答えようとするにあたって、ものごとが「よく見える」科学的方法を用いるのであれば、「観察」と「科学理論」との関係についての研究なり、「自然に関する理論は手元にあるすべての証拠をどのようなふうに超えているのか」についての研究なり、「データをそのままにしつつ理論を改訂しうる範囲」についての研究なりが遂行されることはないであろう。この場合には、ある種類の出来事と別の種類の出来事との結びつきが研究されることになるであろう。

私の考えによれば、クワインが、「奔流のような出力」は「貧弱な入力」によっては「不十分にしか確定されない」という用語を用いることによって提起している問題には、認識論的なプライオリティの概念が不可欠の要素として用いられている。「入力」の段階で手に入る「情報」は、「出力」として主張されることがらが真であることを一意的には確定しないが、だからこそ、一方から他方へはどのようにして到達するのかをわれわれは説明しなければならないのである。われわれは、自分が得ることのできる「証拠」に含まれるものなら何であれ、われわれの「理論」において主張されていることを何も知らなくとも、知ることができる。仮に「入力」が、いま述べた仕方で「証拠」だとか「データ」だとか「情報」だとかとして理解されないとすると、入力が「出力」を「不十分にしか確定しない」と述べることは意味をなさないか、少なくともクワインの述べているたぐいの意味はなさないであろう。しかし、「入力」がいま述べた仕方で理解されるべきならば、結局のところ、われわれの手にする「データ」は何らかの意味でわれわれが感知するものとして理解されなければならない。われわれの手にする「データ」を「証拠」なり「情報」なりとして記述することができるのは、この場合に限られるのである。クワインは、感覚面における衝撃について自分がこのような仕方で考えているということを、明示的に否定している。彼は、感知に関するあらゆる問いを回避しようとしているのである。しかしそれは、われわれの「入力」はわれわれの「奔流のような出力」に比べて「貧弱」であるということについても、同じように一切語らないようにすることによってのみ可能なことなのである。

われわれはもう一度科学が述べている見解にまさに直面するように見えるかもしれない。クワインは述べる。「科学を支持するための証拠が限られているということは、科学それ自体が論証したことなのである」(RR、三頁)。科学はこのことを論証したのであろうか。クワインは、自分がここでどのような科学的成果を念頭に置いているのかを具体的に述べてはいない。しかしそれは、「われわれは感覚面において衝撃を受けとめなければ、自分を取り巻く世界について何かを信じたり知ったりすることはない」という単純な事実ではありえないであろう。このことは、世界についてわれわれが抱いている信念を支持するものとしてわれわれが手にするかもしれない「証拠」に関しては何も述べておらず、それゆえそれは、「証拠が限られている」という点に関しても何も述べていないのである。現状では、千里眼が存在しないということはやはり真である。「世界」と「活性化している感覚面」との間に因果的相互作用が不可欠であるということは、否定することができないように見える。私がここまでのところで、カントと一致して否定しようとしてきたことはこのことではない。私が言いたかったのは次のことなのである。すなわち、世界についてわれわれが抱いているあらゆる信念を、そうした信念に対して認識論的なプライオリティがある一部の「データ」や断片的な「証拠」に相対的な、「投射」ないし「理論上の対象」と見なすことは、世界についてわれわれが知識をもつことはどのようにして可能であるかを説明することと同時には不可能である、ということである。科学的発見のうち、現実に発見されているものはもちろん、発見される可能性のあるものを含めても、どういった発見であれば、それと私がいま述べたこととが対立するのか、私にはわからない。自然化された認識論というクワインの取組みがもっている関心が現在のようなものであり、その取組みと伝統的認識論との外見上の結びつき方が現在のようなものである唯一の理由は、世界についての人間の知識をいま述べたたぐいの二つの部分からまさに成るものとして捉えるという考えを、自然化された認識論が認め、また、その考えに依拠していることにある。このことが、知識はどのようにして可能であるかの説明に成功しえないと私が論じてきたことなのである。しかし、こうした捉え方をしないとすると、クワインが述べているような「自然化された認識論」は、さまざまな生理学的出来事の因果的説明でしかない、ということになるであろう。

「～でしかない」というのは、けなし言葉ではない。人間についての科学的研究であれ、ほかのどのようなものについての科学的研究であれ、そういう研究をけなすことは不合理であろう。私は、区別をきちんとつけようとしているだけである。つまり、生理学として理解されるときの「自然化された認識論」と、「ものごとがよく見えるようになった上で……もともとの認識論上の問題をあくまでも踏襲するもの」（RR、三頁）という、クワインが自らの取組みを支持するために主張しているものとを区別しようとしているのである。第3章における例の中で登場した講師は、われわれのほとんどは持続的な世界があることを知っていると述べていたが、彼をけなすことも同じように不合理であった。それどころか、外的な事物があることを知っていると述べていたG・E・ムーアをけなすことさえ、不合理なのであった。ただし、彼らが述べていることは外界に関する哲学上の問題に答えを与えていないし、それどころか、そうした問いにきちんと向き合ってさえいない。私はこのことを指摘したいだけなのである。

同じことは、われわれの感覚受容器からわれわれの身体の奥深くへと至る出来事の因果連鎖に関する生理学的研究についてもあてはまる。「データ」「証拠」「理論」「出力」という用語を用いることによって捉えられるクワインの取組みだけでは、世界についての人間の知識はどのようにして可能であるかを決して説明することはできない、ということを、私は（カントと一緒に）述べておきたいのである。

第7章　結び——診断を探し求める

デカルトが行った反省から明らかになったのは、観念や現れや知覚といったものが外的な物理的対象よりも認識論的なプライオリティをもつということからは、致命的な帰結が導かれるということである。いったんこうした何らかの区別がつけられてしまえば、自らを取り巻く世界について感覚によって得られる知識は、われわれには永久に到達できないものであるということが避けられなくなるであろう。われわれは実際にそのような場所に立っているということの発見が、世界についての自らの知識に対してデカルトが行った、一般性をもった査定からの帰結である。われわれは自らを取り巻く世界で何が起きているのかを知らずに、ものごとの現れ方についてだけ確信をもっている場合がある、という考えには問題はない。現れのみに限られた知識や確信という考え方が一般化されて、外界に対してわれわれがもつ関係一般についての説明として用いられることがある。そのときはじめて、認識論的なプライオリティという哲学上の説とそれが伴う懐疑論にわれわれは到達するのである。これがまさにデカルトが導く結論である。彼の考察する具体的な事例を通して、われわれを取り巻く世界についてわれわれは決して何も知ることができないということを彼は見出すのである。

デカルトの論法をうまく受け入れるためにわれわれに必要なものと私が考えるものにこれまで注目しようとしてきた。われわれは次のことをしっかりと理解する必要がある。すなわち、デカルトは彼が考察している具体的な事例において自らの知識についての査定を行うが、その査定が、われわれが日常生活でのやり方を知っているような、知識についてわれわれがふだんしている査定と完全には対応しないのはどのようにしてなのか、ということの理解である。もしくは、もしもその査定が日常的な査定と対応するならば、なぜ彼は一般性をもった懐疑的結論をそこから導くことができないのであろうか、ということとの理解である。もしそれら二つの査定が対応していれば、そして、もし彼が考察している事例が、世界についてのわれわれの知識一般を代表するものであるならば、懐疑論は正しいのである。

デカルトの査定とわれわれが日常で行っている査定との、二種類の査定の対応をめぐる問いは、見かけ以上に込み入っている。私はその問いが提示するいくつかの論点を明確にしようとしてきたのである。私が思うに、その問いをさらに深く吟味することが、哲学的懐疑論を研究することで得られるものが何であれ、それを手に入れるための最善策なのである。われわれに得ることがおそらく期待できるもののうち、少なくとも一つは、われわれが日常的にふだんもっている知識は実際にどのようにはたらいているのかを、より正確に理解することである。哲学的懐疑論は、「人間理性の恩人」である。というのも、哲学的懐疑論はその問いを深く追求するようにわれわれを強いるが、哲学的懐疑論がなければわれわれがそこまで掘り下げる理由もないし、もしかするとそこまで考慮に入れる理由さえもないからである。われわれが「知識理論」と呼びたくなるほどの一般性をもった説明がそもそも可能かどうかはさらに追求すべき問いであり、そして私の感じでは、それは依然として未解決の問いである。

ここで懐疑的な論法を完全に解明することまで期待してはいけない。最終的に私にできるのは、せいぜい、最も興味深いかたちをとる吟味になっていたり、それが直面することになる困難になっていたりするように私に見えるものを、部分的に、簡単に指摘しておくくらいのことである。たとえ、最終的な診断や十分に満足のいく診断はいまだ見えてこないとしても、ありうる説明のうちで懐疑的な論法に対して最も好意的な説明を追求し、さらにその論法の根底に至ろうとする最も有望な取組みを追求することを通して、得られる教訓はたくさんある。

スタンリー・カヴェルの言葉を用いれば、われわれに必要なのは、

懐疑論者がどのように議論を進めているように見えるのかを詳細に割り出すことである。その進み方とは、われわれが知っていると主張しているものごとをわれわれは知らない場合がある、という発見から、われわれはそうしたものごとを決して知ることはない、という結論に至るものである。もしくは、われわれに必要なのは、懐疑論者が前提しているように見えるものを吟味することである。すなわち、知識をもっているという具体的な主張を検討すると、世界についてわれわれがもっている知識そのものが危機にさらされることになる、という前提である。(1)

それを割り出す際には、懐疑的な論法の威力と深遠さに対してわれわれが抱く感覚を十分に踏まえておかなければならない。たとえ、そうした結論に至る懐疑論者の「議論の進め方」がどこまでいってもそのように「見える」ものにとどまることが明らかになるとしても、そうしなくてはならない。また、それと同時に、われわれがみなふだんは自らが知っていると思い込んでいることがらが、懐疑的な結論と

それほど明白に対立を生じるように見えることがあるのはどうしてなのかが、説明されなくてはならない。そしてまた、懐疑論の条件つきの正しさと私が呼んできたものも説明されなくてはならない。すなわち、懐疑的な結論が答えとして出されている当の哲学的な問いが正当な仕方で提示されている場合には、その結論が正しくなる、ということも説明されなくてはならない。このようにしていくと、伝統的認識論的吟味がとったはじめの一歩に注目するようになっていくであろう。つまり、われわれを取り巻く世界についての具体的な知識を査定することで、知識一般についての哲学的問いが提示されうるのはどうしてなのかということ、また、それはそもそも可能かどうかということについて、注目するようになっていくであろう。

カヴェルが注目しているのは、次のように提出される問いである。「哲学者が作り出す例は、知識をもっているという具体的な主張の例として実際に思い描くことは可能なのだろうか。哲学者による例は、何についての例なのか」（CR、二〇五頁［邦訳、三八九頁］）。それはもちろん知識（もしくは少なくとも知識と推定されるもの）の例である、とわれわれは自然と答えたくなってしまうように思う。デカルトは、暖炉のそばに腰掛けて紙を一枚手にしているということを、自分が知っていることの一例と見なし、それを吟味することから始めている。彼は知識の「基盤」を感覚経験のうちに見てとる。そして次に、自分が夢を見ているかもしれないという可能性のうちに、疑いの根拠を設定するのである。第1章で私は、いくらか詳しい説明をしようとして、デカルトが行っていることと、われわれが日常でふだんしている査定とが同じようにして進むということを強調した。懐疑論の正体を暴くことによって最大限のものを確実に得るためには、それをできるだけ直観的に説得力をもつように見えるかたちで検討しなくてはならない。つまり、懐疑論を、われわれが受け入れている手順とできるだけ仔細に対応させせながら検討しなくてはならないのである。
デカルトの吟味と、知識をもっているという具体的な主張に対するふつうの吟味との間に対応があるように見えるにもかかわらず、カヴェルの考えによると、注意深く見れば、われわれは次のことに気づくのである。哲学で扱われる事例において、知識をもっているという主張のために提供される「基盤」は、「完全に自然な仕方で登場したものでない」ということ、そして、それゆえ「疑いの根拠もまた完全には自然なものではありえない」ということである（CR、一九一頁［邦訳、三六五頁］）。それはまた、完全に不自然なものでもないし、哲学者の文脈においては、それは不合理なものでも、無視してよいものでもない。しかし、それが完全には自然なものでないということは、カヴェルにとって、診断の手がかりとなる。

そのように「不自然であること」を伝統的哲学者の手順と帰結とに対する手厳しい批判へと拡張するためには、カヴェルの考えによれば、哲学者は「自分が意味していると思っているものを意味していない」ということが示されなければならない。すなわち、哲学者が吟味を行おうとしている文脈「それ自身によって、哲学者は、彼が意味したいこと、つまり、彼の結論が彼の述べているとおりの意味になるためには彼が意味していなければならないことを、意味することができなくなってしまう」（CR、一九三頁［邦訳、三六八頁］）ということが示されなければならないのである。このように言うことは、哲学者は、自分が吟味の際に使用している単語の意味を改変したり歪曲したりしているという、月並みな非難を単に繰り返すことにはならないであろう。むしろ反対に、彼が知識についての精査を遂行する際に使用する言葉の意味は、その言語を習得したすべての人と同じものなのである。哲学者から提出された「不自然な」発言を理解しようとしてカヴェルが強調しているのは、「何かを述べることが、そこで何が意味されているのかにとって本質的である」（CR、二〇八頁［邦訳、三九五頁］）ということがどういうことなのかである。つまり、「ある表現が何を意味するのかは、その表現を特定の状況で使用することで人間が何を意味したり述べたりしているのかを入力とする一つの関数であるという事実」（CR、二〇六頁［邦訳、三九二頁］）である。こうした考えは、ウィトゲンシュタインとオースティンの著作で強調されているものだが、伝統的認識論に対するはっきりとしたかたちをとった批判の基盤となっている。

　哲学者が自分が意味していると思っていることを意味することができないのは、哲学者の結論が矛盾していたり検証不可能なものであったりするからだと多くの人は想定してきた。しかしそうではない。哲学者が無視しているのは、何かを述べたり、あるいはそもそも何かを考えたりするための条件である。とはいえ、確かに彼が発話する言葉はそれらがつねに意味してきたことをきちんと意味しているのである。

> 「何も述べていない」というかたちで、哲学者は自分が何を意味しているのかを知らない場合がある。この場合、彼らは自分が言っていることとは別の何かを意味しているのではなく、むしろ、彼らは自分が何も意味していないことに気づいていない（彼らが何も意味していないのであって、彼らの言明が何も意味していない、つまりそれが無意味だということではない）。このことは、驚くほど広範のことについて当てはまる、あるいは少なくとも、あてはまるように見える。（CR、二一〇頁［邦訳、三九八頁］）

カヴェルによれば、そのことは伝統的認識論的吟味についてあてはまるのである。

哲学する際にどうやら忘れてしまいがちなことがある。たとえば、何かを主張するのは、人が行うことだということ、また、人が行うことは何でも主張という行為になるわけではないということである。特に、たとえ話し手が理解する言語で文法的に正しい平叙文を発話していても、それは主張という行為になるわけではないのである。同じことは、人に何かを伝えるとか、何かを問うとか、さらには単にある発言をするとかといったことがらについてもあてはまる。これら別々の種類の行為は、それぞれの条件をもっている。もしそうした条件が満足されなければ、どんな主張も、問いも、発言も、なされていないことになるであろう。主張に対して基盤を与えたり、ある種の基盤に対してつきつけられた難題として、疑いの根拠を持ち出したりする。こうしたことも、われわれが行っていることであり、それぞれの条件をもっている。基盤とは、「具体的な主張を支持する言明のことである。そして、当の主張の基盤を批判することによってその主張を拒否することは、……その基盤に依存しているのである」（CR、二〇五頁［邦訳、三八九頁］）。哲学者の言う「基盤」が支持していると考えられている主張とは、何であろうか。われわれはおのずと、たとえばそれを、自分が暖炉のそばで腰掛けて紙を一枚手にしていることを知っている、という哲学者の主張だと考える。したがってカヴェルにとって主要な問いはこのようになる。「哲学者が提示する例は、実際に、知識をもっているという具体的な主張として思い描くことのできるものなのであろうか。」

カヴェルは、思い描けるようなものではないと考える。

> 具体的な主張が、伝統的吟味のうちに登場することはないのである。われわれが何かを知っているときに何が起きているのかを例示するために用いられる例は、何かを知っているという主張の例で

はない。自分が暖炉の前に腰掛けている状況を思い描くようにわれわれに命じることは、自分が暖炉の前に腰掛けていることを（知っているとか信じているとか）主張していると思い描くようにわれわれに命じることではない。私は次のように言いたい。哲学者が注目を強いられる事例は、主張がない文脈において考察されるのである。（CR、二一七～二一八頁［邦訳、四一二頁］）

哲学者はある種の状況を思い描くようにわれわれを促す（もしくはデカルトの事例では、実際にその状況に彼はいるのである）。続けて哲学者は、その状況で何らかの主張がなされていたものとして思い描く。そして、思い描かれたその主張に関して基盤が探し求められ、その基盤を疑うための根拠が持ち出される。しかし、はじめに思い描かれた文脈では、具体的な主張はまったくなされていない。それゆえ、哲学者の命じることに従おうとするとき、われわれは、何かが知られているという主張がなされている状況に本当は自分の身を置いて想像していない。そこでは、思い描かれた主張がいわば宙吊りの状態で存在するだけで、はじめの文脈に直接関与する具体的な主張はないのである。思い描かれた主張にあてがわれた「基盤」は、「それ自体が支持するそもそもの主張と同じ不幸に見舞われる」（CR、二一八頁［邦訳、四一三頁］）。それは、特定の主張にとっての特定の基盤として登場しているのではない。したがって同様に、「疑うための根拠」と、それゆえ「どうやって君は知っているのか」という「問い」は、どちらも完全に自然なものとまではいかない。これらは思い描かれたならば、返答を必要とするように見える。しかし、「そのときは主張のない状況なので、基盤を求める要求に応じることができるための条件が失われてしまっている」（CR、二三九頁［邦訳、四四九頁］）。それでも何とかして答えを与えなくてはならないと感じているものに応じることができないのである。「だが、どの基盤も満足のいくものではないとするのは、あるべきところに基盤がないからではない。基盤が文脈に関連している事実を提示できる主張などないからなのである」（CR、二三九頁［邦訳、四四九頁］）。

哲学者は、自分が意味していること——もし彼の結論がその結論が述べているとおりのことを意味するとしたら、彼が意味していなくてはならないこと——を述べることができない。このことは単なる彼の側の手落ちや見落としなどではない。彼はカヴェルが描いた窮地に追い込まれるのである。哲学者は、何らかの主張がすでになされたと思い描かねばならない。というのも、何も主張がなければ、彼の言う「基盤」が基礎づけているはずの当のものが、またそれゆえ彼の査定が査定しているはずの当のものが、なくなってしまうからである。そのようなことになれば、彼の吟味は、知識を査定するという日常生活でわれわれがふだんしている手順に対応しているように見えることすらなくなるであろう。だが、知識をもっているという具体的な主張がすでになされたと十全に思い描くためには、その主張がなされた文脈を彼は思い描かねばならない。そしてさらにそのためには、ある主張を可能にし、そしてその主張を彼の吟味において考慮される特定の主張にしている、その文脈における特定の条件を思い描くことが必要になるであろう。すると、その具体的な事例において、それらの特定の条件によって可能なものとされた彼の裁定は、われわれの立つ場所を一般的に代表するものにはなりえないであろう。その裁定は、文脈や条件に拘束されており、哲学的な帰結が必要とするたぐいの一般性をもたないであろう。カヴェルは、伝統的認識論的吟味が直面していると考える「ジレンマ」を、次のように要約している。

その伝統的認識論的吟味の手順が一貫したものになるためには、その吟味は、具体的な主張に対するものでなくてはならない。また、その吟味からの帰結が一般性をもったものになるためには、それは具体的な主張に対する吟味であってはならない。そのような一貫性がなければ、その吟味は、はじめに見えたほどには明白なものではないことになるだろう。またそのような一般性がなければ、その吟味からの帰結は、懐疑的なものにはならないだろう。（CR、二二〇頁［邦訳、四一六～四一七頁］）

これは、完全な説明であることを意図されていない。カヴェルはこれを、「懐疑論を論破ないし弱める力を秘めた略図にすぎない」（CR、二二〇頁［邦訳、四一七頁］）と考えており、私はここまでその略図を素描してきただけである。しかしそれでも、正しい一般性をもった形式の解決が見込まれるのである。意図されたとおりの意義をもった懐疑的結論は、到達不可能なものであるということが示されるであろう。伝統的哲学者は、自分の具体的な事例をある種の仕方で扱うことにより、自分の反省を、それと同じような反省を日常生活でしたときくらい明白で説得的になるように行わなければならない。しかし、その事例がそのように理解されたときには、そこからは、彼が追求しているたぐいの一般性をもった哲学上の結論は決して得られないであろう。そこから彼の一般性をもった結論が導かれるようにたとえ見えるはずだとしても、彼は自分の具体的な裁定の意義を誤解しているにちがいない。この窮地が必然的なものであることは、カヴェルにとっては結果的に次のことを説明してくれるものである。すなわち、どうして伝統的認識論者は、実際には自分は何も言っていないのに自分が何かを言っているように――実際に自分が意味していることを単に自分は「幻覚に見ている」だけであるとか、「何かを意味しているという錯覚」のうちに自分がいるとかであるように――思い描くことができたのか、ということである（CR、二二一頁［邦訳、四一八頁］）。

カヴェルの提案はうまくいきそうだが、どこまでわれわれを導いてくれるのだろうか。カヴェルの述べている苦境に伝統的認識論者が陥ってしまうのは避けられないということを、われわれは何らかの方法で示す必要がある。どのようにしてそれは示されうるのだろうか。カヴェルは自身の説明において、次の考えに注目している。「具体的な主張が、伝統的吟味のうちに登場することは決してない。」だが、たとえこれが正しくても、ここから、伝統的哲学者が自分の言おうと意図していることを言えなくなるのは避けられない、ということは得られないであろう。カヴェルの提案を発展させつつ擁護するために最も重要なものに見えるのは、次の考えである。つまり、伝統的認識論者が自らの考察している例においてともかく遂行している査定は、それがどのようなものであろうとも、彼の意図に反して、われわれが世界に対してもつ認識論上の関係を一般的に代表するという役割を果たすことができないという考えである。具体的な事例における彼の裁定を適切な仕方で一般化させることによって、人間の知識に関する彼の哲学上の帰結を導くことは不可能である。それが不可能であることが示されるためには、伝統的哲学者があげる例には彼の「基盤」が基礎づけるはずのものは何もなく、それゆえ彼は本当は何も査定を成し遂げていない、といったことが示される必要はない。伝統的哲学者にとって、彼が行うどのような具体的な査定についてもその意義を誤解することは避けられない、ということが示されるだけで十分であろう。このことは、実際には何も言っていないのに自分が何かを言っていると哲学者がどのように思い描くことができるのかを説明してくれるであろう。それは、自分が何も査定していないことに哲学者は気づいていないだけなのだ、と提案するよりも、もっと説得的でもっと好意的な説明であるように見える。

しかし、たとえばデカルトが自分の知識について査定をする場面で「具体的な主張が登場することは決してない」というのは、真であろうか。必要なのは、デカルトによる反省を注意深く調べ、何かを知っているという主張がそこにあるかどうかを確認することである。強く主張したり、単に発話したり、ふつうに主張したり、主張の基盤を提示したりするといったことのすべてにそれぞれ固有の条件がある、というごく一般性の高い事実をもってきても、目下の論点を立証するには不十分である。何かを主張する条件とはどんなものか、そして主張がなされるためにはなぜその条件が満たされねばならないのか、といったことを前もって知り、その上で、そうした条件のすべてが哲学者の考察するたぐいの例に揃うことはありえないことを示すようにしなくてはならないであろう。またたとえば、ふつうに主張することについてのみ説明を与えて、判断すること、信じること、強く主張すること、想定することについては説明を与えないとすれば、不十分であろう。何かを言ったり何かを考えたりするやり方が哲学者の目的に役立ちうるとするならば、そのやり方のうちのどれも、その条件が哲学者が依拠しているはずのたぐいの例においては満たされえないということが、示されなくてはならないであろう。しかし、哲学者の目的に役立ちうるような、何かを言ったり何かを考えたりするやり方のうちのすべてのものとは何なのだろうか。このことこそ、こうした路線をとった診断が注目すべきものであろう。つまり、このことこそ、哲学者が注目しなければならないものなのであり、だからこそ哲学者はそれに到達できないのである。

　もしも哲学者が自分の知識を査定しようとするならば、それが具体的な事例であっても、知識をもっているという主張が自分が考察している具体的な事例でなされていると彼は思い描かなくてはならないのだろうか。彼が査定するために必要なのは、知識の具体例、もしくは、少なくともわれわれがみな知識として認めるようなものの具体例だけであるように見えるであろう。哲学者は、通常の出来事の経過の中で自分は暖炉のそばに腰掛けて紙を一枚手にしているのだと思い描いている（もしくは気づいている)。そして彼は、そこに自分が腰掛けていることを自分がその状況で知っているのかどうか、また、それをどのようにして知っているのかということを自問する。たとえ自分が暖炉のそばに腰掛けていることをそのとき知っているという主張をまったく彼が行っていなくても、それでも彼が、自分がそこに腰掛けていることをそのとき自分が実際に知っているのかどうかを問い、その知識をもっているための基盤となりうるものを発見し、さらに続けてその基盤の信頼性を査定する、ということはありうることのように見える。そこに自分が腰掛けていることをそのとき知っていたという主張をまったく彼は行っていなかったとしても、それでも彼は、そのことを自分は知らなかったとか、あるいは、ことによるとそのことを自分は知ることはできなかったという結論に達するかもしれない。もしそうだとすると、知識をもっているという特定の具体的な主張が、哲学者が興味をもつような状況でなされないからといって、それゆえ彼がその状況で自分が立っている場所について彼が査定できなくなってしまうことになるようには、見えないのである。

私はデカルトの取組みを、自身の知識を再検討する試みとして述べておいた。子供の頃から彼が受け入れてきたあらゆるものの信頼性を彼は査定したかったのである。彼が再検討を望むものごとについて、その一つ一つを知っているという主張を彼が実際にある時点で行ったかどうかは、その取組みにとって不可欠なことではないし、その取組みに対する彼の捉え方にとってさえも、不可欠なことではないように私には見える。ふつうの風邪について私が本当は何を知っているのかを自問したとしよう。そのとき私は、長いこと自分が受け入れてきたと自分が実際に思っているものごとについて、その一つ一つを知っていると現に自分が主張したことがあるとは思っていない。だが、それでも私は、もし私が現にそれらを知っているとしたらそれらをどのように知ったのか、それらを私が受け入れていることは何に基づいているのか、そうした基盤はどれほど信頼できるものなのか、といったことを問うことができる。私は実際には吟味を行わなかったが、もし行ったならば、ふつうの風邪について自分が疑うことなく長年思い込んできたものよりも、ずっとわずかのことしか自分が知らないということに気づくようになるかもしれない。

同様に、認識論者が取り組んでいるたぐいの査定も、知識をもっているという主張が現実になされることを要求していないように見えるであろう。彼は次のことに気づくに至るかもしれない。通常の出来事の経過の中で自分が暖炉のそばに腰掛けているとき、自分がそこに腰掛けていることを知っていると主張していない、ということである。振り返ってみると、彼は、自分がそこに腰掛けていたというのは、自分が疑いもせずに想定していたり、そのように思い込んだりしていただけのことだったと気づくのである。たとえば、推理小説を読んでいるときや、陪審室で協議しているとき、私は次のようなことに気づくようになるかもしれない。ある種のことがらは不可能だったと自分が疑いもせずに想定しており、そして、たとえそれは起こりえないと呟いたり他人に明言したりしたことは一度もないにしても、そのことがらが実際に不可能だと考えるための信頼できる基盤が、実のところ自分にはまったくない、ということである。私が、記憶をたどりつつ、自分が立っていた場所について査定し、それが十分なものでなかったと気づくということはありうる。ある種の事態に対して私がとりうる「態度」――主張、信念、想定、思考、ないしそのほか何であれ、誤っていることに私が気づくかもしれなかったり、検討してみると、正当化できるようなものではないことが判明しうるかもしれないような態度――は、査定すべき何かを私にちゃんと与えてくれるように見える。

だからといって私は、知識の伝統的吟味にとって万事がうまくいくと述べるつもりはない。私はただ、哲学上の懐疑的結論に到達しえないのはなぜなのかについて、より正確な理由をつきとめたいだけである。カヴェルによれば、それは、哲学者が査定しうる知識をもっているという主張には、どれも特定の条件が備わっており、それによって彼の裁定は適切に一般化されることができなくなってしまうからなのである。このことは、立証を試みるに値することのように私には思える。目下私が論じたいのは、そのことを立証するには、哲学者の吟味の対象となる状況ではどんな主張もまったくなされていないことを示す必要はないということだけである。もしも、知識をもっているという特定の主張がなされていないのに哲学者が自らの立つ場所について査定できるかのように見えるとしたら、その場合の診断は、哲学者が実際に行っているどのような査定も、その査定がもっていると彼が考えているたぐいの意義をもつことはありえないことを示すように専念しなくてはならないであろう。これこそが重要な問題であると私は述べているのである。

哲学者が吟味する知識の具体例はどれも人間の知識一般の代表として理解することはできないということや、どんな具体的な査定においても、そこで哲学者が得る裁定はどれもわれわれの知識全体に関する彼が求めるたぐいの一般性をもった結論を支持できないということを示すには、次のことが説明されなければならない。すなわち、哲学者が求めている一般性をもった結論とはどのような種類の結論であり、また、なぜ彼はそうした結論を得ることができないのかということである。一般性をもった結論を彼は求めていたのだ、と言うだけでは十分ではないであろう。というのも、知識をもっているというある具体的な主張についての吟味が、人間の知識についての一般性をもった結論を支えることができないというのは、真ではないからである。紀元前四世紀のシチリア島にリンゴがあったことを知っている、という歴史家の主張を私が吟味し、そしてそれが十分に裏づけられたものであることがわかるかもしれない。これは、紀元前四世紀のシチリア島について何かを誰かが知っているということを示すものであり、そしてこれは、人間の知識についての一般性をもった真理である。もう一つ別の例は、癌の原因について誰も知らない、というものである。このことは、この件に関する過去から現在までの、あらゆる理論、仮説、推測といったものを信用するための根拠を精査することで得られるものかもしれない。G・E・ムーアは、伝統的哲学者の関心にかなり近いように見える結論をわれわれに提示している。自分の目の前に両手があることを知っているという彼の具体的な主張からは、外的な事物が存在していることを彼は知っているということが導かれる。それゆえ、外的な事物が存在していることが知られているということは、人間の知識についての一般性をもった真理である。そうすることでムーアが立証したのは、人間の知識について伝統的哲学者が求めていたたぐいの一般性をもった結論ではない、とわれわれは感じるかもしれない。だが、そう感じられるとしても、それは彼の結論が一般性をもっていないからということではありえない。ムーアの結論は、認識論者が自らの関心である結論を表現したのとまったく同じ、一般性をもった用語によって表現されているのである。

ここで訴えるべきものは、これまでの章で私がさまざまなかたちで注意を喚起しようとしてきた、二つの異なる話し方の区別、ないし、同じ言葉に対する二つの異なる受けとり方の区別である。そういった区別はいったいどのように理解されるべきか、そしてその区別の一方の側から他方の側へ移行するということが、伝統的認識論者が行う反省の中でどのようなはたらきをしているのかということが、こうして懐疑論に対する診断の中心的な問題になる。

こうした問いが、トンプソン・クラークが行った吟味の中心にある。彼の吟味は、哲学者の具体的な査定が何を「代表」しているのかに対して行われる。疑いを提起したり、ある種の可能性を引き合いに出したりすることが、われわれの日常生活の知識にとって不利なものになりうるのはどのようにしてなのか。また、そのような疑いや可能性は、哲学的な査定においてどのような役割を意図されているのか。こうした問題に注目することによって、彼は、懐疑論のような疑いは「多義的」なものであると考える。そうした疑いは「ふつう」の仕方で理解されることもあれば、「哲学的」な仕方で理解されることもありうる。[2] まったく同じかたちの単語の羅列についての二つの受けとり方を区別することが、伝統的認識論者による手順を理解するのに決定的に重要なのである。

私はすでに、クラーク独自のいくつかの例を用いながら、この一般性をもった論点を示そうとした。目下の問題にさらに関連のある別の事例はこうである。

> 一人の科学者が、自分がモルモットとなって、催眠薬の実験をしていると想定しよう。彼は小部屋にいる。慎重に彼は記録をとっている。実験番号一。「午後一時。薬品ZをX錠服用する。……午後一時一五分。眠気を感じ始める。焦点がしっかり合わなくなってきた。……午後六時一五分。さっきまで眠り込んでしまったが、いまははっきり目覚めているし、落ち着いているし、気分は正常だ。もちろん、自分がいま夢を見ているのではないことを私は知っている。しかし、自分は夢を見ているのではなくて本当に目覚めているのだと、眠っているときにも実際に考えていた記憶がある……」(LS、七五八頁)

この実験者によれば、いま夢を見ていないことを彼は知っている。ここで、「彼はそれゆえ、自分が夢を見ていないことをわれわれはそもそも知りうるかどうかという哲学的な問いを肯定のかたちで解決した」と言うことは、ばかげているであろう。それは、第3章で見た講義中の生理学者について、「外界が存在することをそもそもわれわれは知りうるかどうかという哲学的な問いを彼は解決した」と言うのと、同じようにばかげている。実験者や生理学者の発言は、哲学的な問いに答えていないからといって、ちっとも否定されない。それらは、「ふつう」の発言として理解されるべきであって、「哲学的」な発言として理解されるべきではない。このことをクラークに倣って言えば、この実験者が自分が夢を見ていないことを知っていると言って表現した知識は、「ふつう」に知ることなのである。この後に続けて、自分がいま夢を見ていないことをどのように彼が知っているのかについて彼が説明してくれるだろうとは、われわれは思わない。それは、同様の説明が化学の実験に関する詳細な報告に補足されるだろうとわれわれが思わないのと同じである。自分が夢を見ていないということをどのようにして知っているのかという問いは、その人物が知識をもっているかどうかに関連があるようには思えないのである。

私が夢を見ているかもしれないという可能性は、どのようにして日常生活での私の知識にとって実際に不都合なものになるのか。それが不都合なものになるのは、それが本当に一つの可能性――起こりうる何か――であり、さらに、それが、自分が知っていると思っているものを私が知っていることと両立しないという場合だけであることは明らかである。この二つのことは少なくとも、知識に対する難題が、ある種の可能性を提示することで提起されたときに効力をもつための必要条件である。夢を見ている可能性を一つの可能性にしているものは何なのかについて探索を開始するには、自分が暖炉のそばに腰掛けているときにもつことがある考えについて反省すればよい。つまり、自分が数分後に目を覚まし、これらすべてが夢であったことに気づくかもしれない、という考えである。確かに私はそのように考えることができる。その考えは、起こりうる何かを表しているように実際に見える。それが起こりうる何かであるということは、まず否定しがたい。そしてそれは、私の知識を土台から崩すかもしれない。すなわち、実際にもし私が数分後に目を覚まして自分が夢を見ていたことに気づくとすれば、自分の周囲で起きているものごとについて自分がいま知っていると思っていることを私は知らない、ということが導かれてしまうであろう。

クラークの指摘によれば、私が目を覚ましてこれらすべてが夢であったことに気づく、ということが一つの可能性であるためには、疑いの可能性や根拠が「ふつう」の仕方で理解されねばならないことになる。自分が数分前に夢を見ていたことを後で発見する可能性を思い描くとき、私は、自分が何かを知るようになるということを思い描いているのである。その可能性は「ふつう」のこととして理解される、と言うことは、そこに絡んでいる知識は「ふつう」に知ることとして理解される、と言うことに等しい。仮に、「暖炉のそばに腰掛けていることを数分前に夢に見ていたと、私はいま知っている」と後で自分が言うと私が思っているとしよう。このとき私は、このように述べることは「ふつう」の発言だと考えており、「哲学的」な発言だとは考えていない。これは、催眠薬の実験での発言や、講義中の生理学者の発言や、ムーアの日常的な主張といったものとまったく同じようなものであろう。私が自分が後で言うことになるだろうと思い描いているものごとは、「哲学的」な要求、つまり、自分が夢を見ていないことをそのとき知っていなくてはならない、という要求が課されていると理解されるべきではない。そのものごとは、「哲学的」な問い、つまり、自分が夢を見ていないことをわれわれはそもそも知ることができるかどうかという問いに対する、肯定的な応答として理解されてはならないし、それどころか、そうした問いに関連があるものとして理解されるべきではない。このように後になって得られる知識を理解する際には、自分が夢を見ていることを私が発見する可能性によって示されたように、私のはじめの「知識」が攻撃される余地のあるものだと理解されるべきではない。

後になってからなされる知識をもっているという主張が、単に「ふつう」にではなく、「哲学的」に理解されたと想定しよう。すると、自分が後になってから得ることになると私が思い描いている知識、つまり、数分前に自分は夢を見ていたという知識は、次の「哲学的」な難題からの攻撃を寄せつけないものでなくてはならないであろう。「だが、君はどのようにして自分がいま夢を見ていないことを知っているのか。」夢を見ていることについての「哲学的」な問題が生じるのは、どの具体的な時点でも、そのときに自分が夢を見ているのではないことを見きわめる方法がないように見えるからである。よって、その問いに対する応答として、私は何を言えるのだろうか。いまから数分たてばいまよりうまくその問いに答えられるようになるなどということはないであろう。それゆえ、知識をもっているという、後になってからの私の主張は、私の現在の主張とまったく同様に、批判される余地がある。そうすると、もし自分が夢を見ていないことをいま私が知らないならば、以前に自分が夢を見ていたことも、私は知らないのであろう。だが、以前に自分が夢を見ていたことを後で私が知るようになることさえありえないのだとしたら、自分が思い描いていると私がはじめに思っていた可能性は、消え去ってしまっているであろう。それはまったくありえない可能性だということが判明するのである。私がはじめに思い描いていた可能性には、自分が夢を見ていたことを後になってから私が知るようになるということが絡んでいた。だが、もし後になってからのその知識が「哲学的」なものとして理解されるならば、私は決してその知識をもつようになることはできなくなるであろう。したがって、以前に自分が夢を見ていたということを知るようになる可能性を思い描こうとするとき、私は、現実には不可能な何かを思い描こうとしていることになる。私が思い描こうとしたたぐいの可能性はありえないであろう。クラークの言い方に倣えば、その可能性は、「哲学的」に理解されたときには、「それが前提している知るということがら自体を、問いに付す（否定する）のである」（ＬＳ、七六五頁）。その可能性に絡んでいる知識がこの仕方で問われたり否定されたりしない場合にのみ、本物の可能性が存在することになるであろう。よって、数分後にこれらすべてが夢であったことを私が発見するかもしれない、という可能性が、知識をもっているという現在の主張にとって不都合なものとなるのは、それが「哲学的」にではなく、「ふつう」に理解された場合に限られる。

ここから次のことが帰結する。私が目を覚ましてこれらすべてが夢であったことを発見するかもしれないという可能性は、哲学的な懐疑論者が意図しているように世界についての私の知識をすべて問いに付すためには用いることができないということである。たとえその可能性が知識と推定される具体的な一つのものを土台から崩すことに成功したとしても、その事例から得られた帰結を、人間の知識すべてに関する懐疑的な結論にまで適切に一般化することはできない。なぜなら、ある可能性が、知識をもっているという具体的な主張に対して不都合になりうる本物の可能性であるためには、その可能性に絡んでいる知識をもつことが可能でなくてはならないからである。そこで、その可能性によって知識をもっているという具体的な主張が土台から崩されうるのは、土台から崩されたり問われたりしていない世界についての知識が何か存在する、という条件が満たされた場合に限られる。したがって、あのようなかたちをとった夢を見ている可能性を、われわれを取り巻く世界についてわれわれは何も知りえない、と述べる一般性をもった懐疑的な結論の根拠として用いることはできないのである。

ここまでのところでは、伝統的認識論者がこの点で混乱しており、明らかに彼の目論みには利用することのできない可能性を彼は用いることになる、などと言うことにはならないのである。むしろ、何らかの疑われていない知識を明らかに前提している、疑いに対するふだん目にする根拠を反省すれば、これまで述べてきたのとはまったく異なる種類の可能性に見えるものに、そうした根拠が光を当てる際に手助けとなりうる。伝統的認識論者が関心をもっているのは人間の知識一般である。そして、これらすべてが夢であったと私が発見するかもしれないという可能性のみを引き合いに出すことによっては、彼の結論に、彼が求めているような一般性は与えられないであろう。しかし、知ることや発見することをまったく要求しないように見えるほかの可能性も手近にある。つまり、夢を見ていることを私が発見するようになることがそもそもありうるかどうかとは独立の、単に私がいま夢を見ているという可能性のことである。哲学者が問うのは、彼がいま夢を見ていることが可能かどうか、また、自分が夢を見ていないことを彼はどのようにして知りうるのか、ということだけである。彼が夢を見ているという単なる可能性には、まったく知識が絡んでいないように見える。たとえ自分がどんな状態にいるのかが彼には決してわからないとしても、確かにこれは起こりうる何かのように見えるのである。もしそうだとすると、自分が夢を見ていたことを発見するという先に述べた可能性が一般性をもった懐疑的な結論を支持できなくなってしまったのと同じ理由によっては、この新しい可能性がそうした結論を支持できなくなることはない。「このようなかたちをとった夢を見ている可能性は、それが前提している、知るということそのものを、問いに付したり否定したりしている」ということを示すのは不可能であるように見える。というのも、その可能性は何の知識も何の発見もまったく前提していないからである。

クラークの吟味は、いま私が述べたことが正しくないことを示す方向に向けられている。彼の考えでは、私が夢を見ているかもしれないという可能性――これは知識がまったく絡んでいないように見える――がわれわれの知識にとって不都合なものとなる本物の可能性になるのは、ある種のことがらが、

「ふつう」の仕方で現実には知られていないにしても、少なくともそのように知られうる場合に限られる。自分がいま夢を見ているかもしれない可能性――自分がいま夢を見ていることを後で発見する可能性ではない――を思い描くとき、私は、自分が実際にどんな状態にいるのかをいつかは知ることになると想定する必要はない。私がそれを知ることは決してないということもありうると、私は認めるかもしれない。誰かが眠り、夢を見て、そして再び目を覚ますことが単に決してないということは、ありうることのように確かに見える。そして、自分がいままさに夢を見ている可能性を私が思い描くとき、そうしたことがひょっとして自分にも起きているのではないかと思い描くかもしれない。それゆえ、自分がいま夢を見ているかもしれないということを認め、そして、自分がいま夢を見ていること、あるいは、自分が過去に夢を見ていたことを自分が知るようになることは決してないかもしれないということを、私が認めるのには、何の支障もないように見える。私が思い描いている可能性は、自分が実際にどんな状態にいるのかに関する私のもつ知識を含んでいないように見える。しかしクラークによれば、それでもその可能性には、誰かのもつ知識ないし少なくとも知識になりうるものが、確かに絡んでいることになる。自分はいま夢をみている、と私が思い描くとき、実際に自分はある特定の場所のある特定の位置にいる、と思い描いている。さらに、どこに自分がいて何が世界で生じているのかについての真理は、私自身には知りえないとしても、ほかの誰かは知りうるものであるとも、私は思い描いている。たとえば、デカルトの悪霊は私をつねに欺こうと目論むものだが、悪霊自身は、私が実際にどんな状態にいて、私を取り巻く世界で何が起きているのかということを、知っているものと考えられている。そしてここでもまた、悪霊のもつ知識や知識になりうるものは、「ふつう」のものとして理解される。しかし私の考えでは、それが世界についての知識であるための「哲学的」な要求を満たすものではない。

仮に、そのような知識や知識でありうるものが、私が夢を見ている可能性には確かに絡んでいるということを示すことができると想定しよう。すると、ここでもまた、その可能性を用いて一般性をもった懐疑的な結論を支持することはできないであろう。知識をもっているという主張をその可能性が土台から崩すのは、そこで問題となっているのとは別の知識や知識でありうるものが何か存在する、という条件が満たされた場合に限られる。その可能性にどのように訴えたとしても、われわれを取り巻く世界に関することがらのすべては知ることのできるものなのかどうかを、懐疑的哲学者がやろうとしているような仕方で問うことはできない。私は、自分が夢を見ていて、それゆえ、自分を取り巻く世界で何が生じているのかについて自分は何も知らない、と想定することができる。たくさんのほかの人たちも夢を見ていて、それゆえ同じように彼らも何も知らない、と私は想定することができる。さらに、いま目を覚ましていて、世界について何かを知っている人は地球上には誰もいない、と想定することもできる。だがこのことは、哲学的懐疑論が正しいということを意味しないであろう。人間の知識についてのこういった「経験的」ないし「内的」ないし「ふつう」の真理は、人間のあり方についての「哲学的」な結論を述べていない。こうしたことがらは、われわれのうちの誰かが単に目を覚ますとか、誰かがどこかほかのところから地球にやってきて、われわれがどれほど不幸な状態にあるのかを目にするようなことになれば、否定されうるであろう。夢を見ている可能性がそもそもありうる可能性であるということには、われわれを取り巻く世界についての事実を「ふつう」の意味で知る可能性が絡んでいるのだとしたら、一般性をもった懐疑のかたちをとって提出される人間の知識に対するどのような障害も、夢を見ている可能性から導き出されることはありえないことになるであろう。

私が夢を見ているかもしれないという可能性は、世界についての事実を知ることができるということが絡んでいたり、それを前提したりしているのだろうか。もしもそうならば、その前提を無視している伝統的哲学者が、一般性をもった懐疑的結論に達していないにもかかわらず、それに自分が達したと考えてしまうということが、どのようにして可能なのかを、われわれは説明できる場所に立っているのかもしれない。われわれは次のことがわかるかもしれないのである。すなわち、懐疑論者が依拠しているたぐいの可能性が、彼の具体的な査定でうまくいっているのと同様にうまくいくためには、その可能性は、そこから一見するとごく自然に導かれるように見える懐疑的な帰結をもつものとして理解されてはならない、ということである。

このような満足のいく結論は、どうやって確証されるのだろうか。ここで関与している問題がどれほど複雑なものになると見込まれるのか、そして、診断が成功するにはどれほど深くまで進まねばならないのか、こうしたことについてすでにある程度の考えを私は提供したものと思っている。クラークによれば、私が提供した考えはきわめて豊かで表面上は強力に見えるものまでも問うことになる。すなわち、客観性についての、ないし、客観的世界に関してわれわれが考えることができるのはどのようにしてかについての、私が第2章で伝統的哲学者のうちに見出した標準的な捉え方というものと同じくらい強力に見えるものまでも、問うことになる。もしも、私が伝統的哲学者のうちに見出したその標準的な捉え方が十分理解できるものであるならば、自分が夢を見ているかもしれないという考えをわれわれがもつことができるためには、われわれを取り巻く世界についてそもそも何かを知ることができると想定する必要はなくなるであろう。このように言うことは、おそらく、「クラークにとっては、もしも伝統的哲学者のそうした標準的な捉え方が理解できるものであるならば、懐疑論は正しいものになるであろう」と言うことに等しい。これに反対する立場をとる彼の考えは次のようなものである。

私がいま眠っていて夢を見ているのかもしれないという可能性は、想像することができない。ここで仮定しているのは、外部にいるほかの人は誰も私と同じ理由で私と同じ境遇にいるために、つまり自分は眠っておらず夢を見ているのでもないと彼らも知ることができないので、彼らは私を取り巻く本当の状況を知ることができないということである。もし、デカルトの悪霊や神はどのようにして自分も夢を見ていないことを知りうるのかとわれわれが自問するならば――そして彼らもそれを知りえないのだとわれわれが認めるならば――、デカルトの可能性が有意味に見えることさえあるのだろうか。（LS、七六六頁）

こうした条件の下では、その可能性は有意味なのか、そうでないのか。ここでわれわれは、ある種のことがらが想像可能かどうかを、われわれはどのようにして見きわめることができるのかという難問に直面する。一つの方策は、それを想像しようとしてみて、何が起きるのかを見ることである。もちろん、これで決着がつくわけではない。というのは、私がいまもっている思考を私がもつことを可能にしているものは、私から隠されているかもしれないからである。自分が想像していると思っていることがらとはまったく対立するものを、私はひそかに前提しているかもしれない。だが、たとえ目下の状況がそのようだとしても、そのことは少なくとも、はっきりとはわからないのである。

私がいま夢を見ているということはありうるのだろうか。正しい答えは「ありうる」であるように私には見える。しかしもっと重要なことがある。さらに私が想像を進めて、地球上でもほかのどこでもいいので、そこにいる人たちもまた、自分が目を覚ましているのか夢を見ているのかを決して知ることができず、そのため、私がいま夢を見ていることを彼らは決して知ることはできないとしよう。このように想像しても、なおも私がいま夢を見ているというその可能性は、相変わらず有意味であるように私には見えるのである。さらに、私の状態に関する真理は誰にも知られていないし、そもそも誰かが知りうるものではない、といった考えを付け加えても、私がもともと思い描こうとした夢を見ている可能性には何も影響はないように私には見える。もちろん、この点について私は間違っているのかもしれない。しかし、それはどうやったら判断できるのだろうか。

クラークは次の事実を重く受けとめている。伝統的認識論者の反省の中で通常提示されるたぐいの可能性が含意するものをわれわれが認め、それにちゃんと従っているとき、その可能性が実現しているかどうかは自分以外のどの人も知ることができないということを、われわれははっきりと具体的に述べていないという事実である。われわれが、まさにいま自分が夢を見ていることがありうるかどうかを自問するとしよう。そのときわれわれは、われわれが夢を見ているかどうかは自分以外のどの人もそもそも知ることができないと強く主張することまではしてもいない。仮に、悪霊が現れてわれわれを欺くとか、悪意をもった生理学者が巧妙にわれわれの脳に信号を与えて、われわれを取り巻く世界についてわれわれは何も知っていないと確信させる、とかいったことを思い描くようにわれわれが言われたとしよう。そのとき、その悪霊自身は誰かが自分をだましているのではないとどのようにして知っているのか、とか、その生理学者は自分の脳が、われわれの脳についてわれわれが想定したように巧妙に信号を与えられているのではないとどのようにして知っているのか、とかといったことを、われわれはいきなり問うたりはしない。私はただ、その可能性を最初に記述されたかたちで受け入れて、その上で、その可能性が含意することがらのうち、私に関わるもの、つまり私が何を知ることができて何を知ることができないのかに関わるものについて、頭を悩ませるのである。

こうしたことは事実であると私は思う。通常われわれは、ほかの人が何を知ることができて、何を知ることができないのかについてさらに自問することはない。そしておそらく、だからこそ、懐疑論者が提示するような当の可能性が現に作用するかたちでわれわれに対して作用するのである。だが、そのような問いを立てることを控えたり、われわれを取り巻く世界について他人がものごとを知りうると暗に前提したりしなければ、当の可能性が本物であると認識することはできないということは、なかなかわかりにくい。何が本当は起きているのかについて、他人や悪霊や生理学者はどのようにして知りうるのか、また、そもそも彼らは知りうるのかどうか、といった問いが現に生じるとしよう。このとき、彼らも知りうるということになれば、私が思い描こうとしている可能性が理解できるものであることが怪しくならざるをえないということは、認めることができるように私には見える。仮に、自分がそのような状態にあるために、私を取り巻く世界で何が起きているのかについて知らないかもしれないという可能性を私が認めるとしよう。そしてまた、他人も同じ状態にありうること(それはありうることのように私には見える)に私が気づくとしよう。そうすると、そうした他人も、世界で何が起きているのかについて知らないことになるように私には見える。われわれはみな同じ境遇にいることになるのである。最初の可能性が一つの可能性であるように見えたのと同じくらい、これも一つの可能性であるように私には見える。

デカルトの『省察』は一人称で書かれているが、私がそれを読むとき、私は単に次のように言ったりはしない。「ルネ・デカルトはなんて変わった人なのだろう。自分が目覚めているのか夢を見ているのかを見分けることができないとは。」デカルトの言うことがともかくも説得的だと私が思うならば、私は、彼の一人称的発話は私にも発話されうるものだということを認識している。そして、それゆえ自分の知識について彼が真だと見なしているものは、私の知識についても真であるということを私はすぐに理解するのである。そしてもちろん、ルネ・デカルトと私だけが、不幸な認識論上のハンディ・キャップを共有しているとは私は思っていない。彼と私が抱いたのと同じ考えは、誰でも抱けるし、実際すべての人が抱けるものである。仮に、自分がいま夢を見ていることがありうると私が認めることから、自分が目覚めているのか夢を見ているのかを私は決して知りえないことが帰結するということを、私が理解しているとしよう。さらにまた、その点ではほかのすべての人も私とまったく同じだということを、私は理解しているとしよう。そうだとすれば、自分が目覚めているのか夢を見ているのかを決して誰も知りえないということを、私は理解しているのである。仮に、悪霊や狡猾な科学者がいろいろな操作をして、私を取り巻く世界で何が起きているのかを私が知りえないようにしてしまったのだと、私が思い描いたとしよう。この場合でも、デカルトと私が抱いていたのと同じ考えを、デカルトは彼自身にあてはめることができるし、私も自分にそうした考えをあてはめることができるように私には見える。もしそうだとすると、そうした考えがあてはまる人たちはみな、同じ場所に立っていることになるであろう。このように人間のあり方について反省を加えるならば、われわれを取り巻く世界については誰も何も決して知ることはできない、という結論に私は至るであろう。つまりは、懐疑論はわれわれの立っている場所についての正しい説明であるという結論である。仮に、そのような反省を行ってもそこから哲学的な懐疑論は導かれない、ということが、夢を見ている可能性がそもそも一つの可能性であるための条件であるとしよう。そうすると、懐疑的な結論を導き出そうとする場面で、自分がいま夢を見ているかもしれないというのは、本当はまったく可能なことではないと、気づくことになるはずである。しかしながら実際には、私が夢を見ている可能性は、これまでとまったく変わらず、一つの可能性であり続けるように私には見える。

私は、こうした考えが最終的なものではないことを強調しておく。たとえわれわれを取り巻く世界について誰も何も決して知りえないとしても、私がいま夢を見ていることは可能なことのように見える。そして、夢とは何であるのかを私が理解するためには、夢を見ている人を取り巻く環境についてものごとを誰かが知ることができなくてはならない、と想定する必要はないように見える。だが、可能なことであるし理解もできることでもあるように見えるものが、そのようなものではないと判明するかもしれない。クラークの見解によると、暗黙の知識や知識でありうるものが、夢を見ている可能性に絡んでいるにちがいないということになるが、そういったものをわれわれはどうにかして例示したり説明したりする必要がある。

　世界について決して誰もものごとを知りえなくても、夢を見ている可能性は理解できるものであると、私は考えているようである。そのように私に見えるということのうちに、おそらくは、客観性に関しての、あるいは、客観的世界について思考することがどのようにしてわれわれに可能になるのかに関しての、伝統的捉え方だと私が第2章で呼んだものに、いまだに私が執着していることが現れているのである。私の考えでは、自らをそうした捉え方から解放して、どうしてその捉え方が正しいことはありえないのかを理解することは、非常に困難である。こうした見方によれば、私が夢を見ているかどうかということは、単に私がどのような状態にいるのかという問いにほかならない。問題になっているのは、私が夢を見ていることが真となるような条件が満たされているかどうかということだけなのである。「私は夢を見ている」が真であるということは、われわれを取り巻く世界で何が起きているのかを誰かほかの人が知っているかどうか、また、そもそも知ることができるかどうかについて、肯定的にせよ否定的にせよ答えを与えてくれるようなものを何も含意していない。そのためこの見方によれば、たとえ何が本当は起きているのかを誰も決して知りえないとしても、夢を見ていることは少なくとも可能なことになるであろう。したがって、哲学的懐疑論を私がたったいま素描したようなやり方で防ぐことはできないであろう。哲学者が自らの具体的な査定から人間の知識一般についての結論へと一般化を進めるとき、彼には、自分の提起する難題が具体的な事例でもつ効力をもてるようにしている前提の一つを、否定するなり撤回するなりすることが避けられないということを、示すことはできないであろう。

世界について知ることが可能であるということを前提しなければ、夢を見ている可能性は、われわれの知識をいまのような仕方で土台から崩すことはできない、と主張された。もしもその主張が真だとしたら、伝統的捉え方は、完全に一貫したものではありえない。それは、客観的世界についてわれわれが考えることがどのようにして可能であるのかについての、正しい説明にはなりえないのである。したがって、夢を見ている可能性が実際にどのような役割を果たしているのかを調べることは、そうした捉え方の理解可能性を調べることであろう。世界の事実についての問題のない何らかの知識が、夢を見ているという本物の可能性のどれにも前提されていたり絡んでいたりするということ、そしてより一般的なこととして、ある種の可能性だけがわれわれの知識を脅かしうるのだとすれば、その可能性は「ふつう」に、「内的」に、「経験的」に理解されなければならないということは、どのように示されうるのだろうか。そのことが示されたとすれば、世界に対するわれわれの関係についての完全に「外的」ないし「哲学的」な捉え方が強調されるときには、本当のところそれは錯覚なのであって、われわれが自分について一貫性をもって考えることができるやり方ではまったくないことが示されるはずであろう。

私は、どのようにしてカントの見解が懐疑論を防ぎ、伝統的捉え方に取って代わったのかを示そうとした。ただしカントの手段は、われわれに「超越論的」理論を与えるというものだったのだが、その理論は、仮にわれわれに理解できるものであるとすると、それが置き換わるつもりだった観念論と比べても、少しも満足のいくものになっていないように見えるのである。また、検証主義がどのように伝統的捉え方に真っ向から反することになるのかを私は示そうとした。彼らが言うには、有意味なものはすべて真であるか偽であるかが知られうるものであり、ものごとを理解するには「経験的」なやり方しかないのである。しかし私は、彼らの言うことに従って伝統的捉え方が一貫性を欠いていることを立証するためには、検証可能性原理を独立に支えるものがなくてはならないと論じたのである。そして、その原理をどのように支えるとしても、その支えが確かに意図されたとおりの哲学的な帰結をもちながらも、「経験的」にしか理解できないものであるのかどうかは、まだ確認されていない。ここでの課題は、伝統的捉え方が一貫性を欠いていることを明らかにすることであり、場合によっては、われわれに理解できる代替案を提供することまでも含まれる。ただしこの課題に取り組む際には、再び観念論の一形態に陥らないようにしなくてはならない。つまり観念論は、世界の独立性ということに関してわれわれがすでに知っていることがらと対立したり、われわれがすでに意味をしっかり理解しているたぐいの客観性が理解できるものであることを否定したりしてしまうからである。

この課題を果たすことはできるのだろうか。われわれに満足のいく説明はありうるのだろうか。これらの問いへの答えを手にするまでは、われわれは哲学的懐疑論の根底に達したことにはならないであろう。

註

第1章

（1）ここで扱う問題のように、完全に一般性をもったかたちの問題は、デカルトがはじめて提起したものであって、これとまったく類似したものは哲学史上デカルト以前には見られない、という議論がある。次を参照せよ。M. F. Burnyeat, 'Idealism and Greek Philosophy: What Descartes Saw and Berkeley Missed', *The Philosophical Review*, 1982.

（2）デカルトの第一省察の冒頭を参照せよ。*Meditations on First Philosophy* in *The Philosophical Works of Descartes*, edited and translated by E. S. Haldane and G. R. T. Ross (2 vols., New York, 1955), vol. I, p. 145.［邦訳：『省察』（『省察・情念論』、井上庄七・森啓訳、中公クラシックス、二〇〇二年所収）、一〜一三四頁。］（以下、HRと表記。）

（3）HRに収められているデカルトの次の著作を参照せよ。*Discourse on the Method of Rightly Conducting Reason and Seeking Truth in the Sciences*, pp. 81ff.［邦訳：『方法序説』（『方法序説ほか』、野田又夫訳、中公クラシックス、二〇〇一年所収）、一〜九五頁。］

（4）G. E. Moore, *Philosophical Papers* (London, 1959), p. 245.

（5）H・H・プライスが一九六二年の講義であげた、忘れがたい例である。私の印象では、プライスは自身が実際に見た幻覚について話していたようである。

第2章

（1）次を参照せよ。P. Edwards, 'Bertrand Russell's Doubts About Induction', in A. Flew (ed.), *Logic and Language*, First Series (Oxford, 1955).

（2）J. L. Austin, *Sense and Sensibilia* (Oxford, 1962), pp. 4–5.［邦訳：『知覚の言語——センスとセンシビリア』、丹治信春、守屋唱進訳、勁草書房、一九八四年、一六頁。］

（3）*Sense and Sensibilia*, p. 5.［邦訳、一六頁。］

（4）昨今の多くの哲学者はいくらかこうしたことに基づいて懐疑論に反論してきた。こうした考えの一例は次の文献である程度詳しく展開されている。F. Dretske, 'Reasons and Consequences', *Analysis*, 1968; 'Epistemic Operators', *The Journal of Philosophy*, 1971. 同じ路線のさらに最近の例は次を参照せよ。R. Nozick, *Philosophical Explanations* (Cambridge, Mass., 1981), ch. 3.［邦訳：『考えることを考える（上）』、坂本百大訳、青土社、一九九七年、第三章。］私は、基本的な考えはオースティンにうかがえると思っている。

(5)J. L. Austin, 'Other Minds', in his *Philosophical Papers* (Oxford, 1961), p. 45.［邦訳：「他人の心」、坂本百大訳、『オースティン哲学論文集』所収、勁草書房、一九九一年、一〇六頁。］（以下、OMと表記。）

(6)この関係が成立するとオースティンが信じる理由は、おそらく、彼が「言語の通常の手順」と呼ぶものの捉え方にうかがえるはずである。彼によればその「手順」は、次のように「図式化」される。もし、十分「これはCだ」と言ってよいものとしてあらかじめ受け取られた諸特徴の複合体が、「限定された状況で、ほかの特定の限定された特徴や特徴の複合体を伴って現れたり、それを導いたりするようになるとすれば、その結果、われわれのさまざまな観念を改訂することが望ましく思われるのだが、そのときわれわれは、「これはCのように見えるが、実は模型にすぎない、等々」ということと、「これは実在している本物の（生きている、正真正銘の、等々）Cだ」ということとの間に区別をつけるだろう。……もし、そうした特定の限定された特徴が、あらゆる限定された状況下（ある特定のテストを行ったときに、いくらか時間が経過した後で、等々）でも必ず現れるものではないのであれば、その特徴は、「実在している本物の」と「模型の、空想上の、等々」との区別の基礎とするには適さない特徴なのである（OM、五七頁［邦訳、一二七頁］）」。

(7)一二七頁以降を参照。

(8)*Sense and Sensibilia*, pp. 48-9.［邦訳、七八頁。］

(9)C. I. Lewis, *An Analysis of Knowledge and Valuation* (La Salle, Illinois, 1946), p. 180.

(10)Thompson Clarke, 'The Legacy of Skepticism', *The Journal of Philosophy*, 1972, pp. 759 ff.

(11)もちろんこの事例は、非現実的な仕方で制約されているように見えるであろう。ある人は、おそらく次のような状況ならば、飛行機がFだと告げることができるであろう。つまり、その飛行機の真横まで飛行していってその側面にあるマークを見たり、飛行機を撃ち落として分解し、工場のリストで製造番号を確認したりするような状況である。具体的な飛行機がFであることをこのようにして知ることは不可能なことではない。だが、上空を遠くから眺めるように制約されている監視兵は、どんな飛行機についても、それがFであることを決して知ることはできない。重要なのは、この制約は、監視兵が言うことの意味や彼らがそのように言うための理由に対して、必ずしも何か影響を与えているわけではないということである。

(12)ピーター・アンガーは、しっかりと、懐疑論を彼が擁護する際にこの区別が重要であることを強調している。彼は、「絶対名辞（absolute terms）」と自身が呼ぶ名辞

(たとえば「平らな」や「空っぽの」のような名辞)のクラスを特定している。その名辞は、たとえそれが適用される事物のうちのどれかが文字どおり真になることは決してなくても、多くの状況で適切なかたちで適用されているような名辞のことである。この特徴は、この言語表現をわれわれが実際にしているように使用したり理解したりすることにはまったく障害にならないということが示されている。アンガーにとっては、「確実な」についても同じことが成り立つ。また、知識は確実性を含意するから、「知っている」についても成り立つ。したがって、そうした名辞をわれわれが使用していることは、懐疑論が文字どおり真であることと両立する。懐疑論は使用の事実に反しているという非難から懐疑論を擁護するために、意味と使用との関係についてのアンガーの捉え方を用いることができることは私は認める。私が認めないのは、「絶対名辞」についての自らの理論のみに基づいて、アンガーは懐疑論を立証できる、という点である。独断的になることなく世界について何らかの確信をもつことなど誰にもできない(したがってそうしたことを誰も知らない)、ということを示すための彼の議論は、私の考えでは、デカルトの要求に匹敵する威力をもった過程を不可欠なものとして使用しているのである。デカルトの要求とは、自らを取り巻く世界についてわれわれが何かを知っているためには、われわれは自分が夢を見ているのではないことを知っていなくてはならない、というものである。この要求がなければ、「確実な」や「知っている」のもつ「絶対性」は、懐疑的結論を導かないであろう。そして私がここで示そうとしてきたのは、この要求があるために、われわれは懐疑的結論を生み出すために必要なものをすべて得ており、それゆえ「絶対名辞」の説は必要ではない、ということである。アンガーに対するこうした評価と批判について、もう少し十分に論じたものについては、私の次の書評を見よ。'P. Unger, *Ignorance: a Case for Scepticism* (Oxford, 1975)', in *The Journal of Philosophy*, 1977.

　言語上に現れるぎこちなさや不適切さの源泉を詳しく求め、意味と使用をアンガーや私がここで依拠するようなやり方で区別することは、言語哲学への根本的な批判と、言語とコミュニケーションについてH・P・グライスが著した重要な仕事の中で示されている、非常に一般性の高い理論との根拠を形成している。グライスのその仕事には、ここでの問題のみならずほかの問題についても、私の思索の多くの部分が負っている。彼の次の著作を参照せよ。'The Causal Theory of Perception', *The Aristotelian Society: Supplementary Volume* XXXV, 1961; 'Logic and Conversation' in D. Davidson and G. Harman (eds.), *The Logic of Grammar* (Belmont, California, 1975); and the William James Lectures delivered at Harvard

University in 1967.［訳註：ここにあげたグライスの文献はどれも現在では次の論文集に収録されている。P. Grice, *Studies in the Way of Words*, Harvard University Press (Harvard, 1989).［抄訳：『論理と会話』、清塚邦彦訳、勁草書房、一九八八年。］］

第３章

（1）G. E. Moore, 'Proof of an External World', in his *Philosophical Papers* (London, 1959), p.127.（以下、ＰＰと表記）。

（2）N. Malcolm, 'Moore and Ordinary Language', in P. A. Schilpp (ed.), *The Philosophy of G. E. Moore* (New York, 1952), p. 348.（以下、Sと表記。）［訳注：これ以降たびたびSとして言及されるこの本には、多くの論者がムーア哲学について寄稿しており、それに対するムーア自身からの応答も収録されている。本章で特にとりあげられているマルコムの論文は三四三～三六八頁に、アンブローズの論文は三九五～四一七頁に、ムーアからの応答は五三三～六七七頁に、それぞれ収録されている。］

（3）N. Malcolm, 'George Edward Moore', in his *Knowledge and Certainty* (Englewood Cliffs, N. J., 1963), p. 177.

（4）N. Malcolm, 'Defending Common Sense', *The Philosophical Review*, 1949, p. 209.

（5）A. Ambrose, 'Moore's "Proof of an External World"', (S, 399).

（6）L. Wittgenstein, *On Certainty* (Oxford, 1969), §1.［邦訳：『確実性の問題』（『ウィトゲンシュタイン全集９』、黒田亘訳、大修館書店、一九七五年所収）。］

（7）N. Malcolm, 'Moore and Wittgenstein on the Sense of "I Know"', in his *Thought and Knowledge* (Ithaca, N. Y., 1977), p. 171.（以下、ＭＷと表記。）

（8）N. Malcolm, 'Defending Common Sense', *The Philosophical Review*, 1949, pp. 203 ff. これら三つのそれぞれが知識の必要条件であるとマルコムは考えているのか、それとも、これら三つの選言だけが知識の必要条件であると考えているのか、それは完全には定かではない。

（9）Clarke, 'The Legacy of Skepticism', p. 756.

（10）G. E. Moore, *Philosophical Studies* (London, 1958), p. 228. 私はM・ラゼロウィッツと同様、ムーアの行った二つのことに対立はないと思っている。つまり、そうした問いを深刻に受けとる必要はないと述べたことと、そのような問いについて書き続け、しかも外界の証明まで与えたこととの間には、対立はないと思っている。それだけでなく、自分の行った「論駁」がもつ威力について、ムーアが相反する感情をもっていたということも示されはしないと私は考える。ある種のことがすでに知られているということを、われわれが何度も繰り返し述べているとする。それもとりわけ、ほかの人がそのことをしつこく否定しようとしているように見える場合にである。この場合、それが知られているかどうかが深刻な問いであるとわれわれが少しでも考えているということは示されない。また、ムーアは「外界の証明」の中で、外的な事物があることを証明することはできるか、というもう一歩進んだ問いに専念している。だがそのことによって、物質的な事物があるのかとの問いや、それがあることをわれわれは知っているのかとの問いが、ムーアにとってどんな意味であれ深刻だということは示されない。次を見よ。M. Lazerowitz, 'Moore's Paradox' (S, 374).

(11) ムーアの論文のほとんどは、講演を依頼された際に発表されたものであるが、そのことを踏まえておくことには意義がある。ムーアの論文は、聴衆に聞かせるためのものであり、何らかの機会のために特別に書かれたものであった。つまり、ムーアがただ発表したのではなかったのである。「常識の擁護」を行うその論文は一見例外のように見えるが、この論文でさえ、本への寄稿を依頼された際のものである。ちなみにこの本の著者たちは、「哲学の主要問題と自らが考えるもの、また、自らの思索の中心に据えようと努めてきたものを、正式に著述する機会を与えられたのである」(J. H. Muirhead (ed.), *Contemporary British Philosophy*, First and Second Series (London, 1925), p. 10)。「常識の擁護」は注文を受けて書かれたのであって、ムーアが自発的に哲学界へと提供したのではなかったのである。

(12) 以下が二つの「原理」である。(一) 直接に把握していないものが存在するということを知るためには、直接に把握した何らかのものについて、それが前者の存在するしるしだということを知らなければならない。(二) 一方が他方のしるしだということを知るためには、それら両方の種類のものを直接に把握しなければならない。(一) と (二) から、物質的な事物の存在は誰にも知りえないということが導かれるのは、明らかに、物質的な事物が直接に把握されえない場合だけである。ムーアが現に信じているところによれば、「自らの意識のはたらき、直接に把握したセンスデータや像、これらのもの以外のいっさいに関しては、その存在を直接的な把握によって知ることが決してできない」(G. E. Moore, *Some Main Problems of Philosophy* (London, 1958), p. 111)。なぜムーアはこのテーゼを受け入れるのか、私には理解できない。デカルトが行うような懐疑的論法があった場合、われわれはそれを受け入れるに至るかもしれない。だがムーアに関しては、そのような論法がもつ威力から免れているように見える。それだけでなく、このセンスデータのテーゼがもつ懐疑的な帰結を、ムーアはどうして見過ごしているのか、それも私は理解できない。ここでの私の困惑があてはまるのはムーアだけにとどまらない。数多くの哲学者が、このようなテーゼを主張しておきながら、それと同時に、自らを取り巻く世界についてのことがらを知っていると信じているように見える。

(13) *Some Main Problems*, pp. 119–20.

(14) *Some Main Problems*, pp. 125–6.

(15) ムーアがここで語っているのは、具体的な事例を提示するということについてである。つまり、物質的な事物の存在をわれわれが知っている場合としてあげられる具体例を提示するということについてである。そしてムーアがそうするのは、「物質的な事物の存在をわれわれは知っている」ということを証明するためである。アンブローズへの応答の中で、ムーアは次のように述べている。すなわち、彼は外界の証明を行うことで、「外的な事物があることを誰も知らない」ということの論駁をするつもりは決してなかった、と言うのである。アンブローズはこの区別をしていないとして、ムーアは彼女を非難している。ムーアは次のように付け加える。「私はそのこと［「物質的な事物があることについては、誰も確信をもって知ってはいない」］が偽であるということを、そのような単純な仕方で証明することができるとまで自分が言おうとしたとは思わない。単純な仕方とは、たとえば、片手をあげて「この手が物質的な事物であることを私は知っている。したがって、少なくとも一人の人が、少なくとも一つの物質的な事物があることを知っているのである」と言うことである」(S、六六八頁)。ところがこれは、ムーアが一九一〇年の講義で現に述べていることとまったく同じに見える。後になってからこのように打ち消したことにおいて、ムーアは間違っているのか。あるいはそうではなく、自分の手をあげて、「この手が物質的な事物であるということを私は知っている」と言う際、物質的な事物の存在を知っている場合としてあげられる具体例を自分が提示しているとムーアは見なさないのか。そのどちらかである。なぜそう見なさないのか、私にはわかりかねる。したがって、私はこれからも、彼の行った外界の証明に関しては、外的な事物があることをわれわれが知っているということも同時に含意するものとして扱うことにする。

(16) B. Russell, 'Logical Atomism', in R. Marsh (ed.), *Logic and Knowledge* (London, 1956), p. 323.

(17) G. E. Moore, *Lectures on Philosophy* (London, 1966), p. 185.

(18) この仮定ないし要求が、デカルトの論法において、懐疑論へ至るのを避けられなくしていると思われたのである。ムーアが無批判にそういう要求を受け入れるのはなぜなのか、私には理解できない。ムーアはそれをどこでも説明していないのである。夢を見ているとしたら、自分が立っていることを知らない、という（「夢に関する否定できない事実」と私が呼んだ）ことを説明してから一頁半後に、彼はただちに結論を述べている。「それゆえ、私はこの議論の次の部分には賛成する。すなわち、……自分が夢を見ていないことをいま知らないならば、自分が立っていることを知っているわけではないということが導かれる、という主張を行う部分には賛成する」（ＰＰ、二四七頁）。ここでの「それゆえ」が示しているのは、以前述べた「夢に関する否定できない事実」から、ここで受け入れられている認識論的な要求が導かれるとムーアが考えているということである。それがどうして導かれるのか私にはわからない。第1章でも述べたが、仮にそれが導かれるのなら、外界についての懐疑論は正しいことにならざるをえない。その理由は、こうした認識論的な要求はただちに懐疑論につながるからであった。そして、それが「否定できない事実」から導かれるならば、その要求は必ず真なのである。

(19)ムーアによる序文と、二五一頁のC・ルーイによる注を参照せよ。

(20)M. F. Burnyeat, 'Examples in Epistemology: Socrates, Theaetetus and G. E. Moore', *Philosophy*, 1977, pp. 396–7.

(21)Burnyeat, p. 397.

(22)Burnyeat, p. 396.

第4章

(1)*Immanuel Kant's Critique of Pure Reason*, translated by N. Kemp Smith (London, 1953), Bxl. ［邦訳：『純粋理性批判』、篠田英雄訳、岩波書店、一九六一年。］（以下、第一版をA、第二版をBと表記。頁数はドイツ語原版に基づく。）［訳注：これ以降のカントからの引用箇所については、訳語の選択は基本的に以上の邦訳にしたがった。ただし、一部の訳語（たとえば、Wirklichkeit や Erkenntnis など）については、ドイツ語と英語の双方を比較参照し、本書全体の内容を考慮に入れた上で変更を行った。］

(2)こうしたたぐいの説明がもっている特徴のいくつかについては、次を参照せよ。W. Dray, *Laws and Explanation in History* (Oxford, 1957). イズリアル・シェフラーのおかげで、こうした説明と伝統的認識論の取り組みとの関連に私は注目するようになった。

(3)引用部の最後の語はドイツ語では「wirklich」である。私はこれを「実在する（real）」と訳したが、ケンプ・スミスは「現実的である（actual）」と訳している。

(4)こうした方針に基づいて両者を区別することについては、G・バードが以下の文献において有益な議論を展開しており、ここでの私の議論も彼の議論を下敷きにしている。G. Bird, *Kant's Theory of Knowledge* (London, 1962).

(5)ここにも、表現が有意味であることから世界についての事実へと進む「パラダイム・ケース論法」の落とし穴が待ちかまえている。本書一三〇頁以降で述べたことを参照せよ。

(6)「直接的」な知覚と「間接的」な知覚を経験的に区別する方法は一つとしてなく、あるのは数多くの異なった経験的対比だけである、としてみよう。すると、カントの実在論を述べる際に用いられる「直接的」な知覚という概念は、明らかに、「経験的」に理解されるべきではない。この概念がきちんと表現している経験的概念などというものは、一つとしてないのである。私が以下の議論において示唆しているのは次のことである。すなわち、両者を経験的に区別するやり方がたとえ一つあるとしても、カントの経験的実在論のテーゼを述べる際に用いられる「直接的」な知覚という概念は、それ自体「経験的」に理解されるべきではない。経験的実在論のテーゼとは、「超越論的」なテーゼなのである。

(7)もっとも、カントはうっかり筆を滑らせることがままあって、「超越的」を用いるべき箇所で「超越論的」を用いていることもある、ということは認めなければならないが。

(8)この一節については、ケンプ・スミスの訳文に少しだけ手を加えている。

(9)表象はわれわれから独立した対象に対して認識論的なプライオリティをもっているという説があったが、ここでは、その説が経験的な水準から超越論的な水準へと移っただけであるように見える。このことがおそらくます明らかにしていることというのは、こうした説を完全に回避しつつ、世界についてわれわれが知識をもつことはどのようにして可能かを一般性をもったかたちで真面目に説明しようとすることは、きわめて難しいということである。

第5章

(1)ここで中心となっているいくつかの問題を説明しているものとしては、次の論文を見よ。C. G. Hempel, 'Empiricist Criteria of Cognitive Significance: Problems and Changes,' in his *Aspects of Scientific Explanation* (New York, 1965).

(2)次の文献を見よ。R. Carnap, 'Pseudoproblems in Philosophy', in his *The Logical Structure of the World and Pseudoproblems in Philosophy* (London, 1967).（以下、PsPと表記。）

(3)R. Carnap, 'Empiricism, Semantics and Ontology', Supplement A of his *Meaning and Necessity*, Second Edition (Chicago, 1958), p. 207.［邦訳：「経験主義、意味論、及び存在論」、『意味と必然性』、永井成男ほか訳、紀伊國屋書店、一九七四年所収、二五五頁。］（以下、ESOと表記。）

(4)W. V. Quine, *Word and Object* (Cambridge, Mass., 1960), p. 275.［邦訳：『ことばと対象』、大出晁ほか訳、勁草書房、一九八四年、四九五頁。］

(5)カルナップの指摘によれば、「ここで外的な問いと呼ばれた問いがもっている非認知的性格」は、ウィーン学団によって強調されていた。そして、「外界が実在するというテーゼも、実在しないというテーゼも、擬似言明だとして」ウィーン学団が拒否することを説明する際、彼は明示的に、自身の *Pseudoproblems in Philosophy* という著作とシュリックの 'Positivism and Realism' という論文を参照指示している（ＥＳＯ、二一五頁［邦訳、二六五頁］）。そして、これらの論考においては、有意味性の検証可能性原理に訴えかけることだけを頼りとして、問題としているそれらの「テーゼ」が無意味であることが示されているのである。

(6)たとえば、カルナップが「意味基準（The Meaning Criterion）」について概要を描いている箇所（ＰｓＰ、三二五〜三二八頁）を見よ。

(7)ヘンペルが示した古典的な「認知上の意義についての経験主義的な基準（Empiricist Criteria of Cognitive Significance）」に加え、次の論文も見よ。'The Theoretician's Dilemma: A Study in the Logic of Theory Construction' in his *Aspects of Scientific Explanation*.

(8)この要求は、「帰納法」を正当化するという問題を解決しようとする際に、部分的に引き受けられた。その際に説明が目指されたのは、「肯定的証拠」であると通常見なされるものが多くなるほど、仮説を信じるべき理由が多くなるのはどのようにしてなのかについてであった。ここで、興味深い点がある。帰納法の問題と格闘した検証主義者たちは、自分たちの原理に単に訴えることでその問題全体を無意味であるとして排除するのでは、よしとしなかったのである。その問題が無意味であることが検証可能性原理から導き出されることは、外界についての問題が無意味であることの場合とまったく同じであるにもかかわらずである。こうして、「帰納法」に関してヒュームが行った懐疑的議論の背後にある「正当でない」想定が何であるかをある程度詳しく暴き出すという試みについては、外界についてデカルトが行った議論という似たような事例に対する試みについてよりも、多くのことがなされたのである。

第6章

(1)W. V. Quine, *Word and Object*, pp. 275–6.［邦訳：『ことばと対象』、四五九頁。］（以下、ＷＯと表記。）

(2)W. V. Quine, *The Roots of Reference* (La Salle, Illinois, 1974), p. 1.（以下、ＲＲと表記。）

(3)W. V. Quine, 'Epistemology Naturalized', in his *Ontological Relativity and Other Essays* (New York, 1969), p. 83.［邦訳：「自然化された認識論」、伊藤春樹訳、『現代思想』一九八八年七月号所収、五七頁。］（以下、ＥＮと表記。）

(4) W. V. Quine, 'The Natural Theory of Knowledge', unpublished, 1979, p. 2.

(5) W. V. Quine, 'Two Dogmas of Empiricism', in his *From a Logical Point of View* (Cambridge, Mass., 1953), p. 44. [邦訳：『論理的観点から』、飯田隆訳、勁草書房、一九九二年、六六頁。]

(6) W. V. Quine, 'The Nature of Natural Knowledge', in S. Guttenplan (ed.), *Mind and Language* (Oxford, 1975), p. 74.（以下、ＮＮＫと表記。）

(7) W. V. Quine, 'Reply to Stroud', *Midwest Studies in Philosophy*, vol. VI, 1981, p. 475.

(8) 'Reply to Stroud', p. 475.

(9) 物理的世界についての真理は「手にしうるどのようなデータをもはるかに上回っている」とか、「われわれの感覚面の刺激によって確定されることはない」とかと述べることは、次のことを意味しうる。（一）物理的世界についての真理は、感覚面のある種の刺激が生じていることからは帰結しないということ。（二）物理的世界についての真理は、そうした感覚面の刺激によって提供される「データ」や「情報」からは帰結しないということ。第一の解釈によれば、物理的世界についてのすべての真理が感覚衝撃によって不十分にしか確定されない、ということにはならない。というのも、「衝撃 I_1、I_2、……が感覚面 S_1、S_2、……で生じた」ということが真理であるということが、そうした衝撃によって不十分にしか確定されないということはないし、その真理は物理的世界についての真理であるからである。「感知」や「データ」といった概念をクワインは明白に否定しているのだが、それでも彼の議論は、二番目のように理解されるべきである。そのように考える理由を、私はさらに以下で与える。

(10) 一部の哲学者によれば、知識にとって要求されるのは *p* という真なる信念だけであり、その真なる信念は、*p* が真であることによって引き起こされたり支持されたり説明されたりする部分をもつものである。たとえそのような見解をとっても、ある人がもっている知識についての説明は、その人がどのようにしてものごとを正しく捉えるようになるのかを説明しなくてはならないであろう。こうした路線をとった見解についてのいくつかの例として、以下を参照せよ。A. Goldman, 'A Causal Theory of Knowing', *The Journal of Philosophy*, 1967; P. Unger, 'Experience and Factual Knowledge', *The Journal of Philosophy*, 1968, and 'An Analysis of Factual Knowledge', *The Journal of Philosophy*, 1967; F. Dretske, 'Conclusive Reasons', *Australasian Journal of Philosophy*, 1971; R. Nozick, *Philosophical Explanations*, ch. III.

(11) 問題は、被験者の感覚面を超えた向こう側の世界についての情報をわれわれがまったくもっていないとすれば、われわれは彼の「出力」の「説明」を、彼の感覚面のところまでその起源をさかのぼることによってしか行えない、ということである。さらに先に進んで、なぜ彼の感覚面はまさにそのように刺激されているのか、ということについて説明することは、われわれにはできないのである。われわれにできるのは、せいぜい、われわれの観察している被験者は物体をどのようにして「措定」し、彼の手にしているデータから彼の物理学をどのようにして「投射」するのかに関する、きわめて限定的な「説明」でしかないであろう。さらに言えば、彼はどのようにして現に話しているように話すようになったのかをわれわれは決して説明できないし、それゆえ、彼はどのようにして現に信じていることを信じるようになったのかをわれわれは決して説明できないのである。言語習得を説明するためには、自分の言語共同体で広まっている一般的な実践に一致するように被験者がどのようにして言語的にふるまうようになったのかを示すことによって、なされるべきである。そして、その共同体は彼の感覚面を超えた向こう側にあるものなので、われわれはそれについては何も知らないはずなのである。彼がものごとを言うときに、それをその具体的なかたちで言うのはなぜなのかは、彼の感覚衝撃だけから説明することはできない。イギリス人とフランス人とが同じ感覚衝撃を受けることもよくある。もっと言えば、被験者の発話の対象である世界についての何らかの情報が独立に与えられていないとすると、われわれはそうした発話を理解することさえできないであろうし、それゆえ、世界についての彼の信念を同定することもできないであろう。したがって、被験者の「出力」に到達するための経路をわれわれがもっていると想定することでさえ、彼が語っている世界についてのものごとをわれわれが知っているということを前提している。たとえ、ある具体的な発話の場面で、われわれがそうした情報を欠くことがあるとしても、そうなのである。したがって、他人の知識に関してふつうとは異なる仕方で制限されたこうした場所は、われわれが通常自分が立っていることがありうる場所ではない。この論点は、ドナルド・デイヴィドソンが「根元的解釈」という彼の理論の中で強調していることである。

第7章

(1) Stanley Cavell, *The Claim of Reason: Wittgenstein, Skepticism, Morality, and Tragedy* (Oxford, 1979), pp. 45–6. [邦訳、『理性の呼び声――ウィトゲンシュタイン、懐疑論、道徳、悲劇』、荒畑靖宏訳、講談社、二〇二四年、二三頁]（以下、CRと表記。）

(2) Thompson Clarke, 'The Legacy of Skepticism', p.763.（以下、LSと表記。）

訳者解説

土屋陽介

本書は、Barry Stroud, *The Significance of Philosophical Scepticism*, Oxford University Press, 1984 を全訳したものである。西洋の近代哲学および現代哲学において連綿と論じられてきた「哲学的懐疑論」が本書の主題である。本書は現在では、現代英米圏における懐疑論研究の古典の一つと位置づけられている。このため、英米圏はもちろん日本においても、懐疑論の研究に取り組もうとするときにまず参照すべき一冊として、本書の名前が挙げられることは一般的である。

本書の構成

はじめに、本書全体の構成について、ごく簡単に述べておこう。ストラウドは、本書の主題である西洋近代以降の哲学的懐疑論の雛形を、デカルトが『省察』において提起した「夢の懐疑」のうちに見てとっている。第1章では、デカルトが実際に「夢の懐疑」を提出している「第一省察」の議論が詳細に分析され、そこでのデカルトの考察から、哲学的懐疑論という近代哲学以来の伝統的難題の基本形式を抽出することが試みられる。そして、第2章以降では、第1章の分析を踏まえた上で、こうした懐疑論に答えを与えているとされているさまざまなタイプの哲学的知識理論が一つ一つ精査される。第2章では、言語の日常的な使用法の観点から行われた、オースティンによる反懐疑的議論が吟味される。オースティンは、二十世紀半ばの英米哲学に大きな影響を与えた日常言語学派を代表する哲学者である。第3章では、ムーアが「外界の証明」や「常識の擁護」などの論文で提示した一連の反懐疑的議論が吟味される。ムーアは、二十世紀初頭のイギリスの哲学者であり、フレーゲ、ラッセル、ウィトゲンシュタインとともに、分析哲学の草創期を代表する哲学者である。第4章では、カントが『純粋理性批判』において展開している経験的実在論（超越論的観念論）の理論と、それに基づく懐疑論論駁の議論とが吟味される。第5章では、懐疑論を無意味と見なすカルナップの検証可能性原理が吟味される。カルナップは、二十世紀前半に大きな力をもった論理実証主義の代表的哲学者である。第6章では、クワインが提唱する自然主義の理論と、それに基づく懐疑論への対処法が吟味される。クワインは、二十世紀後半を代表するアメリカの哲学者であり、今日の分析哲学は多かれ少なかれ彼の影響下にあると言えるほど、現代の哲学に大きな影響を与えた哲学者である。第7章では、カヴェルおよびクラークが行っている懐疑論への応答が吟味される。カヴェルは、ウィトゲンシュタインやハイデガーの研究をはじめとして、文芸評論や映画評論の分野でも名前の知られている現代のアメリカの哲学者であるが、懐疑論を扱った著書もあり、ストラウドとも何度か議論を戦わせている。クラークは、ストラウドの友人にして同僚の哲学者であるが、彼については本書の序文でストラウド自身が詳しく紹介しているので、そちらを参照されたい。

著者紹介

本書の著者バリー・ストラウドは、一九三五年、カナダ生まれ。トロント大学を卒業後、ハーバード大学でクワインに師事し、博士号を取得。一九六一年よりカリフォルニア大学バークリー校で教え、一九七四年から現在まで同大学哲学教授を務めている。また、アメリカ芸術科学アカデミーにフェローとして、英国学士院に客員会員として、それぞれ選出されている。

ストラウドは、いくつもの顔をもった哲学者である。彼の名をまず有名にしたのは、一九六五年に発表された'Wittgenstein and Logical Necessity'という論文である。彼はそこで、クリプキに先立って、いわゆる「規則のパラドックス」の論点を先取りするような議論を展開し、新進気鋭の若手研究者としての評価を確立させた。次いで彼は、一九六八年に論文'Transcendental Arguments'(邦訳:「超越論的議論」、田山令史訳、『現代思想　特集=カント』第二二巻第四号、一九九四年三月臨時増刊号所収、一〇一〜一一三頁)を発表した。折しも、一九五〇年代後半から六〇年代にかけては、当時のイギリスを代表する哲学者の一人であったストローソンの影響の下で、英米圏の哲学においてカント的な議論の見直しが進められていたのだが、彼はこの論文の中で、カント的な超越論的な議論と哲学的懐疑論との関係を問うことを通して、そうした議論の射程と限界を明快に示し、認識論やカント研究をはじめとするさまざまな分野に大きな影響を与えた。さらに彼は、一九七七年にヒュームの研究書*Hume*を出版し、その業績により一九七九年にアメリカ哲学協会からマチェット賞を受賞した。

このような経歴からもうかがい知ることができるように、ストラウドは主に、ウィトゲンシュタイン、カント、ヒュームという三人の哲学者の思想を背景にして、自らの哲学的思索を深めていった。そして、そのようにして練り込まれた彼独自の哲学が、はじめて一つのかたちに結実したものが本書である。本書の出版を契機として、ストラウドの名は懐疑論研究者として広く知られることになった。

本書以降もストラウドは、懐疑論と超越論的論証の研究を中心として、今日まで精力的に論文を発表し続けている。そのテーマは主立ったものだけでも、アプリオリな知識、超越論的観念論、自然主義批判、知識の外在主義など、多方面に及んでいる。さらに彼は、近年では形而上学の探求にも深い関心を寄せている。一九九九年に出版された *The Quest for Reality* では、色をはじめとする二次性質の存在論上の身分をめぐる形而上学的問題が主題的に論じられている。とはいえ、同書の核をなしているのは、「われわれから独立した世界」という伝統的哲学的捉え方をめぐる諸問題であり、この点において、同書は正確な意味で本書の姉妹編であると言うことができる。

このように、ストラウドが抱いている哲学的関心は、一見すると多岐にわたっているように見えるかもしれないが、しかし実のところ、彼の展開するそれぞれの議論の論点は相互に密接に結びついている。おそらく彼は、一つの大きな問題の諸相をそれぞれの場面に即してそれぞれの仕方で分析しようとしているのである。

ストラウドの著書および論文集は以下のとおり。

Hume, Routledge, 1977.

The Significance of Philosophical Scepticism, Oxford University Press, 1984.（本書）

The Quest for Reality: Subjectivism and the Metaphysics of Colour, Oxford University Press, 1999.

Understanding Human Knowledge: Philosophical Essays, Oxford University Press, 2000.

Meaning, Understanding, and Practice: Philosophical Essays, Oxford University Press, 2000.

なお、ストラウドの全著作の書誌情報については、以下のウェブサイトから入手できる。

http://philosophy.berkeley.edu/people/detail/20/

本書の読み方に関する解説

以下では、本書がどのように読まれるべきであるかについて、簡単に解説を試みたいと思う。というのも、本書におけるストラウドの哲学的考察の意義を正しく評価するためには、本書の議論が何を目指すものであるのかを正確に理解することが必要不可欠であるが、本書ではこの点については、序文でごくあっさりと触れるに留められているので、もう少し説明を補足しておく必要があるように思われるからである。実際本書は、いま述べた点に関して不正確な理解の下で読まれた結果、間違ったレッテルを貼られたり筋違いの批判にさらされたりすることが多かった。そのため、そのような誤解をここであらかじめ取り除いておくことには、一定の意義があるように思われる。

一方で、本解説では、本書で展開されている議論の具体的な内容に立ち入ることは差し控えたい。その理由は、本解説で後に述べることと深く関係している。先取りして述べておくと、議論の要旨だけをコンパクトにまとめてそれに寸評を加えるといった（一般の「解説」においてよく見られる）スタイルは、ストラウドの著作を解説するにあたっては最も不適切な手法だからである。後述するように、ストラウド哲学の真骨頂は、彼の展開する個々の議論の細部にこそ宿っている。したがって、そうした細部を削ぎ落として、議論の要旨だけを切り出してきても、彼の哲学の本来の魅力はほとんど伝えることができないし、彼の著作に対する内実の伴った批評を提示することもできないし、要するに、ほとんど何の意味もない。彼の展開する個々の議論の一歩一歩に辛抱強くつき合い、問題となっていることがらを彼とともに考え抜くという手順を少しでも省略するならば、彼の哲学において本当に見るべきところは決して見えてこないのである。

†

さて、ストラウド自身も本書の序文で述べていることであるが、「われわれを取り巻く物理的世界についてわれわれは何も知りえない」といったたぐいの懐疑論者の挑戦を真面目に受けとめることは、現代の哲学においてはきわめて評判が悪いようである。しばしば言われていることによれば、懐疑論者がつきつける難題を額面どおり受け取り、それに正面から答えを与えようとすることは、「役に立たない机上の営みであり、デカルト主義の過ぎ去ったこの新時代に、時代遅れの思考法を捨て去ることをあえて拒む行為」（四頁）である。あるいはもっと単純に言って、懐疑論者の繰り出す子供じみた論法にいちいちつきあうことは、「時間の無駄」であり、哲学的に「つまらない」ことである（三頁）。本書の原著が英語で出版されてから二十年以上の歳月が経過したが、実のところ、懐疑論に対する哲学者たちの反応の多くは、ストラウドがこのように述べた当時からほとんど変わっていないと言うことができる。

では、彼らはどうしてそのように考えるのであろうか。ストラウドが指摘しているところによれば、それは彼らが、「伝統的哲学的懐疑論がどうして誤りであるのかを、すでにわれわれは十分に理解している」（四頁）と考えているからである。現在のわれわれには、哲学的懐疑論のどこに問題があるのかを示す数多くの哲学的知識理論が与えられている。たとえばそれは、懐疑論のうちにはある種の自己矛盾が含まれていることを示す超越論的な理論であったり、懐疑論を表現する言明は有意味ではありえないことを示す言語哲学的な理論であったり、懐疑論が暗黙のうちに前提している基礎づけ主義的見解が維持不可能であることを示す自然主義的な理論であったりする。こうした理論は、近代認識論の成立に伴って、さまざまな哲学者たちによってさまざまなかたちで提案され、さまざまな仕方で修正を加えられ、ますます洗練されてきた。したがって、現在のわれわれは、懐疑論者のつきつける難題をいちいち恐れなくてもよい理由を十分に獲得しているように見えるのである。こうして、先に述べたような現代哲学者たちは、典型的に次のように主張することになる。この現代（「デカルト主義の過ぎ去ったこの新時代」）において認識論を研究するのであれば、われわれは「懐疑論の脅威」などというものにとらわれる必要はない。そのようなことに頭を悩ませるぐらいなら、人間の知識についての、もっと重要で有益な側面の研究に専心すべきだ、というのである。

しかし、われわれは、そうした知識理論がどのようなものであるかについて、本当にちゃんと理解しているのだろうか。言い換えると、懐疑論に答えを与えているとされている知識理論をわれわれが現に手にしているとしても、そうした理論が本当に哲学的に「満足のいく」知識理論であるかどうかを、われわれは本当に知っているのだろうか。哲学的知識理論と哲学的懐疑論が本当のところどのように関係しているのかについて、われわれは（あるいは少なくとも、懐疑論について論じることは「時間の無駄」と考えるような現代哲学者たちは）真に深い反省を加えているのだろうか。ストラウドが否定的な考えを抱いているのは、まさにこの点なのである。彼によれば、「その手の「理論」は数多くあり、どうやら際限なくどんどん拡張しているようであるために、人は理解している気になっているだけなのかもしれないのである」（三頁）。したがって、「そろそろ立ち止まって問うべきである。どのような哲学的知識理論であれ、それはどのようなことをするものだと想定されているのであろうか」（三頁）。

こうして、ストラウドが本書で目指している目標はだいぶはっきりしてきた。すなわち、ストラウドは本書において、哲学的知識理論と哲学的懐疑論との関係を問い直すことによって、第一に、われわれが手にしている知識理論の本性の解明を試みているのである。言い換えると、哲学的に「満足のいく」

知識理論はどのような条件を満たしていなければならないか、われわれが手にしている知識理論はそうした条件を満たしているのか、等々といったことが、本書で取り組まれる課題の中心である。そして、本書の最大の特徴は、こうした課題に取り組むにあたって、懐疑論をめぐる考察が積極的に活用されている点であろう。具体的に言うと、本書では、われわれに与えられている各々の知識理論が哲学的懐疑論をどのように退けているのかの検討を通じて、いま述べたたぐいのことがらを解明することが目指されている。したがって本書は、手短に表現するならば、哲学的懐疑論をめぐる問題は「決着済み」であるとする現代哲学者たちの（いささか拙速な）診断に対していったん「待った」をかけて、哲学的知識理論が懐疑論を退けるとする道筋を一歩一歩丹念に辿りながら吟味を行うための本である、ということになる。

実のところ、ストラウドが本書で行っていることは以上のことに尽きている。少し極端な言い方をすれば、ストラウドは本書において、どのような哲学的立場の提示も擁護も行っていないばかりか、何らかの種類の哲学的な「結論を下す」ということさえ行っていない（これは、本書の最終章である第7章についても同様である。懐疑論をめぐる問題についてのストラウドの最終見解を期待して最終章を読むと、肩すかしを食わされるであろう）。誤解を恐れずに言えば、哲学的懐疑論を擁護することに何かしら「意義がある」ということでさえ、彼が本書で積極的に主張する「結論」であると考えることはできない。彼が本書で実際に行っているのは、哲学的懐疑論をめぐる問題に「決着をつけた」と称する哲学的知識理論を、さまざまな角度から「査定」することだけであり、そうした理論が本当に妥当で「満足のいく」理論であるかどうかを、理論を支えている議論の一歩一歩を点検しながら追試していくことにほかならないのである。

同じことを別の側面から、少し具体的に述べ直してみよう。本書においてストラウドは、デカルトが「第一省察」で提起した「夢の懐疑」のうちに近代的懐疑論の雛形を見てとるところから議論を出発させている（第1章）。つまり彼によれば、第1章で分析され理解されたかたちでの「夢の懐疑」こそが哲学的懐疑論の基本形であって、それこそが、われわれがもっていると考えている「外界についての知識」を脅かす「本当の」脅威となっているのである。さらに彼の考えによれば、われわれが手にしている哲学的知識理論は、われわれが外界についての知識を現にもっていることを説明するものなのだから、そうした理論は当然のことながら、このような形式の懐疑論に対して満足のいく応答をしていなければならない。こうしてストラウドにとっては、「われわれが手にしているさまざまな哲学的知識理論は、デカルトの懐疑を本当に満足のいくかたちで退けているのか」という問いは、真正にして中心的な認識論の問題となる。そして、実のところ本書は、ストイックなまでに徹底してこの問題のみに考察の焦点を絞った本である。つまり、本書で行われていることは、いま述べた問いの観点から個々の哲学的知識理論を精査することに完全に限定されていて、それ以上の主張は本書では一切何もなされていないのである。したがって、誤解を恐れずに言えば、本書の議論は、われわれが手にしている知識理論を批判したり否定したりすることを目指しているわけではない。もしも哲学的知識理論である以上は、（彼が第一章で分析し理解しているかたちでの）「デカルトの懐疑」に正面から答えを与えていなければならないのだとしたら、われわれが手にしている各々の知識理論は、実際にそれに答えを与えているのだろうか――本書は、良くも悪くも、この問いだけを扱っている本なのである。

しかし本書は、以上の点において誤解を伴ったまま理解されることがしばしばであった。さまざまな種類の反懐疑的な哲学的知識理論をとり上げ、それが本当に懐疑論を退ける理論となっているかどうかを執拗に吟味するという本書のスタイルは、下手をすると、本書におけるストラウドの目標が「懐疑論の正当性の擁護」であるかのように読者に思わせてしまうのである。しかし、ストラウドが本書で試みていることの中心を「懐疑論の擁護」として理解することは、本書におけるストラウドの意図そのものを歪めて理解すること以外の何ものでもない。懐疑論をめぐる問題に対して何かしらの「結論を下す（決着をつける）」ことが本書の目的ではないということは、序文に記されている次の一節からもはっきりとうかがい知ることができる。

なお、本書の内容が、哲学的懐疑論そのものと、哲学的懐疑論が一つの答えを与えている問題についての、一まとまりの説や結論になっているだろうという期待はしてはいけない。ここから先の部分では、哲学的懐疑論の意義を理解し評価するのに多少とも役立つものを提供するのが精一杯なのである。（八頁）

†

ストラウドは、本書の序文で、「哲学上の問題を研究することはそれ自体で哲学的解明になりうるという信念の下に、この本は書かれている」（六頁）と述べている。実際、ある種の哲学上の問題は、それをいくら深く研究し、議論を積み重ねたところで、その問題を「解決する」ことは不可能であるように見えるかもしれないが、だからといって、そうした問題について研究を行うことには「意義がない」と述べるとしたら、確かにそれは誤っているであろう。簡単に解決に至ることが見込めないような問題であっても、「哲学上の問題そのものや、その問題がどこから生じたかという問いに力を注ぐ」（七頁）

ことによって、「哲学上の問題の本性そのもの」（六頁）を解明することができる。そして、こうしたたぐいの「解明」を行うことは、哲学においては、問題の解決に匹敵するほどの効用をわれわれにもたらしてくれる。「実のところ、答えを得ることと理解などを得ることとは、互いに打ち消しあうように作用するかもしれない。何かをもってきて、それを哲学上の問題に対する答えとして受け入れられると見なしてしまうと、まさにそのことによって、その問題の起源をもっと深く理解すれば目にすることができるかもしれない教訓があっても、われわれはそれを学ぼうとするのをやめてしまうかもしれないのである。」（七頁）

ストラウドが本書で探し求めているのは、まさにこうした「哲学的解明」である。すなわち、彼は本書において、懐疑論をめぐる問題について「答えを得る」ことを望んでいるのではなくて、そもそも懐疑論の問題とは正確に言って何であるか、知識理論が説明すべきものは正確に言って何であるか、といったことについて本当に深い理解を得ることを目指しているのである。実を言うと、このことは懐疑論の問題を扱った本書に限ったことではない。ストラウドという哲学者は、どのような哲学上の問題について考察を行うときでも、一般に、問題の「解決」よりも問題の「解明」を志向する傾向が強く見られる。そしてそのことは、彼の論述のスタイルにも少なからず影響を及ぼしているようである。本書を一読すれば気づくように、彼の議論の進め方には一種独特のリズムが見てとれる。一言で言うと、彼の議論の足取りはきわめて重く、同一の主題に対して似たような議論を幾重にも折り重ねて行ったり来たりしながら前進する。明らかにその理由の一つは、問題の「解明」を行うためには、結論（決着）を急ぐことは禁物だからである。問題の解決を求めているのではなくて、問題の理解を求めているのである以上、問われていることがらそのものを可能な限り注意深く慎重に分析する以外に道はないのである。

彼の議論の運び方の特徴については、本書で実際に展開されている議論を一つ例にとって、少し具体的に見てみることにしよう。ストラウドは第4章の途中で、実在論をめぐるムーアの見解とカントの見解の概略を示しつつ、以下のように問題を提起している。ムーアとカントは二人とも実在論者である。彼らはともに、「対象は空間の中に存在し、われわれは知覚によってそうした対象に直接到達する」（二二五頁）という見解は正しいと考えているし、また、「自分の手が存在することをムーアは現に知っており、彼はそのことに基づいて、外的な事物が少なくとも二つは存在することを現に証明している」（二一七頁）と考えている。しかし、ムーアが行っているたぐいの証明（第3章を参照）をいくら示したところで、カントが「哲学および人間理性一般にとって……恥ずべきこと」（二一三頁）と呼んでいる問題は依然として解決されない。つまり、ムーアが行っているような実在論の証明によっては、カントの実在論は証明することができない。すると、ムーアが証明している「実在論」とカントが証明している「実在論」とは、それぞれ異なっていることになる。要するに、ムーアの言う実在論もカントの言う実在論も、ともに「対象は空間の中に存在し、われわれは知覚によってそうした対象に直接到達する」という同一の命題によって十分に表現される（そして、それ以外に表現しようがない）ように見えるのだが、それにもかかわらず、両者は別種のことがらを主張しているものであると理解しなければならないのである。では、二人の実在論は正確に言ってどの点で異なっているのだろうか。そして、「カントであれば……ムーアの外界の証明がたとえ完全に正しいとしても証明されたことにならないと述べるであろう命題」（二二八〜二二九頁）とは、いったいどのような命題なのだろうか。

このようにして、ストラウドは第4章の一部で、そもそも第4章の主題であるカントの実在論はいったいどのような命題によって定式化されるべきか、という課題に取り組む。このような問いの立て方自体を見ても、問題を解決するためにはまず当該の問題自身を掘り下げなければならないという考え方が現れていて、十分にストラウドらしさを見てとることができるのだが、彼の本領が発揮されるのはここからである。彼は、ひとたびこのようにして問題を設定すると、その同一の問題についてさまざまな角度から繰り返し繰り返し検討を重ねていく。実際いま述べてきた問題について言えば、実に第4章全体の四分の一（二二一頁から二三九頁まで）がその検討に費やされる。しかもその問題というのは、第4章の主題はそもそもどのように表現されるべきかという、いわば第4章の議論をスタートさせるための問いだというのにである。そして、長い長い議論の末に、ようやくこの問題に対する結論らしきものが見えてきたかと思うと、驚くべきことに彼は、次のようなただし書きをする。「もっとも、ムーアが見落としたか決して答えることができなかった問いとは正確にはどのような問いであるのかを、われわれが依然としてはっきりとした言葉で定式化できていないということは、認めなければならないが。」（二三九頁）つまり彼は、ここまで長々と議論を積み重ねたあげく、当該の問題に自分はいまだきちんとした答えを与えるには至っていないと宣言するのである。

ストラウドの議論は終始変わらずこのような調子で進むので、彼の著作に初めて触れる読者は、この独特のペースに慣れるまで少し時間がかかるかもしれない。あるいは、彼の議論に真剣につき合っても、同じ場所を行きつ戻りつしているようで、議論が前進しているという感触をなかなか得られないため、せっかちな読者はいらだちを禁じえないかもしれない。しかし、同じ主題の周りでうろうろと歩き回っているときこそが、彼の真骨頂が遺憾なく発揮されているときであるということを、忘れてはならない。議論の一歩一歩でいちいち立ち止まり、そこで論じられていることがらの内実を一つ一つ明らかにしていくことによって、問題の真の所在を徐々につきとめていくというのが、ストラウド流の哲学のやり方なのである。

急いで結論に飛びつかず、「哲学上の問題がもっている本性そのもの」を一つずつ着実に解明していくというやり方――こうしたストラウドのやり方によってもたらされる哲学上の効用がどのようなものであるのかを、歩みの遅い本書の議論は身をもって示してくれている。そして、もしも本書でストラウドがただ一つ主張していることがあるとしたら、それは、とかく問題に「決着をつける」ことが急がれがちな懐疑論のような研究分野においてこそ、こうした「解明」を行うことには十分に哲学的な「意義がある」、ということ以外ではありえない。だから本書の読者は、どうか面倒くさがらず、先を急いで読み飛ばしたりせずに、彼の行きつ戻りつの議論の一歩一歩にいちいちつき合っていただきたい。ストラウド哲学の精髄は、きわめて執拗で慎重でときとして遅々として進まぬように見える議論の一歩一歩のうちに宿っているのである。

最後にウィトゲンシュタインの言葉を一つ掲げておこう。これは、ストラウドが *The Quest for Reality* の巻頭言に掲げている言葉であるが、哲学という営みが何をすることであるべきかについての、彼の考えを端的に表現している言葉であるように思われるからである。


哲学者どうしの挨拶は次のようであるべきだ。

「あわてることはない。」

――L・ウィトゲンシュタイン

あとがき

懐疑論は哲学の華、それも精華である。と同時にまた、あだ花でもある。なぜだろうか。

本書において、著者ストラウドは、考察の焦点を外界の懐疑にしぼっている。しかし、知覚の向こうに外界の存在が対応していないなら、同じように、記憶の向こうに過去の事実はないかもしれず、痛そうに、あるいは悲しそうに見える他人たちに、痛みや悲しみなどといった意識現象もないかもしれない……。

いや、私はここで、もっと強いことを言ってみたい。そんなものは、じつは、みな、ないのだ、と。外界も、過去も、他人の心も、すべて作り話である。そんなものは、端的にないのだ。だって、現に、ないではないか？　あるのは、知覚や、記憶や、他人の見かけだけだ。だって現にそうではないですか？

たとえば、カントなら、こう反論するかもしれない。しかし、その知覚や記憶や他人の見かけが「ある」と言えるためには、それらは時間的位置を持たねばならず、そういう時間的な位置づけができるためには、外界に事物が持続的に存在することが前提とされねばならないのだ、と。たぶん、同じような論法を使って、過去や他人の心も「存在することが前提されねばならない」と言えるだろう。

知覚されていないときにも外界は存在し、知覚されているときにはほぼ知覚されている通りに存在する――というように世界は知覚されている。そして、その知覚それ自体でさえ、そのような外界の内部に位置づけられてしか存在しえない。記憶されていないときにも過去は存在し、記憶されているときにはほぼ記憶されている通りに存在する――というように世界は記憶されている。そして、その記憶それ自体でさえ、そのような持続的世界の内部に位置づけられてしか存在しえない。直接体験されなくても他人の心は存在し、感じ取られるときにはほぼ感じ取られる通りに存在する――というように世界は体験されている。そして、その他者体験それ自体でさえ、他者から見れば直接体験できない他人の心としてのみ実在する。

ここでストラウドなら、「存在することが前提されねばならない」それらは、だからといって、本当に存在すると言えるのか、とさらに問うであろう。私なら、もっと強く、「存在することが前提されねばならない」それらは、まさに、そう前提されねばならないというその理由で、実は存在しないのだ、と言うだろう。だって、現に存在していないではないか。あたかも存在するかのように前提してかからないと世の中をわたっていけない、ただそれだけのことなのだ。ストラウドのお好みの「夢」を使って表現するなら、これは夢――かもしれないのではなく――なのである。

しかし、そのことを、たとえば私が、ひとに語って、あるいは日記に書いて、ひとが、あるいは未来の私が、それを理解し、さらには賛成する、――このとき、何が起こるだろうか？　まさにこのとき、つまりそのように言語が使われたとき、さきほど「存在することが前提されねばならない」とされた作り話のうちの二つが、つまり他者と異時点の二種の視点が、まさに前提されねばならなくなり、その結果、それらを包み込むさらなる構築物として、外界の存在が要請されることになる。そうなってしまえば、さきほど象徴的に「これは夢」と表現されたあの端的な事実は、懐疑論などという、まるで何かとてもありそうもない特異な可能性をひょっとしたらそうかもしれないと疑っているかのような、奇怪な形でしか表現できなくなってしまう。そうなってしまえば、外界や過去や他人の心にかんする通常の知識を知識として認めないほど厳しい知識基準を要求しているかのような外見も避けがたいものとなる。

だから私は、おそらくはストラウド以上に懐疑論の価値を認めているだろうが、同時にまたストラウドに反して、本書で批判的に取り上げられているカント、および分析哲学者たちの反懐疑的議論の価値を信じてもいる。本書で批判的に検討されている懐疑論批判者たちが、（カントを含めて）みな言語分析の哲学者たちであることは、偶然ではない。われわれが前提しなければならないこととは、じつは言語が前提しなければならないことであり、懐疑論の敵はじつは言語だからだ。しかし、その懐疑論もまた言語で表現されねばならない。端的な真実をなんとか表現しようとする、哲学という営みのまさに精華が、ひとたび表現されてしまえば、あだ花にしかなりえない理由を、彼ら反懐疑論者たちの仕事は、それぞれの仕方で、よく示していると思う。そこに、つまり本書の記述の中に、哲学という営みに特有の緊張と苛立ちを、ぜひ感じ取っていただきたいと思う。

†

本書を千葉大学の大学院の授業で使ったのがいつのことだったか、記憶は定かではない。訳者たちのうち、壁谷くんと清水くんは、千葉大学の院生であったから、それに出席していたはずだ。壁谷くんはそれ以前に本書の第2章を題材にした「はしごをけっとばす」という論文を発表しており、清水くんは私の著作の英訳者でもある英語の達人で、その英語力を買われてこの翻訳作業に参加することになった。土屋くんは、私が信州大学にいたころの学部学生で、当時から懐疑論に異常な（つまり哲学的に正常な）関心を抱いていたが、その後東京都立大学の修士課程に進学し、自ら「ストラウド研究者」を名乗るにいたっていた。その土屋くんが、気鋭の若手哲学研究者にして厳密な英文解読者である岩沢くんの協力を仰いで本書の翻訳を志したのがこの翻訳のそもそもの始まりだった。その岩沢くんと私がいつから面識があったか、その記憶も定かでない。私が非常勤講師として都立大学に通っていたころ、彼は私の授業に出席し活発な発言で私の思考をインスパイアしてくれたのだが、それよりも以前に、野矢茂樹氏の東大での『論理哲学論考』の授業の記録のような文書を読んだとき、多数の参加者の発言の中で岩沢くんの発言がとりわけ光っており、私自身はこの文書の中の岩沢くんの発言から『論考』の本質を教えられたような気がしたことをはっきりと記憶している。

翻訳作業は、全体としてはその岩沢くんがリードして進められた。当初、この作業は、各分担者が訳し終わったところをメーリングリストを使って随時他の訳者たちに提示し修正を加えていく、という方式でなされた。このやり方を提案したのは私だったような気がするし、最初のうちは、私も、毎回原文と対照しながらメールを読んで意見を言おうとしていたが、そのうちその必要がないと悟った。訳者たちはいずれもきわめて注意深く原文を読んでおり、しかもリーダーの岩沢くんをはじめとする相互チェックが驚くほど厳しい。私が何回か口を挟みたくなったのは「そんな細かいことにこだわるのは時間の無駄だよ」と言いたくなったときだけであった。もちろんそれは控えたので、結果としてこの翻訳に私が具体的に関与したところは極めて少ない。各章にほんの二、三か所ずつ、私の語感で日本語が通じにくいところを指摘した程度である。

名著とはいえ、たかが翻訳。原文を読んだ段階でもうわかっていることに、できるかぎりぴったり対応する読みやすい日本語を求めて多大の時間を使うのは、若く有為な訳者たちにとって、時間の無駄という側面があったことは疑えない。しかし、著者ストラウドにとっては、そしてとりわけ読者諸賢にとっては、この膨大な無駄はそのまま膨大な恩恵となることだろう。読者はこの訳文を信頼してストラウドの決して「あわてることのない」思索の跡をたどることができると思う。

さらに、一応の訳稿ができあがった段階で、千葉大学大学院文学研究科修士課程の坂倉涼くんと細川雄一郎くん、千葉大学文学部学生の荻原千明さんに通読をお願いし、一読して分かりにくい箇所を指摘してもらっている。とりわけ、日本における哲学翻訳の悪弊に汚されていない荻原さんの日本語の語感からは教えられるところが多かった。その一例。われわれは further を「さらなる」と訳すことに違和感を感じないが、彼女によれば「さらなる探求」という表現はゆるされても「さらなる問題」というような表現はおかしいそうである。うーん、なるほど。本書の日本語感覚は、他の翻訳哲学書のそれより一般読者の感覚に少し近づいているかもしれない。

翻訳の一応の分担は、以下の通り。

日本語版への序文＝岩沢、序文前半＝岩沢、序文後半＝壁谷、第1章＝清水、第2章＝壁谷、第3章＝清水、第4章＝土屋、第5章＝岩沢、第6章前半＝岩沢、第6章後半＝土屋、第7章＝壁谷。

最後に、当初メーリングリストを使った異様な翻訳作業にたじろぎながらも暖かく（冷たく？）見守ってくれた担当編集者の小林公二氏と、原著者への日本語版序文の執筆依頼などにかんしてお世話になった、本シリーズの監修者である丹治信春氏に、お礼を申し上げます。

永井　均

付記　翻訳に関して村井忠康氏より頂いた貴重なご意見を第二刷に反映させることができた。氏に深く感謝したい。

464

ま行

マルコム, N（Malcolm, N.） 151–154, 155–156, 161–168, 170–171, 173–175, 188, 192, 459
ムーア, G・E（Moore, G. E.） 11, 35, 51, 143–171, 174, 176–182, 185–195, 197, 199–214, 217, 220–232, 234, 236–240, 252, 255, 261–266, 282, 292–295, 298, 300–303, 307, 309, 340, 345, 382, 422, 439, 442, 456, 459–462

や行

夢を見ている可能性（dream - possibility） 31, 33–34, 39–40, 44, 51, 53, 55, 57, 75–76, 90, 92, 98, 104–105, 119, 123, 125, 133, 202–204, 206, 349, 427, 441, 444–447, 449–450, 452–454

ら行

ラゼロウィッツ, M（Lazerowits, M.） 459–460
ラッセル, B（Russell, B.） 181–182, 187, 188, 195–196, 290, 456
ルイス, C・I（Lewis, C. I.） 117, 457
ルーイ, C（Lewy, C.） 462
論理的に不可能／可能（logical impossibility） 153–154, 205

（有意味性の）検証可能性原理（verifiability principle of meaningfulness） 285–286, 288–290, 292–293, 295–297, 299–300, 310–311, 327–337, 339–346, 455, 464
検証主義（Verificationism） 12, 292–294, 298–301, 328, 333, 335–336, 339–343, 345, 455, 464
Goldman, A. 465
コペルニクス的転回（Copernican revolution in philosophy） 249, 258–259, 325–326

さ行

シェフラー, I（Scheffler, I.） 462
シチリア島（Sicily） 193–194, 242, 438, 439
実在論（realism） 223–226, 229, 231–232, 236–237, 239, 241, 244, 250, 245, 246, 248, 251, 253–255, 270, 272–275, 287–288, 291, 308, 326, 463
「知っている」の誤用（misuse of ‘know’） 164–169, 171, 173–175
シュリック, M（Schlick, M.） 464
スミス, N・ケンプ（Smith, N. Kemp） 462–463
（講義をしている）生理学者（lecturing physiologist） 171–174, 193, 422, 441–442
ゼノン（Zeno） 233, 280,
措定（posits） 362–363, 377, 392–393, 399, 402–405, 407, 466

た行

ダーウィン, C（Darwin, C.） 369
代表（representativeness） 28–29, 69, 99, 100, 343, 425, 432, 434, 438, 439
タスマニア（Tasmania） 355
知覚という覆い（veil of perception） 63, 65–66, 70, 72
デイヴィドソン, D（Davidson, D.） 11, 458, 466
デカルト, R（Descartes, R.） i, 4, 14–15, 19–50, 52–55, 57–58, 62–63, 65–66, 69–72, 75, 77–78, 80–81, 83, 85–86, 88–91, 94, 97–99, 101, 113, 115–118, 123, 126, 138, 186–188, 199–200, 210–211, 215–217, 219–221, 234–236, 241–242, 246,–247, 261–266, 278–279, 281, 284, 290, 292–294, 325, 327, 330, 341, 343–350, 357–358, 381, 383, 386–387, 424–425, 427–428, 431, 434, 436, 446, 449, 451–452, 456, 458, 460–461, 464
デボンシャー公爵（Duke of Devonshire） 35, 51, 58–61
（疑うための）特別な理由（special reasons for doubt） 94–95, 97–102, 109, 111, 114–115, 125
Dray, W. 462
Dretske, F. 456, 465

な行

ニューヨーク（New York） 76–78, 80
認識論的なプライオリティ（epistemic priority） 235–237, 241–242, 245–246, 416–417, 420–421, 424, 463
ノイラート, O（Neurath, O.） 352
Nozick, R. 456, 465

は行

バード, G（Bird, G.） 462
バーニェット, M・F（Burnyeat, M. F.） 10–11, 456, 462
飛行機監視兵（airplane spotters） 121, 123–124, 126–127, 131, 138–139, 141, 206–207, 344
ヒューム, D（Hume, D.） 179–180, 186–188, 368–369, 464
（エリスの）ピュロン（Pyrrho of Elis） 1
表象（representations） 63, 70, 42, 235, 249, 273–275, 463
「ふつう」と「哲学的」（‘plain’ and ‘philosophical’） 12, 440–444, 446–447, 454
プライス, H・H（Price, H. H.） 456
ヘンペル, C・G（Hempel, C. G.） 463–

あ行

アプリオリ（*a priori*） 163, 249, 250, 256–260, 267–269, 276, 328–329, 351, 356
アフリカ（Africa） 134–138, 287, 291, 296, 320–322, 342, 354
アンガー, P（Unger, P.） 457–458, 465
アンブローズ, A（Ambrose, A.） 152–159, 162–163, 188, 200, 252, 459, 461
意味論的上昇（semantic ascent） 354–355
ウィーン学団（Vienna Circle） 464
ウィトゲンシュタイン, L（Wittgenstein, L.） 160, 429, 459
エディントン, A （Eddington, A.） 359
Edwards, P. 456
オースティン, J・L（Austin, J. L.） 11, 79, 82–89, 92–94, 97–98, 100–104, 115, 130, 208, 429, 456–457

か行

懐疑論の条件つき正しさ（conditional correctness of scepticism） 299–300, 324–325, 356, 427
「外的」と「内的」／「外的なもの」と「内的なもの」（‘external’ and ‘internal’） 12, 196–200, 209–210, 215, 239, 252, 260–261, 294, 296, 302, 304–311, 313–314, 317–320, 322–323, 326–327, 329, 338, 343–345, 347, 350–351, 353, 367, 383–384, 447, 454

カヴェル, S（Cavell, S.） 10–12, 426–430, 432–434, 438, 466

確定するのに不十分／不十分にしか確定しない（underdetermination） 363–364, 388, 391, 403, 414, 417–420, 465
カルナップ, R（Carnap , R） 286–287, 291, 297–324, 326–330, 343, 353–357, 367–368, 382–383, 388, 463–464
感覚で得た経験／感覚による経験（sensory experiences） 31, 38, 44–47, 61–63, 65–66, 71–72, 205, 235–237, 241–242, 244–246, 348–349
感覚に欺かれる／感覚がわれわれを「欺く」（deceived by the senses） 25–26,
カント, I （Kant, I.） 10, 12, 144, 213–228, 231–232, 234, 236–251, 254–261, 263–276, 278–279, 281–282, 284–285, 288–289, 293–294, 301–302, 325–330, 333, 350–351, 356–357, 382–383, 388, 414, 421, 423, 454–455, 462–463
観念（ideas） 63, 235–236, 281, 424
観念論（idealism） 216, 223, 236, 238, 247–251, 254, 258–260, 264, 266–272, 276, 287–288, 321–326, 329–330, 333, 353, 455
　経験的—, 蓋然的—, 懐疑的—,（empirical—, problematic—, sceptical—） 216, 221, 223–224, 237, 240, 244, 247–249, 263, 266–267, 272–273, 276, 278–279, 325–326
　超越論的—（transcendental—） 251, 254–255, 258, 260, 263–265, 267–268, 270–271, 273, 276–279, 281, 288–289, 327–330
　独断的—（dogmatic—） 216
擬似的な問い／擬似言明（peudo-question or -statement） 286, 294, 298, 330, 464
クラーク, T（Clarke, T.） 11–12, 120, 171, 439–443, 445–446, 448, 450, 453, 457, 459, 466
グライス, H・P（Grice, H. P.） 458–459
クリーブランド（Cleveland） 17, 21–22, 51, 53, 57–58, 67–68, 136, 138,
クワイン, W・V（Quine, W.V.） 11–12, 304–305, 351–380, 382–391, 394, 396, 400–402, 405, 407, 409, 410, 412–416, 418–423, 463–465
警部と見習い刑事（detective and his apprentice） 176, 178, 182–190, 203–204, 210, 340
ゲシュタルト心理学（Gestalt psychology） 416
幻覚（hallucination） 52, 57–58

索　引

著者

バリー・ストラウド *Barry Stroud*

1935年、カナダ生まれ。ハーバード大学でPhDを取得。カリフォルニア大学バークレー校で1961年から半世紀以上哲学の教員を務める。専門は、懐疑論、認識論、形而上学、西洋近代哲学史など。本書のほかにも、*Hume*（Routledge, 1977）, *The Quest for Reality*（Oxford University Press, 1999）, *Engagement and Metaphysical Dissatisfaction*（Oxford University Press, 2011）など著書多数。2019年逝去。享年84歳。

監訳者

永井　均 *Hitoshi Nagai*

1951年生。信州大学教授、千葉大学教授、日本大学教授を歴任。専門は哲学・倫理学。著書に『世界の独在論的存在構造』、『遺稿焼却問題』、『独自成類的人間』、『哲学的洞察』、『独在性の矛は超越論的構成の盾を貫きうるか』など多数。

訳者

岩沢宏和 *Hirokazu Iwasawa*

1966年生。早稲田大学大学院客員教授、東京大学大学院非常勤講師など。本書訳出時の専門は現代哲学。主要な著書に『確率パズルの迷宮』、『世界を変えた確率と統計のからくり』、『リスク・セオリーの基礎』がある。

壁谷彰慶 *Akiyoshi Kabeya*

1976年生。東洋英和女学院大学ほか非常勤講師。博士（文学）。専門は自由意志論・分析哲学・情報倫理学。著書に『英語で読む哲学』（共著）、訳書に『人間にとって善とは何か』（共訳）がある。

清水将吾 *Shogo Shumizu*

1978年生。立教大学兼任講師。上智大学と東邦大学で非常勤講師を務める。ウォーリック大学大学院でPhDを取得。著書に『左右を哲学する』『大いなる夜の物語』がある。

土屋陽介 *Yohsuke Tsuchiya*

1976年生。開智国際大学教育学部准教授。博士（教育学）。専門は子どもの哲学・教育哲学・現代哲学。論文に「哲学対話が「哲学」と「対話」の実践であるために」などがある。

「現代哲学への招待」は、日本哲学界の重鎮・丹治信春先生の監修で、丹治背繊維の折紙付きの哲学書を刊行してゆく〈ひらかれた〉シリーズです。Basics（優れた入門書）Grea Works（現代の名著）Japanese Philisophers（気鋭の日本人哲学者）Anthology（アンソロジー）の4カテゴリーが、それぞれ、青、赤、紫、緑の色分けで示されています。

丹治信春＝1949年生。東京大学大学院理学系研究科博士課程（科学史・科学基礎論）単位取得退学。博士（学術）。現在、東京都立大学名誉教授。専門は科学哲学・言語哲学。

現代哲学への招待 Great Works

君はいま夢を見ていないと
どうして言えるのか
哲学的懐疑論の意義

2006年6月25日　初　版第1刷発行
2025年3月20日　新装版第1刷発行

著　者――――バリー・ストラウド
監訳者――――永井　均
訳　者――――岩沢宏和・壁谷彰慶・清水将吾・土屋陽介
発行者――――小林公二
発行所――――株式会社 春秋社
〒101-0021東京都千代田区外神田2-18-6
電話03-3255-9611
振替00180-6-24861
https://www.shunjusha.co.jp/
印　刷――――株式会社 シナノ
製　本――――ナショナル製本 協同組合
装　丁――――芦澤泰偉

ISBN978-4-393-32418-9
定価はカバー等に表示してあります

Invitation to
CONTEMPORARY
PHILOSOPHY

シリーズ「現代哲学への招待」監修者のことば

二〇世紀から今世紀にかけての、さまざまな分野における科学の進展と、驚くべき速度での技術の発展は、世界と人間についての多くの新しい知見をもたらすとともに、人間が生きてゆくということのありかたにも、大きな変化をもたらしてきました。そして現在も、もたらしつつあります。こうした大きな変化のなかで、世界と、そのなかでの人間の位置について、全体的な理解を得ようと努める哲学の営みもまた、変革をつづけています。人類史上はじめてというべき経験が次々と起こってくる現代において、最も基本的なレベルにおける理解を希求する哲学的思索の重要性は、ますます高まっていると思います。

シリーズ「現代哲学への招待」は、そうした現代の哲学的思索の姿を、幅広い読者に向けて提示してゆくことをめざしています。そのためにこのシリーズは、「現代哲学の古典」というべき名著から、一般読者向けの入門書まで、また、各分野での重要な論文を集めて編集した論文集や、わが国の気鋭の哲学者による著書など、さまざまな種類の本で構成し、多様な読者の期待に応えてゆきたいと考えています。

丹治信春